지식관련자료총서: 교육자료 1

주해 『유몽천자』

이 자료집은 2017년 대한민국 교육부와 한국연구재단의 지원을 받아 수행 중인 단국대학교 일본연구소의 〈2017년 HK플러스 사업〉 '지식 권력의 변천과 동아시아 인문학: 한·중·일 지식 체계와 유통의 컨디버전스(NRF-2017S1A6A3A01079180)'의 연구 결과로 출간된 것임.

주해자 **허재영**

단국대학교 교육대학원 국어교육 전공 부교수
HK플러스 사업 연구책임자 및 일본연구소 소장
'근현대 학문 형성과 계몽운동의 가치' 연구 책임자

저서로 『일제 강점기 교과서 정책과 조선어과 교과서』(경진), 『통감시대 어문교육과 교과서 침탈의 역사』(경진), 『일제 강점기 어문정책과 어문생활』(경진), 『한국 근대의 학문론과 어문교육』(제이앤씨) 등 다수가 있다.

주해 『유몽천자』

1판 1쇄 발행_2018년 05월 15일
1판 2쇄 발행_2019년 01월 10일

저술자_게일(J. S. Gale, 奇一牧師) 著述, 李昌植 校閱
주해자_허재영
발행인_양정섭

펴낸곳_도서출판 경진
등록_제2010-000004호
이메일_mykyungjin@daum.net
주소_서울특별시 금천구 시흥대로 57길(시흥동) 영광빌딩 203호
전화_070-7550-7776 팩스_02-806-7282

값 43,000원
ISBN 978-89-5996-570-0 93370

지식관련자료총서: 교육자료 1

주해 유몽천자

게일(J. S. Gale, 奇一 牧師) 著述, 李昌植 校閱
허재영 註解

경진출판

발간사

지식 관련 자료 총서를 발간하며

본 자료는 한국연구재단의 2017년 HK+ 인문기초학문 분야 지원 사업에 선정된 단국대학교 일본연구소의 '지식 권력의 변천과 동아시아 인문학: 한·중·일 지식 체계와 유통의 컨디버전스' 사업 수행 결과물을 정리·보급하는 차원에서 기획된 총서의 하나이다. 본 사업은 15세기 이후 20세기 초까지 한·중·일 지식 체계의 형성·변화 및 지식 유통의 메커니즘을 규명함으로써 그와 관련된 지식 권력의 형성과 지형 변화 등을 연구하는 데 목표를 두고 있다.

지식이란 사물이나 대상에 대한 인간의 명료한 의식 전반을 일컫는 용어로, 실증적 학문 이론뿐만 아니라 때로는 종교적이거나 형이상학적 인식을 지칭하는 용어이다. 동서양의 지식 관련 담론과 서적은 이루 헤아릴 수 없을 정도로 많고 다양하다. 지식의 탄생과 진화, 지식의 체계와 구조 등에 대한 연구 성과도 마찬가지이다. 이는 인간 사회와 역사에서 지식의 영향력이 그만큼 크다는 것을 의미한다. 곧 지식은 그 자체로서 이데올로기성을 띨 뿐만 아니라 권력과 밀접한 관련을 맺고 있다는 뜻이다.

본 연구소의 HK플러스 사업팀이 15세기를 기점으로 동아시아 지식 지형과 권력의 상관성을 키워드로 하여 한국 지식사를 규명하고자 한 의도는 한국 학문 발전사뿐만 아니라 한·중·일의 지식 교류사, 지식의 영향력, 지식 사회의 미래 등을 집중적으로 연구할 수 있는 토대를 갖추고, 이를 기반으로 본 연구소를 세계적인 지식 담론의 생산처로 발돋움하게 하는 데 있다. 본 연구소에서 다루어야 할 지식 담론은 전근대의 한·중·일 지식 현상뿐만 아니라 본 대학의 위치한 경기 동남부를 중심으로 한 각 지역의 지역학, 이를 기반으로 한 국내 각 지방의 지역학 네트워크 구축, 인접 국가인 중국과 일본의 지역학 등을 포함한다.

지식 권력 자료 총서는 본 연구소가 지향하는 지식 담론의 주요 자료를 정리하고 소개하고자 하는 목적에서 계획되었다. 자료 총서 시리즈는 HK플러스 사업과 관련하여 연구소의 특성과 아젠다를 반영하는 다종의 연속 자료로 구성할 예정이며, 자료의 유형에 따라 '교육 자료', '지역학 자료' 등과 같이 시리즈의 명칭을 부여하기로 하였다. 이에 따라 근대 계몽기 게일이 저술한 『유몽천자』는 지식 권력 자료 총서의 '교육 자료'로 분류한다.

연구소의 발전 계획과 HK플러스 사업의 취지를 이해하고, 적극적으로 동참해 주시는 공동 연구원 교수님, 연구 교수, 연구 보조원, 행정 직원 여러분의 노고에 감사드리며, 자료 총서를 출판해 주시는 (주)글로벌콘텐츠출판그룹의 홍정표 대표님, 양정섭 이사님께도 감사의 말씀을 올린다.

2018년 5월

단국대학교 일본연구소 소장 허재영

해제

게일의 『유몽천자』

허재영
(단국대 교육대학원·HK플러스 사업 연구책임자 및 일본연구소 소장)

1. 『유몽천자』와 『유몽속편』

제임스 스카이 게일(J. S. Gale, 한국명 기일(奇一), 1863~1937)은 언어학자, 저술가, 번역가, 역사학자, 민속학자로서 한국어 교육에도 많은 관심을 기울였던 선교사였다. 그가 처음 남긴 한국어 교육 관련 저술은 『ᄉᆞ과지남(辭課指南, 영문명 *Korean Grammatical Forms*)』(1894, 서울: Trilingual Press)으로 일종의 한국어 회화서였다. 그는 한국에서의 선교 활동을 지속하면서 교육 사업의 하나로 『유몽천자(牖蒙千字, 영문명 *The thousand character series. Korean Reader*)』를 저술하였는데, 이 책의 저술 의도는 아동에게 한자 및 한문을 가르치고자 함이었다.

『유몽천자』는 모두 4권 4책으로 구성되었는데, 권1과 권2는 국문 서문과 함께 대부분 국한문체로 근대 지식을 선정·배열한 데 비해, 권3은 근대 지식을 한문 현토로 서술하였다. 권4는 『유몽속편(牖蒙續編)』이라고 하였는데, '속편'이라는 명칭을 사용한 것은 권1부터 권3까지와는 달리 권4에서는 한국 고전을 주요 내용으로 선정하고 문체에서도 한문을 중심으로 했기 때문이다. 이런 의도는 각 권의 서문을 통해 확인할 수 있는데, 권1과 권2의 서문은 순국문으로 썼으며, 권3에서 한문으로 "대저 유몽(牖蒙)의 글은 아동으로 하여금 그 뜻을 쉽게 인도하도록 짓는 것"이라고 밝히면서 상권(권1)은 국문으로 한자를 풀이하는 방식으로 하고, 중권(권2)은 국문과 한문의 두 문체를 사용하며, 하권(권3)은 한자를 순용하여 서양사를 역등(譯謄)한다고 하였다. 『유몽천자』 권1은 1903년 서울의 대한성교서회(大韓聖敎書會)에서 처음 발행(인쇄는 일본 요코하마에 소재했던 후쿠인 인쇄회사(Fukuin Printing Co, LTD)에서 이루어짐)되었는데, 권2, 권3 및 『유몽속편』은 1904년에 초판이 발행되었다. 그 이후 1905년에 대한예수교서회(Korean Religious Tract Society)에서 권1·권2·권3의 재판이 발행되었는데, 『유몽속편』은 1907년에 재판이 발행된 것으로 알려져 있다. 이 책은 표지, 1904년 1월 6일에 쓴 게일의 영문(英文) 서문, 영문 목차, 한문으로 쓴 서문, 49과로 이루어진 본문, 자전(字典)으로 구성되었다. 국립중앙도서관본 제3판의 판권에는 저술자(著述者) 영국 문학 박사 기일 목사(奇一 牧師), 교열자(校閱者) 성서변역회 위원 이창식(李昌植), 발행자(發行者) 광학서포 김상만(金相萬), 인쇄소(印刷所) 휘문관(徽文舘), 발행소(發行所) 광학서포(廣學書舖) 등의 내용이 기록되어 있다. 이창식은 이창직(李昌稙)의 오기인데, 그는 1888년 12월 14일 내한한 게일이 언더우드의 집에서 어학을 공부하다가 1889년 3월 17일 해주를 거쳐 장연군 소래에서 만난 소래 교인 사람으로, 해주 양반 가문에서 태어나 게일의 선교 사업과 번역 일을 도왔던 사람이다. 권1과 권2의 국문 서문에서 '대미국인(大美國人) 기일(奇一) 저(著)', '대한사인 이창직 술(大韓士人 李昌稙 述)'이라고 기록한 것을 고려할 때, 『유몽속편』도 이창직은 단순 교열자가 아니라, 기록자로서의 역할을 담당했을 것으로 보인다.

2. 『유몽천자』 권1~권4의 내용

『유몽천자』 권1은 과별 편제 방식으로 일상생활 및 과학, 지리 등에 관한 상식을 주요 내용으로 삼았다. 초급 단계의 학습 내용을 고려하여 지구와 인종, 습관, 동식물, 천문, 지리, 자연 현상 등을 설명하는 내용을 중심으로 구성하였다. 각 과의 내용은 다음과 같다.

(1) 권1의 내용

단원	제재명(단원명)	내용	문종	주제	하위 분야	기타
1	地球의 各論	지구론	설명	지리		
2	人種의 略論	인류	설명	지리		
3	習慣의 略論	습관	설명	수신		
4	世界 사람의 衣服의 略論	의복	설명	지리	문화	
5	世上 사람의 머리와 및 쓰는 거시라	풍속	설명	지리	문화	
6	즘생의 略論	동물	설명	과학	생물	
7	새	동물	설명	과학	생물	
8	水族의 略論	지구과학	설명	과학	지구과학	
9	天文의 略論	천문	설명	과학	천문	
10	구룸	지구	설명	과학	지구과학	
11	비	지구	설명	과학	지구과학	
12	눈	지구	설명	과학	지구과학	
13	우뢰와 및 번개	지구	설명	과학	지구과학	
14	地震	지구	설명	과학	지구과학	
15	火山	지구	설명	과학	지구과학	
16	果實	식물	설명	과학	식물	
17	筭	이과	설명	이과	수학	
18	商業	경제	설명	경제	경제	
19	돈	경제	설명	경제	경제	
20	時間과 및 時計	생활	설명	문화	시간	
21	運動	생활	설명	문화	운동	
22	疾病	과학	설명	과학	의학	
23	鐵	과학	설명	과학	광업	
24	鉛	과학	설명	과학	광업	
25	事務	생활	설명	경제	경제	

『유몽천자』 권2는 과학과 역사를 중심으로 구성하였다. 총 33과로 이루어져 있으며, 텍스트의 출처를 확인할 수 없는 것들도 많다. 특히 '머사의 몽견'에서 '머사'는 '모사(某士)'를 의미하는 것으로 어느 선비의 꿈 이야기에 해당한다. '북극광', '공기론' 등은 전형적인 과학 지식에 해당하며, '콜럼부스의 아메리카 발견', '스파르타 삼백 의사' 등과 같은 역사적 사실을 포함하기도 하였다. '버얼의 파도탄'은 찰스 디킨스의 작품을 번역 수록한 것인데, 『유몽천자』에 포함된 대표적인 문학 작품이다. 권2의 내용은 다음과 같다.

(2) 권2의 내용

단원	제재명(단원명)	내용	문종	주제	하위 분야	기타
1	머사의 夢見(1)	어느 선비의 꿈	이야기			동양 고전
2	머사의 夢見(2)		이야기			
3	머사의 夢見(3)		이야기			
4	氷屐의 避害	빙극의 피해	이야기			
5	氷屐의 避害		이야기			
6	氷屐의 避害		이야기			
7	北極光	북극광	설명	과학	지구과학	
8	空氣論	공기론	설명	과학	지구과학	
9	고롬보스의 亞美利加 新占得(1)	콜럼버스	설명	역사	역사	미국
10	고롬보스의 亞美利加 新占得(1)		설명	역사	역사	미국
11	고롬보스의 亞美利加 新占得(2)		설명	역사	역사	미국
12	고롬보스의 亞美利加 新占得(3)		설명	역사	역사	미국
13	고롬보스의 亞美利加 新占得(4)		설명	역사	역사	미국
14	고롬보스의 亞美利加 新占得(5)		설명	역사	역사	미국
15	고롬보스의 亞美利加 新占得(6)		설명	역사	역사	미국
16	고롬보스의 亞美利加 新占得(7)		설명	역사	역사	미국
17	고롬보스의 亞美利加 新占得(8)		설명	역사	역사	미국
18	五官論 (1)	오관론	설명	과학	인체	
19	五官論 (2)		설명	과학	인체	
20	五官論 (3)		설명	과학	인체	

단원	제재명(단원명)	내용	문종	주제	하위 분야	기타
21	遊星(1)	유성	설명	과학	천문	
22	遊星(2)		설명	과학	천문	
23	스바다 三百 義士(1)	스파르타 3백 의사	설명	역사	역사	그리스
24	스바다 三百 義士(2)		설명	역사	역사	그리스
25	스바다 三百 義士(3)		설명	역사	역사	그리스
26	버얼의 波濤歎(1)	찰스 디킨스	문학	문학	문학	영국
27	버얼의 波濤歎(2)	찰스 디킨스	문학	문학	문학	영국
28	버얼의 波濤歎(3)	찰스 디킨스	문학	문학	문학	영국
29	베수비어스 火山(1)	이탈리아 남부 베수비오 화산	설명	지리	지리	이탈리아
30	베수비어스 火山 (2)		설명		지리	이탈리아
31	베수비어스 火山 (3)		설명		지리	이탈리아
32	煤炭의 功用(1)	매탄의 효용	설명	과학	광업	
33	煤炭의 功用(2)			과학	광업	

『유몽천자』 권3은 서양의 역사, 일화를 중심으로 구성하였다. 미국의 독립 운동 과정을 설명한 '보스턴 차세 치란'이나 영국 군주 '알프레드', 프랑스 대혁명기의 바스티유 감옥 등과 같이, 영미의 역사적 사실을 대상으로 한 것이 많다. 베토벤의 '월광 소나타', 다니엘 디포의 '로빈슨 크루소' 등과 같은 문예 텍스트를 수록한 것도 주목할 만하다. 권3의 내용은 다음과 같다.

(3) 권3의 내용

단원	제재명(단원명)	내용	문종	주제	하위 분야	기타
1	뻐스튼 茶稅治亂	미국 독립 운동 과정	설명		역사	미국
2	뻐스튼 茶稅治亂	미국 독립 운동 과정	설명		역사	미국
3	나일 江口 水戰(一)	나일강을 배경으로 한 국제 정세	설명		국제	이집트
4	나일 江口 水戰(二)	나일강을 배경으로 한 국제 정세	설명		국제	이집트

단원	제재명(단원명)	내용	문종	주제	하위 분야	기타
5	비라밋之奇觀(一)	피라미드의 장관	설명		지리	이집트
6	心弱者之羞不自勝(一)	심약자의 부끄러움을 이겨 내지 못하는 마음	설명		수신	
7	心弱者之羞不自勝(一)	심약자	설명		수신	
8	쎗호벤之月色손아다(一)	베토벤의 소나타 월광	설명		예술	
9	쎗호벤之月色손아다(二)	베토벤의 소나타 월광	설명		예술	
10	英君主알부렛之中興(一)	영국 군주 알프레드의 중흥	설명		역사	영국
11	英君主알부렛之中興(二)	영국 군주 알프레드의 중흥	설명		역사	
12	모듸거져 之不服他主(一)	인도의 커피 농부의 저항	설명		역사	
13	모듸거져 之不服他主(二)	인도의 커피 농부의 저항	설명		역사	
14	모듸거져 之不服他主(三)	인도의 커피 농부의 저항	설명		역사	
15	女子 그레쓰쌀닝之急人高義(一)	그레스탈닝의 위급한 사람 구제	설명		사회	영국
16	紅人論	사람을 대하는 태도	설명		수신	
17	그루소之救一黑人作伴(一)	주안버난틔쓰 島의 해난 사고에서 흑인을 구함	설명	문학	문학	
18	그루소之救一黑人作伴(二)	주안버난틔쓰 島의 해난 사고에서 흑인을 구함	설명	문학	문학	
19	巴里京之變이 由於빠스틸(獄名)(一)	파리의 바스티유 감옥과 혁명	설명		역사	
20	巴里京之變이 由於빠스틸(獄名)(二)	파리의 바스티유 감옥과 혁명	설명		역사	
21	巴里京之變이 由於빠스틸(獄名)(三)	파리의 바스티유 감옥과 혁명	설명		역사	
22	羅馬之亡이 由於弑其君시사(一)	시저 시해와 로마의 멸망	설명		역사	
23	羅馬之亡이 由於弑其君시사(二)	시저 시해와 로마의 멸망	설명		역사	
24	으리쳣之假義行暴(一)	제3차 십자군 전쟁 당시: 사자왕 리처드	설명		역사	
25	으리쳣之假義行暴(二)	제3차 십자군 전쟁 당시: 사자왕 리처드	설명		역사	
26	으리쳣之假義行暴(三)	제3차 십자군 전쟁 당시 아크레 전투	설명		역사	
27	헤루리之深憂教弊(一)	헨리2세	설명		역사	
28	헤루리之深憂教弊(二)	헨리2세	설명		역사	
29	헤루리之深憂教弊(三)	헨리2세	설명		역사	

단원	제재명(단원명)	내용	문종	주제	하위 분야	기타
30	헤루리之深憂敎弊(四)	헨리2세	설명		역사	
31	신신아다쓰之盡職讓功(一)	로마 원로원 신신아다스	설명		역사	로마

권4는 한국 한문학을 중심으로 구성하였다. 『유몽속편』은 신학문을 하는 젊은 학도들에게 고급 한문 지식을 가르치는 데 목적을 둔 교과서이다. 권4의 서문은 다음과 같다.

(4) 『유몽속편』 서

凡有本國所行之事, 卽必有本國所著之文, 所以古人行文, 莫先乎記事通情, 不在乎索隱行怪, 自所見而及其所未見, 自所知而及其所未知, 方言俚語, 土俗物産, 莫不備記, 使後之人, 見其文而知其國之如何者, 天下之通情也. 嗟東方, 自箕子以後假借漢文, 以通其用, 故習於中國人所著章句, 或潛心於尋章摘句, 或事從於浮誇放浪, 唐虞世代之治, 洞瀟等地之景, 隨問隨答, 朝讀暮誦, 而至如本國之事, 無異於霧中看花, 夢裡償春, 問不能答, 思不能得, 何君何士之聖哲, 某水某山之佳麗, 寥乎無聞, 可勝歎哉. 老士碩儒之稱爲有識者, 尙且如此, 新學少生之懵(어리석을 몽)於趣向者, 何所效則乎. 乃編次聖君賢士之卓然可法者, 考古證今, 並著山水堂窩之超然可觀者, 顧名取義, 可以質前代治亂之要領, 且以破後人聞見之孤陋. 子君臣之義, 風雲月露之情, 莫不該括, 簡而不煩, 精而且要, 故, 庶乎智者, 可以三四年而通, 愚者, 不過五六年而學, 記其事則可以得要, 通其情則可以知其眞, 無所用而不備, 無所往而不達, 雖至精至微, 極高極遠, 皆可得而書矣. 則文雖取於中國, 功何讓於中國乎. 至於洪範九疇 乃是我東化物成俗之聖君, 所作也. 取著編首, 以示斯文所來之原, 若其五行陰陽卜筮(복서)之說, 雖曰古人精義, 多端蒙蔽(몽폐), 使人易於浸惑, 則不足以爲訓斯世, 不必溯源探根, 消磨歲月也. 古人所云不得於言, 勿求於心者, 可謂識時務之至論, 何必泥乎古而不通乎今也哉. 不以文害辭 不以辭害志, 惟適於日用事物者, 拳拳

服膺, 至於迂遠無實處, 不苟甚解, 而觀先聖之制度爲取諸賢之諷詠勸懲, 分課就程, 比諸舍己從人之日, 事半功倍, 其於教育之道, 未必無小補云爾.

번역 무릇 본국에서 일어나는 일은 곧 반드시 본국에서 지은 글이 있으니, 그 까닭에 고인의 글쓰기는 사실을 기록하고 사정을 통하는 것보다 우선하는 것이 없으며, 숨은 것과 기괴한 행실을 찾는데 있지 아니하다. 스스로 본 바와 보지 않은 바, 스스로 알고 있는 바와 알지 못하는 바, 방언과 속어, 토속 물산이 기록할 준비가 되지 않은 것이 없으니 후세 사람으로 하여금 그 글을 봄으로써 그 나라의 어떠함과 천하의 사정을 알게 한다. 아, 동방(우리나라)은 기자 이후로 한문을 빌려 씀으로써 그것을 통용하니, 그런고로 중국인이 지은 장구(章句)를 익히고, 혹은 그 구절을 발췌한 것을 마음에 새기며, 혹은 실속없이 과장되고 방랑한 일을 따르며, 당우(唐虞) 세대의 정치와 동정·소호 등지의 경치를 막힘없이 묻고 대답하며, 아침에 읽고 저녁에 암송하여 본국의 일과 같은 경지에 이르러 안개 속에서 꽃을 봄과 다름이 없고, 꿈속에서 봄을 감상하듯 물어도 답할 수 없고, 생각해도 깨칠 수 없으니, 어느 임금 어느 선비의 성스럽고 밝음이나 어느 물 어느 산의 아름다운 경치를 들은 바 없이 휑하니 가히 탄식할 일이다. 노사(老士)·석유(碩儒)라고 일컫는 유식한 사람들도 하물며 이러하거든 신학(新學)의 젊은 생도의 어리석은 취향은 무엇을 본받을 것인가. 이에 성군 현사의 탁연하여 가히 본받을 만한 것을 가려서(편찬하여) 옛것을 살피고 지금을 증거하며, 아울러 산수 당와(堂窩)가 초연하여 가히 볼 만한 것을 드러내어 명분을 돌아보고 의(義)를 취함으로써, 가히 전대의 치란(治亂)의 본질로 요령을 삼도록 하며, 또한 후세 사람의 견문이 고루함을 깨뜨리고자 한다. 그대들, 군신의 의리와 비바람 달빛 이슬의 정이 이에 묶이지 않음이 없으며 간결하면서도 번잡하지 않고, 정밀하면서도 또한 요체가 있으니, 그러므로 지혜로운 자들은 가히 삼사년에 통달할 수 있고, 어리석은 자들도 불과 오륙년에 배울 수 있으니, 그 사실을 기록함은 곧 요점을 이해할 수 있고, 그 사정을 통하는 것은 곧 그 진실을 알 수 있으므로 필요함에 준비되지 않은 바 없고, 가야할

곳에 이르지 않은 바 없어, 모름지기 정밀함에 이르고 미세함에 이르러 지극히 높고 지극히 원대함을 모두 가히 얻어 기록하고자 하였다. 곧 글은 비록 중국에서 취하였으나 그 공은 어찌 중국에 뒤지겠는가. 옛사람이 이르기를 말로 이해하지 못하는 바는 마음으로 구하지 말 것이니, 시무의 지론(至論)을 안다고 일컬을 수 있다. 어찌 옛것에서 진흙을 찾고 지금과 통하지 않음이 있으랴. 글로써 말을 해롭게 하지 아니하고 말로써 뜻을 해롭게 하지 아니하는 것은 오직 일용 사물에 적용하는 것뿐이니 참된 마음으로 복응하여 우원하고 실속 없는 데 이르러 깊이 해석하지 아니하고, 성현의 제도를 살펴 제현의 풍영(諷詠)과 권징(勸懲)을 취하여, 과를 나누어 배우게 하고, 자신을 버리고 타인을 따르면, 힘은 반이요 공은 배가 될 것이니, 교육의 도리에서 조금도 보탬이 되지 않음이 없게 할 따름이다. 홍범구주에 이르러 우리 동방의 풍속이 이루어졌으니 성군이 그렇게 한 것이다. 그 지은 바의 머리 부분만 취하여 엮어 문화의 근원을 보였다. 오행 음양 복서(卜筮, 길흉)의 설은 비록 고인이 정묘함과 올바름을 말했을지라도 다단하여 사람으로 하여금 쉽게 유혹에 빠져들게 하니 곧 이 세상을 가르치게 하는 데 족하지 아니하고, 근원을 거슬러 올라가거나 뿌리를 찾는 일이 충분하지 않으니, 시간이 흐르면서 사라졌다.

서문에서 밝힌 바와 같이, 속편에서는 '기자동래(箕子東來)'로부터 한국 고전의 명문을 중심으로 하였다. 『경신사』(1991)에 따르면, 이 책의 내용 선별은 『동국여지승람』, 『율곡전서』, 『국조보감』, 『포은집』, 『퇴계집』 등에서 선정한 것으로 알려져 있다.

편제 방식은 과별 편제(課別 編制)를 취했으며, 각 과에는 이름을 붙이지 않았다. 각 과의 내용을 제시하기 전에 해당 과에 등장하는 한자를 풀이하고, 그 과와 관련한 간단한 설명을 붙였다. 예를 들면 기자 동래(箕子東來)와 '홍범(洪範)'을 내용으로 한 제1과의 경우 '제일과(第一課)'라는 과명 다음에 '殷 은, 나라, 紂 쥬, 사오나올, 範 범, 법…'과 같이 한자를 풀이하고, 한문으로 '기자가 우리나라에 오게

된 내력'을 설명한 뒤, 홍범(洪範)을 풀이하는 방식을 취했다. 제1과와 '홍범'이 이어진 제2과는 다른 과(課)와는 달리 국한문을 사용했으며, 제3과부터 제49과까지는 모두 순한문을 사용했다. 『유몽속편』 49개 과에 등장하는 작품은 기(記)와 서(序)를 중심으로, 논(論), 소(疏), 지(誌), 사(辭), 부(賦) 등의 42개 작품이다. 이들 작품은 군왕인 세종과 숙종의 글을 포함하여, 신라·고려·조선 시대의 명문으로 이루어져 있는데, 구체적으로는 다음과 같다.

(5) 『유몽속편』의 내용

第一課 箕子 (1) 洪範(홍범)
第二課 箕子 (2) 洪範(홍범)
第三課 世宗大王 戒酒篇(계주편)
第四課 肅宗大王 滄波扁舟圖識(창파편주도식)
第五課 薛聰 花王戒(화왕계)
第六課 崔致遠 上大師侍中狀(상대사시중장) -孤雲
第七課 李穡(1) 砥平縣 彌智山 潤筆庵記(지평현 미지산 윤필암기)
第八課 李穡(2) 望海樓記 - 牧隱(망해루기)
第九課 李穡(3) 雲錦樓記 - 牧隱(운금루기)
第十課 鄭夢周 金海山城記(김해산성기)
第十一課 河崙 圃隱先生 詩集 序(포은 선생 시집 서)
第十二課 卞季良 圃隱先生 詩藁 序(포은 선생 시고 서)
第十三課 鄭道傳 勤政殿 序(근정전 서)
第十四課 權近 息波亭記(식파정기)
第十五課 李奎報 望海誌(망해지)
第十六課 徐居正 四友堂記(사우당기)
第十七課 申叔舟 雲錦樓 重修記(운금루 중수기)
第十八課 魚孝瞻(1) 風水說 上疏(풍수설 상소)

第四十七課 南公轍(1) 夕陽樓(석양루)

第四十八課 南公轍(2) 任實學記(임실학기)

第四十九課 姜必孝 是憂堂記(시우당기)

『유몽천자』는 책 제목과 같이, 한자 학습을 목표로 하였다. 그렇기 때문에 각 권마다 부록으로 '자전(字典)'을 두고 있는데, 이 자전에 수록한 한자는 본과(本課)에서 제시한 한자들이다. 자전의 배열순서는 'ㅇ, ㅎ, ㄱ, ㅁ, ㄴ, ㅂ, ㅍ, ㄹ, ㅅ, ㄷ, ㅌ, ㅈ, ㅊ'의 순서이며, '了'를 'ㅇ' 항에 두면서도 '뇨'로 적고, '遼, 寥, 繚, 憀'를 모두 '요'로 적으면서도 'ㄹ' 항에 배열한 것 등과 같이 두음법칙 표기의 혼란상이 반영되기도 하였다.[1)]

1) 이 글은 한국학중앙연구원의 『민족문화대백과』에 수록한 원고를 수정한 것임.

[일러두기]

게일(J. S. Gale)의 『유몽천자』는 근대 계몽기 대표적인 독본류 교과서이다. 책명에 '천자(千字)'라는 표현이 등장하듯이 한자 학습을 목표로 한 교과서이나, 그 내용은 근대 지식 또는 전통적인 한문 문장을 대상으로 하였다. 특히 권1부터 권4까지 단계별 학습을 고려하여, 권1과 권2에서는 비교적 쉬운 국한문체를 사용하고, 권3은 현토체에 가까운 국한문체를 사용하였으며, 권4는 한문 텍스트를 사용하였다. 이 점에서 권3, 권4는 번역하지 않으면 일반인이 읽을 수 없는 수준의 텍스트가 들어 있는 셈이다.

이를 고려하여 이 주해서에서는 권1과 권2의 경우 필요한 내용만 각주를 붙이고, 권3은 주해를 한 뒤 직역을 중심으로 번역하였다. 권4는 기자의 '홍범'을 비롯하여 한국 고전 문장을 제시한 책으로, 다른 서적에서 원문을 확인할 수 있으므로, 이 주해서에서는 별도의 번역을 하지 않았다.

주해 및 번역 과정에서 다수의 오류가 발견될 수도 있다. 이는 전적으로 주해자의 책임으로 수정본을 낼 때 교정하기로 한다.

목차

유몽천자 권2 ___ 77

유몽천자 권3 ___ 155

유몽천자 권4 牖蒙 續編 ___ 275

牖蒙千字 原典 ___ 289

牖蒙千字

유몽천자 권1

유몽천자

이 책은 태서 사람의 아해 교육 식히는 규례를 의방하야 지은 책이니 초학 입덕지문이라. 대저 아해를 말노써 그 마음을 여러 밝히고 그 지식을 널녀 주는 거시 가장 요긴한 고로 몬저 행용하는 한문 글자 일천을 가지고 국문과 혼합하야 한 권 책을 저술하엿는데 무릇 이십오 과정이라. 이밧긔 또 이삼사 권을 개간하야 대한 가온대 남녀 아해를 가르치는데 지극히 조흔 법을 삼으랴 하노라.

大美國敎人 奇一 著
大韓士人 李昌稙 述

대한셩교서회탁인
大韓聖教書會託印

牖蒙千字 卷之一 目錄

第一 科程 地球의 略論

한자	음	한자	음	한자	음
地球	지구	居處	거처	合	합
一	일	時方	시방	堅固	견고
物件	물건	晝夜	주야	兒孩	아해
夕飯	석반	大韓	대한	朝飯	조반
世上	세상	智識	지식	生覺	생각
勝	승	大抵	대저	憑據	빙거
顯著	현저	假令	가령	萬頃蒼波	만경창파
蒸氣船	증긔선	風帆船	풍범선	棹	도
後	후	船體	선체	宛然	완연
水路	수로	西國	서국	一向	일향
東	동	得達	득달	月蝕	월식
鶴	학	壯士	장사	文明	문명

地球는 우리 居處하는 데니 물과 흙이 合하야 된 거신데 地面 四分의 三은 물이오, 四分의 一은 흙이라. 녯적에는 모지다 하엿스나 時方은 둥글다 하나니라. 이 地球는 한 둥근 덩어리가 단단히 뭉처서 堅固하게 된 物件으로서 晝夜 쉬지 안코 돌매 晝夜가 밧괴여 유롭과 아머리가 兒孩가 夕飯을 먹을 제 우리 大韓 兒孩는 朝飯을 먹나니 이 世上 智識이 녯날 生覺보다 勝하도다. 大抵 地球가 모지지 안코 둥근 憑據가 顯著하니 假令 萬頃蒼波에 써오는 蒸氣船이나 風帆船이나 바라보

면 처음에 棹대브터 보이다가 갓가히 온 後에야 船體가 宛然히 보이나니라. 또 우리가 水路로 西國을 가랴 하고 一向 東으로만 가도 西國에 得達하고 또 月蝕할 제 그 그림자만 보아도 아나니 녯 그리써[1] 사람의 生覺에 코기리가 싸흘 지고 鶴을 타고 간다거나 또 엇더한 壯士가 싸흘 지고 간다 하는 말들은 우리 文明한 時代 사람들의 信聽할 바 아니로세.

1) 그리써: 그리스.

第二課 人種의 略論

한자	음	한자	음	한자	음
世界	세계	人種	인종	黃人種	황인종
性稟	성품	暴虐	포학	氣質	긔질
淳朴	순박	士農工商	사농공상	業	업
者	자	其	기	古代	고대
議論	의론	事業	사업	可	가
故	고	驕慢	교만	異邦	이방
夷狄	이적	排外思想	배외사상	近來	근래
各國	각국	通涉	통섭	白人	백인
黃人	황인	評論	평론	心志	심지
懶弱	라약	進步	진보	無力	무력
妄佞	망녕	虛誕	허탄	龍	룡
鬼神	귀신	陰陽	음양	卜術	복술
夢事	몽사	儒道	유도	佛道	불도
仙道	선도	白人種	백인종	性質	성질
强暴	강포	驍勇	효용	壓制	압제
爲主	위주	忍耐	인내	感覺	감각
願	원	一般	일반	人民	인민
學文	학문	農工商	농공상	各各	각각
會社	회사	一箇人	일개인	利益	리익
一國	일국	取	취	權利	권리
棕色	종색	愚鈍	우둔	悍毒	한독

한자	음	한자	음	한자	음
寃讐	원수	機會	긔회	暗殺	암살
聰明	총명	工夫	공부	成功	성공
虛無	허무	有名	유명	害	해
赤銅色	적동색	合衆國	합중국	土人	토인
彷彿	방불	精神	정신	頭髮	두발
頭骨	두골	到處	도처	帳幕	장막
山	산	文學	문학	商業	상업
工業	공업	農業	농업	技藝	기예
自己	자긔	土地	토지	占領	점령
鬱憤	울분	一生	일생	慷慨	강개
職業	직업	年年	년년	減	감
黑人種	흑인종	漆色	칠색	上下	상하
羊	양	上古	상고	史記	사긔
本是	본시	學術	학술	稟質	픔질
魯鈍	로둔	蠢蠢愚氓	준준우맹	稱	칭
天痴	천치	中古	중고	奴隷	노예
只今	지금	贖良	속량	節制	절제
自由	자유				

世界에 人種 다섯시 잇스니 몽골과 고게쉬[2]과 말내[3]와 아머리간[4]과 늬그로[5]라. 몽골은 우리 黃人種이니 性稟이 暴虐지 아니하고 氣質이 淳朴하야 士農工商의 業을 배홀 만한 者ㅣ니라. 其 古代를 議論컨대 事業한 거시 만흐니 可히 文明에 나아갓섯다 할 만한 故로 驕慢하야 異邦 사람을 보면 夷狄이라 하난 이도 잇스며 排外思想을 품은 者

2) 고개쉬: 코카시아인. 백인종.

3) 말내: 남양 각도에 산재한 인종을 일컬음. 종색인(棕色人). 회색인. 휘문의숙(1906)의 『고등소학독본』 권1 제6과 참고.

4) 아머리간: 아메리카 인디언.

5) 늬그로: 흑인.

도 업지 아니한지라. 近來에 各國과 通涉한 後로브터 白人이 우리 黃人을 評論한 데 닐넛스대 心志가 懶弱하야 進步하는 데 無力하면 妄佞되고 虛誕한 거슬 일삼아 龍과 鬼神과 陰陽과 卜術과 밋 夢事를 밋는다 하나니 其道는 儒佛仙 三道더라.

고게쉰는 白人種이니 性質이 强暴하고 驍勇하야 남을 壓制하기로 爲主하고 忍耐와 感覺 두 가지 마음으로써 날마다 더옥 새로워 가기를 願하고 一般 人民이 學文과 農工商에 힘을 써서 各各 會社를 니리키나니 一箇人의 利益과 一國의 利益을 取하고 權利를 다토는 人種이니라. 말내는 棕色 人種이니 性質이 愚鈍치 아니하고 悍毒하야 寃讐를 맛나면 機會를 타서 暗殺하는 者ㅣ니라. 聰明하야 무삼 工夫를 하던지 成功하는 者ㅣ나 그러나 虛無한 거슬 만히 밋다가 오날 써러저 有名한 사람이 되지 못하고 害를 밧나니라.

아머리간은 赤銅色 人種이니 合衆國의 土人이라. 얼골이 맛치 붉은 구리와 彷彿하고 뺨섀가 놉고 눈에 精神이 나타나고 코가 크고 頭髮이 곱슬곱슬하지 아니하니라. 새털갓슬 쓰고 단니는 者ㅣ니 性稟이 사오나와 寃讐를 죽여 其 頭骨 껍더기를 씌에 차더라. 집을 짓고 居處하지 아니하며 到處마다 帳幕을 치고 지내며 山으로 가서 사냥을 잘하고 文學과 商業과 工業과 農業과 技藝의 뜻시 업나니 유롭 사람이 自己 土地를 占領한 後로브터 鬱憤함을 뎐대지 못하야 一生 慷慨한 마음을 품고 지내며 아모 職業도 일삼지 아니함으로 其 人種이 年年히 減하야 가나니라.

늬그로는 黑人種이니 그 검은 거시 漆色갓고 上下 입설이 두텁고 頭髮이 羊의 털 갓치 곱슬곱슬하야 길지 아니하더라. 上古 史記를 보면 本是 아푸리가 人種으로서 學術과 技藝가 업서 文明에 나아가지 못한 者ㅣ니 稟質이 魯鈍하야 蠢蠢愚氓인 故로 사람이 稱하기를 天痴라 하나니라. 中古브터 남의 奴隷가 되엿다가 只今은 贖良하야 남의 節制를 밧지 아니하고 自由를 엇은 者ㅣ니라.

第三課 習慣의 略論

한자	음	한자	음	한자	음
習慣	습관	自兒時	자아시	父母	부모
中	중	自然	자연	天性	천성
配合	배합	行習	행습	牢不可破	로불가파
風俗	풍속	恰似	흡사	假量	가량
一朝一夕	일조일석	變	변	卒然	졸연
變易	변역	仔細	자세	地球上	지구상
無論	무론	黃	황	白	백
黑	흑	棕	종	紅	홍
各其	각기	區別	구별	起居動作	긔거동작
言語行事	언어행사	太古	태고	貴	귀
思慕	사모	言必稱堯舜	언필칭요순	恆常	항상
古書	고서	古人	고인	仰慕	앙모
此世上	차세상	勤	근	精密	정밀
實狀	실상	病	병	遊食之民	유식지민
太半	태반	運數	운수	八字	팔자
兼	겸	偶像	우상	爲	위
祈禱	긔도	福	복	懇求	간구
基礎	긔초	一身	일신	合當	합당
名譽	명예	男女老少	남녀노소	莫論	막론
權勢	권세	主張	주장	抑制	억제
圖謀	도모	貪	탐	學	학

한자	음	한자	음	한자	음
從事	종사	進步	진보	當	당
滋味	자미	一毫	일호	讓頭	양두
製造	제조	晝宵	주소	硏究	연구
至極	지극	慾心	욕심	懶惰	라타
陋麁	누추	奢侈	사치	衣服	의복
地位	지위	下人	하인	關係	관계
喜怒哀樂間	희로애락간	過度	과도	容貌	용모
天眞	천진	挾詐	협사	指目	지목

아세아의 習慣의 略論

習慣이라 하는 거슨 사람이 自兒時로 父母의게서 듯고 보는 中에서 自然히 天性으로 더브러 配合하야 行習이 되어 뿌리가 박혀 堅固하야 牢不可破라. 風俗으로 더브러 恰似하니 假量 風俗은 一朝一夕에 變하야 곳친다 할지라도 習慣은 卒然히 變易지 못하나니라.

아세아 兒孩야. 귀를 기우리고 仔細히 드르라. 地球上에 人種이 無論 黃白黑棕紅하고 各其 習慣의 區別이 잇나니라.

이 사람은 起居動作과 言語行事가 다 太古적을 貴히 녁이고 思慕하야 言必稱 堯舜하고 恒常 古書만 닉히며 古人만 仰慕함으로 此世上에 勤하고 精密하고 實狀 잇는 거슬 힘쓰지 아니하며 實狀 업는 學文을 배호고 遊食之民이 太半이 지나나니라. 또 運數와 八字를 말하며 兼하야 偶像을 爲하며 거긔 祈禱하야 福을 懇求하고 또 녯사람의 일을 좃는 거시 基礎가 되엿스니 엇지 一身에나 一國에나 合當하리오. 다만 一身을 생각하고 一國을 잘 도라보지 아니하는도다. 이러한 習慣을 버리고 名譽와 權利가 엇더한 거슬 알지어다.

유롭과 아머리가 習慣의 略論

이 사람들은 男女老少를 莫論하고 權勢와 利益을 主張하야 남을 抑制하고 스스로 놉고저 하며 利益을 圖謀하고 名譽를 貪하야 무삼 學에 從事하던지 進步하기에 힘써 어려온 곳슬 當할지라도 더욱 滋味잇게 녁이고 一毫도 남의게 讓頭하지 아니하야 古人의 製造한 거보다 더 잘하랴고 晝宵로 硏究하야 至極히 精密한 데ᄭᅡ지 니르랴 하는 慾心이 잇는 者ㅣ니라.

아푸리가 習慣의 略論

이 사람은 懶惰하고 陋麁하야 奢侈한 衣服도 願치 아니하며 世上學文에도 뜻이 업고 놉흔 地位에도 안고저 하지 아니하야 남의 下人이 되어도 關係치 안타는 마음이 잇고 喜怒哀樂間에 過度히 容貌에 나타나지 아니하고 또 天眞에 挾詐가 잇슴으로 사람이 다 指目하나니라.

第四課 世界 사람의 衣服의 略論

한자	음	한자	음	한자	음
五大洲	오대주	東西南北	동서남북	制度	제도
一定	일정	太平洋	태평양	南便	남편
百姓	백성	羞恥	수치	野人	야인
北極	북극	地方	지방	印度	인도
近方	근방	髣髴	방불	淸國	청국
其中	기중	黑色	흑색	崇尙	숭상
白衣	백의	自古	자고	紡績	방적
冬節	동절	綿花	면화	幅	폭
足	족	容納	용납	五色	오색
燦爛	찬란	歐米	구미	羊毛	양모
四時	사시	我國	아국	山峽	산협
處	처	頑固	완고	態度	태도
奇異	기이	譏弄	긔롱	染色	염색
事務	사무	運動	운동	輕捷	경첩
一步	일보				

五大洲에 홋허저 사는 東西南北 사람의 옷 制度가 一定치 아니한지라. 知識 잇는 者가 말한대 그 옷슬 보고 마음을 안다 하나니 太平洋 南便 섬에 잇는 百姓들은 옷시 업시 벌거벗고 단니니 羞恥를 아지 못하는 野人이오, 北極 地方에 사는 사람은 즘생을 사냥하야 그 가족

으로 몸을 가리우고, 印度 近方 사람은 그 옷시 맛치 두루마기도 髣髴하고 치마도 恰似하고 우리 大韓 사람과 밋 淸國 사람은 너그러온 옷슬 조화하나니라. 우리 大韓은 黑色을 崇尙치 아니하고 白衣를 더욱 조화하더라. 自古로 紡績할 줄을 알고 冬節이 되면 옷 속에 綿花를 노하 닙나니 幅이 甚히 널너 한 바지통에 두 사람의 몸이 足히 容納할 만하고 兒孩들을 五色으로 燦爛하게 쑴여 닙히고 歐米 사람들은 黑色을 崇尙하는데 그 바탕을 羊毛로 짠 거시니 통이 좁게 하야 四時로 닙나니라. 我國 사람이 山峽에 處한 者들은 頑固한 態度가 만흠으로 黑色을 보면 奇異히 넉여 譏弄하나 그러나 染色한 羊毛 바탕의 가음으로 통을 좁게 지여 닙는 거시 事務를 볼 제나 運動을 할 제나 다 輕捷한즉 一步라도 압서기를 다토는 者의 조화하는 바니라.

第五課 世上 사람의 머리와 밋 쓰는 거시라

한자	음	한자	음	한자	음
東西洋	동서양	黃色	황색	赤色	적색
斷髮	단발	散髮	산발	自由之權	자유지권
任意	임의	日本	일본	太平洋羣島	태평양군도
腦骨	노골	分揀	분간	腦	노
充滿	충만	虛	허	分別	분별
穎悟	영오	敏捷	민첩	全體中	전체중
第一	제일	所重	소중	榮光	영광
貴賤	귀천	表	표	君主	군주
元首	원수	擧皆	거개	護衛	호위
保全	보전	冕旒冠	면류관	金	금
各色	각색	寶石	보석	其次	기차
文武	문무	官人	관인	士庶人	사서인
品數	픔수	等級	등급	貴	귀
婦女	부녀	首飾	수식	各國人	각국인
一枚	規定	規定	규정	體面	체면
太陽	태양	氣運	긔운	犯	범
人事	인사	西洋	서양	或	혹
尊丈	존장	貴人	귀인	對	대
親舊	친구	街路上	가로상	逢着	봉착
隨問隨答	수문수답	尋訪	심방	房	방
免冠	면관	彩色	채색	漆	칠
色	색	手巾	수건	大端	대단

東西洋 사람의 頭髮이 黑色과 黃色과 赤色이 잇는데 斷髮을 하거나 散髮을 하거나 상토를 짜거나 다 自由之權이 잇서 자긔의 任意대로 하는 바라. 大韓과 日本은 아직 상토가 잇고 太平洋 羣島中에 엇더한 野人은 散髮을 하엿스며, 文明한 나라들은 斷髮을 하나니라. 그 腦骨을 말하면 크고 적고 얇고 두터온 分揀과 또 그 腦가 充滿하고 虛한 分別이 잇슴으로 精神과 生覺의 穎悟하고 敏捷한 거시 잇나니 머리가 全體中에 第一 所重하니라.

머리라 하는 거시 가장 놉흔 地位에 處하엿는데 또 그 우희 쓰는 거시 잇서 榮光을 取하며 또 貴賤을 表ᄒᆞ나니 君主는 人民의 元首가 됨으로 사람사람이 擧皆 밧드러 놉혀 護衛하기를 자긔의 머리 保全하랴는 것 갓치 하나니라. 그 쓰는 거슨 冕旒冠인데 金과 各色 寶石으로 쑴이고 其次로 말하면 文武官人들노브터 士庶人까지라도 各其 品數와 等級이 잇고 貴한 婦女들도 首飾을 燦爛히 하나니라.

各國人의 쓰는 거시 一枚지게 規定한 거시 업서 엇더한 野人의 나라는 아모것도 쓴 거시 업거니와 體面을 차리는 나라 사람은 頭髮을 가리우며 兼하야 太陽 氣運이 腦骨을 犯치 못하게 하나니라. 우리 大韓과 淸國은 쓴 거슬 벗지 안코 人事하나 西洋과 或 日本은 尊丈과 貴人을 對하나 或 親舊를 街路上에서 逢着하야 隨問隨答을 하거나 或 사람을 尋訪하야 房에 드러갈 때에는 다 免冠하나니라. 아머리가 土人은 새털갓슬 쓰고 얼골에 붉은 彩色을 漆하고 마라고[6] 사람이나 인도 사람은 色 잇난 긴 手巾으로 머리에 감으니 그 머리가 大端히 커 보이나니라.

6) 마라고: 말레이.

第六課 즘생의 略論

한자	음	한자	음	한자	음
天然物	천연물	覺魂	각혼	生命	생명
靈魂	영혼	世界上	세계상 ·	各種類	각종류
繁盛	번성	陸地	륙지	生育	생육
殘忍	잔인	柔順	유순	獅子	사자
虎狼	호랑	豺狼	싀랑	限	한
引導	인도	怯	겁	雄壯	웅장
義理	의리	王	왕	强暴	강포
殺害	살해	俗談	속담	繁殖	번식
不知其數	부지기수	人家	인가	養育	양육
山野	산야	生長	생장	比較	비교
淨	정	醜	추	牛羊	우양
有益	유익	農事	농사	其外	기외
橐駝	탁타	文明之國	문명지국	生産	생산
妙理	묘리	種類	종류	特別	특별
麒麟	기린	有名無實	유명무실	開化	개화
動物院	동물원	設立	설립	耳目	이목
悅樂	열락				

즘생이라 하는 거슨 本是 天然物이니 覺魂의 生命만 잇고 靈魂의 生命이 업는 者ㅣ니라. 世界上에 各種類가 크게 繁盛하야 山과 바다와 陸地에 生育하는 中에 殘忍하야 사람을 害하는 것도 잇고 柔順하야

사람의게 길드림을 밧든 것도 만흐니라. 山즘생 中에 무서온 거슨 코기리와 獅子와 虎狼이와 豺狼과 곰과 其外에도 여러 가지 즘생이 잇는데 코기리는 힘이 限업스나 길든 後에는 兒孩의 引導라도 밧는 者ㅣ오, 獅子는 힘이 잇고 날내며 또 㤼이 업고 소리가 雄壯하고 또 다른 즘생보다 義理가 잇는 거신 故로 王이라 稱하는 거시오, 虎狼이는 强暴하야 殺害하기만 하는 거시오, 곰은 힘이 第一 만흐나 너무 미련함으로 大韓 俗談에 미련한 者를 指目하야 곰이라 하나니라. 大抵 즘생의 繁殖함이 不知其數ㄴ데 人家에서 養育을 밧는 者와 山野에서 生長한 者를 서로 比較하면 淨하고 醜한 分別이 잇더라. 또 其中에 牛羊은 사람의게 第一 有益하니 소는 農事에도 쓰고 그 젓과 고기와 가족과 뼈까지라도 버리지 안코, 羊도 또한 有益하야 그 털노 옷감을 만드러 四時로 닙고 맛잇는 고기와 쁠과 젓과 뼈까지 쓰나니라. 其外에 또 말과 橐駝[7]와 라귀와 개와 고양이와 여러 가지 즘생이 잇는데 文明之國에서는 生産 식히는 妙理를 아라 各種 種類를 싸라 잘 먹이치는 故로 種類가 特別히 아름다오니라. 또 古書에 麒麟이라 한 거시 잇스나 이는 일홈과 말쁜이니 有名無實하니라. 開化한 나라는 動物院을 設立하고 여러 가지 動物을 모화노코 사람들노 하여곰 任意대로 구경하게 하야 그 耳目을 悅樂케 하고 그 性質도 알게 하나니라.

7) 탁타(橐駝)=낙타. (표준국어대사전 등재어)

第七課 새

한자	음	한자	음	한자	음
空氣	공긔	中天	중천	山林	산림
川澤	천택	棲息	서식	史記	사긔
鳳凰	봉황	祥瑞	상서	博覽	박람
學士	학사	鳳	봉	大綱	대강
鶴	학	烏鵲	오작	鸚鵡	앵무
孔雀	공작	白鷺	백로	貌樣	모양
千態萬象	천태만상	數多	수다	凡常	범상
處處	처처	簷下	첨하	稼穡	가색
豊備	풍비	分數	분수	年年	년년
虛費	허비	五穀	오곡	不少	불소
微物	미물	理學者	리학자	至極	지극
毒	독	樹木	수목	明朗	명랑
淨潔	정결	窓	창	柯枝	가지
警醒	경성				

새는 털이 잇고 ᄯᅩ 날개가 돗아서 空氣를 헷치고 中天으로 ᄯᅥ다니다가 山林과 川澤 미 ᄯᅡ른 곳에 棲息하나니라.

녯 史記에 鳳凰을 가르처 祥瑞라 한 거시 만흠으로 녜를 博覽한 사람들은 올흔 줄노 아나 그러나 此世上에 學士는 鳳이 업다 하나니라.

大綱 말하면 비듥이와 鶴과 닭과 오리와 烏鵲과 鸚鵡와 孔雀과 ᄭᅬ

고리와 白鷺와 참새와 밋 여러 새들이 잇는데 그 貌樣의 아름다옴과 그 소리의 듯기 조흔 거시 千態萬象이더라. 數多한 새 中에 참새는 凡常한 새라. 處處에 잇는 故로 모로는 사람이 업나니라. 이 새는 簷下 쯧헤나 나모 구멍에나 깃슬 드리고 쏘 稼穡에 힘쓰지 아니하야도 到處에 먹을 거시 豊備한 天然物이니라. 이 世上에서 自己의 分數만 직혀가는 사람들이 말하대 年年히 새가 먹어 虛費하는 五穀이 不少하니 害만 씨치는 微物이라 하나 理學者는 갈아대 至極히 적고 毒한 버레를 새가 만히 먹음으로 그 害가 사람의게도 밋지 아니하고 쏘한 樹木에게도 밋지 아니한다 하나니라. 볼지어다. 쏘 일은 아침에 明朗하고 淨潔한 氣運을 씌고 窓 압 나모 柯枝에 오르락 나리락하며 즐거온 소리로써 懶惰한 者를 警醒하나니라.

第八課 水旅의 略論

한자	음	한자	음	한자	음
江	강	湖水	호수	海水	해수
其數	기수	記錄	긔록	飮食	음식
生活	생활	生鮮	생선	海産	해산
刀尾	도미	松魚	송어	大口	대구
鰵魚	민어	鰱魚	련어	靑魚	청어
鯉魚	리어	水族	수족	大者	대자
長	장	洋尺	양척	六七十尺	륙칠십척
鬚髥	수염	能	능	船隻	선척
破覆	파복	海上	해상	海面	해면
壯觀	장관	西國人	서국인	日本人	일본인
得利	득리	三千圓	삼천원	偏嗜	편기
南海	남해	鰐魚	악어	皮甲	피갑
彈丸	탄환	凶惡	흉악	六畜	륙축
避	피				

江과 湖水와 海水에 生産한 바 物件이 各其 일홈이 잇스대 其數가 만하서 이긔여[8] 記錄지 못하리로다. 우리가 飮食을 하며 生活하ᄅ 때에 업지 못할 거슨 生鮮인데 海産 가운데 가장 可한 거슬 刀尾와 松魚와 大口와 鰵魚와 鰱魚와 조긔와 靑魚와 밋 數多한 生鮮이 ᄯᅩ 잇

8) 이긔여: '여기 이'의 오식으로 보임.

스니 이 몃 가지는 보기에도 아름답고 먹기에도 맛잇나니라. 水族中에 큰 者는 고래ㅣ니데 大者는 長이 洋尺으로 六七十尺이라. 입이 도야지 입과 恰似하고 또 鬚髯이 잇스며 또 能히 船隻을 破覆할 힘이 잇고 海上에서 써놀 때에 海面에 썻다 잠겻다 하며 큰 머리를 드러내고 물을 뿜는 소리가 바다를 뒤집는 듯하야 보기에 壯觀이더라. 西國人과 日本人은 이거슬 잡아 得利하나니 이거시 기름이 만코 또 사람들이 그 새를 다토아 사나니라.

南海에 鰐魚라 하는 거시 잇스니 짤은 발 넷시 잇고 그 皮甲이 甚히 堅固하야 彈丸이 能히 뚤치 못하는 者ㅣ라. 大端히 凶惡하야 사람이나 六畜이나 제 압흘 當하면 잡아먹으나 그러나 제가 陸地에서는 발이 輕捷지 못하야 兒孩라도 避하야 그 害를 밧지 아니하는 거시오, 그 皮甲으로 几도 製造하고 또 온갖 거슬 만드나니라.

第九課 天文의 略論

한자	음	한자	음	한자	음
天文	천문	日月	일월	星辰	성신
論理	논리	槩論	개론	今世	금세
天文家	천문가	一處	일처	行動	행동
猛烈	맹렬	火氣	화긔	光明	광명
生氣	생긔	處所	처소	行星	행성
地球星	지구성	七星	칠성	水星	수성
金星	금성	火星	화성	木星	목성
土星	토성	天王星	천왕성	海龍星	해룡성
恒星	항성	軆	체	一週年	일주년
遲速	지속	日月食	일월식	度數	도수
昭詳	소상	彗星	혜성	數十年	수십년
數百年	수백년	周遊	주유	船長	선장
日夜	일야	較計	교계	無邊大洋	무변대양

分壄(분야)

天文은 日月星辰의 잇는 地位를 論理하야 말한 거신데 녯 스리써 學士의 槩論을 가지고 今世의 天文家들이 더욱 硏究한 거시라.

大抵 太陽은 一處에만 잇고 行動치 아니하는 거시라. 다만 猛烈한 火氣와 光明이 잇스매 달이 그 빗츨 비러 가지고 제 빗츨 삼는지라.

그러하나 달은 그 中에 生氣가 업다 하나니라. 우리의 處所도 行星中에 하나히니 일홈은 地球星이라. 쏘 七星이 잇스니 갈온 水星 金星 火星 木星 土星 天王星 海龍星이니 이 별들은 가만히 잇는 恆星과 갓지 안코 그 軆가 놀아 움직이는 者ㅣ라. 큰 者는 달이 넷도 잇고 다섯도 잇고 여듧도 잇스며 쏘 엇더한 恒星은 스스로 太陽과 갓치 빗이 잇나니라. 行星들은 다 太陽을 안고 돌므로 一週年의 遲速과 日月食의 度數를 昭詳히 아나니라. 쏘 彗星이 잇는데 中天을 멀니 두고 도라단님으로 數十年만에 보이기도 하고 數百年만에 보이기도 하나니라. 近來에 海上으로 周遊하는 船長들이 日夜를 較計치 아니하고 단니다가 無邊大洋에서 星辰의 度數를 보고 分壄를 아나니라.

第十課 구름

한자	음	한자	음	한자	음
白晝	백주	夕陽	석양	煙氣	연긔
白雪	백설	山峯	산봉	吟諷咏月	음풍영월
歲月	세월	閒暇	한가	題目	제목
卽景	즉경	理致	이치	因	인
薰氣	훈긔	瞥眼間	별안간	寒氣	한긔
相撲	상박	凍氣	덩긔	雨雹	우박
紛紛	분분	西方	서방	日光	일광

兒孩들아. 白晝에 흰덩어리가 마히 뭉처 空中으로 써올나 가는 것과 夕陽에 하날이 붉에지는 거슬 아나냐, 모르나냐. 山에도 둘니며 나모 우희도 덥히며 놉흔 바회 사이에도 씨여 맛치 煙氣도 갓고 綿花도 갓고 白雪도 갓고 山峯아리도 갓흠으로 녯날 吟諷咏月노 歲月을 보내는 閒暇한 무리가 이거스로 題目을 삼고 卽景을 그렷스나 그러나 그 理致의 엇더한 거슬 말하지 아니하엿나니라.

大抵 地球는 太陽이 恒常 쬐임을 因하야 海面과 地面에서 薰氣가 空中으로 올나가서 구름이 되어 中天에 써 단니다가 瞥眼間 寒氣가 相撲하면 비가 되고 쏘 비 된 거시 나려오다가 凍氣를 맛나면 雨雹이 되는 거시오, 冬節에는 白雪이 되어 紛紛히 나리는 거시오, 夕陽에 西方이 붉어지는 거슨 구름이 日光을 쐬여 燦爛히 되는 거시니라.

第十一課 비

한자	음	한자	음	한자	음
潤澤	윤택	穀食	곡식	豐登	풍등
氣候	긔후	暫時	잠시	數十日	수십일
大風	대풍	海中	해중	波濤	파도
蒸氣	증긔	洶湧	흉용	氣勢	긔세
破	파	英語	영어	每番	매번
徵驗	징험	間或	간혹	日氣	일긔
次次	차차	黑雲	흑운	四面	사면
植木	식목	培養	배양	森林	삼림
茂盛	무성	濕氣	습긔	連續	련속
雨澤	우택	稀少	희소	夏節	하절
支離	지리	北方	북방	俗談	속담
風雨	풍우	主管	주관	英國	영국
船人	선인	風雨大作	풍우대작	言必稱	언필칭
一邊	일변				

비는 土地를 潤澤하게 하며 穀食을 豐登케 하는 者ㅣ라. 氣候를 ᄯᅡ라 暫時 오기도 하고 數十日 동안 오기도 하며 ᄯᅩ 엇더할 ᄯᅢ에는 大風이 니러나면서 어지러히 오는 비도 잇나니 이러할 ᄯᅢ에는 海中에 波濤가 山갓치 니러나며 큰 놀이 되어 蒸氣의 힘으로도 그 洶湧한 氣勢를 破할 수 업나니 이거시 英語에 닐은 바 다이푼[9])이라 하나니라.

大抵 太陽이 地球를 쬐임으로 그 薰氣가 空中으로 올라가서 구룸이 되어 써단니다가 寒氣가 相撲함을 맛나서 되는 者ㅣ니라. 우리가 每番 徵驗하야 보니 間或 日氣가 大端히 덥다가 次次 黑雲이 四面으로서 모혀드러 光明한 日光을 가리운 後에는 비가 나리더라. 쏘 보니 植木을 잘 培養하야 森林이 茂盛한 나라는 濕氣가 恒常 나모뿌리에 잇슴으로 그 氣運이 恒常 連續하야 올나가는지라. 雨澤이 자조자조 잇스나 樹木이 업는 나라는 雨澤이 稀少한 째가 맏타가 夏節을 當할 째에는 각금 장마가 支離하더라.

로웨[10] 北方의 사람의 俗談에 고양이가 사오나온 風雨를 主管한다 하나니 英國 船人들이 風雨大作하는 놀을 맛나면 言必稱 바람이 고양이 쏘리에 걸녓다 하는 말이 잇고, 쏘 녯 西洋책에 고양이로 비를 가르치고 개로 바람을 가르첫다 하야 英語에 오날은 비가 고양이와 개갓치 온다 하나니라. 쏘 一邊으로는 비가 오고 一邊으로는 해가 날 째도 잇나니 그 째에 日光이 비에 빗최여 燦爛한 무지개를 일우나니라.

---

9) 다이푼(typhoon): 태풍.

10) 로웨: 노르웨이.

第十二課 눈

한자	음	한자	음	한자	음
六花	륙화	物質	물질	學術家	학술가
六角形	륙각형	大同小異	대동소이	理由	리유
說明	설명	熱帶近方	열대근방	東洋	동양
越犬吠雪	월견폐설	溫帶	온대	則	즉
地方	지방	分別	분별	忽論[11]	물론
極	극	天涯相極	천애상극	南北方	남북방
南北極	남북극	溫氣	온긔	發程	발정
行人	행인	迷惑	미혹	方向	방향
凍死	동사	獘	폐		

눈의 貌樣이 六모가 진 故로 六花[12]ㅣ라 ᄒᆞ엿ᄂᆞ니 近世에 物質을 研究하는 學術家가 六角形의 大同小異한 그림을 여러 가지로 그려서 그 理由를 說明하엿더라. 熱帶 近方에서는 눈을 보지 못함으로 東洋 古書에도 越犬이 吠雪이라 하엿고 溫帶에는 冬節이 된 則 눈이 그 地方을 싸라 만히 오며 적게 오는 分別이 잇스며 또 熱帶와 溫帶를 勿論하고 極히 놉흔 山 우헤와 밋 天涯相極한 南北方에는 晝夜로 눈이 나

11) 忽論: 물론(勿論)의 오식.

12) 육화(六花): 눈을 달리 이르는 말. 눈송이가 여섯 모의 결정을 이루는 데서 유래한다. ≒육출화. 〈표준국어대사전〉

려 싸혀 잇나니 이러함으로 南北極 사람들은 눈을 파고 그 가온대 드러가서 居處도 하며 어름집에서도 居處하나니 눈을 파고 그 속에서 居處하면 도로혀 溫氣가 잇다 하나니라. 冬節을 當하야 發程한 行人이 或 白雪이 紛紛히 나릴 때를 맛나서는 精神이 눈의 迷惑한 바 되어 方向을 分別치 못하다가 凍死하는 弊가 잇나니 俗談에 눈이 사람을 홀인다 하나니라.

第十三課 우뢰와 밋 번개

한자	음	한자	음	한자	음
雷聲	뢰성	震動	진동	電光	전광
閃忽	섬홀	意見	의견	窮究	궁구
霹靂	벽력	雷鼓	뢰고	無論何物	무론하물
破傷	파상	歐美各國	구미각국	平原曠野	평원광야
山谷間	산곡간	境遇	경우	大驚失色	대경실색
鐵物	철물	化學士	화학사	通信	통신
各樣	각양	機械	긔계	他物	타물
比	비				

雷聲이 震動하는 곳에 電光이 閃忽하고 電光이 閃忽할 때에 雷聲이 震動하나니라. 兒孩들아. 너희 意見에는 빗치 먼저 잇다냐 소리가 먼저 잇다 하나냐. 理致를 窮究한 則 빗치 잇슨 後에 소리가 잇나니 이는 번개불이 空中에 사힌 氣運을 가를 제 그 비치 閃忽하며 氣運이 흣허젓다 合하엿다 ᄒᆞ는 故로 霹靂 소리가 맛치 雷鼓하는 것 갓하 어느 方向이던지 몰녀나아갈 때에 無論何物하고 그 빗치 부드지면 破傷하는 害를 맛나는지라. 이러함으로 歐美 各國과 밋 其他 文明한 나라 人民들은 平原 曠野에서나 山谷間에서나 아모데서나 이러한 境遇를 當하면 電光을 무서워 大驚失色하야 自己의 가진 鐵物을 버리나니라. 또 化學士가 電氣를 잡기도 하며 電氣를 만들기도 하고 通信에

도 쓰며 各様 機械에도 쓰나니 그 빗과 그 힘이 他物에 比할 수 업는 稀罕한 거시니라.

第十四課 地震

한자	음	한자	음	한자	음
地震	지진	原因	원인	火山	화산
始作	시작	伏藏	복장	限量	한량
地中	지중	東馳西走	동치서주	時	시
門窓	문창	房屋	방옥	座定	좌정
船遊	선유	危懍	위름	光景	광경
驚動	경동	建築	건축	損傷	손상
不調	부조	造物	조물	精力	정력
收拾	수습	災禍	재화	應	응
饑饉	긔근	瘟疫	온역	國家	국가
內亂	내란	兵革	병혁	卽今	즉금

地震을 말하건대 그 原因이 火山에서브터 始作하니 그 伏藏한 火氣가 힘이 限量할 수 업는지라. 間或 火氣가 地中으로서 東馳西走할 時에는 地面이 震動하야 門窓이 흔들니매 房屋에 座定한 者가 맛치 船遊하는 것 갓하 그 危懍한 光景이 사람의 마음을 驚動하더라. 큰 地震에는 建築한 거시 문허지며 地面이 갈나저 生命이 만히 損傷하고 또 空氣가 不調하야 온갖 造物이 精力을 收拾지 못하나니라. 녯 史記에 地震의 災禍를 應하야 饑饉과 瘟疫과 밋 國家의 內亂과 兵革이 잇다 하나 그러나 卽今 開化한 나라에서는 그러한 줄노 알지 아니하나니라.

第十五課 火山

한자	음	한자	음	한자	음
其中	기중	上上峰	상상봉	火燄[13]	화염
日用	일용	巨巖	거암	大石	대석
硫磺[14]	류황	觸鼻	촉비	千萬年	천만년
數百年	수백년	前	전	近代	근대
如常	여상	千年	천년	灰燼	회신
尺量	척량	無抵坑[15]	무저항		

地球上에 山이 甚히 만하 不知其數ㅣ라. 其中에 엇더한 山은 上上峰이 갈나저 그리로 나아오는 火焰이 우리의 日用하는 火焰의 猛烈한 거시 能히 짜르지 못하나니 비록 堅固한 巨巖과 大石이라도 녹아 물이 되나니라. 또 硫磺 내암새가 觸鼻하며 그 近方에는 地震이 만흐니라. 火焰이 千萬年을 지나도록 變치 아니하는 거시 아니라 數百年 前에 잇던 火山이 近代에는 如常하기도 하며 몃 千年 前에 如常하던 山이 一朝一夕에 터저서 近方이 다 灰燼하기도 하고 山峯이 갈나진 곳에는 사람이 갓가히 가지 못하나니라. 또 드르니 그 밋치 너무 깁허 尺量할 수 업다 하니 내 生覺에는 이거시 新約聖經에 無抵坑과 갓흔

13) 火燄: 화염(火焰)

14) 硫磺: 현재의 한자음은 '유광(硫磺)'. '유황(硫黃)'과 통용자.

15) 無抵坑: 무저항(無抵抗)의 오식.

거신가 하노라.

第十六課 果實

한자	음	한자	음	한자	음
各種	각종	果實	과실	人生	인생
供饋	공궤	緊要	긴요	山査	산사
黃栗	황률	適當	적당	橘	귤
蜜柑	밀감	無花果	무화과	軟柿	연시
葡萄	포도	其他	기타	各種	각종
南方	남방	所産	소산	生	생
依賴	의뢰	慣習	관습	成熟	성숙
身體	신체	護衛	호위	未熟	미숙
眞實	진실				

各種 果實이 다 人生의 日用함을 供饋하는 者ㅣ니 甚히 緊要하니라. 熱帶地方에 잇는 者와 溫帶地方에 잇는 者와 寒帶地方에 잇는 者가 各各 갓지 아니하니 배와 릉금과 山査와 黃栗은 寒帶와 溫帶地方에 適當하고 橘과 蜜柑과 無花果와 軟柿와 葡萄와 其他 各種은 南方 所産이니 그 土地가 果實을 生함으로 南方 土人들이 그거슬 依賴하야 慣習이 되엿나니라. 大抵 成熟지 아니한 거슬 먹는 거시 身體를 護衛함이 아니오, 도로혀 害롭게 함이라. 文明한 사람들은 未熟한 거슬 먹지 아니하나니라. 내가 보니 果實마다 各各 씨를 품엇스니 우리는 그와 갓치 眞實한 行實을 품을지어다.

第十七課 筭

한자	음	한자	음	한자	음
筭	산	萬物	만물	數	수
十	십	百	백	千	천
萬	만	億	억	兆	조
記憶	긔억	學習	학습	途理	도리
漠昧	막매	於千萬事[16]	어천만사	心筭	심산
法	법	式	식	術	술
思想	사상	毫	호	里	리
塵	진	漠	막	細微	세미
分析	분석	華麗	화려	微妙	미묘
容貌	용모	稱讚	칭찬	分	분
厘	리	無形物	무형물	目覩	목도
足	족	丈闊	장활	深淺	심천
絲毫	사호	有形物	유형물	至精至密	지정지밀
通商	통상	伊前	이전	各樣物種	각양물종
過	과	天下	천하	各種諸物	각종제물
前者	전자	通用	통용	精密	정밀
筭術	산술				

筭이라 하는 거슨 萬物을 數하는 거시니 一노브터 十百千萬億兆까

16) 於千萬事: 한문 문법에 따른 표현. 천만사에.

지 아라서 記憶하는 거시라. 이거슬 學習지 아니하면 道理에 漠昧하야 於千萬事에 適當한 者가 되지 못하나니라. 筭에 心筭이 잇스며 또 法과 式과 術이 잇스니 이거슬 因하야 自己의 思想을 짜라 비록 毫와 里와 塵과 漠의 細微한 거시라도 分析하나니라. 假令 華麗한 꼿이나 微妙한 容貌를 보고 그 조흔 거슬 稱讚하면서도 몃 分과 몃 厘에 조흔 거슬 分析지 못하나니 이거슨 無形物이라. 法과 術이 업스면 엇지 至精至密하리오. 各國으로 더브러 通商하기 伊前에는 各樣 物種이 過히 數 밧긔 넘치지 아니하더니 天下가 한집이 됨으로브터 各種 諸物이 甚히 만하저서 前者에 通用하던 數 밧긔 지나고 또 더옥 精密하니 우리가 엇지 其術을 學習하지 아니하리오. 大韓 人民이 된 者는 筭術에 從事할지어다.

第十八課 商業

한자	음	한자	음	한자	음
職務	직무	人造物	인조물	直接	직접
間接	간접	彼此	피차	有無相通	유무상통
信地	신지	運轉	운전	周旋	주선
賣買	매매	輸運	수운	通	통
發達	발달	富强	부강	至今	지금
爲主	위주	擴張	확장	豊足	풍족
耳聞目見	이문목견	實業家	실업가	甚至於	심지어
物理	물리	時勢	시세	鍛鍊	단련
資本	자본	譬	비	和平	화평
戰爭	전쟁	戰場	전장	軍糧	군량
豫備	예비	準備	준비	軍器	군긔
精銳	정예	信用	신용	謀計	모계
通達	통달	萬一	만일	豫備	예비
敗	패	正直	정직	信	신
義	의	盜賊	도적	凡百事	범백사
良心	량심	行	행	下品	하픔
上品	상픔	此日彼日	차일피일	怪惡	괴악
所聞	소문	興旺	흥왕	漸漸	점점
衰	쇠	掇廛	철전	商業學校	상업학교
簿記學	부긔학				

사람의 職務가 商業에서 지나는 거시 업나니라. 天然物과 人造物을 가지고 直接을 하거나 間接을 하거나 彼此 有無相通하야 信地까지 運輸하는 거슬 장사라 하는 거시니 서로 周旋하며 賣買하며 輸運하며 通하는 거스로써 業을 삼나니라. 上古에 그리써도 商業이 發達함으로 人民 富强하고 有名한 나라히 되엿섯고 至今 부리턴[17]도 商業만 爲主하야 到處에 擴張함으로 人民의 豊足함과 國家의 富强함이 比할 데 업슴을 우리가 耳聞目見하는 바라. 엇지 싸르지 아니하리오. 장사를 實業家ㅣ라 닐으나니 우리가 居處와 飮食과 衣服에 하로라도 實業家를 依賴치 아니할 수 업나니 實業家가 엇지 가장 要緊치 아니하리오. 큰 장사로브터 甚至於 성냥 장사까지라도 物理와 時勢에 鍛鍊하여야 겟고 또 資本이 첫재라 譬컨대 商業은 和平한 戰爭이라. 戰場에 軍糧을 豫備하여야 하는 것 갓치 商業에 資本을 準備할 거시오, 또 戰場에 軍器를 精銳케 하여야 함과 갓치 商業에 信用을 보일 거시오, 또 戰場에 謀計를 서야 하는 것 갓치 物理와 時勢에 通達하여야 할 거시니 萬一 戰爭에나 商業에나 豫備가 업스면 반다시 敗를 보리라. 眞實하고 正直하게 하야 信과 義를 세울지니라. 正直이라 하는 거슨 사람의 物件을 盜賊하지 아니한다고 正直하다 함이 아니라 凡百事에 다 良心을 싸라 行하는 者ㅣ라야 참 正直한 商賈ㅣ라 하리니 假令 남의 時勢에서 더 밧거나 下品를 가지고 上品의 갑슬 밧거나 物件을 製造하야 주마 하고 此日彼日 거즛말하야 怪惡한 所聞이 나게 되면 그 商業이 興旺치 못하고 漸漸 衰하야 掇廛하는 境遇에 니르리라. 大韓 사람들은 商業에 從事하랴거든 商業學校에 드러가서 物理와 時勢의 貴賤과 및 簿記學을 工夫할지어다.

17) 부리턴: 영국. 브리튼.

第十九課 돈

한자	음	한자	음	한자	음
社會上	사회상	買賣	매매	相通	상통
錢政	전정	學而知之	학이지지	便利	편리
方策	방책	圖謀	도모	幸福	행복
理勢	리세	千古不易之典	천고불역지전	浸溺	침닉
尊重	존중	神明	신명	政府	정부
官吏	관리	財産	재산	第一能事	제일능사
相換	상환	布木	포목	銅	동
其後	기후	稠密	주밀	人口	인구
金銀錢	금은전	通用	통용	近代	근대
繁殖	번식	學識	학식	輕	경
便	편	外	외	紙錢	지전
融通	융통	問題	문제	疑慮	의려
人之常情	인지상정	金銀紙貨	금은지화	理由	리유
大綱	대강	金銀價	금은가	高低	고저
法例	법례	酌定	작정	世間	세간
破傷	파상	紙一張代	지일장대	銀	은
相當	상당	價格	가격	留物	류물
國庫	국고	充數	충수	刻錢	각전
金銀貨	금은화	元位貨	원위화	補助貨	보조화

大抵 나라와 및 社會上 人民이 彼此 買賣하야 相通하는 길을 열어 發達케 하는 데 니르러서는 錢政이 아니면 할 수 업는 줄노 사람마다 아나니 이는 各國 人民이 學而知之하는 거시 아니오, 自然히 알고 習慣이 되어 各各 便利한 方策을 圖謀하야 自己의 幸福을 삼음으로 理勢가 반다시 그러한 境遇에 니르러 맛참내 千古不易之典이 되엿는지라. 이러함으로 사람사람이 其中에 浸溺하야 尊重히 녁이기를 神明갓치 하고 政府에서서 官吏된 者는 人民의 生命 財産을 保護함으로써 第一能事를 삼나니라.

古代에는 淳樸한 風俗이 만흔 故로 物件을 相換하는데 穀食과 布木으로도 하며 銅에 구멍을 뚤어 쓰기도 하더니 其後에 稠密한 人口가 金銀錢을 通用하엿고 近代에 니르러 財産이 繁殖하고 學識이 發達하야 매우 輕하고 便함을 爲主하니 金銀錢 外에도 또한 紙錢이 融通하는도다. 처음으로 듯고 보는 사람은 金銀錢의 問題에 對하야 疑慮가 업지 못하겟고 또 紙錢에 對하야 더옥 밋지 아니할 거슨 人之常情이기로 金銀紙貨의 理由를 大綱 說明하노라. 文明之國은 金銀價가 高低가 업시 法例를 酌定하엿슨 則 金銀錢이 世間에서 破傷하는 害를 밧지 아니할 터이오, 또 紙錢을 製造할 제 紙一張代에 金이나 銀이나 相當한 價格으로서 留物을 삼아 國庫에 充數하야 두고 큰 信을 百姓의게 보이며 또 刻錢도 金銀貨를 따라 짓나니 닐은 바 元位貨와 補助貨니라.

第二十課 時間과 밋 時計

한자	음	한자	음	한자	음
時間	시간	如流	여류	時計	시계
分明	분명	差錯	차착	光陰	광음
虛送	허송	寸陰	촌음	其外	기외
掛鍾	괘종	坐鐘	좌종	警時鐘	경시종
表面	표면	一點	일점	十二點	십이점
數字	수자	定	정	規例	규례
一晝夜	일주야	二十四時	이십사시	上午	상오
下午	하오	一日	일일	一時	일시
分針	분침	六十分	륙십분	刻針	각침
六十刻	륙십각	六十番	륙십번	三十日	삼십일
三十一日	삼십일일	十二月	십이월	一週年	일주년
伊前	이전	世代	세대	二十四時	이십사시
子	자	丑	축	寅	인
卯	묘	辰	진	巳	사
午	오	未	미	申	신
酉	유	戌	술	亥	해
十二時	십이시	漏水	누수	更點	경점
北斗七星	북두칠성	斟酌	짐작		

時間은 如流하는 歲月을 닐음이오, 時計는 時間을 分明히 가르처 差錯업시 알게 함이니, 光陰을 虛送치 아니하고 業을 힘써 寸陰을 다

토는 者의 暫時라도 품속에 써나지 못할 거시라. 其外에도 쏘 掛鍾과 坐鐘과 警時鐘이 잇는데, 表面에 一點브터 十二點까지 낫텐[18] 數字로 셧스며 쏘 各國이 한갈갓치 定한 規例가 잇서 一晝夜를 二十四時로 分하야 上午 몃 時라 하며 下午 몃 時라 하나니라. 二十四時가 一日인데 一時에 分針은 六十分이오 刻針(秒針)은 六十刻식 六十番을 도나니라. 이러한 時間을 數하야 보니 日字가 七日이면 一週日이오, 三十日이나 三十一日이 되면 한 달이오, 十二月이 되면 一週年이라. 伊前 世代에는 二十四時로 分하지 아니하고 子丑寅卯辰巳午未申酉戌亥 十二時로 通用하엿고 쏘 時計가 업습으로 漏水와 更點과 및 北斗七星의 運轉함을 보고 時間을 斟酌하엿나니라.

18) 낫텐: 라틴.

第二十一課 運動

한자	음	한자	음	한자	음
次	차	山上	산상	海岸	해안
市中	시중	行氣	행긔	自行車	자행거
騎馬	긔마	砲放練習	포방련습	外他	외타
血氣	혈긔	康健	강건	强弱	강약
氣力	긔력	一身上	일신상	養生方	양생방
節操	절조	前頭	전두	標準	표준
急	급	性癖	성벽	一步	일보
賞給	상급	今日	금일	依倣	의방
運動場	운동장	設	설	目的	목적
先後	선후	前進	전진	行	행

運動이 여러 가지 잇스니 一日 몃 次씩 山上에나 海岸에나 市中에나 단니며 行氣하는 것과 밋 공 치는 것과 밋 外他 여러 가지 運動이 다 身體의 血氣를 康健케 하는 者ㅣ라. 그러나 强弱을 勿論하고 氣力에 붓치는 運動을 하게 되면 한갓 有益함이 업슬 뿐 아니라 도로혀 큰 害가 잇스리라. 녯날 로마 時代에 이러한 거슬 一身上에 養生方으로 알고 다름박질하는 運動을 할새 飮食도 節操 잇게 하고 衣服과 신짜지라도 輕捷하게 하야 가지고 前頭에 標準을 세우고 바라보며 急히 性癖 닷톰으로 나아가서 一步라도 먼저 信地에 得達한 者의게 華麗한 冕旒冠을 給賞[19]하는 規例가 잇더라. 今日 世界上에 進步한 나라들이

이거슬 依倣하야 各其 運動場을 크게 設하고 쌔를 싸라 行氣하나니 이는 文明 目的을 가지고 先後를 닷토와 一步라도 前進하랴는 者의 맛당히 行할 바니라.

19) 어휘에서는 '賞給', 본문에서는 '給賞'.

第二十二課 疾病

한자	음	한자	음	한자	음
疾病	질병	長生不死	장생불사	隻童	척동
母親	모친	病根	병근	原因	원인
出處	출처	汚穢	오예	他人	타인
傳染	전염	惡	악	呼吸之氣	호흡지긔
肺腑	폐부	手足	수족	大發	대발
衛生	위생	醫術家	의술가	精微	정미
蔽一言	폐일언	黑死病	흑사병	怪疾	괴질
痢疾	리질	癩疾	라질	千百	천백
血分	혈분	症勢	증세	差別	차별
藥	약	醫藥	의약	穌醒	소성
名醫	명의	妙方	묘방	手段	수단
治療	치료	注意	주의	別擇	별택
撙節	준절	冷濕	랭습	處所	처소
生前	생전	延年益壽	연년익수	方法	방법

사람이 世上에 處하야 疾病이 업스면 長生不死할 줄은 비록 隻童이라도 아는 바나 그러나 人生이 제 母親에게서 날 제브터 病根을 타고 나나니라. 그 原因과 出處를 말할진대 病의 씨는 汚穢한 데로브터 나나니 或 他人의게서 傳染이 되거나 或 惡한 氣運 中에 毒한 버레가 呼吸之氣를 짜라 肺腑로 드러가거나 그러치 아니하면 或 手足과 衣服

에 뭇어 次次 大發하는 弊가 잇는 故로 衛生을 힘쓰는 醫術家가 至極히 精微한 데ᄭᅡ지 硏究하야 보고 그 原因과 出處를 다사리랴 하야 蔽一言하고 淨潔한 거슬 爲主하나니 大抵 黑死病과 怪疾과 痢疾과 癩疾과 및 千百 가지 疾病이 잇는데 갓흔 病에도 사람마다 그 血分의 다람을 ᄯᅡ라 症勢가 얼마큼 差別이 잇슴으로 쓰는 藥도 갓지 아니하니라. 其中에 醫藥으로 能히 穌醒케 하기도 하며 醫藥을 스지 아니할지라도 自然히 낫는 것도 잇스며 비록 名醫의 妙方과 手段으로도 治療치 못하는 것도 잇나니 그러한 則 우리의 注意할 거슨 衛生이라 居處를 別擇하고 飮食을 撙節히 하며 衣服을 淨潔히 할 거시오, ᄯᅩ 太陽 氣運을 갓가히 하고 冷濕한 處所를 멀니함이 生前에 延年益壽하는 方法이니라.

第二十三課 鐵

한자	음	한자	음	한자	음
鐵	철	所用	소용	生鐵	생철
熟鐵	숙철	鋼鐵	강철	太平聖代	태평성대
風塵世界	풍진세계	萬事	만사	便利	편리
汽車	긔차	水途	수도	無時	무시
軍刀	군도	劍	검	槍	창
銃	총	大礮	대포	各樣	각양
軍物	군물	外侮	외모	必要	필요
文物	문물	旺盛	왕성	鐵物	철물
草創	초창	詳考	상고	利用	이용
製作	제작	攄得	터득	石世界	석세계
各	각	物質	물질	光	광
潤澤	윤택	平滑	평활	馬尾	마미
鐵絲	철사	鐵質	철질	炭素	탄소
百斤	백근	重數	중수	內	내
九十五斤	구십오근	炭	탄	五斤	오근
九十九斤	구십구근	半	반	半斤	반근
九十八斤	구십팔근	斤半	근반	炭氣	탄긔
不甚相遠	불심상원	水中	수중	下濕	하습
綠	록	光滑	광활		

여러 가지 쇠 中에 鐵갓치 흔이 所用되는 거시 업나니 生鐵과 熟鐵과 鋼鐵이 잇서 太平聖代나 風塵世界에나 이거시 아니면 萬事에 便利함을 엇지 못할지라. 大抵 보습과 홈의와 낫과 칼과 닷과 滊車길을 펴는 데와 水途를 引導하는 데는 無時로 쓰는 거시오, 軍刀와 劍과 槍과 銃과 大礮와 各樣 軍物을 製造하야 外侮를 막는 데 必要한 거시라 文物이 旺盛한 나라를 들고 말하량이면 鐵物을 만히 製造하고 그 理治를 또한 窮究하거니와 事業이 草創하던 時代를 詳考한즉 그 利用함을 아라 製作하는 妙方을 攄得지 못하엿도다. 上古적은 石世界라. 各 연장을 돌노 만드럿고 中古와 밋 後世에 밋처 次次 智慧가 늘어감으로 鐵을 만히 쓰며 그 物質에 엇더한 것까지 攄得하야 가지고 光을 내여 潤澤하게 하고 平滑하게 하며 或 馬尾갓치 가늘게 뽑아 실을 만드니 닐은 바 鐵絲더라. 鐵質 가운데 炭素가 잇스니 生鐵 百斤 重數 內에 九十五斤이오, 炭이 五斤이며 熟鐵 百斤 重數 內에 鐵이 九十九斤半이오, 炭이 半斤이며, 鋼鐵 百斤 重數 內에 鐵이 九十八斤半이오 炭이 斤半[20]이니 세 가지 物質 가운데 炭氣 석긴 거시 不甚相遠이나 그러나 쓰는 곳에 니르러서는 서로 갓지 아니하니라. 鐵이 或 水中에 오래 잠기거나 下濕한 대 두면 綠이 나나니 그 덕근 거슬 기름으로 닥가 光滑하게 하나니라.

20) 근반(斤半): 한 근 반.

第二十四課 鉛

한자	음	한자	음	한자	음
鉛	연	藍	람	光彩	광채
發	발	天氣	천긔	瞬息間	순식간
渝色	투색	異常	이상	質	질
軟	연	灰色	회색	屈曲	굴곡
柔	유	大秤	대칭	小秤	소칭
純全	순전	鉛鑛	연광	富厚	부후
呂宋	려송	每年	매년	鹹錫	함석
桶	통	各樣器皿	각양긔명	容易	용이
長久	장구	信石	신석	堅剛	견강
器皿	긔명	儲畜	저축	冶匠	야장
彈丸	탄환				

鉛이라 하는 거슨 鐵과 銅 갓치 흔이 쓰는 거시 아니라 그 色시 엿흔 藍빗 갓하서 불에 녹이량이면[21] 문득 光彩를 發하야 可히 볼 만하다가 天氣 아래 잇게 되면 瞬息間에 곳 渝色하야지는 거시오 사람이 鉛을 만지던 손을 코로 맛하보면 그 내암새가 異常하더라. 그 質이 甚히 軟하야 손톱으로 누르던지 칼노 그으면 쑥 드러가고 손에나 조희에나 문대이면 灰色이 들고 屈曲하기에 甚히 柔하야 질기지

21) 녹이량이면: 녹일 것 같으면.

못한 거시오 大秤과 小秤 눈에도 쓰나니라. 그 質이 純全치 못하야 硫磺이 만히 석기고 銀도 其中에 잇나니 鉛이 잇슨즉 銀이 잇나니라. 天下에 鉛鑛의 富厚함이 곳 英國과 呂宋[22]과 合衆國에 지나는 者ㅣ 업스니 英國에 每年 캐는 鉛이 一百九萬 던[23]인데 其中에서 나는 銀이 四十二萬 兩이라 하더라. 大抵 지붕에 덥는 鹹錫이나 물 桶이나 各様 器皿을 만히 이거스로 함은 엇짐이뇨? 鉛의 質됨이 軟한즉 製造하기도 容易하고 또 綠도 슬지 아니하고 長久히 쓰기도 하나니라. 그러하나 鉛이라 하는 거시 毒하니 무삼 飮食이던지 鉛으로 만든 器皿 속에 儲畜지 말지니라. 信石을 석그면 堅剛한 質을 일우나니 또 冶匠이들이 이거스로 破傷한 데도 쌔이며 또 銃과 大礮의 彈丸을 만드나니라.

22) 呂宋: 필리핀.

23) 던: 톤(ton).

第二十五課 事務

한자	음	한자	음	한자	음
天地間	천지간	生長	생장	所務	소무
帝王	제왕	嚴肅	엄숙	紀綱	긔강
包含	포함	經綸	경륜	方針	방침
政治家	정치가	總理	총리	指揮	지휘
監督	감독	責任	책임	凡事	범사
士子	사자	文筆	문필	用力	용력
農夫	농부	耕作	경작	爲業	위업
商賈	상고	經營	경영	匠工	장공
工場	공장	追逐	추축	兵家	병가
軍務	군무	參謀	참모	醫家	의가
全力	전력	紡績家	방적가	蠶桑	잠상
牧者	목자	六畜	륙축	字牧	자목
諸般技術	제반기술	身上	신상	適當	적당
擇	택	守分	수분	吾人	오인
義務	의무	擔負之役	담부지역	生涯	생애
早朝	조조	休暇	휴가	汩沒	골몰
汗出沾背	한출첨배	地境	지경	受苦	수고
天理	천리	穩當	온당	勞心	노심
勞力	로력	勞心焦思	로심초사	發蹤指示	발종지시
國體	국체	試驗	시험	一等國	일등국
每日	매일	役場	역장	營營逐逐	영영축축

한자	음	한자	음	한자	음
苦	고	樂	락	種子	종자
一人	일인	家眷	가권	飽腹	포복
役事	역사	富國	부국	萬民	만민
幸福	행복	憂愁思慮	우수사려	筋力	근력
貧富間	빈부간	四肢	사지	肉體	육체
苦生	고생	新舊約	신구약	大旨	대지

무릇 天地間에 生長한 人民이 各其 所務가 잇는데 一國에 帝王이 되여 嚴肅한 紀綱과 包含한 經綸으로서 方針을 세우는 者도 잇고, 政治家가 되여 總理하는 地位에 居하야 監督의 責任으로 凡事를 指揮하는 者도 잇고, 士子가 되여 文筆에 用力하는 者도 잇고 工匠이 되어 工場에 追逐하는 者도 잇고 兵家가 되어 軍務에 參謀하는 者도 잇고 醫家가 되어 衛生에 全力하는 者도 잇고 紡績家가 되어 蠶桑에 注意하는 者도 잇고 牧者가 되어 六畜을 字牧하는 者도 잇고 또 其外에도 諸般技術을 學習하는 者가 만흔데 各其 自己 身上에 適當함을 擇하야 守分하는 거시 吾人의 義務오 또 그러치 아니하면 擔負之役으로 生涯하야 早朝브터 休暇가 업시 汨沒하야 汗出沾背하는 地境에 니르면서도 受苦함이 天理와 人事에 穩當할진저. 大抵 事務에 勞心과 勞力이 잇나니 勞心焦思하며 發蹤指示하는 者만 잇스면 엇지 國體가 되리오. 試驗하야 富强한 一等國을 볼지어다. 每日 役場에 營營逐逐하는 者가 不知其數니라. 俗談에 갈아대 苦는 樂의 種子ㅣ라 하엿스니 一人의 부즈런함으로 家眷이 飽腹하니라. 役事하는 者가 漸漸 만하지게 되어야 自然히 富國이 되리니 萬民의 幸福이 곳 國家의 幸福이오, 國家의 幸福이 곳 萬民의 幸福이라. 무릇 사람이 事務 中에 잇서서는 憂愁思慮도 니저버리고 筋力도 康健하여지나니 貧富間 四肢를 놀니지 아니하고 肉體의 苦生을 달게 녁이는 거시 新舊約 大旨를 依倣함이라 하노라.

牖蒙千字

유몽천자 권2

牖蒙千字 卷之二 서문

제 이 권을 저술하여 성편이 되엿스니 이 권은 초권의 항용하는 속담으로 천자를 류취한 것보다 조곰 어려옴이 잇스나 이도 쏘한 항용하는 문리로 초권에 업는 새 글자 천자를 더 류취하엿스니 심히 어려온 바는 아니오, 다만 어린 아해를 가르치는 법의 계제를 좃차 점점 놉흔 등급에 오르는 차서를 일치 안케 함이로라.

牖蒙千字 卷之二 目錄

第一課 머사[1]의 見夢*[2] 一

한자	음	한자	음	한자	음
余, 在	여 나, 재 잇슬	卷	권, 책	冊	책, 책
見	견, 볼	現	현, 보일	飜譯	번역
載	재, 시를	初	초, 처음	祖	조, 할아비
恪	각, 정성	謹	근, 삼갈	洗	세, 씨슬
漱	수, 양치질할	陟	척, 오를	喟	위, 슯흘
歎	탄, 탄식	默	믁, 잠잠	影	영, 그림자
春	춘, 봄	念	념, 생각	徘徊	배회
際	제, 즈음	視	시, 볼	踇	무, 발자최
座	좌, 자리	磐	반, 반석	樂	악, 풍류
持	지, 가질	歌	가, 노래	音	음, 소리
雅	아, 맑을	胷	흉, 가슴	襟	금, 옷깃
灑	쇄, 색릴	落	락, 써러질	懷	회, 품을
暢	창, 화할	氷	빙, 어름	渙	환, 풀닐
消	소, 살을	再	재, 두	曰	왈, 갈
遨	오, 노닐	我	아, 나	園	원, 동산
恩惠	은혜	效	효, 본밧을	則	측, 법
惹	야, 닛을	兀	올, 옷독	獨	독, 홀노

3)

1) '머사'는 '모사(某士)'로 추정됨.

2) '머사'라는 동양 고사를 인용하여, 천지창조에 대해 의심하지 말 것을 내용으로 한 단원.

余가 가이로[4]에 在할 時에 東洋書를 多得하여 閱覽하더니 其中에 一卷 冊子를 見한 則, 머사ㅣ라 하는 者의 現夢이라. 滋味가 有하기로 飜譯하여 記載하노라.

其言에 曰 五月 初五日은 우리 先祖의 規例를 依하여 恪勤히 守할 節日이기도 早朝에 起하여 洗漱하고 祈禱한 後에 쌕쌋[5]이라 하는 高山에 登坐하여 祈禱하랴 할새 思想이 一定치 못하여 精神이 散亂하거늘 喟然히 嘆息하여 曰 人이 此世에 生한 거슬 黙想하니 虛하고 空하도다. 肉身은 一箇 影子ㅣ오 生命은 一場春夢이라 하고 千思와 萬念의 心中에 徘徊할 際에 偶然히 目을 擧하여 視하니 數踘相隔한 地에 一座 磐石이 有한대 磐上에 一位 道士가 有하여 牧者의 衣를 衣하고, 手에 樂器를 持하엿다가 我가 方見할 時에 自彈自歌하니 其音이 淸雅하여 胷襟이 灑落하고 心懷가 和暢하여 憂愁思慮가 氷屐雪消함과 如하거늘 再思하여 曰 前者에 聞한 則 此 磐石上에 種種 道士가 遊한다 하나 見한 者는 無하다 하더니 我가 今에 目擊하엿고 또 淸雅한 曲調를 聽하니 此聲은 必是 樂園이라 하는 名勝之地를 主管하시는 聖人이 恩惠로 諸人을 爲하여 聖潔한 者들노 더브러 福을 豫備하고 喜樂하는 曲調를 效則하여 惹出함인가 보다 하고 兀然히 獨坐하엿스니 道士가 人心을 感化식힘은 下回에 見할 만하더라.

---

3) 낱자는 음과 뜻을 모두 제시하고, 단어는 음만 제시하였음.

4) 가이로: 이집트의 카이로.

5) 쌕쌋: 산 이름.

第二課 머사의 見夢 二

한자	음	한자	음	한자	음
律	률, 법	謂	위, 닐을	拜	배, 절
滯	체, 코물	泣	읍, 울	顔	안, 얼골
慰	위, 위로	勞	로, 수고로올	伸	신, 펼
扶	부, 붓들	悚	송, 두려올	懼	구, 두려올
安	안, 편안	爾	이, 너	頂	정, 니마
回	회, 도라올	告	고, 고할	漲	창, 창일할
源	원, 근원	霧	무, 안개	你	이, 너
屬	속, 붓칠	刱	창, 비로솔	以	이, 써
末	말, 긋	局	국, 판	永	영, 길
繞	요, 둘닐	姑	고, 할미	舍	사, 집
云	운, 닐을	橋	교, 다리	虹	홍, 무지개
霓	예, 무지개	頹	퇴, 문허질	圮	비, 문허질
七	칠, 닐곱	株	주, 그루	統	통, 거느릴
且	차, 또	柱	주, 기동	洪	홍, 너를
氾	범, 넘칠	濫	람, 넘칠	及	급, 밋칠
渡	도, 건널	擁	옹, 씰	許	허, 허락
履	리, 밟을	陷	함, 싸질	板	판, 판자
裊	뇨, 약할				

道士가 몬저 和樂한 音律노써 我心을 感動식힌 後에 謂하여 曰 來하라 하거늘 前進하여 伏拜하고 涕泣하니 道士가 喜顔으로써 慰勞하며

手를 伸하여 扶起하며 갈아대 悚懼히 녁이지 말고 安心하라. 爾의 黙想을 我가 知하고 隨來하엿노라 하고 山頂으로 導하여 曰 東向하여 視하고 卽景을 回告하라 하기로 我가 良久히 視하다가 曰 見한 則 山谷間에 大水가 有하여 漲流하나이다. 道士 曰 譬컨대 山谷은 人의 生命이 活動하는 處所ㅣ오 水는 無量한 世界라 하기로 我가 問하대 其水의 源이 비로소 霧中에서 出하여 맛참내 霧中으로 入함은 何意오닛가. 道士ㅣ 答曰 你의 見한 바 無量世界와 其中에 屬한 光陰은 刱世 以來로 브터 末局에 至하도록 永遠無窮한 者라. 兩邊에 霧가 繞한 處는 姑舍勿論하고 中間에 何如한 거시 有하뇨. 答云하대 長橋가 有하니이다 하니 道士ㅣ 曰 譬컨대 此橋은 人의 生命의 關係가 有한지라. 橋의 虹霓가 頹圮한 거시 甚多하나 然하나 其中에 七十株는 가장 堅固히 立하엿고 此外에도 完全한 거시 間或 有之하니 統而計之하면 不過 百餘株ㅣ라 하기에, 我가 一一히 數하랴 할 時에 道士가 且 云하대, 刱初에 此柱가 千으로써 數하겟더니 洪水가 氾濫할 時에 及하여 破傷하엿나니라. 你도 見하거니와 此橋를 渡하는 者가 無限한대 水가 出하는 處와 入하는 處에도 雲이 有하여 擁蔽하니라 하거늘, 我가 仔細히 視하매 許多한 者가 橋를 過할새 數步를 履하다가 橋底에 陷落하는 者ㅣ 衆하니 此는 橋의 首板이 裊裊하여 履하는 者마다 不知中에 陷落하는 緣故ㅣ러라.

第三課 머사의 見夢 三

한자	음	한자	음	한자	음
墮	타, 써러질	困	곤, 곤할	終	종, 맛참
眉	미, 눈섭	皺	추, 쭈부릴	這	저, 저긔
鎖	쇄, 잠을쇠	激	격, 격동할	派	파, 갈내
盡	진, 다할	辨	변, 분변	好	호, 조흘
琪	긔, 구슬	瑤	요, 구슬	被	피, 닙을
翩	편, 날개	瀑	폭, 폭포수	鷹	응, 매
翔	상, 날개	借	차, 빌	往	왕, 갈
莞	완, 우슴	笑	소, 우슴	嶼	서, 섬
望	망, 바랄	絶	절, 끈흘	復	부, 다시
更	갱, 다시	傍	방, 겻		

行人들이 初次에 墮치 아니하고 橋의 腹板에 入하여는 別노히 陷하는 者ㅣ 無한지라. 或者는 七十株를 過하고 或者는 橋上에서 困步하다가 終是落함을 免치 못하거늘 我가 其橋와 밋 行人을 詳視하고 眉를 皺하며 面에 憂色을 帶하니 道士ㅣ 曰 橋를 觀치 말고 這便에 霧가 鎖한 處를 見하라 하기로 我가 目을 擧하여 視하니 巨巖이 有하여 水中에 立하엿는지라. 水가 激하매 波가 派分하여 散하고 맛참내 合지 아니하는대 水源이 出하는 處와 밋 入하는 處 兩邊에는 黑雲이 蔽함으로 方向을 不辨하겟고 波中에 一箇 好好島가 有하여 琪花瑤草가 足히서 人心을 悅樂케 하는대 光明한 衣를 被한 者들이 生命江이라 하는

水邊에 坐하엿스니 好鳥는 其樂을 樂하여 枝間으로 翩翩히 往來하고 千尺이나 되는 瀑布는 人의 一大 壯觀을 供하거늘 淸興을 勝치 못하여 鷹의 翔을 借하여 往見코저 하니 道士ㅣ 莞爾히 笑하여 曰 此橋를 渡한 後에 見한다 하며 且云호대 此外에도 如此한 島嶼가 不知其數ㅣ니 이는 다 聖潔한 者의 處所ㅣ니라. 머사야 此世에 在하여 暫時 受苦함으로 所望을 絶치 말고 또 眞神이 人을 造함이 虛事ㅣ라 云하지 말지어다 하거늘 我가 好鳥의 聲을 聞하다가 兩邊의 霧가 繞한 原因을 問하니 道士ㅣ 答지 아니하거늘 其故를 復問한대 道士가 忽然히 不知去處ㅣ라. 橋를 更視하니 오직 山谷쁜이오 牛羊이 甚衆하고 牧者들이 其傍에 坐하여 守하더라.

第四課 氷屐6)의 避害 一

한자	음	한자	음	한자	음
昨	작, 어제	友	우, 벗	幽	유, 그윽할
已	이, 임의	輪	륜, 박회	隱	은, 숨을
暎	영, 빗촐	杪	초, 가지	玲	령, 렴롱할
瓏	롱, 령롱할	溧	률, 찰	肌	긔, 살
膚	부, 살	侵	침, 침로	砭	폄, 씨를
琉璃	류리	鋪	포, 펼	屐	극, 나목신
乘	승, 탈	顧	고, 돌아볼	寂	적, 고요
廖	료, 고요	右	우, 올흘	叢	총, 썰기
藪	수, 덤풀	呀	아, 버릴	窟	굴, 굴
做	주, 지을	夾	협, 좁을	左	좌, 왼
簇	족, 발	翳	예, 가릴	畏	외, 두려올
忌	긔, 써릴	憚	탄, 써릴	嘯	소, 소파람
鳴	명, 울	響	향, 소리	須	수, 모람작이
朶	타, 썰기	折	절, 썩글	獸	수, 즘생
踏	답, 밟을	竦	송, 송연할	膽	담, 쓸개
喪	상, 죽을	催	최, 재촉	矢	시, 살
燕	연, 제비	察	찰, 삷힐	叫	규, 불르지즐
吼	후, 부르지즐	促	촉, 재촉	偕	해, 함씌

6) 빙극(氷隙): 빙하 아래의 틈.

余가 昨冬에 友人을 訪하여 幽懷를 暢敍하며 遊하다가 其家로브터 歸할새 夜色이 已深하엿는지라. 月輪은 雲間에 隱暎하고 木氷은 樹杪에 玲瓏하며 凓烈한 氣가 人의 肌膚를 侵砭하는대 數十里 長江에 琉璃를 平鋪한 듯하거늘 持來한 바 氷屐을 理하여 履底에 緊着하고 氷을 乘하여 歸할새, 四顧寂廖한지라. 十餘里를 上하니 江 右便으로 通한 川口가 有한대 叢藪가 天光을 蔽하여 呀然한 一大 深窟을 做하엿는지라. 夾한 川口로 從하여 十餘 步를 上하니 樹林이 左右로 簇立하여 陰翳한 光景이 人의 心神을 驚畏케 할 만하나 我가 忌憚하는 바ㅣ 無하여 放心하고 長嘯를 一發하니 山이 鳴하고 谷이 響하는지라. 須臾間에 風便으로서 何聲이 有하여 耳朶邊에 墮來하니 此는 折木하는 聲이 아니면 必然 猛獸가 踏至함이어늘 毛骨이 竦然하여 落膽喪魂하는지라. 精神을 收拾하고 害를 避하고저 하여 川口間에서 回程하여 江上을 向하고 氷屐을 催하여 矢와 如하게 하여 走함으로 上策을 삼으니 비록 燕子ㅣ라도 能히 及지 못할니라. 回하여 察한 則, 一對 豺狼이 後面에 當道하여 惡聲으로 吽吼하기를 甚히 促急히 하며 追하거늘 我가 灰色 豹狼인 줄노 意하고 星火갓치 馳하니 岸頭에 立한 樹木들도 我를爲하여 偕走하는 듯하더라.

第五課 氷屐의 避害 二

한자	음	한자	음	한자	음
玆	자, 이	看	간, 볼	臨	림, 림할
迫	박, 핍박	罔	망, 업슬	措	조, 둘
裁	재, 마르잴	羣	군, 무리	超	초, 뛸
飛	비, 날	屑	설, 가로	閭	려, 마을
妻	처, 안해	悲	비, 슯흘	淚	루, 눈믈
禁	금, 금할	將	장, 창찻	迹	작, 자최
咫	지, 자눈	疲	피, 갓블	莫	막, 말
喘	천, 헐써거릴	驅	구, 몰	攢	찬, 솟칠
線	선, 실	頸	경, 목	坂	판, 언덕
沫	말, 거픔	欺	긔, 속일	患	환, 근심
止	지, 긋칠	距	거, 상거	競	경, 다톨
案	안, 책상	住	주, 머믈	躓[7]	질, 밋그러질
飄	표, 나붓길				

玆際에 眼을 轉하여 看過하니 害가 臨迫하엿기로 罔知所措하여 先後를 裁量할 暇가 無하여 首를 低하고 疾走하더니 觀한 則 成羣한 惡物이 岸을 超하여 下하거늘 我가 飛하는 듯시 走하다가 注意하대 本家로 走하리라 하고 去하니 乘氷하는 屐下에 氷屑(얼음가루)이 紛紛히

---

7) 躓: 미끄러질지. 유몽천자에서는 '질'로 읽음.

生ᄒᆞ더라. 然하나 惡聲은 後에서 絶치 아니하거늘 害가 迫頭한 줄노 斟酌하고 後面을 不顧하고 自歎하여 曰 門에서 候하고(기다리고) 閭에서 望하는 父母妻子의 悲悵한 淚가 下함을 禁치 못하는 境遇에 至하게 되면 將찻 엇지 하리오 하고 精을 盡하고 力을 盡하여 活路만 尋할새 練習한 氷屐이 流矢와 如하여 猛獸의 捷한 足으로도 能히 及치 못하니 如此히 危急함을 當하여 運動하는 氷屐이 一時 避害하는 器械가 될 줄을 엇지 意하엿스리오. 半年 동안이 過치 못하여 追하는 氣勢가 益急하여 氷을 履하는 迹이促急히 咫尺에 在하거늘 仔細히 視하니 彼도 氣力이 盡하여 疲困이 莫甚함으로 喘聲이 息지 아니하거늘 我가 氷屐을 驅하여 去하니 樹木들도 宛然히 舞하며 我의 走함을 攢賀하는 듯하도다. 我가 其時에 直線으로 一向走하다가 屐을 左便으로 旋하여 之하는 바를 任意로 하되 猛獸는 밋처 頸을 旋하지 못하고 走坂之勢와 如함으로 口에 怒沫을 含하고 惡聲만 發하거늘 我가 更思하되 如此한 步法이 可히 써 避禍할 터이오 또 彼를 欺할 方策이 되리라 하고 此計로써 三四次를 試驗하되 後患이 止치 안커늘 我가 二十步 相距之地에 在하여 彼로 더브러 競步하다가 我가 또 左之右之하여 偏行하니 彼가 我計를 知하고 止코저 하다가 밋처 案住치 못하고 後足이 躓退하여 飄風한 船이 柁를 失함과 갓치 走하거늘 我가 임의 二百步 外에 在하엿스나 後患은 不絶하더라.

第六課 氷屐의 避害 三

한자	음	한자	음	한자	음
敍	서, 펼	徐	서, 천천	噴	분, 뿜을
齒	니	狐	호, 여호	杙	익, 덧[8]
蹶	궐, 밋그러질	妨	방, 방해로올	礙	애, 걸닐
缺	결, 이즈러질	誦	송, 외올	僥倖	요행
倒	도, 것구러질	朋	붕, 벗	踪	종, 자최
誰	수, 누구	某	모, 아모	厄	액, 액수
飼	사, 먹일	搖	요, 흔들	禦	어, 막을
狂	광, 밋칠	脫	탈, 버슬		

我가 漸次 免禍할 境遇를 見하고 平心 敍氣한 後에 徐徐히 走하며 또 之字步法을 行하다가 彼의 怒沫이 衣에 噴하여 上下 齒聲이 相撲함이 맛치 狐가 杙에 치이는 聲과 如하엿스니 其時에 我가 萬一 蹎蹶하엿거나 或 氷面에 妨礙하는 物이 有하엿거나 或 缺處가 有하엿더면 此境說話을 今日에 誰를 向하여 誦傳하지 못 하엿스리니 엇지 當日에 僥倖한 福이 아니리오. 我가 其時에 思想이 多하엿노라. 我가 假令 當場에 倒하엿스면 猛獸가 何處를 先咬할 것과 밋 生命이 斷絶하는대 遲速이 有할 것과 밋 家眷과 朋友가 蹤迹을 尋할 것까지 思量하엿섯노라.

大抵 人이 死亡之境을 當하면 生死가 頃刻에 在하나니 無論 誰某하

---

8) 杙: 덧.=말뚝.

고 危急한 困厄을 當하여 본 者라야 其 眞境의 何如함을 知하리라. 飼養하는 바 犬이 鐵絲를 搖하며 吠하거늘 我의 思量에 萬一 鐵絲가 斷하엿스면 林間의 毒物을 能히 制禦하리라 할 時에 彼物도 預知하고 如狂하게 追來하던 道를 旋歸하거늘 我가 豺狼이 前山으로 過함을 見한 後에 屐을 脫하고 屋中으로 入하니 心中의 如何함은 不可形言이오 또한 至今이라도 氷上으로 過할 時에는 豺狼의 聲이 有한 듯하더라.

第七課 北極光*9)10)

한자	음	한자	음	한자	음
奧	오, 오묘할	緯	위, 씨	露	로, 이슬
亞	아, 버금	圈	권, 둥우리	佳	가, 아름다울
致	치, 일울	畵	화, 그림	寫	사, 쓸
難	난, 어려울	宛	완, 완연	亘	긍, 뻗칠
鍍	도, 도금할	射	사, 쏠	貫	관, 꿰일
耀	요, 빛날	銜	함, 먹음을	停	정, 머므를
演	연, 넓을	戲	희, 희롱	仕	사, 벼슬
反	반, 뒤칠	割	할, 버힐		

大槩 造化 中에 가장 鮮妙하고 奧妙한 거시 北極光에서 過하는 者ㅣ 無하나 然하나 大韓은 緯度線 南北間에 在한 故로 現狀이 無하고 露西亞 北方에서 顯在하기는 하되 寒帶圈에 入하여야 佳麗한 景致의 開張함을 宛然히 見하나니 眞景에 入한 畵工의 妙手筆法으로도 寫하기 難하더라.

我가 北極에 在할 時에 一日은 忽然히 黑暗世界가 되어 漠漠한 氷海面과 밋 高山의 方向을 不辨하겟고 쏘한 一物도 見하지 못하겟더니

9) 북극의 빛을 사실적으로 설명한 듯하나, 어둠 속에서 바라본 빛을 강조한 계몽의식을 반영한 단원으로 판단됨.

10) 북극광: 북극 지방에서 볼 수 있는 발광(發光) 현상. 빛은 약할 때에는 희게 보이지만, 강할 때에는 빨강과 초록의 아름다운 색을 보인다. 〈표준국어대사전〉

瞥眼間에 東으로브터 西에까지 美妙한 虹霓가 半空에 亘繞하여 壯麗한 門을 成하여 鍍金한 樣子와 如한대 其中으로서 射하는 光이 有하여 東에서 閃하고 西에서 忽하여 여러 光彩가 或 上하고 或 下하더니 虹霓 後面으로서 精銳한 金矢 一箇가 長空을 貫하니 其 光이 燦爛하여 星이 敢히 其耀한 光을 放치 못하고 도로혀 羞態를 銜하여 從容한 光景이 眼前에 森列하기로 我가 詳細히 察하더니 또한 閃忽한 光彩가 上下로 反射하며 反面이 分割하엿다가 漸漸 消滅하더라.

第八課 空氣論*[11]

한자	음	한자	음	한자	음
騰	등, 날	晴	청, 개일	票	표, 표
暑	서, 더울	暖	란, 더울	燃	연, 탈
苗	묘, 싹	酸	산, 실	盪	탕, 동탕할
若	약, 갓틀	干	간, 방패	償	상, 갑흘

(問) 空氣는 何如한 거시오.

(答) 地球의 衣니라.

(問) 地面에서 幾里나 騰하나요.

(答) 百五十里를 昇하면 消滅하나니 大抵 空氣는 騰하여 高할스록 輕淸하여지나니라.

(問) 其 輕淸을 何器로 量하나뇨.

(答) 陰晴票ㅣ니라.

(問) 寒暑는 何器로 量하나뇨.

(答) 寒暖計니라.

(問) 空氣가 地球에 何關이 有하뇨.

(答) 無한 則 動物의 生命이 無하고 火가 樹木에 燃치 못하고 苗가 田地에 生치 못하고 耳로 聽치 못하고 天에 雨가 無하니라.

---

11) 이 과는 발행 당시 행을 붙였으나, 문답식이어서 문과 답을 나누어 입력하였음.

(問) 空氣가 無한 則 엇지하여 生치 못하나요.

(答) 酸素가 有한 後에 生하나니 酸素는 空氣 中에 在한 者ㅣ니라.

(問) 何故로 火가 燃치 못하나요.

(答) 酸素가 無함으로 自然히 消滅하나니라.

(問) 엇지하여 苗가 生치 못하나뇨.

(答) 空氣 中에 有한 炭素을 受하여야 生하나니라.

(問) 엇지하여 耳로 聽치 못하나요.

(答) 聲은 空氣가 搖盪함을 因하여 往來하는 緣故ㅣ니라.

(問) 엇지하여 靑天이 空氣로 成한 거시뇨.

(答) 空氣 中 若干한 濕氣가 日의 紅線을 受하고 靑線으로써 射하여 反償함으로 靑色을 成하엿나니라.

第九課 고롬보스의 亞美利加 新占得 一

한자	음	한자	음	한자	음
提	제, 끄을	坦	탄, 평탄할	斥	척, 물니칠
去	거, 갈	幼	유, 어릴	爺[12]	아, 아비
剪	전, 갈길	搬	반, 반이할	羅	라, 벌
航	항, 배	講	강, 외올	倫	륜, 인륜
叔	숙, 아자비	附	부, 붓칠	參	참, 참예
焚	분, 불살을	潛	잠, 잠길	救	구, 구원
援	원, 당길	奇	긔, 긔특	膝	슬, 무릅
姿	자, 바탕	芳	방, 꼿다올	諾	낙, 허락
室	실, 집	泰	태, 클	返	반, 도라올
隅	우, 모퉁이	湯	탕, 끄를	岳	악, 뫼
與	여, 더블	討	토, 칠	印	인, 인칠
決	결, 결단	約	약, 언약	翰	한, 날개
陳	진, 베플				

四百 餘年前에 船長 一人이 有하니 비로소 地球의 形이 如何함을 提出하여 世人들의 地面이 平坦하다 하는 者를 對할 時마다 背斥하여 曰 西向하고 去할지라도 能히 東洋에 抵達하겟다 하는 獨立氣가 有한 者ㅣ니 이다리아 제노아[13]에서 生長하니라. 幼時에 其 老爺로 더브러

12) 爺: 현대음은 ‘아’.

13) 이다리아 제노아: 이탈리아 제노바.

羊毛를 剪하여 爲業하다가 바비아[14]로 搬離하여 學校에 入하여 羅馬語와 幾何學과 天文學과 航海術을 講究하여 俗倫에 超하더라. 十四歲에 其 叔父를 從하여 번이스 海戰[15]에 附하여 參觀한 以後로 船에 從事하여 집으럴터 海峽[16]까지 往하니라. 此時를 當하여 航海하는 船長들이 敢히 大西洋 外에 出하는 者ㅣ 無하더니 其後로 보주갈 海上[17]에서 一大 戰爭이 起하여 兩船이 火焚할 時에 此人이 海面으로 超下하여 六里 水中을 潛行하여 生命의 救援함을 得하엿스니 엇지 天幸이 아니리오. 其時에 老船長 一人이 見하고 甚히 奇特히 녁여 自己 膝下에 잇는 姿色이 有한 芳年 女兒로써 許諾하여 室家之樂을 供하게 하니 此人의 姓名은 고롬보스 그리스도버[18]ㅣ라. 前者에 老船長이 數次 泰西洋 가네리[19]로 往返할 時에 言하대 此外洋에 必是 地面이 有하다 하면서도 膽力이 小함으로 敢히 往치 못하나 然하나 傳說에 西隅遠方에 湯水로 成한 別樣海가 有하다 함은 信치 아니하고 다만 曠濶한 地面이 有한 줄노 知한지라, 고롬보스가 岳丈으로 與하여 此 問題를 討論한 後에 西向하고 往하여도 淸國과 印度에 至할 줄노 決意한지라. 是故로 보주갈 王 約翰[20]의게 進하여 地形이 圓한 것과 및 印度를 入하는대 西向하고 往하여도 可할 理由를 分明히 陳告하매 王이 信하고 意하대 此地를 先占하면 自己의 榮光이 되리라 하고 고롬보스의게 通知치 아

14) 바비아: 콜럼버스가 묻힌 스페인의 세비아로 추정되기도 함. 콜럼버스가 라틴어와 스페인어를 배운 곳은 마데리아섬을 왕래할 때인 1478년 전후로 알려져 있음.

15) 번이스 해전: 베니스 해전. 콜럼버스가 신대륙을 발견하기 전 오스만 투르크와 스페인 사이에 벌어졌던 해전.

16) 집으럴터 해협: 지브롤터해협. 대서양과 지중해를 경계 짓는 해협. 북쪽은 유럽에 속하는 이베리아반도, 남쪽은 아프리카가 자리 잡고 있다. 가장 폭이 좁은 곳의 거리는 14km, 수심이 가장 깊은 곳의 깊이는 300m이다.

17) 보주갈 해상: 포르투갈 해상.

18) 고롬보스 그리스도버: 콜럼버스 크리스토퍼(Cristoforo Colombo(이), Christopher Columbus(스)).

19) 가네리: 대서양의 지명.

20) 보주갈 왕 약한(約翰): 포르투갈 국왕 주앙 2세.

니하고 隱密히 船隻을 送하엿더라.

第十課 고롬보스의 亞美利加 新占得 二

한자	음	한자	음	한자	음
還	환, 돌아올	詭	궤, 속일	譎	휼, 속일
又	우, 또	況	황, 하믈며	愛	애, 사랑
棄	기, 버릴	憫	민, 민망	穉	치, 어릴
携	휴, 끄을	城	성, 재	鄕	향, 싀골
郡	군, 고을	嘲	조, 조롱	裝	장, 행장
束	속, 뭇글	第	제, 아오	乏	핍, 다할
徒	도, 무리	教	교, 가르칠	寺	사, 절
院	원, 마을	飢	긔, 주릴	渴	갈, 목마를
非	비, 아닐	但	단, 다만	施	시, 베플
慇懃	은글	款	관, 관곡할	待	대, 기다릴
歇	헐, 쉬일	脚	각, 다리	仁	인, 어질
德	덕, 큰	公	공, 귀인	宿	숙, 잘
辯	변, 말슴	請	청, 청할	酬酌	수작

幾日 後에 還하여 曰 甚히 遠하여 能히 去치 못하겟더이다 하엿스니 甚히 慨嘆할 바로다. 未開한 世代여. 王位에 坐한 者가 詭譎을 行함을 見하엿고 又 況 不幸함으로 愛妻도 世를 棄하엿고 兼하여 보주갈에서 其論을 信從하는 者ㅣ 無한지라. 是로 以하여 憫然함을 勝치 못하여 穉子를 携하고 本城으로 歸하니 此는 故鄕에나 信聽하는 者ㅣ 有할가 함이라. 이에 故郡에 至하여 此言을 提及하니 亦是 信치 아니

하고 嘲弄하여 問하여 曰 一向 西으로 去하여도 印度에 達하랴. 答하여 曰 然하다 하니 人人 皆是 狂으로 歸하거늘 고롬보스가 親知間에도 所望이 絶함을 見하고 또한 이스바니야[21])로 往 코저 하니 此는 自己의 同氣 一人이 有함이라. 小子를 携하고 行裝을 束하여 海에 航하여 벨노스[22])에서 下陸하여 兄弟의 家로 去하랴 하나 路費가 乏絶함으로써 徒步로 程에 登하여 天主教 寺院으로 過할새 小子가 疲困하고 飢渴이 莫甚하여 束手無策이라. 救助함을 請하니 老神父가 有하여 非但 所請만 依施할 섇 아니라 請入하여 慇懃한 情을 敍하여 款待하며 歇脚하라 하거늘 고롬보스ㅣ 其 仁德을 感謝하고 또한 地가 圓함을 說明하니 神父가 其言을 樂聽하며 曰 尊公의 思量에는 西向하고 去하여도 印度에 得達하리라 하나뇨. 答曰 我는 一毫도 不錯한 줄노 知하나이다. 神父 曰 一夜 留宿하라. 此는 一次 辯論할 大問題로다. 我의 親舊 버난더스[23])라 하는 者ㅣ 有하니 此人은 博學士라. 今宵[24])에 請하여 酬酢[25])하게 하겟노라 하더라.

---

21) 이스바니아: 에스파냐.

22) 벨노스: 베니스(지명).

23) 버난더스: 콜럼버스의 친구.

24) 금소(今宵): 오늘밤.

25) 酬酢(수초): 酬酌의 오식으로 보임. 또는 酬酌과 통용자.

第十一課 고롬보스의 亞美利加 新占得 三

한자	음	한자	음	한자	음
晩	만, 느질	餐	찬, 밥	喫	긱, 먹을
駁	박, 변박할	京	경, 서울	薦	천, 천거
札	찰, 편지	修	수, 닥글	賜	사, 줄
妃	비, 계집	付	부, 붓칠	托	탁, 부탁
委	위, 버릴	掠	략, 로략	防	방, 막을
奚	해, 어찌	採	채, 캘	召	소, 부를
招	초, 부를	集	집, 모돌	徂	조, 갈
客	객, 손	玄	현, 감을	妙	묘, 묘할
賽	새, 빌	幬	주, 장막	惟	유, 오직
毬	구, 죽방울	撑	탱, 고일		

是夕에 父子가 晩餐을 飽喫(포끽)하고 兩 神父로 더브러 地球論을 辨駁하니 聽하고 喜하더라. 寺院 神父의 名은 베레스[26] ㅣ니 京城 政府에 立한 親朋의게 薦擧하는 書札을 修하여 賜하며 曰 尊公이 此札을 持去하라. 或 此札을 緣하여 王과 고로와 王妃[27]가 地球의 說明함을 信聽하기를 望한다 하거늘 公이 小子를 神父의게 付托하고 急히 고로와로 委訪하니라. 然하나 時에 回回教 人 무어[28]의 侵掠이 滋甚한 故

26) 베레스: 콜럼버스를 이사벨 여왕에게 추천한 사람.

27) 고로와 왕비: 카스티야의 이사벨 왕비.

로 盡力하여 防禦할 計策을 圖謀하니 奚暇에 東西를 論理하는 一箇 船長의 經綸을 採用하리오. 事不如意하여 落心할 際 偶然히 멘도사[29] ㅣ라 하는 親舊를 逢하니 此人은 紅衣敎主[30] ㅣ오 또한 王前에 有勸力한 者ㅣ라. 멘도사ㅣ 曰 君의 言이 是하다. 或 然할 뜻하니 王씌 稟聞하고 國內의 理學者를 召集하여 辨駁함이 可타 하고 大主敎와 主敎 等을 살나만가[31]에서 召集하여 船長의 言을 聽할새 開會하고 問曰 吾等이 聞하니 君이 西로 向하여도 東에 徂한다는 問題를 逢人則說한다 하니 然하뇨. 曰 然하다. 又問曰 天下에 엇지 如此한 理가 有하리오. 怪常하고 虛誕한 說이 何代에 無하리오마는 君의 說話와 갓함은 狂言이라. 今始初聞아나 君은 果是 狂客이로다. 고롬브스 曰 古者에 哲學士 中에도 地가 圓하다는 說을 著한 者ㅣ 有하니 果若其言이면 西로 向하여도 東에 徂하는 理由가 是치 아니하리오. 大主敎 曰 엇지 圓한 理가 有하리오. 地가 圓하다 하는 說은 聖經의 玄妙한 理를 反對함이니 以賽亞 曰 主씌서 天을 布하사 幬(주)와 如하게 하섯다 하엿스니 平地가 된 後에야 可以布하리라. 고롬보스 曰 目覩하는 星月도 圓하거든 地가 惟獨 圓치 아니하리오. 紅衣 敎主가 問하여 曰 地가 毬와 若한 則 何物노 撐하리오. 答曰 日月의 撐한 거슨 何物이뇨 하더라.

---

28) 무어: 당시 이베리아 반도를 점령하고 있던 무어인. 이슬람교도임. 1486년 1월 콜럼버스는 페르난도 왕과 이사벨 여왕을 만나 항해계획을 제출했다. 이에 대한 타당성 여부 심사가 타라베라 신부가 주관하는 위원회에 위탁되었다. 그러나 당시의 페르난도 왕과 이사벨 여왕은 이슬람 세력의 최후 보루인 그라나다 공략에 정력을 기울이고 있을 때였으므로 콜럼버스의 계획에 대한 최종판단은 그 후 몇 년 뒤로 미루어질 수밖에 없었다.

29) 멘도사: 인명.

30) 홍의교주: '紅衣主敎(붉은 옷을 입은 주교)'의 오식.

31) 살나만가: 살라만카. 스페인의 지명.

第十二課 고롬보스의 亞美利加 新占得 四

한자	음	한자	음	한자	음
迂	오, 너를	蒼	창, 푸를	障	장, 막을
懸	현, 달	井	정, 우물	傾	경, 기울
忖	촌, 헤아릴	度	탁, 헤아릴	期	긔, 긔약
渺	묘, 아득할	逾	유, 넘을	浪	랑, 허랑
頻	빈, 자조	屢	루, 여러	遭	조, 맛날
楚	초, 나라	旅	려, 나그내	樓	루, 다락
丁	정, 장정	遙	요, 멀	蹇	건, 절
驢	려, 나귀	緩	완 느질	訓	훈, 가르칠
奉	봉, 밧들	承	승, 니을	謁	알, 보일
遷	천, 옴길	宮	궁, 집	遂	수, 일울
寧	녕, 편안	辦	판, 판단		

此時에 哲學士 中 一人이 曰 一言以蔽之하고 地가 圓하다 하는 說은 眞箇 迂闊하도다. 蒼蠅이 天障에 附한 것 갓치 人生이 엇지 倒懸하리오 하니 此言이 一作하매 或은 云하대 樹木도 然하겟도다 하며 或은 云하대 萬一 然한 則 井中水도 傾覆하리라 하는대 敎主 一人이 曰 設或 地가 圓한 줄노 忖度하고 這便으로 從하여 一去하면 其後에 回程할 期가 渺然하리라. 船이 엇지 山을 逾(유)하리오. 浪說이라 하니 이스바니야의 哲學士들이 此論으로써 고롬보스의 意見을 打破하랴 하더라.

公이 七年 동안에 王妃를 從하여 此論을 頻頻히 說明하나 所望이

漸漸 斷하는지라. 落心함을 屢次 遭하니 이스바니야를 離하기로 決定하고 楚楚한 旅裝으로 ᄯ라나다[32] 京城에 出하니라. 其時에 馬上客一人이 城 南門 樓下로 追出하여 派守 兵丁다려 問曰 白髮 風神의 骨格이 非常한 老人을 見하엿나뇨. 遙指하여 曰 曠野를 已過하엿겟습니이다. 此人이 騎馬를 策하여 追及하니 公이 蹇驢의 步를 任하여 緩緩히 行하거늘 追者ㅣ가 訓令을 傳하여 曰 王妃의 還招하라신 命令을 奉承하고 來하엿노라 하기로 고롬보스가 再次 入城하여 見謁하니 此時는 世態가 開明함에 遷移하엿는지라. 써트안덜[33]이라 하는 朋友가 公의 不平한 氣를 懷하고 不遇時함을 慨歎하는 樣子로 出城함을 見하고 宮中에 入하여 秦聞하여 曰 果是 船長의 言과 如하면 엇지 世界에 大有益함이 아니오릿가 함으로 王妃 이사벨나ㅣ 曰 彼의 所願을 遂케 하리니 地가 圓하다는 說과 西으로 向하여도 東에 徂할 理由를 丁寧한 줄 大談하더니 成事할 機會를 乘하엿나 보다 하고 幾箇 寶石을 典當하여 旅費를 辦備하고 請還하더라.

32) ᄯ라나다: 그라나다.

33) 써트안덜: 콜럼버스의 친구.

第十三課 고롬보스의 亞美利加 新占得 五

한자	음	한자	음	한자	음
港	항, 항구	漁	어, 고기잡을	最, 가장	
埠	부, 부두	餞	전, 전송할	員	원, 관원
敢	감, 굿해	御	어, 모실	遵	준, 좇칠
循	순, 좇칠	戚	척, 권당	艦	함, 군함
編	편, 역글	師	사, 스승	僞	위, 거짓
判	판, 판단	號	호, 일홈	旗	긔, 긔
轄	할, 거나릴				

一千四百九十二年 八月 三日에 이스반니야 港에서 三隻 船이 出帆하니 此船은 別노히 漁船에서 大치 못한대 惟獨 一隻만 甲板이 有하고 最大한 者ㅣ라. 埠頭에 立하여 餞別하는 許多 人員이 此事를 對하여 注意하고 滋味가 有하여 觀光하더라. 此船이 一發하매 人 皆 曰 能히 知치 못하고 敢히 往치 못할 火湯海로 向한다 하니 是故로 船長들은 自己의 所願이 아니오 不得已하여 御命을 遵循할 쑨이라. 其 戚族과 故舊들이 悲感한 淚를 揮하는 者ㅣ 多하더라.

이에 小艦隊를 編成하니 其 水師 提督은 고롬보스ㅣㄴ대 地形이 圓한 줄노 知하는 異人이니 今番 行船에는 其 眞僞를 可判할 터이더라. 一船은 산다마리아 號[34]ㅣ니 大將旗를 建하엿고 二는 빈다 號[35]ㅣ니

34) 산다마리아 號: 산타마리아호. 콜럼버스가 신대륙을 발견할 때 탄 배 이름.

艦長의 名은 알노조빈존[36]이오 三은 늬나 號[37] ㅣ니 艦長의 名은 야네수빈조[38]이더라. 神父 베레스가 마리아 號 甲板에 立하고 祈禱하여 曰 順風을 賜하옵시며 平海를 賜하시와 此事를 主轄하는 膽大한 者로 하여곰 願하는 바를 成就케 하시되 西向하여 去함으로 能히 東洋에 得達케 하여 주시옵소서 하더라. 終是 相別하고 帆을 掛하고 大洋으로 出하여 게네리[39]에 到하니라. 九月 六日에 派送함을 被한 三隻 船이 게네리 島로 自하여 西方을 向하고 前人의 敢히 往치 못하던 處로 走하니 茫茫한 波濤 中에 天光만 無邊한지라.

---

35) 빈다 號: 빈다호. 배 이름.

36) 알노조빈존: 함장 이름.

37) 늬나 號: 배 이름.

38) 야네수빈조: 함장 이름.

39) 게네리: 카나리아제도.

第十四課 고롬보스의 亞美利加 新占得 六

한자	음	한자	음	한자	음
惶	황, 두려올	曺	조, 무리	險	험, 험할
駛	사, 달닐	衝	충, 찌를	膏	고, 기름
沃	옥, 기름질	隆	륭, 놉흘	俱	구, 갓촐
存	존, 잇슬	刹	찰, 절	昆	곤, 맛
蟲	충, 버레	累	루, 여러	邦	방, 나라
嘉	가, 아름다올	儕	제, 무리	毅	의, 굿셀
堂	당, 집	竹	죽, 대	帛	백, 비단
垂	수, 드리울	遺	유, 끼칠	秋	추, 가을
朽	후, 썩을	壞	괴, 문허질	鷗	구, 갈마기
檣	장, 돗대	藿	곽, 메역	打	타, 칠
悔	회, 뉘웃칠	杳	묘, 아득할	奈	내, 엇지
抗	항, 겨를	拒	거, 막을	諭	유, 개유할
甘	감, 달	竟	경, 맛참	寤	오, 깰
寐	매, 잘	認	인, 알	怨	원, 원망
恨	한, 한할	藉	자, 빙일	勸	권, 권할
勉	면, 힘쓸	宜	의, 맛당		

是時에 艦長들이 惶惻하여 曰 我曺[40]가 엇지 人의 耳로 聞치 못하고 人의 足으로 着지 못한 危險한 海上에 駛行하리오 하고 甚히 患하거늘

40) 我曺(아조): 우리들.

提督이 安慰하여 曰 印度라 하는 世界는 東洋의 要衝이라. 土地의 膏沃함과 物産의 豊隆함과 百菓의 俱存함과 山勢의 雄壯함과 寺刹의 櫛比함과 鳥獸와 昆蟲의 如何를 累累히 言及하고 又曰 此邦은 精金과 寶石이 無盡藏할 섇더라 其品이 極嘉하니 엇지 後日 所望이 아니리오. 吾儕는 毅然히 目的을 變치 말고 堂堂한 大丈夫의 事業을 成하고 令名을 竹帛에 垂하여 千秋萬歲에 遺傳하여 朽치 아니함이 엇지 可치 아니하리오 하고 日復日行船하매 距離가 漸漸 隔遠하여지니 西方으로서 飛來하는 鷗鷺[41] 等 鳥 有하여 檣頭로 過하고 또 海藿[42] 等 草가 水面에 浮來하더라. 十月 一日에 海程을 打筭하니 六千九百里라. 其時를 適當하여 東風이 大起하거늘 艦長들이 後悔하여 曰 去하기는 去하거니와 其 回期가 杳然한대 奈何오 하고 反心을 抱하고 抗拒하거늘 提督이 多端으로 曉諭하여 曰 苦盡甘來는 理之常事ㅣ라, 畢竟은 地面을 見한 後에 已할 거시니 先見하는 者는 重賞으로써 給하리라 하고 連日 行船하더니 艦長 一人이 卒地에 聲을 高하여 地가 見하엿다 呌하니 此는 寤寐하는 中에 錯認한 바ㅣ라. 地가 無함을 覺하고 怨恨하는 聲이 藉藉하거늘 提督이 千言萬語로 勸勉하여 曰 未久不遠하여 地를 見하리니 忍耐하고 待함이 宜하니라 하며 前進하더라.

---

41) 鷗鷺(구로): 갈매기와 백로(해오라비).

42) 海藿(해곽): 바다 미역.

第十五課 고롬보스의 亞美利加 新占得 七

한자	음	한자	음	한자	음
檢	검, 검사할	漂	표, 흐를	薪	신, 섭
拯	증, 건질	盆	분, 동의	蔓	만, 덤불
騷	소, 소동할	擾	요, 흔들	宏	굉, 클
黎	려, 검을	卉	훼, 풀	雙	쌍, 쌍
啼	제, 울	翫	완, 구경	嚮	향, 저즘씌
錨	묘, 닻	投	투, 던질	碇	정, 대일
泊	박, 대일	艇	정, 배	絳	강, 붉을
佩	패, 찰	跪	궤, 수러안질	祝	축, 빌
后	후, 님금	聚	취, 모둘	夥	과, 만흘
獻	헌, 드릴				

一日은 艦長들이 水面을 點檢할 際에 漂流하는 薪이 有하거늘 拯하니 覆盆子蔓이라. 氣候도 溫和하여지니 此는 地가 有하여 不遠한 줄을 知할너라. 十月 十二日 午前 二時에 빈다 號 檣頭에 入番한 者가 聲을 高하여 曰 地를 見하라, 地를 見하라, 地를 見하라 하매 船中이 騷擾한지라. 地가 何處에 在하뇨 한 則 答曰 箇邊에 在함을 見치 못하나요 하거늘 卽時 古物礮[43]를 放하니 如此히 宏壯한 聲은 此 海邊에서 初聞하는 바ㅣ러라. 黎明에 見함 靑蒼한 邊에 向陽한 島가 有하니 此 所謂

43) 古物礮(고물포): 옛날 포.

別有天地非人間이라. 花卉와 菓木과 森林이 一幅 畵境을 開하엿는대 雙雙한 啼鳥가 其間에 往來하고 또 한 目을 擧하여 海岸을 看하니 無數한 男女老少가 羅立하여 船樣을 翫하며 奇異히 넉이더라. 此時를 當하여 嚮日 艦長의 憂愁가 變하여 喜樂이 되어 錨를 投하여 碇泊한 後에 小艇을 先下하고 고롬보스가 絳色衣를 衣하고 軍刀를 佩하고 下陸할새 足이 陸에 至하매 卽時 跪하고 祝謝하여 曰 이스바니야 王后의 名으로 占領하나이다 하고 其地를 名하여 曰 산살버도어[44]라 하다. 土人들이 異常히 넉여 聚한 者 夥多한 中에 或은 水를 覆하고 來하여 船으로 上하는 者도 多하여 싸나아(甘草)[45]와 고금아[46]와 美妙한 鳥를 艦長의게 獻하니 彼等의 意思는 海島 中으로 出한 異人인 則 必是 自己보다 上等人이라 함이러라.

44) 산살바도어: 산살바도르. 스페인어로 '구세주'란 뜻. 콜럼버스가 서인도제도에 처음 도착한 곳으로, 이때 처음 만난 원주민들은 바하마제도의 아라와크족이었다.

45) 싸나아(甘草): 감초.

46) 고금아: 고구마.

第十六課 고롬보스의 亞美利加 新占得 八

한자	음	한자	음	한자	음
遍	편, 두루	棕	종, 종려	香	향, 향긔
襲	습, 엄습	河	하, 하수	忘	망, 니질
炙	구, 구을	薯	서, 감자	乾	간[47], 마를
捲	권, 거둘	煙	연, 내	恭	공, 공순
隣	린, 리웃	酋	추, 괴수	宴	연, 잔채
肩	견, 엇개	蹈	도, 밟을	班	반, 발렬
按	안, 안찰	巡	순, 순행	環	환, 고리
敬	경, 공경	禮	례, 례도	霜	상, 서리
刃	인, 칼날	仆	부, 업더질	塔	탑, 탑
沙	사, 모래	浦	포, 물가	邑	읍, 고을
播	파, 뿌릴	戶	호, 지게	賀	하, 하례
殿	전, 대궐	臣	신, 신하		

提督과 艦長들이 甚히 喜하여 諸島를 遍踏할새 左右 地面에 草가 有하여 蔓延하엿는대 棕櫚가 最多하고 淨灑(정쇄)한 海岸에 花香이 衣에 襲하여 其氣가 人의게 可合하니 眞個 樂園인가 疑할너라. 後에 규바 島[48]에 到着할 時에 見하매 河水가 有한지라. 提督이 印度 ㄴ가 意

47) 乾 간, 마를: 乾은 '간'으로 읽는 경우가 많음.

48) 규바 島: 쿠바섬.

한 故로 其地를 西印度[49] ㅣ라 하여 其人을 인듸안이라 하고 艦長들이 樂하여 返하기를 忘하는지라. 其時 土人들이 草根을 採하여 火中에 炙하여 賜하며 曰 부데도[50]라 하니 白人이 薯를 初見한 處ㅣ러라. 他島에 住한 土人들은 異俗이 有하니 草葉을 乾하여 手로써 捲하여 其煙을 吸하거늘 問한 則 다바고[51]라 하더라. 이에 규바를 離하여 他島로 去하여 土人의게 地名을 問하니 헤다이[52]라. 其人의 性質이 信實하고 溫恭柔順함으로 提督이 謂하대 愛隣如己하는 者ㅣ라 하더라. 一日은 酋長이 大宴을 排設하고 海産物과 薯와 數種 菓實을 陳設하여 款曲한 情을 表한 後에 人人 肩次로 蹈舞(도무)하거늘 고롬보스도 其 班次를 依하여 艦長을 命하여 按釼(안인)하고 其前으로 巡環하여 敬禮를 行하니 土人이 霜刃이 日光에 反射하여 閃閃함을 視하고 驚하여 奇異히 녁이더니 其後에 大礮(대포)를 聞하고 地上에 卽仆하더라. 提督이 헤다이 島에 小塔을 建築하고 沙格[53] 數人을 擇差하여 自己 往返하기까지 待하라 하고 本國으로 更向하여 去하니라.

回帆하여 아소 島[54]를 過하다가 風雨大作하는 濤를 遇하여 漂風하여 各散하매 不知去處ㅣ라. 沉沒한 줄노 知하엿더니 一千四百 九十三年 三月 十五日에 베로스 浦[55]로 會同하엿는지라. 此 所聞이 城邑에 傳播하매 家家戶戶가 小砲를 放하여 鍾을 鳴하고 祝火를 上하며 萬口가 同聲하여 新世界를 得하엿다하고 서로 致賀하며 上下臣民이 主上殿下를 爲하여 萬歲를 呼하니 此는 紅人 六名과 衣服과 好鳥와 薯와 바나아[56]와 金을 帶來한 證據가 明하더라.

---

49) 西印度: 서인도.

50) 부데도: 포테이토. 감자.

51) 다바고: 타바코. 담배.

52) 헤다이: 히스파니올라. 지금의 아이티.

53) 沙格(사격): 뱃사공과 격꾼.

54) 아소 島: 아소섬.

55) 베로스 浦: 스페인 베니스해.

56) 바나아: 바나나.

第十七課 五官論 一

한자	음	한자	음	한자	음
臭	취, 내암새	舌	설, 혀	喩	유, 비유
體	체, 몸	聯	련, 니을	絡	락, 얽힐
爛	란, 데일	痛	통, 압흘	截	절, 끈흘
痲[57]	마, 병	痺	비, 병	唇	순, 입설
燥	조, 마를				

(問) 五官은 何뇨.

(答) 觸과 視와 聽과 臭와 味니라.

(問) 五官의 機關은 何뇨.

(答) 觸함은 皮肉이오 視함은 目이오 聽함은 耳오 臭함은 鼻오 味함은 舌이니라.

(問) 譬喩로 한 則 五官은 何와 如하뇨.

(答) 門과 如하니 知識으로 入하는 五大門이니라.

(問) 腦가 五大門으로 入하는 通奇을 엇더케 受하나뇨.

(答) 神經으로 從하여 受하나니라.

(問) 神經은 何뇨.

(答) 腦로브터 細한 線이 全體에 聯絡不絶한 거시 有하니 謂之神經이

57) 痲: '痲'의 오식으로 보임.

라 하나니라.

(問) 譬喩로 言한 則 如何한 거시뇨.

(答) 電線과 如하니라.

(問) 假令 指端이 火에 爛한 바ㅣ 된 則 腦가 엇더케 知하겟나뇨.

(答) 指端에서브터 腦로 通한 神經이 卽時 通ᄒᆞ여 知케 하나니라.

(問) 指가 傷하면 傷處가 痛함을 受하리니 痛한 거시 엇지 指가 아니리오.

(答) 不然하다. 指를 緣하여 腦가 受하나니 如此히 腦에 在한 神이 目으로 視하게 하고 耳로 聽하게 하고 鼻로 臭하게 하고 舌로 味하게 하나니라.

(問) 何證이 有하뇨.

(答) 有하니 假令 神經이 裁하던지 ᄯᅩ 半身不遂처럼 腦에 痲痺(癱瘓[58]) 가 有하면 割하여도 痛한 줄을 知치 못하나니라.

(問) 觸하면 不時에 覺하는 神經이 何에 在하뇨.

(答) 곳 外皮內에 在하니라.

(問) 敏捷하게 覺하는 神經이 何에 在하뇨.

(答) 指와 舌과 唇이니라.

(問) 觸하여 物의 固有한 性質을 知하나뇨.

(答) 固有한 形容과 固有한 度量과 밋 堅固와 寒熱燥濕의 如何함을 知하나니라.

58) 탄탄(癱瘓): 중풍.

第十八課 五官論 二

한자	음	한자	음	한자	음
瞳	동, 동자	幃	위, 장막	猫	묘, 고양이
薄	박, 얇을	紗	사, 깁	網	망, 그믈
膜	막, 껍흘	裏	리, 속	都	도, 도읍
瞼	검, 눈껍흘	拭	식, 시슬	儲	저, 저축

(問) 視하는 機關이 何뇨.

(答) 目이니라.

(問) 目의 形이 如何하뇨.

(答) 毬와 갓치 圓하여 表面으로 差出하엿는대 쏘한 窓이 有하니라.

(問) 眼에 黑白이 有한대 黑을 何라 云하나뇨.

(答) 眼中이라 하나니라.

(問) 眼中에도 쏘 有한 黑을 何라 云하나뇨.

(答) 瞳子ㅣ니라.

(問) 瞳子가 何用이 有하뇨.

(答) 當着하여 見하는 影子가 入하는 孔이니라.

(問) 然한 則 眼中은 何用이 有하뇨.

(答) 幃帳이 垂하며 捲하매 瞳子가 或 大하고 或 小하나니라.

(問) 何時에는 幃帳이 垂하나뇨.

(答) 日光이 明朗할 時에는 垂하나니 日이 光明한 時에는 瞳子가 小하

여지고 日이 陰沉한 時에는 捲하여 瞳子가 大하여지나니라.

(問) 諸獸中에 瞳子가 顯著히 大하여지고 小하여지는 거시 何는.

(答) 猫ㅣ니 日이 紅할 時에는 初月과 如하다가 日이 暗한 後에는 圈樣을 成하나니라.

(問) 影子가 入함을 受하는 機關이 何며 腦가 瞳子를 因하여 受하나뇨.

(答) 眼毬 中에 薄한 紗와 如한 거시 有하니 名은 網膜이라. 見하는 影子를 這裏로 從하여 受하니 網膜으로브터 腦骨ᄭᅡ지 視神經ᄭᅡ지 有하니라.

(問) 假令 視神이 傷함을 受한 則 如何뇨.

(答) 然한 則 外樣으로는 如全하나 都是 見치 못하나니라.

(問) 眼瞼은 何用이 有하뇨.

(答) 門과 如하니 宿한 則 捲하엿다가 醒한 後에는 轉瞬함을 息지 아니하고 拭하여 淨케 하나니 此는 眼瞼裏에 淚가 乾치 아니하고 恒常 儲한 緣故ㅣ니라.

第十九課 五官論 三

한자	음	한자	음	한자	음
摩	마, 만질	慄	률, 떨	颺	양, 날칠
移	이, 옮길	把	파, 잡을	推	추, 밀
驟	취, 달닐	退	퇴, 물너갈	卻	각, 물니칠
部	부, 떼	幾	그, 몃	善	선, 착할
綴	철, 련할	穴	혈, 구멍	盈	영, 찰

(問) 聽하는 機關이 何뇨.

(答) 耳니라.

(問) 聽함은 何뇨.

(答) 聲이니라.

(問) 聲은 何뇨.

(答) 空氣가 搖盪(요탕)함으로 成하는 感動物이니라.

(問) 何故로 空氣가 搖盪하나뇨.

(答) 假令 鐘을 擊하고 手로 按摩한 則 手가 戰慄하나니 此는 鐘이 戰慄함으로 搖盪함을 被 하여 空氣가 漸漸 播颺(파양)하여 移去하는 聲이니라.

(問) 鐘이 戰慄함으로 空氣가 搖盪하여 漸漸 移去함으로 聲을 發하는 明證이 何뇨.

(答) 假令 鐘이 鳴할 時에 手로 把하면 卽刻에 停止하나니 此를 推하면

可히 知할지니라.

(問) 響應하는 理由는 何뇨.

(答) 搖盪한 空氣가 驟去하다가 隔한 處를 逢하면 激하고 退卻(퇴각)하여 本處로 還來하여 更發하는 聲이 또한 耳로 入함이니라.

(問) 耳의 部分 中에 最要한 거시 幾何ㅣ뇨.

(答) 一은 搖盪함을 被한 空氣를 善導하여 入하게 하는 거슨 耳朶(이타)오 二는 鼓膜이오 三은 小綴骨이오 四는 第二 鼓膜이니 其得에 通穴이 有하여 水가 盈하고 또한 其中에 聽神經이 有하니라.

(問) 假令 聲을 聞하는대 如何如何히 되어 耳로 入聞하나뇨.

(答) 一은 物이 搖盪함이요 二는 鼓膜을 皷함이오, 三은 小綴骨을 經하여 第二 鼓膜을 更皷함이오, 四는 聽神經으로브터 腦에 達함이니 其 本源을 推한 則 空氣로 成하는 造化니라.

第二十課 遊星 一

한자	음	한자	음	한자	음
汝	여, 너	輩	배, 무리	劇	극, 심할
置	치, 둘	齊	제, 나라	臂	비, 팔
圍	위, 둘닐	玩	완, 구경	荒	황, 것칠
話	화, 말슴	謔	학, 희롱	嬉	희, 즐거울
塊	괴, 흙덩이	央	앙, 가온대	照	조, 비췰
象	상, 코기리	鑑	감, 거울	晦	회, 금음
望	망, 보름	弦	현, 활시위	暮	모, 저물
庚	경, 별	曉	효, 새벽	啓	계, 열
曩	낭, 저즘씌	茫	망, 아득할	確	확, 확실할
靜	정, 고요				

童穉들아. 汝輩가 演劇場에서 遊戲할 쩨 一兒를 圈中에 置하고 諸兒가 一齊히 手를 把하며 臂를 連하고 聯絡하여 圍行함을 玩하고 天荒을 破하엿노라 余가 你等의게 告하는 話는 演劇하는 樣과 彷佛하나 然하나 幼兒의 戲謔을 云함이 아니로라. 此 演劇場은 天이오 遊嬉하는 者는 日과 星이니 日은 元是 莫大한 一塊毬로서 中央에 位하여 其座를 一定하고 燃하고 焦하는 力을 主持하엿는대 遊行하는 大小球가 日의 大함과 比較할 者ㅣ 無하니라. 므릇 遊星의 軆는 照耀한 光彩가 無한 暗球ㅣ니 日의 反照함을 受치 아니하면 夜間에 顯出하는 象을 睹치 못하리라. 此球는 皆 遊星이니 觀天機로 照鑑하면 月의 軆가 晦望을

隨하여 上下弦에 圓缺함갓치 遊星도 盈虛하나니라. 或이 問하대 遊星이 日을 繞行함을 昭詳히 目覩하엿나뇨. 曰 現象을 目覩하지 못하나 然하나 其 位置의 變遷하는 度數를 昭詳히 點檢하엿노라. 日暮한 後에 初見하는 者를 晩星이라 하고 또 長庚星이라 하나니 此星이 幾月 後에는 曉頭(효두)에야 見하는 故로 其 名을 改稱하여 啓明星이라 하나니라. 曩者에는 日을 繞行하는 理를 茫然히 不覺하엿더니 今者에는 確實히 靜心窮究하여 其 遊行함이 兒輩가 手를 把하고 環行함과 恰似한 줄노 覺하엿노라.

第二十一課 遊星 二

한자	음	한자	음	한자	음
逈	형, 멀	乍	사, 잠간	嵯	차, 놉흘
疊	첩, 첩첩할	積	적, 싸흘	灼	작, 탈
栖	서, 깃드릴	些	사, 적을	軸	축, 축
暈	훈, 빗	回	회, 도라올	廿	입, 스무

或者는 日에서 最近한 故로 焚함을 被할 듯하고 或者는 甚히 逈遠함으로 寒할 듯하니라. 日에서 最近한 行星은 水星이니 日暮할 時에나 日出할 時에나 或 白樣으로 乍見타가 暫時間에 乍無하는 故로 天文學士들이 詳見하지 못하나 然하나 云하기를 最高한 山이 水星 中에 在하여 嵯峨ᄒᆞ다 하나니라. 其次는 金星이니 照耀ᄒᆞᆫ 光이 有함으로 或 白晝에도 現하나니, 此 水星과 金星에 雲이 疊疊히 積함으로 灼함을 免한다 하나니라. 其次는 我의 栖息하는 地球ㅣ니 外他 行星이 日을 繞行함과 갓치 地球도 日을 繞行하는대 쏘한 地球를 繞行하는 者도 有하니 卽 月이더라. 此外에 火星과 土星이 有하니 觀天機로 見한 則 些少한 白點이 有함으로 天文學士가 云하대 地球 南北極에 氷山과 如한 거시라 하나니라. 火星 外에 幾許里를 距하여 二百六十四 小朶球가 有하니 名은 小行星이라. 一塊로 統合할지라도 能히 行星 中에 小한 者를 當치 못한다 하나니라. 此外에 木星이 有하여 最大한 者ㅣ니 月이 四個가 有한대 二個는 靑色이오 一個는 黃色이오 一個는 紅色이더라.

此外에 土星이 有하여 奇異한 者이니, 地球의 軸이 旋함으로 晝夜를 成함과 갓치 外他 行星들도 然한지라. 地球는 卄四 時間에 自身動을 하는대 彼는 十時間이면 能히 自身動을 하나니라. 또 月이 八個가 有한대 月의 一個가 地球의 屬한 月보다 十倍나 重大하고 또 此星體에 暈帶가 有하여 光彩가 燦爛함으로 疑者컨대 夜가 無하리라 하나니라. 此外에 天王星이 有하여 地球보다 數倍나 되고 또한 日에서 遠함으로 回旋하는 동안이 支離하니 地球의 八十四年이 彼의 一週年이라 하나니라. 此外에 海龍星이 有한대 日에서 最遠함으로 甚히 寒할 뜻하다 하나니, 此星에서 日을 見하는 것과 如하나 然하나 彼도 外他 行星갓치 日을 繞行하는 者ㅣ라 하나니라.

第二十二課 스바다59) 三百 義士 一

한자	음	한자	음	한자	음
恢	회, 너를	廓	확, 너를	欲	욕, 하고저할
鏖	오, 죽일	屠	도, 뭇지를	戮	륙, 죽일
版	판, 조각	並	병, 아오를	呑	탄, 삼킬
殫	탄, 다할	竭	갈, 다할	團	단, 둥글
伍	오, 항오	率	솔, 거나릴	威	위, 위엄
整	정, 정제할	昂	앙, 밝을	抄	초, 쌜
募	모, 쌜	剿	초, 칠	曚	몽, 어둘
銘	명, 삭일	殊	수, 다를	麾	휘, 긔
邦	방, 나라	俘	부, 사로잡힐	囚	수, 가돌
焉	언, 엇지	挫	촤60), 썩글	鋒	봉, 칼날
需	수, 음식	艙	창, 선창	罄	경, 다할
梁	량, 다리	巴	파, 파촉	哨	초, 수지즐
繹	역, 얽힐	誌	지, 긔록	泉	천, 샘
穿	천, 쑤를	駐	주, 머므를	阨	액61), 좁을
虜	로, 오랑캐				

數百年 前에 天下 莫强之國이 有하니 曰 바사62)ㅣ라. 其王은 恢廓

59) 스바다: 스파르타.

60) 촤(挫): 꺾을 좌.

61) 액(阨): 좁을 액(애).

(회확)한 大度가 有하여 權利를 貪하는 大欲望이 有한 者ㅣ니 名은 씩시스[63]라. 그리써[64]를 鏖戰(오전)하여 屠戮(도륙)하고 版圖를 併呑하랴 하여 全國力을 殫竭(탄갈)하여 大軍을 團聚(단취)할새 其 編伍(편오)한 中에 미더 人[65]과 바사 人과 黑人과 印度 棕色人이 來附하엿스니 統率이 二百萬이라. 各其 自國의 兵器를 持하엿스니 軍威의 整肅함이 前無後無하다 할너라. 此로브터 王心이 驕昂(교앙)하여 自己 思想에 數人만 抄募하야도 偏小하고 微弱한 그리써를 剿滅(초멸)하리라 하니 曚然沒覺(몽연몰각)한 君王이라 하리로다. 그리써의 軍隊는 其數가 夥多치 못하나 皆是 自主하는 者ㅣ라. 國과 家의 興亡의 關係가 一擧에 在함을 銘心하고 獨立 基礎를 扶持하여 殊死戰하랴는 者ㅣ오, 바사 士卒은 暫時 人의 麾下(휘하)가 되어 親戚을 離하며, 故舊(고구)를 棄하고 遠邦의 俘囚(부수)가 되어 暴虐한 君王의 指揮를 從하는 烏合亂民이라. 焉敢 그리써의 士氣를 挫하며 鋒銳(봉예)를 折하리오. 然하나 씩시스가 四年間에 一切 軍需를 準備하고 헬너스본드[66] 海峽에 船艙(선창)을 築하다가 飄風에 破壞한 바ㅣ 되매, 또한 一國의 力을 罄竭(경갈)하여 堅實한 大梁을 造成하니 自今爲始하여 東洋 軍隊가 能히 歐羅巴에 通할 機會를 大開하엿더라. 此時에 씩시스의 派送하는 軍哨(군초)가 甚重하여 七日間이나 梁上에 絡繹한 後에 渡達함을 得하니라. 이에 路程을 誌하니 東北으로브터 離發하여 그리써에 入하랴면 더머바[67]ㅣ라 하는 溫泉場으로 從하여 山間 峽路 十五里를 穿入한 後

---

62) 바사: 페르시아.

63) 씩시스: 크세르크세스(B.C. 519경~B.C. 465). 페르시아의 왕(B.C. 486~B.C. 465 재위). 고대 페르시아어로는 Khshayarsha. 별칭은 Xerxes the Great.

64) 그리써: 그리스.

65) 미더 인: 메디아. 대체로 지금의 케르만샤 일부와 아제르바이잔, 쿠르디스탄 지방에 해당한다. 아시리아 샬마네세르 3세(B.C. 858~B.C. 824)의 문헌에는 '마다' 지역 사람들이라는 기록이 있다. 바로 이들이 뒤에 메디아인으로 알려졌다.

66) 헬너스본드: 살라미스 해전. 페르시아 전쟁 때, 살라미스섬과 아테네의 항구도시 피레에프스 사이에 있는 살라미스해협에서 그리스 함대가 병력이 훨씬 우세한 페르시아 해군을 무찌른 전투(B.C. 480).

에 峽路 內 出入하는 洞口에 抵할지라. 此內에 ᄯᅩ한 古時代에 築한 駐防城이 有하니 此扼口를 守하여 擄掠하는 者를 禦하는 處所러라.

67) 더머바: 테르모필레. 테르모필레 전투(Battle of Thermopylae)는 페르시아가 두 번째로 그리스를 침공할 당시 사흘 넘게 벌어진 전투이다. 이 전투는 테르모필레('뜨거운 문')에서 기원전 480년 8월 또는 9월에 아르테미시온 해전과 동시에 일어났다. 이 전투에서 스파르타가 이끄는 그리스 도시국가 연합군과 크세르크세스 1세의 페르시아 제국이 맞붙었다. 제2차 그리스-페르시아 전쟁에서 아테나이가 마라톤 전투에서 승리하면서 패배한 페르시아는 뒤늦게 앙갚음을 하고자 다시 그리스를 침공하였다. 〈위키백과〉

第二十三課 스바다 三百 義士 二

한자	음	한자	음	한자	음
捨	사, 노흘	除	제, 제할	董	동, 동독할
遁	둔, 도망	遣	견, 보낼	偵	정, 정탐할
探	탐, 더듬을	嶺	령, 고래	復	복, 회복할
捍	한, 막을	降	항, 항목	索	삭, 삭기
結	결, 매질	縛	박, 얽을	轅	원, 수레
捉	착, 잡을	審	심, 삷힐	鎗	창[68], 창
孑	혈, 외로올	臺	대, 집	吩	분, 분부
咐	부, 분부	陣	진, 진칠	赴	부, 다다를
敵	적, 대적할	奸	간, 간악할	抱	포, 안을
逆	역, 거스릴				

이에 四千人을 選送하매 其 長官의 名은 리온늬다쓰[69] ㅣ니 此人은 스바다 王이라. 스바다는 그리써 南方 小國이니 揀選한 勇士 三百이 從하니 此人은 國을 爲하여 生命을 捨할 者ㅣ라. 此中에서 二人은 眼疾노 하여 行伍 中에서 除去하엿더라. 썩시스가 大衆을 董督하여 더머벌니[70]로 去하며 自度하대, 그리써 軍이 自己의 整肅한 軍容만 見하여도

68) 창(鎗): 종소리 쟁.

69) 리온늬다쓰: 레오니다스(?~B.C. 480 로크리스 테르모필라이). 스파르타의 왕.

70) 더머벌니: 테르모필레.

遁하리라 하고 馬兵 一人을 遣하여 其 動靜의 如何함을 偵探하라 하니라. 本來 그리써 人은 散髮하는 俗이 有한지라. 馬兵이 嶺上에서 窺하니 그리써 人 中에 或은 髮을 理한 者도 有하고, 或은 體操 運動하는 者도 有하거늘 馬隊가 命을 復한대, 王이 데마리드스[71]다려 問曰 數人의 力으로 能히 我의 大衆을 捍하랴. 對答하대 然하오나 我國 風俗은 出戰할 始에 髮을 理하옵나이다 하니 此 데마리드스는 本是 그리써 王으로서 逃走하여 바사에 來한 者ㅣ러라. 王이 其言을 信치 아니하고 스바다人이 出降할까 하여 三日이나 苦待하되, 終始 承服하지 아니하거늘, 王이 馬隊 幾人을 派遣하며 曰 鐵索으로 結縛하여 轅門으로 捉來하여 審査하게 하라 하니 馬隊가 扼口로 馳王(치왕)하거늘 그리써 兵士가 妙術노 長鎗을 射하여 盡殺하여 孑遺함이 無하니, 바사 王이 將臺에 坐開하여 觀戰하다가 護衛隊를 顧하여 吩咐하여 曰 急히 陣에 赴하여 敵陣을 屠戮하라 하매 護衛隊가 往하여 終日토록 力戰타가, 彼의 屠戮을 反被하니 王이 怒氣가 騰騰하여 臺에서 下하여 陣中으로 馳入하랴 하더라. 此時에 리온늬다스가 兵卒을 送하여 山으로 通한 夾路를 防하라 하니 此 夾路는 그리써 人 中에 數人만 知하는 거시라. 奸心을 抱하고 反逆을 謀하는 에비알듸스[72]가 썩시스의게 通知한대, 썩시스가 護

---

71) 데마리드스: 테미스토클레스(그리스어: Θεμιστοκλῆς, B.C. 524~B.C. 459). 고대 아테나이의 정치가, 군인. 아테네의 해군력을 그리스 제일로 성장시켜, 페르시아 전쟁의 승리를 이끌었다. 아테네의 명문에서 태어나 기원전 493년 집정관으로 뽑혔다. 페르시아의 위협에 대비하여 페이라이에우스(지금의 피레우스) 군항건설과 해군증강에 착수하였다. 정적(政敵)이며 육군 증강론자인 밀티아데스가 죽은(B.C. 489) 후 세력을 강화하였다. 기원전 483년에는 라우레이온 은광산(銀鑛山)에서 나오는 수익을 군함건조에 충당하도록 민회(民會)를 설득, 이에 반대하는 아리스테이데스를 도편추방하고, 200척의 3단 노선(三段櫓船)을 보유하게 하여 아테네를 그리스 제일의 해군국으로 만들었다. 기원전 480년에는 장군(스토라테고스)으로서 아테네 함대를 지휘하고, 페르시아 군이 육로로 아티카를 공격하자, 노인과 부녀자를 살라미스 등으로 피난시키고 나머지 전 아테네 시민을 군함에 태웠다. 살라미스에 집결한 그리스 연합함대는 페르시아 해군과 결전을 하여, 그의 작전으로 대승을 거두었다. 그 후, 스파르타와의 갈등으로 인해 아테네의 성벽을 재건하여 방비를 더욱 튼튼히 하였으나 점차 세력을 잃어, 기원전 472년 도편추방을 당하였다. 추방 중 페르시아 왕과 내통하고 있다는 모함으로 사형선고를 받자 소아시아로 탈출했고 페르시아의 아르타크세르크세스 1세 밑에서 마그네시아 총독으로 재임하다가 자살했다. 〈위키백과〉

衛兵을 命하니 護衛兵이 聽令하고 隱路로 入하니다.

72) 에비알디스: 에피알테스. 기원전 480년 7000명의 그리스 군은 북쪽으로 행군하여 고갯길을 봉쇄하였다. 고대 사료에서는 백만 명으로 짐작하였던 페르시아 군대는 8월 말 또는 9월 초에 고개에 다다랐다. 병력면에서 압도적인 열세였던 그리스 군대는 역사상 유명한 일전에서 후위대가 궤멸되기 전까지 총 이레 동안(그 중 사흘간은 전투)이나 페르시아 군을 막았다. 아르타파누스가 이끄는 1만 명의 선발대를 포함해 이틀 꼬박 전투를 벌이고 스파르타 왕 레오니다스 1세가 이끄는 소규모 군대가 페르시아의 거대한 군대가 지나갈 길 한곳을 막았다. 이틀째 전투가 지나고 에피알테스라는 지역 주민이 그리스인을 배신하고 그리스 전열 뒤로 이어지는 작은 샛길을 누설하였다. 포위당했음을 알게 된 레오니다스 왕은 그리스 군대의 진열을 해체하고 후방을 지키기 위하여 스파르타인 300명, 테스피아이인 700명, 테바이인 400명 그리고 여타 몇 백 명을 배치하였는데, 이들 대부분이 전사하였다. 〈위키백과〉

第二十四課 스바다 三百 義士 三

한자	음	한자	음	한자	음
秘	비, 가만할	突	돌, 구들	奪	탈, 쌔아슬
報	보, 갑흘	片	편, 조각	丹	단, 붉을
倍	배, 갑절	交	교, 사괼	互	호, 서로
踐	천, 밟을	鞭	편, 채직	扑	복, 칠
戟	극, 창	赫	혁, 빗날	忠	충, 충성
頌	송, 기릴	揚	양, 날칠	壘	뢰[73], 진
讌	연, 잔채	耶	야, 어조사	穌	수, 다시살
降	강, 나릴				

이에 護衛隊가 南門에서브터 圍하랴 하여 夜半에 行軍하여 蹤跡이 秘密히 去하나, 殘風한 故로 落葉을 踏來하는 聲이 有하거늘 守直한 者가 聽한지라. 바사 長官이 스바다이 守禦하는 줄노 知하고 甚히 懼하거늘 에비알듸스가 呼하여 曰 勿懼하라. 數人뿐이라 하니 바사 軍兵이 突入하여 要害處를 奪하는지라. 天이 明하매 山上에서 看守하는 兵卒이 리온늬다스의게 急報하여 曰 敵이 隱路를 知하고 來하엿나이다 하니 其時에 三百 勇士가 退去할 路는 有하나 然하나 團結한 義氣가 死하는대 至하여도 屈치 아니하고 一片心이 邦國을 保하랴 하여 同聲으로 一呼하매 怒血이 噴騰하여 勇氣가 百倍나 되더라. 早朝에 썩

73) 뢰(壘): 진 루. 성채 루.

시스가 軍隊를 號令하여 前進하니 리온늬다스가 迎出하여 鋒을 交할새 左衝右突하니 바사 人이 互相 踐踏하며 逃走하랴 하되 其 長官들이 長鞭으로써 扑(복)하며 催하여 前進하게 하는지라. 三百 勇士가 戟이 折하고 劍이 鈍하도록 力戰하여 膽大한 리온늬다스가 戰亡하고 또한 三百人 中에 一人도 生한 者ㅣ 無하엿스니, 其赫赫한 節義가 엇지 吾儕의 效則할 者ㅣ 아니리오. 其後에 바사 軍艦이 海上에서 失敗하니[74] 썩시스가 師를 班하여 歸하니라.

自今爲始하여 그리써 全國이 리온늬다스와 밋 三百 勇士의 忠義를 追仰하여 功績을 頌揚하여 戰死한 場에 一壘를 特建하고 每記念節에 盛讌(성연)을 開하고 喜樂하는 遺俗이 有하니 此는 救世主 耶蘇 降生前 四百八十年之事ㅣ라. 今日까지 頹壘가 尙存하도다. 此壘는 頹할지라도 勇氣는 頹치 아니하고 永世에 至하니 此는 國家를 爲하는 者의 前艦[75]일진저.

74) 살라미스 해전: 테르모필라이에서 격전이 벌어지는 동안 페르시아 함대는 그리스 해군을 공격하여 양쪽이 많은 전함을 잃었다. 크세르크세스 군대는 그들에게 가담한 북부 그리스인들의 도움을 얻어 남쪽으로 행군했다. 9월에 페르시아군은 아테네를 불태웠지만 이때쯤 아테네 시민들은 이미 다른 곳으로 피난해 있었다. 한편 그리스군은 살라미스 해협에 함대를 배치하기로 결정했다. 테미스토클레스는 후퇴하는 척하며 페르시아 함대를 좁은 살라미스 해협으로 유인하는 교묘한 전략을 썼다. 페르시아 해군은 그리스의 책략에 넘어갔고, 뒤이어 벌어진 해전에서 그리스 함대는 페르시아군에 대승을 거두었다. 그 직후 페르시아 해군은 아시아로 철수했다. 크세르크세스는 그해 겨울에 페르시아로 돌아갔지만, 그의 군대는 B.C. 479년 여름까지 그리스에 남아 있었다. 그들이 마침내 그리스에서 쫓겨난 것은 플라타이아 전투에서 스파르타와 테게아 및 아테네 연합군에 패한 뒤였다. 페르시아군은 그리스 함대와 싸우기를 거부하고 배를 해변에 끌어올려둔 채 레오티키다스가 이끄는 스파르타군과 힘겹게 싸우고 있는 육군에 가담했다. 페르시아의 침략은 플라타이아 전투와 미칼레 전투로 끝났지만, 그리스와 페르시아의 싸움은 그 후에도 30년 동안 계속되었다. 아테네의 주도로 새로 결성된 델로스 동맹은 아나톨리아 해안에 있는 이오니아계 도시국가들을 페르시아의 지배로부터 해방하기 위해 계속 공세를 펼쳤다. 이들은 대체로 성공을 거두었고, B.C. 448년경에는 마침내 아테네와 그 동맹국 및 페르시아 왕 아르타크세르크세스 1세 사이에 협정이 맺어졌다. 〈브리태니커〉

75) 전함(前艦): 전감(前鑑)의 오식으로 보임.

第二十五課 버얼의 波濤歎 一*76)

76) 이 단원은 찰스 디킨스의 작품을 소개한 단원임. 찰스 디킨스는 1812년 영국 포츠머스에서 해군 경리국의 하급관리였던 존 디킨스와 엘리자베스 배로의 여덟 아이 중 둘째 아들로 태어났다. 사립학교에서 잠시 교육을 받았지만 아버지가 빚으로 수감되어 열두 살 때 런던의 한 구두약 공장에서 하루 열 시간 동안 일을 해야만 했다. 이때 직접 겪은 빈민층의 삶이 후일 그의 작품을 이룬 토대가 되었다. 중학교를 2년 정도 다니다가 열다섯 살에 변호사 사무실에서 사환으로 일했으며, 곧이어 법원의 속기사를 거쳐 신문사 기자로 일했다. 소년 시절부터 고전을 읽음으로써 문학에 눈을 떴으며, 기자 생활을 하며 많은 여행을 한 덕분에 넓은 식견을 갖출 수 있었던 디킨스는 빅토리아 시대의 사회 빈곤, 부조리한 사회 계급, 그리고 열악한 노동 환경에 대한 신랄한 비평을 마다하지 않았다. 1833년 잡지에 투고한 단편이 실리면서 작가 활동을 시작하였고, 1836년 단편집 '보즈의 스케치'가 출간되었다. 곧이어 발표한 고아 소년 이야기 '올리버 트위스트'로 작품성과 대중성을 모두 인정받으며 작가의 지위를 확립하였다. 작품 '위대한 유산', '데이비드 코퍼필드', '두 도시 이야기', '크리스마스 캐럴' 등이 있다. 1870년 빅토리아 여왕으로부터 기사 작위를 수여받았으나 이를 거부했으며, 같은 해에 죽어 문인 최고의 명예인 웨스트민스터 대성당에 안장되었다. 그의 묘비에는 다음과 같이 씌어 있다. 그는 가난하고 고통 받고 박해받는 자들의 지지자였으며 그의 죽음으로 세상은 영국의 가장 훌륭한 작가 중 하나를 잃었다. 찰스 디킨스 작품집 『크리스마스 캐럴』. 찰스 디킨스의 소설 중에서 가장 많은 사랑을 받고 있는 〈크리스마스 캐럴〉 외에도 디킨스가 크리스마스를 주제로 쓴 다른 이야기들을 함께 담았다. 저명한 디킨스 연구자인 마이클 슬레이터는 서문을 통해 디킨스가 크리스마스 정신에 대한 개념을 구상한 과정을 상세하게 설명하였다. 디킨스는 이러한 작품들에서 크리스마스를 온정과 자비를 베풀고, 소중한 기억을 떠올리는 축제의 기간으로 기념하고 있다. 구두쇠 스크루지가 유령들을 만나면서 크리스마스의 참된 의미를 깨닫게 된다는 내용의 작품 〈크리스마스 캐럴〉은 1843년에 발표된 이래로 사람들이 '크리스마스의 전통'이라고 생각하는 것에 오랫동안 큰 영향을 미쳤다. 디킨스의 〈크리스마스 캐럴〉의 주인공 스크루지와 그 주된 내용은 모르는 사람이 거의 없다고 해도 과언이 아닐 정도로 널리 알려져 있다. 그러나 이 책을 '인색한 구두쇠 스크루지 영감이 크리스마스를 맞아 개과천선한 이야기' 정도로만 알고 있는 사람이라면 다시 한 번 읽어볼 이유가 있다. 주된 줄거리는 자기밖에 모르는 구두쇠 스크루지가 밤에 찾아온 유령들의 안내로 과거 현재, 미래의 자신을 돌아보고 깨달음을 얻어 새로운 인간으로 거듭난다는 것이다. 이런 교훈적인 메시지가 19세기 중엽의 영국 자본주의 사회에 대한 풍자 및 비판과 얼버무려진 작품이다. 〈책동네 사람들〉(http://cafe.daum.net/ebtalk)에서.

한자	음	한자	음	한자	음
旬	순, 열흘	牀	상, 상	偃	언, 누을
臥	와, 누을	哮[77]	효, 짓거릴	却	각, 물니칠
壁	벽, 바람벽	斜	사, 빗길	撤	철, 것을
昏	혼, 어두올	燈	등, 등불	瓦	와, 기와
斯	사, 이	輾	전, 굴	緬	면, 멀
也	야, 잇기	跫	공, 발자최	歷	력, 지날
耿	경, 밝을	燭	촉, 초불	晨	신, 새벽
逝	서, 갈	纖	섬, 가늘	挽	만, 당길
妹	매, 누의	氏	시, 각시	姊	자, 맛누의
倚	의, 의지할	哂	신, 우슬		

버얼[78]이 沉病한지 兼旬에 小牀에 偃臥하여 門外에 熱圃(哮)[79]하는 聲을 聞하며, 歲月의 如流함을 忘却하고 眼을 轉하여 左右를 視하다가, 光線이 東壁上에 反射한 則, 斜陽에 天이 落照를 帶한 줄노 意하고, 光線이 撤去한 後에 昏暗이 壁에 上하엿다가, 漆黑하여짐을 見한 則, 夜深한 줄노 意하고 自歎하여 曰, 方今 十字街上에 電氣燈과 瓦斯燈[80]은 不夜城을 開하엿슬 터이오, 其上에는 星月이 照耀하리라 하고 輾轉不寐하여 此를 思하고, 彼를 度하다가 心神이 忽然히 城市로 通한 大江上으로 馳하는지라. 自度하여 曰 江水는 何其深也며, 夜色은 何其暗也며, 星點의 相照함은 何其多也오 하고, 더옥 感歎思를 提起하여 曰, 此 江水가 大海로 奔流하는도다 하고, 緬懷[81]할 際에 半夜가 已過하여 門前에 人跡이 稀少하니, 跫音[82]을 歷歷히 可數하겟고, 또한 耿耿한

77) 원문의 한자가 다름. 음훈은 '효, 짓거릴'으로 주석함.

78) 버얼: 미상.

79) 열효(熱哮): 원문의 한자가 다름.

80) 와사등(瓦斯燈): 가스등.

81) 면회(緬懷): 아득하게 생각함. 멀리 생각함.

82) 공음(跫音): 발자국 소리.

燈燭이 眼中에 暗暗하거늘, 東天의 晨光(신광)이 稀迷함을 恨하면서, 恒常 江水의 逝함을 深慮하여 纖纖한 弱手로써 挽回할 志도 抱하고, 沙로써 防築하여 停止케 하랴 하나, 然하나 轉流하기를 甚히 急하게 하거늘, 버얼이 因하여 呼하다가, 其妹氏 프로렌즈[83]의 聲을 聞하고 精神을 收拾하여 身을 其姊妹의게 倚하고 哂하며 天이 明하여 光線이 入하기를 苦待하더라.

83) 프로렌즈: 미상.

第二十六課 버얼의 波濤歎 二

한자	음	한자	음	한자	음
而	이, 말이	透	투, 통할	雇	고, 품팔
掃	소, 쓸	拂	불, 떨칠	敦	돈, 도타올
珠	주, 구슬	隙	극, 틈	愼	신, 삼갈
攝	섭, 잡을	企	기, 바랄	轍	철, 수레박회
寢	침, 잘	睡	수, 조름	衾	금, 니불
枕	침, 벼개	俯	부, 굽흐릴	吻	문, 입설
託	탁, 부탁	諠	헌, 짓거릴	譁	화, 짓거릴
憐	련, 어엿불	眩	현, 어즈러올	慌	황, 어즈러올
希	희, 드물	否	부, 아니	慈	자, 사랑
乳	유, 젓	慘	참, 슯흘	酷	혹, 사오나올
仍	잉, 인할				

而已오. 光線이 窓을 透入하니 其氣가 鮮明한지라. 其時에 雇人들은 奔走히 房屋을 掃하며 塵을 拂하거늘 또한 倫敦[84] 市上이 明朗할 것과 地上에 아직 露珠(노주)[85]가 捲(권)치 아니할 거슬 思하더니 窓隙으로브터 問病하며, 愼攝(신섭)함을 勸하는 者의 顔이 見하거늘, 버얼이 謝禮하여 曰 今日은 差度가 有하니 感謝하온지라. 請컨대 我의 父親의

84) 윤돈(倫敦): 런던.

85) 노주(露珠): 이슬 같은 구슬.

게 告하여 주시기를 伏企하옵나이다 할 時에, 人聲과 馬跡과 車轍이 連絡한 中이라. 疲困함을 勝치 못하여 半寢하더니, 非夢似夢 間에 江水가 轉去하는 心慮가 再發하여 其姊妹다려 謂하여 曰, 프로이야 江[86]의 流함이 息지 안는도다. 此水의 逝함을 緣하여 我의 一身도 逝함과 如하다 하니, 프로렌즈가 好言으로써 慰하며 小牀에 同臥하여 安寢케 하니, 버얼이 曰 你가 我로 하여곰 安寢케 하니 我도 你를 安寢케 하리라 하더니, 프로렌즈가 着睡할 時에 當하여, 衾枕으로써 其背를 支하고 俯하여 接吻(접문)[87]하며 其傍에 立한 者의게 付託하여 曰 或 諠譁함으로 其睡를 打起할까 하노라 하더라. 此日이 已過하고 後天이 更明하니 可憐하다, 버얼이여. 光線의 幾次 反照함과 大江의 幾回 轉流함을 記憶하지 못하더라. 一日은 버얼의 思想이 下層 壁上에 掛한 自己 母親의 寫眞에 傾向하여 懇切히 思慕하다가 姊妹다려 問하여 曰 我가 前者에 母親을 見하엿던가. 轉去하는 江水가 我心을 眩慌(현황)[88]케 함으로 依希한 中이로라 하니, 프로렌즈가 對答하대 我의 愛者여, 否라. 엇지하여 問하나뇨. 버얼이 又 問曰 我가 幼時에 慈親의 面目과 如하게 親切한 容貌를 見하엿던가. 答曰 見하엿나니라. 曰 誰뇨. 曰 老乳母ㅣ니라. 又問曰 何에 在하뇨 하거늘 其時에 프로렌즈가 手로써 抱하니 其 足이 戰慄하여 慘酷한 情境을 目不忍見할너라. 仍하여 曰 프로이야 老乳母를 請하라. 答曰 來하지 아니하엿스니 明日 見하라 하다. 버얼이 謝禮하고 臥寢하니라.

---

86) 프로이야 강(江): 미상.

87) 접문(接吻): 입술을 맞댐.

88) 현황(眩慌): 희미하고 어렴풋함.

第二十七課 버얼의 波濤歎 三

한자	음	한자	음	한자	음
情	정, 뜻	疎	소, 성길	浮	부, 뜰
遽	거, 문득	迎	영, 마질	駒	구, 마아지
頓	돈, 두드릴	祿	록, 록	享	향, 누릴
使	사, 하여곰				

其後에 醒하니 日이 임의 晝가 되엿는지라. 窓面에 風이 打來하는 聲에 驚起하여 乳母의 來한 與否를 問하거늘, 其時에 或이 請來하러 去한다 하매 버얼이 其言을 聞하엿더니, 頃者에 一人이 入하거늘 問曰 此人이 我의 乳母ㅣ뇨. 姊妹 答曰 然하다. 情疎한 者면 엇지 落淚하면서 燥한 手에 口를 接하며, 我의 可憐한 者여 하리오 하니, 버얼이 曰 感謝하여이다. 然하나 江水가 如此히 急流하니 此 將奈何오. 거의 海上으로 盡入하여 波濤의 話가 我耳에 入하는대 舟의 浮沉함으로 我가 遽然히 睡着하겟노라 하고 又言曰 彼岸에는 花草가 甚多하도다. 我의 隻身(척신)[89]도 至今 海上에 渡하엿는대 岸上에 何人이 有하여 我를 待하며 合手하고 祈禱함과 如하도다 하고 又 曰 프로이야 母親의 容貌가 你와 彷彿하다. 你의 面目이 임의 熱하엿스니 我의 慈親인 줄노 知하노라. 下層 壁上에 掛한 畵本이야 무삼 榮耀(영요)한 光이 有하뇨.

89) 척신(隻身): 한 몸.

我를 迎接하는 母親은 榮光의 容貌로 我路에 照한다 하더라. 其後에 光線이 復回하여 壁上에서 舞하니 隙駒光陰인 줄을 頓覺하리로다.

大抵 創世 以來로 始祖의 衣를 衣하고 世世로 相襲하는 例式이 有하니, 此는 人種이 各其 自己의 職事를 畢하고 또한 廣大한 天이 紙軸(지축)과 如하게 捲去할 時까지 在할 者ㅣ니 卽 怨望이오, 此 外에 또한 更舊한 恩典이 有하니 卽 無量世界에 居하여 無量 福祿을 享할 거시라. 道理를 通達한 兒孩야 하나님씌 感謝할지어다. 大江이 我를 擧하거 大海에 入할 時에 童穉의 天使가 善히 保護하기를 冀(기)[90]하노라.

---

90) 기(冀)하노라: 바라노라.

第二十八課 베수비어스[91] 火山 一

한자	음	한자	음	한자	음
輿	여, 수레	侍	시, 모실	肆	사, 펼
省	성, 삷힐	屆	계, 밋츨	淑	숙, 맑을
沿	연, 좃칠	挿	삽, ᄭᅩ질	雉	치, ᄭᅯᆼ
堞	첩, 성첩	碧	벽, 푸를	巘	헌, 묏ᄲᅮ리
差	치[92], 어긔여질	閭	려, 마을[93]	翠	취, 푸를
岑	잠, 묏ᄲᅮ리	蕭	소, 쑥	戛	알, ᄭᅳ을[94]

91) 베수비어스: 베수비오. 79년 8월 24일 이탈리아 남부 캄파니아 평원에 있는 베수비오 화산이 대규모 폭발을 일으켰다. 베수비오 화산은 두개의 봉우리를 가진 낙타등 모양의 산이다. 베수비오는 지금으로부터 20만이 조금 안된 홍적세 말기에 처음 생긴 비교적 역사가 짧은 화산으로 베수비오 화산의 봉우리 그란 코노(Gran Cono)에는 오랜 화산활동으로 분화구에 칼데라가 생성되었다. 화산의 분출은 약 17,000년 전부터 시작되었으며 그 후 주봉인 그란 코노는 79번의 분출이 있었다. 간헐적으로 지진을 일으키다 마침내 79년 8월 24일 엄청난 폭발을 일으켰다. 폼페이 시 와 스타비아이 시가 화산력과 화산재로 뒤덮이고, 흘러내린 진흙에 헤르쿨라네움 시가 파묻혔다. 베수비오 화산의 폭발로 인해 사라진 도시 폼페이의 유적은 16세기말 처음 발견되었으며, 발굴 작업은 1748년에야 시작되어 아직까지도 계속되고 있다. 1980년 베수비오 화산 화구구(火口丘)의 높이는 1,280m였으나, 대규모로 분화할 때마다 높이가 많이 달라진다. 당시의 대참사 상황은 작가 플리니우스가 역사가 타키투스에게 보낸 2통의 편지에 잘 묘사되어 있다. 주봉우리의 높이는 1,281m이며 소마 산은 1,149m이다. 두 봉우리 사이에 5Km 길이의 아트리오 디 카발로 계곡이 자리잡고 있다. 산의 경사면은 용암이 흐르다 굳은 용암대지로 덮여 있으며 수풀이 무성하다. 정상 부근은 황량하나 산기슭에는 포도원이 자리 잡고 있다. 베수비오 화산은 현재 분출이 있지는 않으나 여전히 증기를 뿜어내고 있는 활화산이다. 〈한국 컴퓨터 선교회〉 '지식 사전'

한자	음	한자	음	한자	음
駭	해, 놀날	贍	섬, 넉넉할	饒	요, 넉넉할
俊	준, 준걸	秀	수, 빼어날	才	재, 재조
狠	한, 사오나올	雜	잡, 석길	綢	주, 읽을
繆	규[95], 얽을	架	가, 시렁	橄	감, 감람
欖	람, 감람	圃	포, 나뭇밧	崩	붕, 문허질
摧	최, 썩거질	昔	석, 녯	訝	아, 의심
淵	연, 못	坎	감, 구덩이	坷	가, 구덩이
碍	애, 걸닐	萋	처, 무성할	荊	형, 가시
棘	극, 가시	濯	탁, 빨	瞰	감, 볼
痕	흔, 흔적	甚	삼[96], 무삼	堵	도, 담
賢	현, 어질	撰	찬, 빨	戢	즙, 편즙할
媳	싀, 싀가				

歐洲輿誌[97]上에 第一 名山이 有하니 其名은 베수비어스ㅣ라. 千八百年前에 羅馬 皇帝 侍肆[98]가 邦省을 統轄하는 時代에 屆하여 此山의 淑氣[99]가 千古에 長하여 沿海한 一大都를 成하엿스니 揷大한 雉堞은 碧巘을 連하여 參差하고 撲地(박지)한 閭閻(여염)은 翠岑을 依하여 櫛枇(즐비)하니 蕭蕭한 馬鳴과 戛戛한 車轍이 遊人의 耳目을 驚駭(경해)케 하고 居民의 産業을 贍饒(섬요)케 하여 他山으로 無異한지라. 俊秀한 才子와 暴狠한 者流가 其中에 雜處하니, 此所謂 人傑은 地靈이오, 綢繆한 葡萄架와 鬱蒼(울창)한 橄欖圃(감람포)가 這間에 接隣(접린)하

92) 치(差): 어긋날 차.

93) 렴(閻): 이문 염.

94) 알(戛): 창 알.

95) 규(繆): 얽을 무.

96) 삼(甚): 심할 심.

97) 여지(輿誌): 수레처럼 만물을 싣고 있는 땅이라는 뜻으로, 지구나 대지를 이르는 말.

98) 시사(侍肆): 시저. 로마 황제.

99) 숙기(淑氣): 이른 봄날의 맑은 기운. 자연의 화창한 기운.

엿스니 方可謂 沃野는 天府ㅣ로다. 其時를 適當하여 人皆謂 極樂世界라. 誰가 一朝에 火燄(화염)이 出하여 地가 崩하고 山이 摧할 줄을 意하엿스리요. 然하나 自昔으로 其上에 一大 疑訝處가 有하니 淵然한 坎坷(감가)가 四面으로 隔碍(격애)함이 無하여 其廣이 二三十里오 其深이 數百尺이로대 萋萋한[100] 荊棘은 中間에 叢生하고 濯濯한 走獸는 左右에 穴處하엿슨즉 如此한 火燄의 念慮는 毫髮도 無하나 山下를 俯瞰(부감)하면 海邊으로 從하여 烟痕(연흔)이 迷浮하고 磺臭(광취)가 不絶하여 甚似한 惡氣가 尙有하나 个意할 바ㅣ 全無한지라. 是以로 居民들이 安堵樂業하더니 主 降生 七十九年에 至하여 베수비어스 山下 네블스[101] 港에 羅馬 水 提督이 有하니 名은 블니늬[102]라. 本來 賢哲

---

100) 처처(萋萋)한: 우거진.

101) 네블스: 나폴리로 추정됨.

102) 블니늬: 플리니우스(61 또는 62~113경). 부유한 집안에서 태어나 삼촌인 대(大)플리니우스의 양자가 되었다. 18세에 법조계에 들어갔으며, 민사 소송에서 얻은 평판으로 독직한 지방행정관을 심리하는 정치 재판을 맡기도 했다. 그의 가장 두드러진 성공(100)은 아프리카 총독과 스페인 출신의 행정관들에 대한 유죄판결을 한 것이었다. 그러는 동안 그는 최고행정직을 얻어 트라이토르(법무관, 93)와 콘술(집정관, 100)이 되었다. 재무 능력을 지녀 군(軍) 재무위원과 원로원의 재무위원을 계속 맡았다(94~100). 로마시의 하수 행정(104~106)을 맡고 있다가 트라야누스의 명을 받고 비티니아의 지방행정의 붕괴에 대해 조사하기 위해 가서(110경) 2년 뒤 그곳에서 죽었다. 그 당시의 역사가인 타키투스처럼 그도 로마 제국을 인정하여 '좋은' 또는 '나쁜' 황제들을 섬겼으며, 자기 글에서 '나쁜' 황제들에 대한 관습적인 불만을 토로하기도 했다. 도미티아누스 황제의 죽음(97. 10)을 위시하여 2세기 전반부에 일어난 사건들로부터 시작하는 정선된 개인 서한으로 이루어진 9권의 책을 펴냈다. 10번째 책은 트라야누스 황제에게 보낸 행정문제에 대한 잡다한 서신과 답신을 담은 것이다. 개인 서한들은 다양한 주제들에 관해 기회가 있을 때마다 씌어진 꼼꼼한 편지들이다. 편지에서 그는 최근의 사회적·문화적·정치적 소식 및 국내 소식, 때로는 이전이나 당대의 역사적 사건들에 대한 설명을 다루거나 어떤 문제에 대한 도덕적인 논쟁을 벌이기도 했다. 각 편지들은 1가지 주제만을 다루었고 주제에 맞추기 위해 그의 말을 빌자면, 역사적이고 정치적이고 수사적인 방식을 혼합한 문체를 사용했다. 이 '특별한 관심을 가지고 쓴 편지들'의 구성은 부유층들 사이에서 유행하던 것이었는데, 그는 그것을 축소된 예술 형식으로 발전시켰다. 젊은이들에게 주는 충고의 편지, 인사와 문안의 글을 담은 짧은 편지, 자연의 아름다운 광경이나 자연에의 호기심에 대한 묘사를 한 것도 있다. 친구들로부터 고칠 점을 듣기 위해 작품들을 암송하는 전통을 가지고 있던 아마추어 문학 세계를 자세히 묘사하기도 했다. 부동산업은 빈번한 주제였고 그런 문제를 다룬 편지들이 그의 능력을 나타내게 되어, 트라야누스 황제는 그에게 비티니아의 지방 재정과 지방

함으로 多聞博識하여 博物學을 撰戢하는 者ㅣ라. 其妹弟의 媤家가 此港에 住한 故로 提督이 其妹家에 留하더라.

정부를 재구성하는 일을 맡기게 되었다. 그가 쓴 가장 긴 편지는 그의 정치법정에서의 승리에 대한 것이다. 도미티아누스 황제가 죽고 난 뒤 12년 동안의 많은 로마의 지도자들을 소개함으로써 이렇다 할 역사적 기록의 대상이 되지 못했을 한 시대의 사회적 재구성을 가능하게 했다. 그의 간단한 인물 묘사는 풍자적이라기보다는 친절했으며 타키투스보다 완벽한 것으로 보인다. 그는 자신이 베수비우스 산 화산폭발에 대한 글을 기고했던 타키투스의 〈역사〉가 쓰인 날짜·상황들에 대해서도 이야기하고 있다. 그의 후원을 받은 인물 중에는 전기작가 수에토니우스가 있다. 그가 트라야누스 황제에게 보낸 편지와 찬사문의 가장 좋은 현대판은 M. 슈스터의 편집으로 토이브너 전집에 들어 있다(1952 재판). W. 멜머스가 영어로 번역한 〈콘술 플리니우스의 편지들(The Letters of Pliny the Consul)〉은 W. M. 허치슨의 개정판으로 로브 고전 문고에 들어 있다(2권, 1915). 일반적 주해서로는 E. G. 하디의 〈트라야누스에게 보낸 플리니우스의 편지(Plinii Epistulae ad Traianum)〉(1889)가 있다. 〈브리태니커〉

第二十九課 베수비어스 火山 二

한자	음	한자	음	한자	음
乖	괴, 어그러질	氛	분, 기운	祲	침, 기운
盖	개, 일산	幢	당, 장막	錦	금, 비단
纜	람, 닻줄	解	해, 풀	竅	규, 구멍
舟	주, 배	邂	해, 맛날	逅	후, 맛날
朕	짐, 징조	悄	초, 슯흘	窘	군, 군박할
脈	맥, 맥	騰	등, 등서할	佇	저, 기다릴
潮	조, 밀물	汐	석, 썰물		

一日은 其妹弟가 入告하여 曰 山上에 乖常한 氛祲(분침)이 觸起(촉기)하여 羅馬國 松樹様으로 如盖幢幢하여 或 是黑하고 或是斑하니 君은 請看하라 한 대, 提督은 博物學을 硏究하는 者ㅣ라, 短艇에 錦纜을 及解하여 渡港하여 何許한 其樣을 觀하랴 하니, 此는 幾日 前브터 地震이 大發하여 萬竅(만규)[103]가 同聲함이라. 已往에는 地震과 山上에 盖와 如한 雲이 何關이 有한지 攄得(터득)지 못하엿더니 如此한 災殃中에 其 裏許를 解得하엿도다. 提督이 越便海岸에 碇泊할 際에 一个舟子를 邂逅相逢하니 此 舟子는 何許한 兆朕(조짐)을 見하엿던지, 提督을 强勸하여 急히 還渡하라 하며 紛紛히 墮來하는 灰와 炭과 浮石과 山上의 火燄을 指視하고, 悄然히 歸하나, 提督은 歸意가 頓無하여 曰

103) 만규(萬竅): 모든 구멍.

山上의 居人들이 窘急한 境遇에 至하면, 周急함이 吾의 職責이오, 또한 其事之根脈의 如何함을 詳察하여 冊子에 謄載하여, 後世에 遺傳케 하리라 하고 灰와 炭과 浮石이 飛下하는 下에 佇立하엿더니, 而已오, 海水가 潮汐水와 갓치 退去하여 陸地가 露出하는지라. 提督이 스다비이[104]로 入하여 上陸하니라.

104) 스다비이: 스타비에이.

第三十課 베수비어스 火山 三

한자	음	한자	음	한자	음
沐	목, 메역감을	浴	욕, 메역감을	熾	치, 성할
晏	안, 느질	凉	량, 서늘	庭	정, 뜰
畔	반, 가	堆	퇴, 싸힐	攪	교, 깨우칠
垣	원, 담	覆	복, 업더질	僕	복, 종
氈	전, 담자리	纏	전, 얽을	濱	빈, 물가
憊	비, 곤할	蓬	봉, 쑥	鋪	포, 펼
忙	망, 싸를	竄	찬, 업댈	奔	분, 다라날
霎	삽, 잠간	斃	폐, 죽을	裳	상, 치마

其時에 某某 親朋들이 避害코저 하여 乘船하거늘 提督이 曉喩하여 曰 勿懼하고 沐浴한 後에 就飯하자 할 時에 火燄이 山上으로 從하여 漸熾하되 提督은 動念치 아니하여 曰 此는 山上의 火燄이 아니오 人家의 失火ㅣ라 하고 晏然(안연)히 就寢한 지 良久에 起視하니 夜色은 蒼凉한대 庭畔에 灰燼(회신)이 堆積하엿는지라. 其親朋들이 提督의 困睡의 不醒함을 視하고 免害치 못할까 하여 寢席에 就하여 攪하니105) 其時에 地震이 去去益甚하여 垣屋(원옥)이 傾覆할 境에 至하는지라. 提督이 親友와 船人과 奴僕을 率하고 野外로 避走할새 或은 綿氈(면전)으로 頭를 纏하여 落來하는 石을 提御하더니 日이 已晝하엿스나 漆夜

105) 교(攪)하니: 깨우니.

와 無異한지라. 海濱에 急下하니 波濤가 洶洶(?)하여 乘船키 難하고 況且 提督이 困憊하여 臥코저 한 대 諸人들이 蓬席을 鋪陳하여 就臥케 하니 此時 山上 火焰과 磺臭가 觸鼻하여 神色이 慌忙하여 諸僕들이 提督을 救助코저 하나 莫可奈何라. 各其 東竄西奔(동찬서분)하엿다가 霎時間(삽시간)에 返見한 則 提督이 毒氣를 飮하고 地에 仆(부)하여 已斃하엿스니 面目은 睡하는 듯하고 衣裳은 如常하더라.

第三十一課 베수비어스 火山 四

한자	음	한자	음	한자	음
哉	제, 잇기	嗚	오, 슯흘	痛	통, 압흘
鑠	삭, 녹을	髑	촉, 해골	髏	루, 해골
暴	폭, 드러날	什	즙, 즙물	攷	고, 상고
測	측, 측량할	該	해, 그	鑿	착, 팔
屍	시, 죽엄	具	구, 갓출	怎	즘, 엇지
麽	마, 적을	熄	식, 써질	卅	삽, 설흔
釀	양, 비질				

勇哉勇哉라. 博學多識한 士여. 哲學을 研甚함이 太甚타가 如此히 長逝하엿스니 嗚呼痛哉로다. 此酷火에 自鑠(자삭)하는 石과 自燼(자신)하는 灰가 紛紛히 飛下하여 허굴네니엄[106]과 범베이[107]와 스다베이 三城이 陷沒하엿스니 避禍한 者도 雖多하나 路上에 在하여 避키에 及하지 못하고 髑髏를 暴露한 者도 間間히 有하고 家屋과 什物이 灰燼中에 埋沒하엿스매 金銀 珠玉이 其中에 在하다는 傳說을 歷史上에 昭然

106) 허굴네니엄: 헤르쿨라네움(Herculaneum). 헤르쿨라네움은 고대 로마의 도시로, 현재 이탈리아 캄파니아 주 에르콜라노에 위치한다. 현재는 유적의 일부가 유료로 공개되고 있다. 폼페이, 스타비아에, 오플론티스와 함께 서기 79년 8월 24일에 시작된 베수비오 화산의 분화에 의해 없어진 것으로 유명하다. 〈위키백과〉

107) 범베이: 폼페이(Pompeii). 이탈리아 남부 나폴리 만 연안에 있던 고대 도시. 지금은 내륙이 되었으나, 당시에는 베수비오 화산의 남동쪽, 사르누스 강 하구에 있는 항구 도시.

히 可攷할지라.[108] 故로 近者에 英人들이 傳說을 採하고 地形을 測하여 該政府의 認可를 圖得한 後에 鑿하니 屍體는 依舊히 不變하고 物產은 如常히 具存한지라. 其物貨를 네불스 博物院에 置하여 一世의 奇觀을 作하엿고, 범베이 路上에 舊人轍跡이 至今까지 依然히 存하다 하니 然한 즉, 如此한 火山은 怎麽(즘마)한 樣子로 成하엿는고. 初次이 折半은 火燄 中에 飛却하고, 其餘 본다소마[109]는 至今까지 火燄이 不絶하도다. 大抵 水提督이 死去(원거)한 後에 火가 寢燼[110]하엿다가 後百卅四年에 復燃하엿고, 其後 二百六十九年에 更히 寢燼하엿다가 至今에 火가 發하여 將來 熾盛(치성)할 兆가 有하니 何禍를 釀成할넌지 難知하다더라.

108) 폼페이 유적 발굴: 폼페이 유적 발굴은 16세기 수로공사 중에 유적 일부가 발견되면서 시작되었다. 당시 유적 발굴단은 이곳이 폼페이인 줄 몰랐다. 하지만 청동제 보물들과 석고처럼 단단하게 굳은 사람의 주검으로 인해 고대도시 폼페이인 줄 알게 되었다. 그 후 1861년 이탈리아의 통일과 함께 과학적인 발굴 작업이 진행되었다.

109) 본다소마: 베수비오 화산은 낙타등 모양의 두 봉우리를 가졌다. 그란 코노(Gran Cono) 봉우리에는 오랜 화산 분화구에 칼데라가 생성됐다. 이로 미루어 보아 베수비오 화산은 원래 지금보다 컸을 것으로 짐작된다. 작은 봉우리는 소마산(이탈리아어: Monte Somma)이라 부른다. 이 둘을 합쳐 베수비오-소마 화산이라 부르기도 한다. 〈위키백과〉

110) 침신(寢燼): (화산 폭발 현상에서) 불길이 잠 듦.

第三十二課 煤炭의 功用 一

한자	음	한자	음	한자	음
煤	매, 매긔	煖	난, 더울	燠	욱, 더울
煎	전, 다릴	迅	신, 쌔를	鱗	린, 박회
泛	범, 뜰	舶	박, 배	鯨	경, 고래
鯢	예, 고래[111]	刷	쇄, 거둘	蝌	과, 올창이
蚪	두, 올창이	搭	탑, 모돌	鉤	구, 갈구리
碎	쇄, 부서질	杵	저, 공이	磨	마, 갈
碾	연[112], 마돌	汲	급, 물기를	轆	록, 타래박[113]
轤[114]	로, 타래박	筒	통, 통	鋤	서, 홈의
鍤	삽, 가래	浚	준, 팔	渫	설, 샐
織	직, 쌀	組	조, 쌀	粗	조, 것칠
搓	차, 썹을	宇	우, 집	宙	주, 집
横	횡, 빗길	握	악, 잡을	執	집, 잡을
貲	재[115], 재물				

煤炭이 日用 事物에 有助함을 一一히 枚擧하여 記하기 難하도다. 人

111) 예(鯢): 도롱뇽 예.

112) 연(碾): 마돌 년.

113) 타래박: 긴 자루 끝에 바가지를 달아 물을 푸는 기구. 두레박의 방언.

114) 轆, 轤를 '타래박'으로 풀이하였으나, '도르래'의 뜻도 있음.

115) 재(貲): 재물 자.

의 房屋을 煖燠(난욱)케 함과 食物을 煎熟(전숙)케 함이 다 石炭의 功用이라. 其 用力함의 猛烈하고 迅速하게 함은 鐵路上에 轔轔(인린)한 車轍(거철)이 疾走하니 牛馬가 能히 回挽치 못하고, 波濤 中에 泛泛(범범)한 船泊이 駛行(사행)하니 鯨鯢(경예)가 敢히 傾覆(경복)지 못하도다. 活版의 印刷함은 蝌蚪跡(과두적)이 的歷하고 搭物(탑물)의 鉤引(구인)함은 鶴頸起(학경기)가 神奇하며 金礦의 石을 碎하는 鐵杵(철저)와 農家의 穀을 磨하는 碾子(연자)는 人力을 代用하여 捷利하고 汲水하는 奴僕이 轆轤(녹로)[116]를 不用하니 水筒(수통)이 家家에 列立하고 浚川하는 役夫가 鋤鍤(서삽)[117]을 不持하니 浚渫器(준설기)가 具備하며 織造를 造成하여 精粗가 如一하고 電線을 搓出(차출)하여 大小가 不差하니 此等 技術은 엇지 다 煤炭의 力을 借함이 아니리오. 天下의 力이 最多한 者는 炭이 第一이오, 鐵이 第二오, 汽가 第三인 故로 泰西人들이 此 三者를 取合하여 用함의 實을 삼앗스니, 其要緊함을 이긔여 測量키 難하도다. 此로써 宇宙에 橫行하여 通商하는 權利를 掌握 中에 把執(파집)하여 貲産의 富饒함이 世界에 超出하더라.

116) 녹로(轆轤): 타래박. 두레박.

117) 서삽(鋤鍤): 호미와 가래.

第三十三課 煤炭의 功用 二

한자	음	한자	음	한자	음
丘	구, 언덕	壑	학, 굴헝	蕨	궐, 고사리
蘆	로, 갈	禽	금, 새	幻	환, 환롱
礫	력, 조약돌	萎	위, 쓰러질	靡	미, 쓰러질
嶽	악, 뫼	壤	양, 흙덩이	腐	부, 썩을
們	문, 무리	欣	흔, 깃거울	混	혼, 흐릴
霄	소, 하날	潑	발, 활발할	纔	재, 겨우

最初에는 石炭의 體質이 何如함을 不知하더니 近者에 至하여 其體質을 分析하니 其物件됨이 丘壑裏(구학리) 深深한 下에 堆積하여 幾許層이 相隔(상격)한 間에 蕨과 蘆와 竹과 禽獸의 樣子로 枝枝葉葉(지지엽엽)과 形形色色(형형색색)이 分明하니 此는 昔日의 草木과 禽獸가 變幻한 形體ㄴ 줄을 可知로다. 太初에 草木이 地上에 繁殖하다가 맛참내 瓦礫(와력)과 沙石 間에 萎靡(위미)하여 如此함을 成하엿는지 其根由는 仔細치 못하나 意者컨대 地震이 暴動할 時에 山嶽과 土壤이 陷沒하여 草木과 禽獸 等이 自然히 深埋한 後에 年久歲深하여 地中의 爛氣로 壓하여 此를 成하고 或 是水中에 深潛(심잠)하여 外氣를 不通함으로 堅固히 되어 今人을 爲하여 要用의 豫備가 되엿나 보다. 大抵 地質學으로 論하면 炭素世代에 在하여 此 草木이 水와 酸素 間에서 此氣를 吸한 者로 日光을 未見하고 地中에 長在하엿는 故로 腐敗함을 得지

못하고 今日까지 本質이 尙存하도다. 今日 吾們이 煖爐中에 燃하는 바 炭이 欣欣然하여 喜悅함이 有한 듯하니 此는 太古의 混混한 氣를 藉하여 地中에 積在하엿다가 비로소 理學者의 硏究한 바 되어 霄壤之間(소양지간)ㅇ[棄物이 되지 아니함이로다. 時人의게 有助한 바 諸般 器械를 活動식히는 炭氣가 幾千年 前에는 寢燼(침신)하엿다가 今世紀에 活潑하엿스니 今世紀의 草木에 燃하는 氣는 昨日의 日光을 纔得(재득)하여 今日의 功用을 供함으로 其力이 不贍하거니와 此 石炭은 千萬古의 無限한 氣를 包含하여 地間에 深藏하엿다가 今日의 要用이 됨으로 其一塊의 供하는 力도 丘木보다 勝하도다.

牖蒙千字

유몽천자 권3

牖蒙千字 序

夫牖蒙之文 欲使童蒙易牖其意而作也. 故 上卷 以耳目之所見所聞 撮其人物之緊要記其名 以漢字解其用以國文, 中卷 以心性之良知良能 踐其才智之淺近 並用國漢二文 而相爲體用 下卷 以自近及遠 自卑登高之階級 純用漢字 譯謄西史編成一帙. 每卷漢字統計三千 若以三千 牖明童蒙日用事物庶 可通情則其於敎育上應 不無萬一助云爾

번역 대저 어린아이를 가르치는 글은 동몽으로 하여금 쉽게 그 뜻을 이해하도록 해야 한다. 그러므로 상권은 이목으로 본 바, 들은 바의 인물의 긴요한 기록과 이름을 모으고, 국문을 사용하여 한자를 풀고, 중권은 심성의 양지(良知, 본성)와 양능(良能, 타고난 재능)으로써 천근한 재주와 지식을 실천하도록 국한 두 문자를 병용하며, 하권은 가까운 것에서 먼 것으로, 낮은 것에서 높은 것으로 단계를 높여 순 한문을 사용하여 서양의 역사를 번역 등재하여 한 질을 편성하였다. 매 권의 한자를 통계하면 3천자로 만약 이 삼천자로 동몽의 일용 사물 등을 깨우쳐 밝히면 가히 교육상 필요한 것을 통달할 것이니 만분의 일이라도 도움이 없지 아니할 것이라 이를 따름이다.

卷三 目次

第一科程 쌔스튼 茶稅致亂 一

한자	음	한자	음	한자	음
茶	다, 차	稅	셰(세), 구실	罷	파, 파ᄒᆞᆯ
租	조, 구실	姦	간, 간악	苛	가, ᄶᅡ다로올
幹	간, 간셥할	擅	쳔(천), 쳔단ᄒᆞᆯ	囊	낭, 쥬머니
准	쥰(준), 쥰ᄒᆞᆯ	鄰	린, 리웃	斫	쟉(작), 짝글
繕	션(선), 숨일	額	ᄋᆡᆨ(액), ᄂᆡ마	擯	빈, 물니칠
哿	가, 올흘	矣	의, 즙의	煢	경, 외로올
蓰	ᄉᆞ(사), 갑졀	嗷	오, 짓거릴	於	늡흘
紐	뉴, ᄆᆡ줄	沸	비, ᄭᅳᆯ을	蟻	의, 개암이
蜂	봉, 벌				

此 世界上에 有一大義擧ᄒᆞ니 卽 合衆國 쌔스튼 所在 茶稅革罷之事[118] ㅣ러라. 一千七百三十年間에 泰西洋 海濱及 알네개니[119] 山峽間

118) 보스턴 차 사건: 보스턴 차 사건(Boston Tea Party)은 그레이트브리튼 왕국의 지나친 세금 징수에 반발한 북아메리카의 식민지 주민들이 아메리카 토착민으로 위장해 1773년 12월 16일 보스턴 항에 정박한 배에 실려 있던 홍차 상자들을 바다에 버린 사건이다. 이 사건은 미국 독립 전쟁의 불씨를 일으키는 데 일조한 것으로 여겨져 왔다. 1765년의 〈인지세법〉과 1767년의 〈타운젠드법〉은 의회 대표가 없는 식민지에도 과세하기로 한 영국의 결정과 관련하여 식민지 주민들의 반발을 불러 일으켰다. 그레이트브리튼 왕국에 저항하던 대표적인 인물인 존 핸콕은 영국 동인도 회사의 중국산 차에 대한 불매 운동을 조직하였고, 곧 판매량은 320,000파운드(145,000kg)에서 520파운드(240kg)로 급감하였다. 1773년에 이르러 동인도 회사의 적자는 크게 불어났고, 창고에는 언제 판매될지도 모르는 찻잎들이 쌓여갔는데, 이는 존 핸콕을 비롯한 밀수업자들이 관세를 물지 않고 차를 수입해

에 有殖民地 十三租界[120]ᄒᆞ니 皆 英國 管轄下所屬이라. 英君王 第三世 쪼즈[121] 一在位之時에 正人은 退去ᄒᆞ고 姦臣이 滿朝ᄒᆞ야 以牛毛苛政으로 虐待 殖民地之生靈ᄒᆞ야 內政을 無不干涉ᄒᆞ고 土産을 不許擅賣ᄒᆞ야 但准許其輸入英國ᄒᆞ니 無非探囊取物이오 不使擅便於務遷鄰邦ᄒᆞ니 可謂禁網이 不疎ㅣ라. 其他 森林之斫伐과 鐵機之營繕을 莫不嚴禁ᄒᆞ야 稅額이 太過나 然而至於國會ᄒᆞ야는 擯不得與ᄒᆞ니 咢矣富人이어니와 哀

판매했기 때문이었다. 영국 정부는 〈차법〉을 통과시켜 동인도 회사가 식민지에 직접 차를 판매할 수 있도록 하였다. 그리하여 동인도 회사가 대영제국 업자들과 밀수업자들보다 싼 가격에 차를 판매할 수 있게 되어, 영국 상인들과 밀수업자들은 파산을 면치 못할 정도로 큰 피해를 보았다. 북아메리카의 대부분의 항구에서는 동인도 회사의 차를 실은 배의 하역을 거부하였으나, 보스턴에서는 영국 정부가 임명한 총독인 토머스 허친슨의 도움을 받을 수 있었다. 영국 군함들의 호위 아래 차들을 하역하기 위한 계획이 세워졌다. 배에 실려 있던 차가 하역되기 전날 저녁, 새뮤얼 애덤스의 주도하에 세 집단으로 구성된 50여 명의 보스턴 주민들('자유의 아들들')은 올드 사우스 교회에서 출발하여 그리핀 부두로 향했다. 그들은 당시 모호크 족으로 변장했었는데, 이는 자신들의 신분을 위장하여 징계와 처벌을 면하기 위함이었다. 다트머스, 엘리너, 비버 등 세 척의 배에는 수백 상자의 차가 실려 있었다. (원래는 네 번째 배가 있었으나 보스턴에 닿기 전 코드 곶에서 좌초되었다) 변장한 주민들은 각각의 배에 올라 차 상자를 부수기 시작했다. 오후 9시까지 세 척의 배에서 총 342개의 상자(당시 £9,000의 가치)가 부서져 바다로 던져졌다. 주민들은 신발을 벗고 갑판을 청소하였고, 각 배의 일등 항해사들에게 '자유의 아들들은 차 상자만을 부수었을 뿐'이라고 이야기하도록 만들었다. 그들은 격렬히 맞섰던 엘리너의 일등 항해사 데이비드 매튜를 제외하고는 거의 아무런 저항을 받지 않았다. 이튿날, 그들은 전날 부수었던 자물쇠 하나를 고치기 위해 수리공 한 명을 보냈다. 〈위키백과〉

119) 알네게니 산협: 애팔래치아산맥. 애팔래치아산맥(Appalachian Mountains, 문화어: 애펄레이치언 산줄기)은 북아메리카의 산맥이다. 일부는 캐나다에, 대부분은 미국에 자리하고 있다. 캐나다의 뉴펀들랜드 래브라도 주에서 시작하여 남서쪽으로 미국의 앨라배마 주까지 뻗어 있다. 고기습곡산지로 총연장 2,600km이며, 평균 높이는 1,000m 내외이다. 가장 높은 곳은 2,037 m의 노스캐롤라이나 주 미첼산으로, 미시시피강 동쪽의 북아메리카에서 가장 높다. 〈위키백과〉

120) 미국 독립 전쟁 당시 영국 식민지였던 13개 주: 버지니아, 매사추세츠, 코네티컷, 로드아일랜드, 뉴햄프셔, 매릴랜드, 캐롤라이나, 뉴욕, 뉴저지, 델라웨어, 펜실베이니아, 조지아.

121) 조지 3세(1738~1820). 영국 왕(1760~1814 재위), 하노버 선제후(1760~1820), 왕(1814~20 재위). 정식이름은 George William Frederick(Georg Wilhelm Friedrich). 그의 통치기에 영국은 7년전쟁(1756~63)으로 말미암아 유럽의 주요 열강으로 부상했으나 아메리카 식민지를 상실하는 패배를 맛보았다. 말년에는 간헐적으로 정신이상 증세를 보여 왕세자인 웨일스공(후의 조지 4세)이 섭정으로 국사를 대행했다. 〈브리태니커〉

此煢獨이로다. 是時에 自英輸送之茶船이 到泊於亞美利加則收稅倍蓰ᄒᆞ야 民政이 嗷嗷ᄒᆞ니 於戱라. 茶之爲用이 緊於衛生이어ᄂᆞᆯ 以衛生之藥으로 反害生靈ᄒᆞ니 是所謂病不能殺人이라 藥能殺人者ㅣ로다. 玆際에 載茶英船이 皆入於뽀스튼 紐浴 빌나델비아 港ᄒᆞ야 欲爲網利[122]ᄒᆞ니 殖民之輿論이 沸騰ᄒᆞ야 曰 革罷茶稅ᄒᆞ고 間其不高不歇ᄒᆞ야 較定稅額之前에 期不復飮이라 ᄒᆞ더니 十二月 初에 茶船 一隻이 到着本港ᄒᆞ니 殖民 五千이 齊會ᄒᆞ야 輿情[123]이 蟻援[124]ᄒᆞ고 物議蜂起ᄒᆞ야 使此茶品으로 不復解服하고 欲使載還ᄒᆞ니 其議可決ᄒᆞ야 無一携貳抗議者ㅣ러라.

번역 이 세계상에 일대 의거가 있으니 곧 합중국의 보스턴 소재 차세 혁파의 사건이다. 1730년에 대서양 바닷가 및 애팔래치아 산협 사이에 식민지 13주가 있으니 모두 영국 관할 소속이다. 영국 군왕 조지 3세 재위 시에 올바른 사람은 퇴거하고, 간신이 조정에 가득하여 우모가정(牛毛苛政)으로 식민지 백성들을 학대하여 내정을 간섭하지 않는 것이 없고, 토산물을 임의로 판매하는 것을 허락하지 않아, 단지 영국으로 수입하는 것만을 비준하니 깊은 주머니에서 물건을 취하지 않음이며, 마음대로 이웃 나라에 옮겨 편하게 하지 못하게 하니 이른바 금망(禁網)이 트이지 않는 것이다. 기타 삼림의 작벌(斫伐)과 철기(鐵機)의 영선(營繕)을 엄금하여 세액이 심히 과중하나 나라의 회계에 이르러 얻는 바가 없으니 사람을 부하게 하는 좋은 물건이라도 다만 외로울 뿐이로다. 이때 영국에서 차를 수송하는 배가 아메리카에 정박하니 곧 수세가 배나 되어 민정이 시끄러우니, 아아, 차의 용도가 위생에 긴요하거늘, 위생의 약이 도리어 사람들에게 해가 되니 이것이 이른바 병이 사람을 죽이는 게 아니라, 약이 사람을 죽이는 것이라는 것이다. 이때에 차를 실은 영국 배가 보스턴,

---

122) 망리(網利): 이익을 독차지함. 〈표준〉

123) 여정(輿情): 어떤 일이나 행동에 대한 사회 일반의 정적인 반응. 〈표준〉

124) 의원(蟻援): 구원하러 온 군사. 〈표준〉

뉴욕, 필라델피아에 입항하여 이익을 얻고자 하니, 식민지의 여론이 들끓어 차세를 혁파하고 그 사이 높지 않아 그치지 않았을 때 세액을 비교하여 정하기 전에는 다시 (차) 마시지 말자 하더니 12월 초에 차선 한 척이 본 항에 도착하여 이익을 독차지하려 하거늘 식민지 주민 5천명이 모여 회의하여, 의군을 모아 봉기하여 이 차 상품을 풀지 못하게 하고 되돌려 보내고자 가결하여 항의하기로 결의하였다.

第二科程 쌔스튼 茶稅致亂 二

한자	음	한자	음	한자	음
肥	비, 살질	囑	촉, 청촉할	侁	션(신)[125], 힝훌
俟	ᄉ(사), 기ᄃ릴	忿	분, 분훌	頰	협, 뺨
選	션(선), 쌜	徹	쳘(철), 통훌	翌	익, 릐일
佞	녕, 직조	予	여, 나	毋	무, 업슬
荷	하, 련	諸	져, 어조ᄉ	齎	직, 쌀
塡	뎐(전), 메일	誓	셔(서), 밍셰	拖	타, ᄭ을
紹	쇼(소), 니을	价	개, 쇼개	伴	반, 짝
勒	륵, 구레	于	우, 어조ᄉ	妥	타, 편안훌
耒	뢰, 장기	秬	ᄉ(거)[126], 보삽	柄	병, 자로
紜	운, 어지러올	釁	흔, 틈	冥	명, 어두올
皎	교, 흴	司	ᄉ(사), 맛훌	袂	몌, 옷깃
甕	옹, 독	籌	쥬, 쥬노훌(투호살)	櫃	궤, 궤

本港之茶會 中商[127]은 一不參議ᄒ고 各自以肥己之心으로 來囑殖民曰 如此還送은 不可輕侁이니 更加深量ᄒ야 以俟下回가 如何如何오 有一提議者ㅣ 從中忿然曰 若人之害를 業已多經이어ᄂ 今何輕信이리오 ᄒ되 或者ㅣ 緩頰而言曰 姑依其言ᄒ야 嚴守其船이 可也ㅣ라 ᄒ고 自五

125) 션(侁): 힝훌 션. 걷는 모양 신.

126) ᄉ(秬): 보삽 ᄉ. 따거비술(따개비술) 거.

127) 중상(中商): 중간 상인. 중개인.

千人中으로 選二十五人ᄒᆞ야 徹夜守檢이러니 越翌早朝에 中商이 復來言曰 以予不佞으로 無能擅便還送이니 請荷船物ᄒᆞ야 積諸庫中ᄒᆞ고 以待政府命令이 甚好甚好ㅣ라 ᄒᆞ나 民之賷怒를 難以口舌노 解感이러라. 殖民이 憤不自勝ᄒᆞ야 曰 今我自由가 在此一擧ㅣ니 事不塡末則誓不解産이라 ᄒᆞ야 拖至下午어ᄂᆞᆯ 中商이 紹价於茶主及船長ᄒᆞ야 與之偕來曰 茶船之解不解ᄂᆞᆫ 已無可論이어니와 待其後來船二隻ᄒᆞ야 偕件以歸ᄒᆞ리라 ᄒᆞ더니 而已오. 二隻이 來泊於先着之船邊ᄒᆞ고 因請海關ᄒᆞ야 欲圖回船票ᄒᆞᆫᄃᆡ 海關長이 不許施ᄒᆞ고 勒欲塔下ᄒᆞ니 十二月 十五日에 殖民七千이 齊會于本港議院ᄒᆞ야 以不復解服之議로 妥結曰 己把耒耟之柄者ㅣ 奚暇에 顧後리오 ᄒᆞ야 會議紛紜之中에 或者ᄂᆞᆫ 深慮其釁隙之起也ㅣ러라. 暮日이 冥冥ᄒᆞ고 星月이 皎皎之時에 船主ㅣ 來言曰 稅務司與支配人이 不許回船이라 ᄒᆞᆫᄃᆡ 會中一人이 拂袂而起曰 但以我等之會議로 必不免甕算이니 特籌一策ᄒᆞ야 破稅乃已라 ᄒᆞ더라. 適其時ᄒᆞ야 自門外로 有紅人慝鬧(특요)之聲이어ᄂᆞᆯ 出而視之ᄒᆞ니 有何五千이 衣紅人之衣ᄒᆞ고 言紅人之言ᄒᆞ며 飛也走埠頭ᄒᆞ야 打破三百四十茶櫃ᄒᆞ야 播之水中ᄒᆞ니 本港茶稅가 從玆革罷則合衆國之獨立이 實基於此也러라.

번역 식민 백성들이 분노를 스스로 이기지 못하여 말하기를, 지금 우리의 자유가 이 거사에 있으니 일이 뒤집어지지 않으면 맹세코 해산하지 않겠다 하여, 하오에 이르거늘 중개인이 차주와 선장을 소개하여 함께 와서 말하기를, 차선(茶船)을 풀고 안 풀고는 이미 논할 바 없거니와 곧 도착하는 배 두 척을 기다려 함께 돌아갈 것이라고 하더니, 두 척이 도착하여 먼저 온 배의 곁에 정박하고 해관에 청하여 선표를 받고자 하였는데, 해관장(海關長)이 허락하지 아니하고 억지로 (물건을) 내리려 하니, 12월 15일에 식민 백성 7천 명이 본항 의원에 모여 해산을 불복하고 의원(의 결정)에 따라 타결하여 말하기를, 우리 쟁기의 자루를 잡은 자들이 어느 겨를에 뒤를 돌아보리오 하여 회의 분운한 가운데 혹자는 깊이 생각하여 그 틈에 일어나더라. 본 항[128]의 차회에 중개인은 회의에 참여하지 않고 각자 자기만 살찌울 마음으로 식민지 사람들에게 붙어 말하기를 이와 같이 되돌려 보내는 것은 가볍게 행할 일이 아니니 다시 깊이 헤아려 하회를 기다려 보는 것이 어떠한가 하였다. 이때 한 제의자가 있어 분연히 말하기를 만약 사람이 해를 입어 자기에게 미친 바가 많거늘 지금 어찌 가볍게 믿겠는가 한 대 혹자가 뺨을 누그리며 말하기를 그 말에 의지하여 그 배를 엄히 지키는 것이 마땅하다고 하고, 5천인 가운데 25인을 선별하여 밤새 지키도록 하니 다음날 이른 아침에 중개인이 다시 와서 말하기를 내가 망령되지 않음으로 멋대로 환송할 수 없으니 청컨대 배의 물건을 내려 창고에 쌓게 하고 정부의 명령을 기다리는 것이 좋고도 좋을 것이라고 하나, 백성들의 분노를 말로 풀어내기는 어려운 일이었다. 날이 저물어 어둡고 별과 달빛이 하얘질 때 선주가 와서 말하기를 세무사와 지배인이 회선을 허락하지 않는다 하니, 회중 한 사람이 옷소매를 떨치고 일어나 말하기를, 단지 우리들이 회의로는 반드시 옹산(甕算)[129]을 면하지 못할 것이니, 특히 한 계책을 따라 세를 없애자고 하였다. 그 때 문밖에서 홍인(紅人)[130]들의 시끄러운 소리가 나거늘 나가 보니 대략 5천 명이 홍의의 옷을 입고 홍인들의 말을 하며 나는 듯이 부두로 달려가 차 상자 340 궤짝을 파괴하여 수중에 뿌리니 본 항 차세가 이로부터 혁파된 즉 합중국의 독립이 실로 이로부터 기틀이 마련되었다.

128) 본항(本港): 보스턴 항구.

129) 옹산(甕算): 독장수의 셈.

130) 홍인(紅人): 인디언 주민. 식민 저항민들이 인디언 족인 모호크 족으로 변장하였음.

第三科程 나일 江口 水戰*131) 一

131) 넬슨의 나일강 전투: 호레이쇼 넬슨은 19세기 전 세계적으로 최강 영국 해군을 창건한 인물로 역사상 가장 영향력 큰 제독으로 우뚝 솟아 있다. 넬슨은 역사상 지금까지 해전의 으뜸가는 영웅으로 해전의 대명사로 추앙받고 있다. 1793년 나폴레옹이 지배하는 프랑스와 전쟁이 발발하자 넬슨은 지중해 함대로 전근됐다. 그는 그곳에서 10여 년 간 나폴레옹군과 싸우면서 높아질 대로 높아진 자신의 명성을 다시 국민적 영웅자리로 끌어올렸다. 처음 넬슨은 영국 아가멤논 함장을 맡아 코르시카 주변 해역에서 싸웠다. 그는 1794년 코르시카의 칼비 지역을 겨냥한 상륙작전을 지휘하다 처음 부상했다. 넬슨은 프랑스 혁명군이 대포를 쏘아 떨어뜨린 모래와 돌에 오른쪽 눈을 맞았다. 넬슨은 이때 부상으로 오른쪽 눈을 잃는 불행을 당했다. 상사인 후드 경은 칼비 상륙작전에서 넬슨이 세운 공로를 제대로 평가해주지 않았다. 그에게는 이로 인한 섭섭함이 오히려 실명의 고통보다 더 컸다. 지중해 함대에서 복무하는 동안 그는 운명적으로 나폴리 주재 영국대사 부인인 엠마 하밀턴 부인을 만난다. 넬슨은 부인이 있었지만 하밀턴 부인과의 관계는 일생동안 계속된다. 하밀턴 부인은 런던에 있는 영향력 있는 친구들을 동원, 중요 고비마다 넬슨을 돌봐주었고 그의 승진에도 도움을 주었다. 하밀턴 부인의 도움이 그에게는 정신적으로 큰 힘이 됐다. 그 덕택에 넬슨이 자기 부하들에게 불어넣은 용기와 전투 의욕은 엄청난 것이었다. 1797년 넬슨은 함포 74문을 적재한 캡틴.호를 지휘해 함포 130문의 산티스마 트리니다드호와 전투를 벌여 승리했다. 트리니다드호는 당시 세계에서 가장 큰 전함이었다. 넬슨이 이때 거둔 승리가 세인트 빈센트 봉을 점령하는 데 결정적 공헌을 했다. 그는 이 전투에서 세운 공로로 해군소장 진급과 함께 기사작위를 받았다. 넬슨은 같은 해 7월 캐너리 섬 산타쿠르즈시를 점령하려는 작전에서 또 다른 부상으로 오른쪽 팔을 잃었다.

1년 후인 1798년 그는 부상에서 회복해 다시 지중해로 복귀, 나폴레옹의 이집트 침략전을 지원하는 프랑스 함대를 추격하기 시작했다. 프랑스 육군은 넬슨이 도착하기 전 이미 아부키 만 상륙을 완료했다. 그러나 8월 1일 다음 전투에서 영국 전투함들이 13개 중 11개의 프랑스 전투함을 나포하거나 파괴했다. 이 전투에서 영국군 피해는 하나도 없었다. 이때 넬슨의 승리가 나폴레옹으로 하여금 이집트 침공 작전을 영구히 포기케 했다. 넬슨은 나일 강 전투 때 머리를 부상했지만 뒤따른 전투가 승리함으로써 나폴리에서 프랑스군을 축출하고 이탈리아 왕정을 회복시켰다. 그 후 넬슨은 영국으로 돌아와 부인과 별거하면서 이때부터 공개적으로 하밀턴 부인과의 관계를 계속했다. 넬슨은 1801년 해군중장으로 발틱 함대의 부사령관으로서 하이드 파커 경(卿) 지휘 아래 덴마크 해군과 치열한 코펜하겐 해전을 벌여 승리했다. 덴마크는 완강하게 저항했지만, 영국 함대가 승리를 거둘 수 있었던 것은 넬슨의 치밀한 작전계획과 과감성, 그리고 유리한 기회를 승리로 이끌기 위해 상관의 명령을 임기응변으로 무시한 덕분이었다. 출처: http://blog.daum.net/ranbo/10099627. '세계의 명장'

한자	음	한자	음	한자	음
灘	탄, 여울	泳	영, 무즈악질홀(물자맥질할)	咽	열, 목메일
腥	셩(성), 비릴	蹟	젹(적), 자최	墟	허, 터
粵	월, 건널	蘭	란, 란초	拿	나, 잡을
輻	복(폭), 수레박회	湊	주, 물듸힐	並	병, 아오롤
翼	익, 놀기	瀨	뢰(뇌), 여울	恃	시, 밋을
牒	텹(첩), 글월	寡	과, 적을	潰	궤, 문허질
牴	뎌(저), 씨를	牾	오, 씨를	荏	임, 씩
苒	염, 셩홀	鬪	투, 싸홈	絆	반, 얽을
渠	거, 뎌	舳	축, 빅(고물)	艫	로(노), 빅(뱃머리)
挑	도, 도들	雌	ᄌ(자), 암	蟻	의, 개암이
屯	둔, 둔칠	鋩	망, 칼놀(서슬)	雍	옹, 화홀
哨	쵸(초), 수지즐	渚	져(저), 물가	冒	모, 무룹슬

蓋此 나일 江은 古昔 一大 戰場이라. 江之水矣 不可方思나 灘之淺矣 不可泳思로다. 綠波ㅣ 嗚咽(오열)에 似有遺恨ᄒᆞ고 腥塵(셩진)[132]이 杳漠(묘막)에 難尋往跡이라. 아부기어[133] 礮臺(포대)ㅣ 獨留遺墟ᄒᆞ야 感發人之懷想이로다. 粵在一千七百九十八年 八月 一日之事ᄂᆞᆫ 敵國이 云何오 天下 莫强國之佛蘭西오 上將이 爲誰오, 萬夫不當之拿破崙이라. 水陸之間에 輻湊並進ᄒᆞ야 陸軍이 連營ᄒᆞ니 左右如翼이오 水師行船ᄒᆞ니 首尾聯環이라. 北淺瀨西砲臺ᄒᆞ니 一曰 得地形이오 左衝突右翼擊ᄒᆞ니 二曰卒服習이니 所前無敵ᄒᆞ야 莫敢誰何ㅣ라. 玆以大將이 自恃其强ᄒᆞ고 報牒于巴京曰 敵將넬손이 自知寡不敵衆ᄒᆞ고 望風奔潰ᄒᆞ야 無敢牴牾者ㅣ라 ᄒᆞ더니 而已夕陽荏苒之時에 泛彼鬪艦이 遙自海上而來라가 望見佛艦이 交錯於水面ᄒᆞ고 喜不自勝曰 我自地中海 中으로 欲絆佛艦ᄒᆞ야 追之未及者四旬餘矣러니 豈意今者에 送死自來리오. 英將넬손이

132) 셩진(腥塵): 비린내 나는 먼지. 어지러운 세상. 〈표준〉

133) 아부기어: 아부키. 이집트 나일 강변의 포대.

指揮舳艫(축로)ᄒᆞ야 近入佛艦所泊處ᄒᆞ야 遂下軍令曰 今宵에 建旗交鋒ᄒᆞ야 挑戰決雌雄ᄒᆞ리라 ᄒᆞ고 不避險夷ᄒᆞ니 無非魚貫而進이오 不顧身命ᄒᆞ니 盡是蟻屯而行이라. 時自敵陣으로 彈丸이 如雨ᄒᆞ고 霜鋩이 耀星ᄒᆞ야 折我帆檣ᄒᆞ며 斷我纜索호ᄃᆡ 雍容擧帆ᄒᆞ고 如入無人之境ᄒᆞ야 分作二哨ᄒᆞ야 一入於佛艦所着之渚ᄒᆞ며 一泊於佛艦所對之岸ᄒᆞ고 넬손이 欲以自己所乘之船으로 冒受來彈ᄒᆞ고 使麾下諸船으로 各從事於前ᄒᆞ야 直與佛艦最大者로 交戰于中ᄒᆞ야 有進無退ᄒᆞ니 雖被傷害나 少無難色이러라.

번역 대개 이 나일 강은 옛날 일대 전쟁터이다. 강물의 흐름을 생각하기 어렵고 물살이 얕으나 자맥질이 불가하다. 푸른 물결이 오열하니 유한(遺恨)과 비슷하고, 어지러운 세상이 묘막(杳漠)에 그 종적을 찾기가 어렵다. 아부기어 포대는 홀로 옛 터에 남아 있어 사람의 감회를 불러일으킨다. 1798년 8월 1일의 역사는 적국이 누구인가. 천하의 막강한 나라 프랑스요, 상장이 누구인가. 만부부당의 나폴레옹이다. 수륙으로 폭주(輻湊) 병진하여 육군의 병영이 이어져 좌우가 날개 같고, 수군의 배는 수미(首尾)가 이어져 있었다. 북쪽 얕은 여울 서쪽에 포대가 있으니, 하나는 득지형(得地形)이라 하여 왼편으로 충돌하고 오른 날개로 타격하며 둘은 졸복습(卒服習)이라 하니 무적으로 누가 감히 막을 수 있겠는가. 이에 대장이 스스로 그 강함을 믿어 파리에 첩보하기를 적장 넬슨[134]이 스스로 중과부적을 알고 바

---

134) 넬슨(1758~1805): 영국의 해군사령관. 나일강 전투와 트라팔가르 전투 등 주요 전쟁터에서 승리를 거두었으나 트라팔가르 전투 때 적의 포화를 맞고 목숨을 잃었다. 넬슨의 장례식은 세인트폴 대성당에서 치러졌으며, 그의 명성은 수많은 기념비·거리·호텔 이름으로 기록되었다. 1770년 해군에 입대하고 1777년 대위 시험에 합격해 미국독립전쟁에 참전했다. 1793년 1월 루이 16세가 처형된 며칠 후 아가멤논호의 지휘를 맡았으며, 이때부터 넬슨은 차츰 천재적인 지휘관의 모습을 갖추게 되었다. 그러나 코르시카 기지에서 오른쪽 눈을 실명했으며, 테네리페를 공격하다 포도탄에 맞아 오른쪽 팔마저 잃었다. 1801년 코펜하겐 전투에서 승리를 거두고 파커의 뒤를 이어 총사령관이 되었다. 1805년 프랑스와 재개된 전쟁에서 빌뇌브 함대가 카디스로 도망가자 넬슨은 트라팔가르에서 프랑스-스페인 연합 함대를 내세워 적을 공격했다. 빅토리호 주위에서 벌어진 치열한 전투 중에 넬슨은 프랑스

람을 따라 분주히 흩어지니 감히 막을 자가 없다고 하더니, 이윽고 석양이 임염(荏苒)[135]할 때 전투함이 해상으로부터 다가오다가 프랑스 함대가 정박하여 있음을 보고, 기쁨을 이기지 못하여 말하기를, 우리가 지중해 중으로 프랑스 함대를 얽어매고자 따라온 지 40일이나 되더니 어찌 지금 죽음을 떨치지 않겠는가. 영국 장군 넬슨이 뱃머리에서 지휘하여, 프랑스 함대가 정박한 곳 가까이에서 군령을 내려 말하기를, 지금 기치를 높이고 칼을 들어 자웅을 결하리라 하고 험난한 길을 피하지 않으니, 줄지어[136] 나아가지 않음이 없고 신명을 돌아보지 않아 개미가 진을 치고 나아감과 같았다. 이때 적진으로부터 탄환이 비오듯하고 상망(霜鋩)[137]이 별빛처럼 돛대를 꺾고, 닻줄을 끊되, 배를 들어 무인지경과 같이 뛰어들어 초소 두 명을 베고, 한편으로 프랑스 함대가 정박한 물가에, 다른 한편으로 프랑스 함대의 해안에 뛰어들고, 넬손이 자기가 탄 배로 탄환을 받고자 하고 휘하 모든 배로 하여금 앞에 따르게 하여 프랑스 함대의 가장 큰 배와 교전하는 중에 나아감만 있고 물러남이 없으니, 비록 상해를 입을지라도 어려운 빛이 조금도 없었다.

저격병의 총탄에 맞아 죽었다. 〈브리태니커〉

135) 임염(荏苒): 차츰차츰 일이 되어 감. 표준 등재어.

136) 어관(魚貫): 물고기 때처럼 줄을 지어. 표준 등재어.

137) 상망(霜鋩): 서릿발 같은 서슬. 표준 미등재어.

第四科程 나일 江口 水戰 二

한자	음	한자	음	한자	음
爐	로, 화로	維	유, 오직	轟	굉, 소릭
焰	염, 불꼿	凝	응, 엉길	炎	염, 불꼿
瀾	란, 물결	鱉	별, 자라	楫	즙, 돗대
僵	강, 엽더질	尸	시, 죽엄	戈	과, 창
塞	식(새), 변방	翁	옹, 늙은이	穹	궁, 하늘
址	지, 터	旋	정[138], 긔	靄	애, 아즈랑이
艨	몽, 빅	艟	동, 빅	噫	희, 슯흘
竪	슈(수), 세올	振	진, 썰칠	籠	롱, 롱
涸	학, 므를	喝	갈, 공갈홀	悠	유, 길

是時에 火起佛艦ᄒᆞ야 兩陣이 如在洪爐 中ᄒᆞ니 進退維谷이오 萬卒이 如臥積薪上ᄒᆞ니 未幾及燃이라. 然而彼此無懼ᄒᆞ야 戰爭不息이러니 火延於彈藥裝載之船ᄒᆞ야 轟聲이 如雷ᄒᆞ고 紫焰이 衝天ᄒᆞ야 烟凝樹木而蒸碧ᄒᆞ니 鳥雀은 失巢而高飛ᄒᆞ고 炎照波瀾而搖紅ᄒᆞ니 魚鱉은 移窟而遠走ㅣ로다. 皎如白晝ᄒᆞ야 無物逃形이라. 望波頭之所泛ᄒᆞ니 是破船之折楫이오 見浦口之所塡ᄒᆞ니 盡僵尸之枕戈ㅣ라. 英將이 受傷ᄒᆞ야 纏頭暫臥ㅣ라가 忽聞轟聲이 徹于碧穹이어날 慌忙一步로 直上甲板ᄒᆞ야 望見英旗ㅣ 立於敵陣所駐之處러니 兵卒이 見大將之扶傷强起ᄒᆞ야 立於船

138) 정(旋): 긔 정. 旌을 旋(돌 선)으로 잘못 식자한 듯함.

頭ᄒᆞ고 歡不自勝이러라. 自佛艦으로 無復應砲ᄒᆞ고 陣中이 晏然ᄒᆞ니 因以待朝ᄒᆞ야 出見戰址則佛之將卒도 固一世之雄也러니 而安在哉오. 蔽空旋旗ᄂᆞᆫ 化作騰空之烟靄ᄒᆞ고 滿江艨艟은 變爲橫流之灰燼ᄒᆞ니 可謂兵驕者ㅣ 敗也로다. 敵將之艦은 不知何落이오 只有從船數隻ᄒᆞ야 欲逃禍網이라가 不幾日被捉ᄒᆞ고 噫彼一艦이 毅然竪旗ᄒᆞ고 要約平和나 散亡之卒은 難以復振이라. 不可免籠鳥之困이오 敗軍之將은 不可語勇이라. 誰能救涸魚之處리오. 英將이 高聲大喝曰 能死어든 抗我ᄒᆞ고 不能死어든 入我麾下ᄒᆞ라 ᄒᆞ고 卽欲砲放ᄒᆞ니 佛人이 自知勢窮力盡ᄒᆞ고 捲下佛旗而高擧英旗ᄒᆞ니 剛不友란 剛克은 理之所在라. 推源講究則佛蘭西之禍ㅣ 不及於印度者ㅣ 實由於此戰이오 拿破崙之勢ㅣ 半摧於나일者ㅣ 讓頭於넬손이로다. 七年後於드라발가 港[139]에 掃蕩佛艦ᄒᆞ고 悠然而逝ᄒᆞ다.

139) 트라팔가 해전: 넬슨의 코펜하겐 해전 승리 덕택으로 프랑스와 영국 사이에 잠시 평화가 찾아왔다. 그러나 1803년 두 나라는 다시 전쟁으로 끌려들어갔다. 넬슨은 함대를 다시 지중해로 이동시켰고 그곳에서 해상봉쇄로 프랑스 함대를 투롱에 꼼짝 못하게 가두었다. 프랑스 군대는 1805년 악천후 속에서 영국의 해상봉쇄를 벗어났다. 넬슨은 대서양을 가로질러 프랑스군을 추격해 다시 봉쇄했다. 그러나 프랑스군은 스페인 함대와 합류한 데 이어 자신들의 육군과도 합세, 영국의 침공에 대비하고 있었다. 마침내 넬슨 함대는 프랑스군과 정면으로 대결했다. 프랑스·스페인 연합함대는 33대 27척으로 함정 수에서 영국 함대를 압도하고 있었다. 그럼에도 불구하고 넬슨은 세밀한 작전계획을 다시 짜 이를 각 함장에게 시달했다. 그리고 자신은 기함 승리호 상에서 "조국은 모든 병사에게 각자 맡은 바 작전임무를 다할 것을 요구하고 있다"는 메시지를 보냈다. 넬슨은 그런 다음 프랑스·스페인 동맹군을 공격하기 시작했다. 쌍방 함대는 1805년 10월21일 스페인 트라팔가르 곶(串)에서 만나 치열한 해전에 돌입했다. 이 해전은 정확히 넬슨의 작전계획대로 진행됐다. 영국 함대는 열세 번째와 열네 번째 함선 사이를 뚫고 들어가 19척의 적함을 격침 또는 나포했다. 이 작전으로 영국군은 단 한 척의 함정을 잃었을 뿐이다. 트라팔가르 해전 후 영국은 100년간 세계의 바다를 지배했고 나폴레옹의 영국 침공 꿈은 트라팔가르 바다 밑에 수장되고 말았다. 그러나 넬슨은 이 위대한 승리를 끝까지 살아서 지켜보지 못했다. 그는 서전에서 프랑스의 1급 저격수가 근처 선박 돛대 위에서 쏜 머스킷 구식 총알에 맞아 치명상을 입었다. 이 위대한 영국의 해군제독은 "나는 이제 만족해. 조국을 위해 내 임무를 완수하게 해준 하느님께 감사한다"라고 마지막 말을 남긴 뒤 숨을 거뒀다. 넬슨의 시신은 브랜디 통에 보존돼 런던으로 옮긴 뒤 세인트 폴 성당 묘지에 안장됐다. 출처: http://blog.daum.net/ranbo/10099627. '세계의 명장'

번역 이때 프랑스 함선에 불이 일어 양진이 넓은 화로 가운데에 있는 것과 같으니 진퇴유곡이다. 모든 병사가 섶 위에 있는 것과 같아 오래지 않아 불타오른다. 그러나 피차 두려움이 없으니 전쟁이 그치지 않아 탄약을 실은 배에 불길이 오르고 굉음이 우레와 같으며 붉은 연기가 하늘을 찔러 연기가 수목에 엉겨 푸른 하늘을 찌는 듯하고, 오작은 집을 잃고 높이 날으며, 불꽃이 물결을 비추어 붉게 흔들리니 고기와 자라는 굴을 떠나 멀리 도망한다. 흰 빛이 백주와 같이 도망가는 것이 없는 모습이며 파도의 머리를 바라보니 이것이 파선의 돛이 꺾인 것이며 포구의 뒤집어진 모습을 바라보니 시체가 엎더지고 침과를 다할 뿐이었다. 영국 장수가 부상을 입어 전두(纏頭)에 잠깐 누었다가 홀연 굉성을 듣고 푸른 하늘로 물러나거늘 황망히 한 걸음으로 갑판에 올라 적진이 주둔해 있던 곳에 영국기가 서 있는 것을 바라보니, 병졸이 대장이 상처를 입고 굳게 서서 선두에 서 있는 것을 보고 스스로 이기지 못함을 기뻐하였다. 프랑스 함대로부터 대응 포격이 없고 진중이 평안해지니 이로 아침을 기다려 전장터를 바라보니 곧 프랑스 장졸도 진실로 일세의 영웅이나 어찌 존재할 수 있으리오. 하늘을 가린 둥근 기는 피어오르는 공기의 연기와 안개가 되고, 강에 가득한 싸움배는 변하여 흘러가는 재가 되니 가히 군사로 교만한 자가 패한 것이다. 적장의 함선은 어디에 떨어졌는지 알 수 없고, 다만 따르던 배 몇 척이 화망을 피해 도주하고자 하다가 몇 날이 지나지 못해 피착되고, 적의 배 한 척이 의연히 기를 세워 평화조약을 요구하나 흩어진 병졸은 다시 떨치기가 어려우니, 새장의 새의 곤궁함을 면할 수 없으며, 패군의 장수는 용맹을 말하기 어려우니, 누가 능히 물이 마른 곳에 고기를 구할 수 있겠는가. 영국 장수가 큰 소리로 외쳐 말하기를 죽고 싶으면 항거하고 죽기 싫으면 나의 휘하에 들라 하고 방포하고자 하니 프랑스 사람들이 세력이 다하고 힘이 다한 것을 알고 프랑스 기를 말아들고 높이 영국 기를 들으니 '강불우(剛不友)'라는 '강극(剛克)'은 이치의 소재이라, 그 근원을 추론하니 곧 프랑스인의 재앙이 인도에 미치지 못한 것은 실로 이 전쟁으로 말미암은 것이오, 나폴레옹의 세력이 나일강에서 반이나 꺾인 것은 넬슨에게 자리를 양보한 것이다. 칠년 후에 트라팔가 항에서 프랑스 함대를 소탕하고 그 이후에 서거하였다.

第五科程 비리밋之奇觀 一

한자	음	한자	음	한자	음
亭	뎡(정), 뎡ᄌᆞ	雘	확, 단청	皓	호, 휠
瑟	슬, 비파	溯	소, 거ᄉᆞ릴	津	진, 나루
韶	쇼(소), 봄	眸	모, 눈	卓	탁, 놉흘
呈	졍(정), 드릴	蠻	만, 뫼ᄲᅮ리	鱮	여, 어조ᄉᆞ
削	샥(삭), 깍글	芙	부, 련ᄭᅩᆺ	蓉	용, 련ᄭᅩᆺ
闕	궐, 대궐	蓬	봉, 쑥	萊	릭, 쑥
揖	읍, 읍홀	邀	요, 마즐	村	촌, 마을
胛	갑, 엇기	乎	호, 언호	喇	라, 라팔
鳺	격(부)[140], 새	抽	츄(추), ᄲᅡᆸ을	腋	익(액), 거드랑이
尻	구(고), 엉덩이	頷	함, 턱	顚	뎐(전), 니마
那	나, 엇지	頗	파, 자못	叉	차, 어긔여질
魍	망, 돗갑이	魎	량, 돗갑이	縈	영, 얽힐
棺	관, 관	槨	곽, 관	墨	묵, 먹

同志 數人이 가이로로 策短驢離長亭ᄒᆞ야 至于나일 江上ᄒᆞ니 時景이 無邊ᄒᆞ야 丹雘難狀(단확난상) 則眞箇歷史上 名區之獨擅으로 如彼古世界 皓髮之遺存者ㅣ로다. 所懷伊人이 宛在中央이라. 欲追 摩西約瑟[141] ᄒᆞ야 問古今之同異ᄒᆞ니 溯流舟楫은 晩帶斜陽ᄒᆞ고 挾津棕櫚ᄂᆞᆫ 自弄韶

140) 격(鳺): 새 격. 현대음은 오디새 부(鳺). 오디새는 멧새의 일종.

141) 마서약슬(馬西約瑟): 모세와 요셉.

光이라.送眸於滄茫之外ᄒᆞ니 卓彼비라밋이 自來呈像이라. 峯巒(봉만)이 秀歟아. 靑天削出金芙蓉이오 宮闕이 成耶아. 五色浮來雲蓬萊ᄒᆞ야 望之如揖我(읍아)ᄒᆞ고 欣然欲邀我ㅣ라. 自津頭過數村ᄒᆞ니 人歷歷於沙上ᄒᆞ고 地隱隱於畵境일싀 似近而遠ᄒᆞ니 誰咫尺之千里며 不高而低ᄒᆞ니 可謂莫小乎泰山이라. 窮日力到信地ᄒᆞ야 先觀스빙쓰 石像ᄒᆞ니 獅子人首로 身長이 百九十尺이오 肩胛이 三十六尺이오 面貌ㅣ 三十尺이라. 昔聞奇形터니 今見怪物이라. 此眞人所難測者也ㅣ로다. 轉到于大비라밋 所在ᄒᆞ니 其廣이 七百六十尺이오 其高가 五百尺이로ᄃᆡ 自下仰止에 似不甚高ㅣ러라. 或者問我能上乎아. 答曰我在스쏘터란드之時에 慣於登山則非不能也로라. 時有亞喇比亞 數人ᄒᆞ야 欲助我陟彼ᄒᆞ고 童穉數人도 亦以鴂舌要我苦于錢曰 將爲從傍助力이라 호ᄃᆡ 我不受其助ᄒᆞ고 抽身一超ᄒᆞ야 登登至第三層ᄒᆞ니 氣盡力盡ᄒᆞ야 身不能自持라. 招人救助ᄒᆞ니 二人은 挾腋(협액)ᄒᆞ고 三人은 攀尻(반고)ᄒᆞ야 歷到幾層이나 尙有二百層ᄒᆞ야 高出天半이라. 每層之高ㅣ 幾至於頷ᄒᆞ니 自度不能至其顚ᄒᆞ고 坐於中層ᄒᆞ야 只待上層人之回來러라. 蓋此비라밋은 東洋堯舜前 六百年間所築이라. 來自千年後로 無人知其何意所築이오 亦未知其那裏有房이나 然而頗有天文學士注意之處ᄒᆞ니 其爲方向이 一定ᄒᆞ야 自北極으로 至赤道間 緯線九十듸그리ᄒᆞ야 位置正中故로 叩之聞聲ᄒᆞ고 知其厚薄處ᄒᆞ야 從其薄啓其門ᄒᆞ니 門之正面이 直指北極也ㅣ러라. 欲入其中ᄒᆞ니 亞喇比亞人이 曰 非徒前人之所不到ㅣ라. 夜叉魍魎이 羣居于中ᄒᆞ니 入之不祥이라 ᄒᆞ되 西人이 以索隱之癖으로 秉燭穿入ᄒᆞ니 惡臭가 觸鼻ᄒᆞ고 其深이 無底ㅣ라. 中有夾路ᄒᆞ야 纔容一身(재용일신)타가 縈廻數步後에 差可寬濶而傍有窄徑ᄒᆞ야 直抵少室ᄒᆞ니 室有棺槨ᄒᆞ고 壁留墨痕ᄒᆞ야 無非前王事蹟이러라. 壯哉壯哉라. 如此비라밋이여. 昔以三百六十萬人으로 經年二十而所築者也則舊日埃及之盛은 推此可見也ㄴ뎌.

번역 동지 몇 사람이 카이로로 작은 나귀를 타고 정자를 떠나 나일강 상류에 이르고자 하니 이대 경치가 끝이 없어 붉은 단청이

난상하니 곧 참으로 역사상 유명한 지역의 하나가 고대 세계의 흰 터럭처럼 남아 있다. 소회를 품은 사람들이 그 중앙에 완연히 존재하여 모세와 요셉을 따라 고금의 이동(異同)을 물으니 배는 물을 거슬러 오르고 늦은 빛을 비스듬히 둘러 나루를 낀 종려나무는 스스로 빛을 희롱한다. 창만한 곳 밖으로 눈을 돌려보니 저기 두르러진 피라미드가 스스로 모습을 드러낸다. 산봉우리가 수려하여 푸른 하늘로 금부용이 솟아난 것이며, 궁궐이 이루어져 오색의 뜬 구름이 봉래(蓬萊)처럼 다가와 바라보니 나를 맞이하는 것과 같고 기쁘게 나를 초대하는 것과 같다. 나룻가 몇 마을을 지나니 사람이 모래 위에 역력하고 땅이 그림과 같이 은은할새 마치 가깝고도 먼 듯하니 지척 천리는 누구이며 높고 낮지 않으니 가히 태산보다 작지 않다고 할 것이다. 날이 다하고 신지(信地)에 도달하여 먼저 스핑크스 석상을 바라보니 사자인수(獅子人首)로 신장이 190척이요, 견갑이 36척이요, 면모가 30척이라, 옛날 기이한 형상을 들었더니 지금 보니 괴물이다. 이는 진실로 사람이 헤아리기 어려운 것이다. 피라미드가 있는 곳에 이르니 그 넓이가 760척이요, 그 높이가 500척인데, 아래로부터 위에 이르기까지 심히 높지 않은 것처럼 보인다. 어떤 사람이 내게 물기를 능히 오를 수 있는가 하기에 답하기를, 내가 스코틀랜드에 있을 때 등산을 습관화하여 못 오르지 않을 것이다. 이때 아라비아인 몇 사람이 내가 오르고자 하는 것을 돕고자 했고 어린 아이 몇 사람도 또한 내가 애쓰는 것을 보고 장차 도와줄 것이라고 하되, 내가 그 도움을 받지 않고 몸을 뛰어 3층에 이르니 힘이 다 빠져서 스스로 유지하기 어렵게 되었다. 사람을 불러 도움을 청하니 두 사람은 겨드랑이를 끼고 세 사람은 엉덩이를 받쳐 몇 층을 더 오르게 하나 아직도 이백여 층이 남아 하늘에 높이 솟아 있다. 매층의 높이가 뼘에 이르니 스스로 헤아려 그에 이르는 것이 불가능하다고 생각하고 중간층에 앉아 다만 위층의 사람들이 돌아오기만을 기다렸다. 대개 피라미드는 동양의 요순 600년 전에 쌓은 것이다. 천년 이후로 사람이 그 쌓은 뜻을 아는 자 없고, 또한 그 속의 방이 얼마나 있는지 알지 못했다. 그러나 천문학자들이 그곳에 관심을 기울여 그 방향이 일정하여 북극으로부터 적도 사이의 위선 90도로 정중앙에 위치하여, 그 소리를 듣고 그 후박(厚薄)한 곳을 이해하여, 그 엷은 문을 여니 문의 정면이 곧 북극을 가리키고 있었다. 그 가운데로 들어가고자 하니, 아라비아인이 그 곳에 들어간 사람이 없다고 말하는지라, 야차와 망량이 그 속에 무리지어 살기 때문에 상서롭지 못한 곳이라고 하되, 서양인들이 은밀한 곳을 탐색하고자 하는 기질로 불을 밝히고 입구를 뚫으니 악취가 코에 진동하고 그 깊이를 알 수 없었다. 가운데 좁은 길이 있어 겨우 몸 하나만 드나들 수 있는데 몇 걸음 더 나아간 뒤 넓고 광활하며 좁고 긴 길이 있어 곧 작은 방으로 들도록 하니 방 안에 관곽(棺槨)이 있고, 벽에는 墨痕묵흔)이 남아 있어 전왕의 사적(事蹟)이 아닌 것이 없었다. 장하도다 장하도다. 이와 같은 피라미드여. 예전 360만 사람으로 12년이 경과하도록 쌓은 것이 곧 옛날 이집트의 융성함을 가히 추측할 수 있도다.

第六科程 心弱者之羞不自勝 一

한자	음	한자	음	한자	음
腮	싀, 뺨	齟	서, 서어홀(저)	齬	어, 서어홀
嘗	상, 일직	黨	당, 무리	膠	교, 부테
輒	첩, 문득	辭	스, 스양	胖	반, 살질
函	함, 편지	媚	미, 아당홀	冲	츙, 어릴
刺	즈, 명함	僅	근, 겨우	厲	려, 가다듬을
捫	문, 믄질	塞	싀, 막을	懆	조, 근심
赧	난, 붉을	娓	미, 고을		

有一心弱者ᄒᆞ니 其爲人也ㅣ 身長而腰纖ᄒᆞ고 腮紅而頭白ᄒᆞ야 外貌ᄂᆞᆫ 雖佳나 中心은 惟弱故로 每逢齟齬之處則心血이 沸騰於面上이라. 嘗在大學校時에 亦自知心疾而操心勉强做去ᄒᆞ고 無所參涉於社會上이러니 其父兄弟가 離世而遺之以三十萬圓ᄒᆞ니 不得不事生産作業이라. 退學歸田里則鄕黨居人이 無不欲爲親已러라. 是人本心도 雖欲與人으로 膠漆其情이나 怯於心弱ᄒᆞ야 每被所請에 輒辭不往ᄒᆞ고 有時乎强欲自勝ᄒᆞ야 訪友而去라가 纔到中路而心先自擾(요)ᄒᆞ야 未及叩門而歸ᄒᆞ고 後復强作이나 連日亦然이라. 常居에 自恨步法之不慣ᄒᆞ야 學步於舞師홀ᄉᆡ 初難效則이러니 終乃習得五般體操ᄒᆞ야 使之神定體胖ᄒᆞ고 又學長揖之禮ᄒᆞ야 行之不偏不倚(불편불의)ᄒᆞ니 曾於數學에 有所習之故也ㅣ러라. 適承貴人이 來汝同飯之請函ᄒᆞ고 自以膽大(담대)之心으로 欲媚於貴夫

人之眼ᄒᆞ야 期不失禮而心常不固ᄒᆞ니 奚暇에 用其所習步揖之法哉아. 强其心而到其門이라가 聞其鍾而恐其晩ᄒᆞ야 胷自驚冲而門隷通刺ᄒᆞ야 三所連呼之聲이 使人心忙意促이어늘 轉入于書冊所儲之室則僅可以厲精會神이라. 仍以平日所學之禮로 揖於夫人ᄒᆞ고 一步退後라가 遽履主人之足ᄒᆞ니 其足에 有痛風之疾이라. 主人이 捫指而氣塞이어늘 心益燥燥ᄒᆞ야 不勝面赧이러니 主人이 能於待客ᄒᆞ야 自忍其痛ᄒᆞ고 反慰其羞ᄒᆞ며 夫人도 亦以好言으로 相酬娓娓ᄒᆞ니 心自入定ᄒᆞ고 羞亦脫態ᄒᆞ야 歷觀卓子上許多冊子ᄒᆞ니 可知主人之善文也ㅣ러라.

번역 한 유약한 사람이 있으니 그 사람됨이 키가 크고 허리는 가늘며 빰은 붉고 머리는 희어서 외모는 비록 아름다우나 마음은 오직 유약한 까닭에, 매번 꺼리는 곳에서는 심혈이 얼굴에 비등하였다. 일찍이 대학교 때에 스스로 마음의 병을 알고 조심하고 힘써 공부하여 실행하나 사회상의 참섭하는 일이 없더니 그 부형제가 세상을 뜨며 30만원을 남겨 두니 부득불 생업을 꾸리고 일을 하였다. 학교를 그만두고 고향으로 돌아오나 마을 사람들이 친하고자 하는 이가 없었다. 이 사람의 마음도 오직 다른 사람과 더불어 그 정을 두텁게 하고자 하나 마음이 심약하여 매번 사람들이 부를 때 사양하여 가지 않고, 스스로 이기고자 하는 마음이 강할 때에 친구를 방문하러 가다가 겨우 가는 길에서 먼저 마음이 흔들려 문을 두드리지 못하고 돌아오고 후에 다시 힘을 내서 그렇게 하나 매일 또한 그러했다. 살아가면서 스스로 걷는 법이 일정하지 않음을 한탄하여 춤 스승에게 걷는 법을 배우고자 할 때, 처음에는 그 효과를 기대하기 어렵더니 마침내 오반체조(五般體操)를 익혀 마음이 가지런하고 몸이 단정하며 또 길게 읍하는 예법을 배워 행함에 치우치지 않고 남에게 의지하지 않으니 일찍이 수학을 익힌 바가 있었던 까닭이다. 귀인을 찾아가 그와 함께 밥을 먹고 편지를 청하며 스스로 담대한 마음으로 귀부인의 눈에 들고자 하여 예를 잃지 않고 마음을 고루하지 않게 하고자 하니, 어느 겨를에 보읍하는 법을 익혀 쓸 수 있겠는가. 그 마음을 굳게 하여 그 문에 도달하여 종소리를 들으니 시간이 늦음을 두려워하여 마음속에 놀라움이 가득 차 문에 붙어 세 곳에 소리를 내어 부르니 사람의 마음이 황망하여 재촉하거늘, 서책을 쌓아놓은 방에 들어가 겨우 정신을 차리더라. 이에 평일 예를 배웠던 바에 따라 부인께 읍하고 한 걸음 물러난 뒤 갑자기 주인의 발을 보니 그 발에 통풍의 질환이 있는지라, 주인이 혈기가 막힌 곳을 손가락으로 문지르거늘 마음이 초조하여 얼굴빛이 붉어지는 것을 이기지 못했다. 주인이 능히 손님을 맞이하여 스스로 통증을 참고 도리어 그 부끄러움을 위로하며 부인도 또한 좋은 말로 서로 곱게 말하니 마음을 진정하고 부끄러운 태도를 벗어나 탁자 위의 허다한 책자를 보니 가히 주인이 책을 좋아하는 것을 알 수 있었다.

第七科程 心弱者之羞不自勝 二

한자	음	한자	음	한자	음
尼	니, 즁	句	구, 글귀	篇	편, ᄎᆡᆨ
澁	습, 알ᄉᆞᆸᄒᆞᆯ	搜	수, 더듬을	誤	오, 그ᄅᆞᆺ
床	상, 상	盒	합, 합	褓	보, 보ᄌᆞ
滴	뎍, ᄯᅥ러질	瀝	력, ᄯᅥ러질	紋	문, 문ᄎᆡ
繻	슈, 슈노ᄒᆞᆯ	褥	요[142], 요	淋	림, 져즐
漓	리, 져즐	膴	무, 두터울	掬	국, 움킐
賓	빈, 손	雞	계, 닭	脂	지, 기ᄅᆞᆷ
塩	염, 소곰	睛	청, 눈동ᄌᆞ	吐	토, ᄇᆡ앗ᄒᆞᆯ
愍	민, 민망	攻	공, 칠	汁	즙, 즙낼
盃	ᄇᆡ, 잔	僮	동, 죵	饌	찬, 반찬
壺	호, 병	乃	내, 이에	掩	엄, ᄀᆞ리울
嘴	취, 부리	酒	쥬, 술	澎	핑, 물소ᄅᆡ
湃	ᄇᆡ, 물소ᄅᆡ	捧	봉, 밧을	塗	도, 바ᄅᆞᆯ
呵	가, 우ᄉᆞᆯ				

於是에 講明以希利尼之經典上 數句語ᄒᆞ고 欲覽希史ᄒᆞ야 注目於쎈노번 第二卷ᄒᆞ고 指點而手未及着ᄒᆞ야 主人이 知其注意之在何篇ᄒᆞ고 以欵曲之情(관곡지정)으로 代其勞而抽之欲與어ᄂᆞᆯ 不待其抽ᄒᆞ고 自以燥澁之性質로 疾手先搜라가 措手不及ᄒᆞ야 誤墮於床ᄒᆞ니 墨盒이 被傾ᄒᆞ

142) 요(褥): 현대음은 욕.

야 床褥汚穢ᄒᆞ고 滴瀝于下ᄒᆞ야 土耳其所織之紋繡華褥上에 墨痕이 淋漓(임리)ᄒᆞ니 其爲顔赧는 姑舍ᄒᆞ고 罔知所措ᄒᆞ야 輒以所持之巾으로 拭之而掬取ᄒᆞ니 主人이 恐傷客情ᄒᆞ야 欣然且慰ᄒᆞᆯ식 飯鐘이 復鳴이라. 携入食堂ᄒᆞ니 食前方丈은 不可勝記오 一酬一酌은 賓主敬禮라. 依主人之所請ᄒᆞ야 將欲割雞라가 在傍之구레비 脂湯이 觸手先覆ᄒᆞ고 刀子自落ᄒᆞ야 鹽盒이 破碎ᄒᆞ니 其爲自愧之心은 一節이 甚於一節이라. 强作其心ᄒᆞ야 手把쓰딍이라가 且被婦人所求ᄒᆞ야 欲擧空器而口含쓰딍ᄒᆞ니 其熱이 如火ᄒᆞ야 呑之未能ᄒᆞ고 雙手掩口ᄒᆞ니 口膜이 被爛ᄒᆞ고 眼睛이 欲出이라. 不覺自羞ᄒᆞ야 吐之於器ᄒᆞ니 主人與夫人이 見其爛口ᄒᆞ고 愍然欲施藥ᄒᆞᆯ식 或曰油ㅣ라 ᄒᆞ며 或曰 冷水ㅣ라 ᄒᆞ고 或曰治攻火毒은 莫如쎄리(葡萄汁) 一盃ㅣ라 ᄒᆞ니 茶僮이 自饌藏中으로 傾壺傳盃어ᄂᆞᆯ 无妄中 接盃ᄒᆞ니 不是쎄리오 乃是ᄲᅳ린드ㅣ라. 爛餘口膜이 如受針砭ᄒᆞ야 不能忍之而況復不嗜飮者乎아. 受其毒而益其痛ᄒᆞ야 忙手掩嘴ᄒᆞ니 酒毒이 澎湃ᄒᆞ야 噴出指間이 像他噴泉이 騰空이라. 一座ㅣ 捧腹而笑어ᄂᆞᆯ 主人은 責茶僮ᄒᆞ고 夫人인 責幼女ㅣ라. 自不勝痛ᄒᆞ야 汗出沾額 故로 抽巾拭額ᄒᆞ니 是巾은 卽拭墨之巾也ㅣ라. 墨塗於額이어ᄂᆞᆯ 主人도 亦不耐其笑ᄒᆞ고 呵呵捧腹ᄒᆞ니 自知受侮不少ᄒᆞ고 忙忙然逃歸ᄒᆞ야 不敢復意於接人이러라.

번역 이때 그리스(希利尼)의 경전 위의 몇 구절을 강명(講明)하고 희랍의 역사를 보고자 하여, 센노번[143] 제2권을 가리켰으나 손이 미치지 못하니, 주인이 그 관심 있는 것이 어떤 편인가를 알고 관곡하게 그것을 대신 찾아주고자 하였으나 기다리지 않고 초조하고 말하기를 꺼리는 성질로 먼저 찾다가 손이 미치지 못해 책상 위에 떨어지니 묵합(墨盒)이 기울어져 상보를 더럽히고 먹물이 흘러 터키산 화려한 책상보에 묵흔이 번지니 그 얼굴이 붉어지는 것은 고사하고 어쩔 줄 몰라 갖고 있던 손수건으로 그것을 닦아낸 뒤 갖고자 하

143) 센노번: 미상.

니 주인이 손님이 마음이 상할까 염려하여 흔쾌히 위로하는데 반종(飯鍾)이 다시 울렸다. 손을 잡고 식당에 들어가니 밥먹기 전 방장은 기록하기 어렵고 주고받는 것은 빈주간의 예의이다. 주인이 청하는 바에 따라 장차 닭을 잡으려 하다가 구레비[144]의 곁에 지탕(脂湯)이 손에 닿아 먼저 뒤집어지고 칼이 떨어져 또한 부인이 구하는 바 빈 그릇에 푸딩[145]을 담고자 하니, 그 열이 불과 같아 삼키기 어렵고 손으로 가리기 어려우니 입안이 문드러지고 눈알이 나올 지경이었다. 부끄러움을 깨닫지 못하고 그릇에 토하니 주인과 부인이 입이 문드러진 것을 보고 가엾게 여겨 약을 바르고자 할 때, 혹은 기름이라 하고 혹은 냉수라 하고 혹은 화독은 쎄리(포도즙)[146] 한 잔만 같지 못하다 하니, 차동이 찬장에서 호로병을 기울여 잔을 주거늘 무망한 가운데 잔을 대니, 이것은 쎄리가 아니요 곧 프랜드[147]라. 문드러지고 남은 구막에 돌침을 맞은 듯하여 참을 수 없고 하물며 다시 마실 수 없음에랴. 그 독을 입음과 고통이 더 심해지니 황망히 손으로 입을 가리니 주독(酒毒)이 팽배하여 손가락 사이로 터져 나오니 분수와 같이 하늘에 솟구치는 모습이었다. 앉아 있던 사람들이 배를 잡고 웃거늘, 주인은 차를 나르는 아이를 책망하고 부인은 어린 여아를 책망하였다. 스스로 고통을 이기지 못해 땀이 이마에 흐르는 까닭에 수건을 빼서 이마를 닦으니 이 수건은 곧 먹을 닦는 수건이다. 먹이 이마에 묻거늘 주인도 또한 웃음을 참지 못해 배를 잡고 웃으니 그 수모가 적지 않음을 깨닫고 황망히 집에 돌아와 다시는 다른 사람을 접대할 생각을 하지 못하게 되었다.

---

144) 구레비: 미상.

145) 쌔딩: 미상.

146) 쎄리:미상.

147) 쌔린드: 미상.

第八科程 ᄲᅦᆺ호벤之月色손아다[148] 調也 一

한자	음	한자	음	한자	음
蔀	부, 씌	癢	양, 가려올	趑	ᄌᆞ, ᄌᆞ져ᄒᆞᆯ
趄	져, ᄌᆞ져ᄒᆞᆯ	克	극, 이긜	諧	히, 화ᄒᆞᆯ
貰	셰, 셰낼	惱	노[149], 시달닐	儂	농, 나
撥	발, 칠	菜	ᄎᆡ, 나물	捆	곤, 두ᄃᆞ릴
鞋	혜, 신	姐	져, 누의	撫	무, 어로ᄆᆞᆫ질
叩	고, 두ᄃᆞ릴	寬	과느 너그러올	恕	셔, 용셔
咎	구, 허물	濁	탁, 흐릴	闋	결, 곡됴(문닫을)
猶	유, 오히려	嫌	혐, 혐의	囁	셥, 머뭇거릴
嚅	유, 머뭇거릴	慍	온, 노ᄒᆞᆯ	譜	보, 족보

盖 ᄲᅦᆺ호벤은 德國人이니 天下有名之第一樂師ㅣ라. 余於冬夜에 自ᄲᅩᆫ[150]으로 乘月至ᄲᅦᆺ호벤 家ᄒᆞ야 請與運動而將欲伴至自家共飯ᄒᆞᆯ싀 行到中路之夾口ᄒᆞ야 聞有聲이 自蔀屋中出者ᄒᆞ고 ᄲᅦᆺ호벤이 自不覺技癢之所使ᄒᆞ야 曰 善哉善哉라. 此非F손아다 乎아. 轉至窓下ᄒᆞ야 足將進以趑趄(자저)러니 此時無聲이 勝有聲이라. 彈者ㅣ 停指太息曰 奇哉浩哉라. 以我不才로 且無學習ᄒᆞ니 何敢克諧리오마ᄂᆞᆫ 若參於코론廣樂會[151]

148) 월색 손아다: 월광 소나타. 베토벤이 눈 먼 소녀를 위해 작곡했다는 소나타.

149) 노(惱): 시달릴 뇌.

150) 본: 베토벤이 태어난 곳.

ᄒᆞ야 一回聽其音이면 庶不惜己財ᄒᆞ리라. 傍聽者ㅣ 曰 姉妹乎여. 未酬屋貰以何自空惱心神耶아. 妹曰然ᄒᆞ다. 儂亦知家勢之如何나 好樂之情이 積於心以發於言也ㅣ로라. 셋호벤이 强欲與我로 伴入其室이어ᄂᆞᆯ 余固辭ᄒᆞᆫᄃᆡ 셋호벤이 曰 此人이 有才ᄒᆞ고 兼有志於樂ᄒᆞ니 我若日撥이면 彼必知音이라 ᄒᆞ고 不顧我挽以排戶直入ᄒᆞ니 見一男子ㅣ 面帶菜色ᄒᆞ고 倚床捆鞋以傍有芳年小姐ᄒᆞ야 坐撫樂器ᄒᆞ니 器甚古制라. 時所不彈이오 擧眼看過ᄒᆞ니 室則淨灑나 似甚貧寒이러라. 見余二人ᄒᆞ고 驚怪變色이어ᄂᆞᆯ 셋호벤이 曰 暮夜에 叩人門戶가 非不無禮나 寬恕勿咎ᄒᆞ라. 我亦粗解音律之淸濁矣러니 偶於今宵에 貴家所彈之闋이 導我而入로이라. 小姐ᄂᆞᆫ 猶有未安之色ᄒᆞ고 少年은 尙懷不平之氣ᄒᆞ야 嫌其無禮라. 셋호벤이 亦知自過ᄒᆞ고 不能容口而數三囁嚅라가 慾慰其怒ᄒᆞ야 請奏一闋ᄒᆞ니 主人이 見其溫恭ᄒᆞ고 解慍稱謝曰 樂器ㅣ 甚古ᄒᆞ고 樂譜且無ᄒᆞ니 難供高手ㅣ로라.

번역 베토벤은 독일 사람이니 천하의 유명한 제일 악사이다. 내가 겨울밤에 본으로부터 달빛을 따라 베토벤의 집에 이르러 운동하고 장차 우리 집에서 함께 밥을 먹기를 청하니, 가는 도중 길이 좁은데 띠집 가운데로부터 나오는 한 소리를 듣고, 베토벤이 스스로 가려움을 느끼지 못하게 하여 말하기를 좋다 좋다고 하였다. 이것은 에프 소나타가 아닌가. 창 아래에 이르러 자저하고자 하더니 이 때 잠잠한 것이 소리가 있는 것보다 나은지라. 연주자가 숨을 멈추고 말하기를 기이하고 호연하구나. 내가 재주가 없고 또 배우지 못하니 어찌 감히 조화를 이길 수 있겠는가마는 만약 코론 광악회에 참가하여 한 번 그 음악을 들을 수 있으면 어찌 재물을 아끼겠는가. 곁에서 듣고 있던 사람이 자매여. 집세도 내지 못하는데 어찌 헛되이 번뇌하는 마음을 갖느냐 하니, 누이가 그러내요 하였다. 너 또한 가세가 어떤지 알지만 음악을 좋아하는 마음이 쌓여 그런 말을 한 것이겠지

151) 코론 광학회: 베토벤의 최초 전기는 오토 얀에 의해 쓰였음. 이 전기를 참고해야 함.

하였다. 베토벤이 나와 함께 그 집에 들어가고자 하거늘 내가 고사하니 베토벤이 말하기를 이 사람이 재주가 있고 음악에 뜻이 있으니, 내가 한 번 도와주면 반드시 음악을 알게 될 것이라고 하고, 나의 만류를 돌아보지 않고 그 집에 들어가니 한 남자가 얼굴에 채색을 하고 침상을 의지하여 신발을 두드리며 곁에는 방년의 한 소녀가 앉아 악기를 두드리니, 악기는 심히 오래된 것이어서 연주하기 어렵고, 눈을 들어 보니 방안은 깨끗하나 빈한이 극심했다. 우리 두 사람을 보고 놀라 얼굴빛이 변하거늘 베토벤이, "저녁 밤에 사람을 찾아 문을 두드린 것은 무례가 아니지 않으나 허물 말고 용서하십시오. 나 또한 음률의 청탁을 조금 아는데, 우연이 이 밤에 귀하의 집에서 한 곡조 연주하는 소리가 들려 나를 이곳으로 이끌어 왔습니다."라고 하였다. 어린 소녀는 오히려 미안한 기색을 하고, 소년은 불평스러운 기색을 품어 그 무례함을 꺼렸다. 베토벤이 또한 자신의 잘못을 알고 용서하는 기운이 없어 몇 번 망설이다가 그 성냄을 위로하고자 한 곡조 연주하기를 청하니 주인이, 그 온공함을 보고 오해를 풀고 사죄하여 말하기를, "악기가 심히 오래되고 악보 또한 없으니 좋은 음악을 들려드리기 어렵습니다."라고 하였다.

第九科程 셋호벤之月色손아다 調也 一

한자	음	한자	음	한자	음
娥	아, 계집	盲	ᄆᆡᆼ, 판슈[152]	章	쟝, 글쟝
渢	풍, 화ᄒᆞᆯ	僑	교, 이샤ᄒᆞᆯ	娘	낭, 계집
雕	됴, 아로삭일	衢	구, 거리	嚬	빈, 찡길
便	변, 문득	魔	마, 마귀	泱	앙, 흐를
推	퇴, 밀	蟾	섬, 둑겁이	替	톄, ᄃᆡ신
逸	일, 편안	遄	쳔, 색롤	趨	추, 추창ᄒᆞᆯ
怡	이, 깃거울	虔	건, 정셩	淡	담, ᄆᆞᆰ을
爽	상, 셔늘	衿	금, 옷깃	寓	우, 붓칠
嘈	조, 울	翺	고, ᄂᆞᆯᄀᆡ	翔	샹, ᄂᆞᆯᄀᆡ
瞻	쳠, 볼				

셋호벤이 曰 若無樂譜면 以若芳年少娥로 何能如是和聲而無相奪倫乎아 ᄒᆞ고, 視之ᄒᆞ니 乃睛盲也ㅣ라. 始覺輒謝曰耳得而爲聲ᄒᆞ고 心悟之而成章耶. 女曰然ᄒᆞ다. 셋호벤이 曰 一不參於廣樂會ᄒᆞ고 何其渢渢乎. 答曰 我曾二年을 僑居쓰리[153]이러니 時適夏月에 有何娘娘이 半開雕戶ᄒᆞ고 調以律呂ᄒᆞ야 感發人之心神 故로 欣欣之情이 自不能已ᄒᆞ야 暫徘徊于通衢之上以習得則雖曰效嚬이나 未免見笑ㅣ로라 ᄒᆞ고, 隨問隨答之間

152) 판슈: 무당.

153) 쓰리: 지명. 본에 있는 소지명으로 보임.

에 似有厭外人之態어늘 쎗호벤이 不復言他ᄒᆞ고 直向樂器ᄒᆞ야 任手信彈ᄒᆞ니 指端初曲이 便是驚人이라. 前者所彈이 不爲不多不善也언마는 無如此夜之惹出ᄒᆞ니 其爲格神入妙는 口不容其稱善이라. 主人男妹ㅣ 注意潛聽ᄒᆞ야 遊精神於聲裏ᄒᆞ고, 馳思想於曲中ᄒᆞ야 如其夢也에 不知其夢而反恐其驚也ㅣ러라. 夜如何其오 好事多魔ᄒᆞ야 燈火自盡이어늘 쎗호벤이 悠然中止ᄒᆞ니 高山寂寂에 中曲이 未了ᄒᆞ고 流水泱泱에 餘響이 未應이라. 推却外戶ᄒᆞ니 一團蟾輪154)이 來相照入ᄒᆞ야 替燈放光 而쎗호벤이 自恨逸興之未遄飛ᄒᆞ야 垂頭而坐어늘 主人이 趨前問曰 君何人斯오. 쎗호벤이 怡顏色以對曰 欲知我之爲誰ㄴ된 請君爲我聽一曲ᄒᆞ라 ᄒᆞ고, 遂彈主娘所彈之F손아다 ᄒᆞ니 兩人이 握手更問曰 君이 果是쎗호벤乎ㄴ뎌. 敬虔以待ᄒᆞ야 如恐不及이어늘 쎗호벤이 卽欲辭去ᄒᆞ니 左右之人이 不許其歸ᄒᆞ고 更請一闋ᄒᆞᆫ듸 仍然復坐則淡月이 透窓ᄒᆞ야 爽人胸襟ᄒᆞ니 可謂今宵一刻이 可抵千金이로다. 無邊月色을 得之心而寓之樂ᄒᆞ야 彈前日所未彈之曲ᄒᆞ니 其音이 嘈嘈切切ᄒᆞ야 初焉如慕如哀라가 忽焉如神之格思ㅣ 舞於庭畔 而中有戰慄之音과 思想之曲이 雜然並作이러니 終焉撲翼之聲이 翶翔于渺茫之中ᄒᆞ야 變作離別之曲ᄒᆞ고 遂辭去어늘 主人이 問後期ᄒᆞ고 出門相送에 蟾望不及이라. 쎗호벤이 留期促行曰 式遄其歸ᄒᆞ야 記其調之長短高低호리라 ᄒᆞ고 歸卽不寐ᄒᆞ고 終夜記憶ᄒᆞ야 成一樂章ᄒᆞ야 播傳於世ᄒᆞ니 是爲有名之 月色손아다調ㅣ러라.

번역 베토벤이 말하기를 악보가 없으면 저 어린 소녀가 어찌 이처럼 소리가 조화롭고 어긋남이 없을 수 있는가 하고, 바라보니 눈이 먼 소녀이었다. 그것을 처음 보고 깨달아 사죄하여 말하기를 귀로 능히 소리를 듣고 마음으로 악곡이 이루어짐을 깨달을 수 있습니까 하니 소녀가 말하기를 그렇다고 하였다. 베토벤이 말하기를 한 번도 음악회(광악회)에 참석하지 않고 어찌 이렇게 좋은 음악을 할

154) 섬륜(蟾輪): 둥근 달. 섬계(蟾桂)는 두꺼비와 계수나무가 있는 달. 섬궁(蟾宮)은 두꺼비가 사는 궁과 같은 달. 섬륜은 둥근 달을 의미함.

수 있습니까 하니 답하여 말하기를 “제가 2년 전 프리에 이주했는데, 이때 여름에 어떤 여자가 시든 문을 반쯤 열고, 조화로운 곡조로 사람의 마음을 감동하게 하는 까닭에 기쁜 마음에 그것을 멈추지 못하고 잠시 거리를 배회하다가 익힌 것인데, 비록 찡그려 비웃음을 면할 길이 없습니다.” 하고 문답하는 사이에 외부 사람을 꺼리는 태도가 있거늘, 베토벤이 다시 말하지 않고 직접 악기를 가지고 음악을 연주하니 손끝이 닿는 곳마다 곧 사람을 놀랍게 하였다. 앞의 연주가 좋지 않은 점이 많이 있는 것은 아니지만, 이런 밤에 일어나는 것과 같은 것이 없으니 그 신비로운 격에 드는 것은 입으로 그 좋음을 말하는 것이 쉽지 않을 정도였다. 주인 남매가 잠시 주의하여 듣고 그 음악 가운데 정신을 놓고 곡 가운데 빠져들어 생각하니, 꿈만 같고 꿈과 깨어남을 알지 못할 지경이었다. 밤이 이와 같으니 호사다마하고 등불이 꺼지거늘 베토벤이 은연 중지하니 산은 높고 적막한데 중지한 곡이 끝나지 않고 흐르는 물이 끝이 없어 여음이 다하지 못하니, 문 밖을 보니 한 무리의 둥근 달이 방 안에 비치어 등불 대신 비추니, 베토벤이 스스로 한스러운 감흥이 일어나 빨리 일어나지 않고 머리를 숙이고 앉아 있거늘, 주인이 “당신은 어떤 사람입니까?”라고 물었다. 베토벤이 기쁜 안색으로 대답하여 말하기를 “내가 누구인지 알고자 하시면 그대가 나를 위해 한 곡조를 들려주십시오.”라고 하여, 드디어 주인 소녀가 F소나타를 연주하니 두 사람이 손을 잡고 다시 물어 말하기를 “선생님이 과연 베토벤이십니까?” 하고, 경건히 대하면서 미치지 못할까 두려워하거늘 베토벤이 즉시 사양하여 가고자 하니 주위 사람들이 그가 돌아가는 것을 허락하지 않고 한 곡조를 청하여 듣고자 하여 다시 앉으니, 맑은 달빛이 창에 새어들어 사람의 흉금을 상쾌하게 하니 가히 이 밤 한 시각이 천금에 해당한다고 할 수 있을 지경이었다. 끝없는 달빛을 마음 깊이 깨닫고 즐거움을 깃들여 전날에 연주하지 못한 곡조를 연주하니 그 음이 우는 듯 절절하여 처음에는 사모하고 슬퍼하며, 갑자기 신령함이 뜰 앞에 춤추는 듯하며 그 가운데 전율을 느끼는 소리와 생각이 뒤섞여 일어나다가 마지막에는 날개를 두드려 아득한 가운데 나래를 치게 하여 이별하는 곡조로 변해 간다. 드디어 돌아가고자 하는 뜻을 말하니 주인이 뒷날 만날 수 있을지 묻고 문을 나서 서로 이별하니, 달빛이 비치지 않는 지라. 베토벤은 길을 서두르며, 식을 빨리 끝내고 돌아가 그 곡조의 장단과 고저를 기록하겠다고 하고, 돌아가는 즉시 잠자지 않고 밤새 기억하여 한 악장을 완성한 뒤 세상에 전파하니, 이것이 그 유명한 월광 소타나이다.

第十科程 英君主大알부렛之中興 一

한자	음	한자	음	한자	음
嗣	ᄉᆞ, 니을	寵	춍, 괴일	庬	방, 순후ᄒᆞᆯ
齠	초, 니갈	齡	령, ᄒᆡ	籍	적, 호적
詩	시, 글	刊	간, 샥일	季	계, 말재
詞	ᄉᆞ, 글	嵂	률, 놉흘	偉	위, 넉넉ᄒᆞᆯ
笈	급, 샹ᄌᆞ	萃	췌, 떨기	帙	질, ᄎᆡᆨ갑
寇	구, 도적	劫	겁, 겁박ᄒᆞᆯ	蹂	유, ᄇᆞᆲ을
躪	린, ᄇᆞᆲ을	逼	핍, 갓사올	猖	챵, 챵궐ᄒᆞᆯ
褐	갈, 잠방이	婆	파, 계집	餅	병, 떡
燬	훼, 불붓흘	炒	쵸, ᄐᆞᆯ	豚	돈, 도야지
愾	개, 분ᄒᆞᆯ	殲	셤, 죽일	塊	괴, 괴슈
咄	돌, 혀칠	翽	홰, ᄂᆞᆯ	爰	원, 이에

八百七十一年에 大알푸렛시 嗣位ᄒᆞ니 時年 二十三이라. 幼時에 再到羅馬ᄒᆞ고, 暫遊巴里以歸ᄒᆞ니 在兄弟中ᄒᆞ야 年幼以最見寵於父母ㅣ러라. 當是時에 國惟淳庬(국유순방)ᄒᆞ야 人不務學 故로 齠齡(초령) 十二에 尙不知書籍之如何ㅣ러니 一日은 其母氏 오슈버거ㅣ 與諸兒로 團坐ᄒᆞ야 講明 ᄉᆡᆨ션 詩篇ᄒᆞ야 使之聽ᄒᆞ니 之是篇은 非活版所所刊이라. 乃手之所寫者ㅣ오 兼於篇首卷末에 搭一畵ᄒᆞ니 諸兒ㅣ 見甚愛之어ᄂᆞᆯ 母ㅣ 曰 諸兒中 莫論昆季(곤계, 맏이와 막내)ᄒᆞ고 詞峰之嵂兀과 文欄之奇偉ᄅᆞᆯ 見輒先解者ᄂᆞᆫ 卽與此冊ᄒᆞ리라 ᄒᆞ니, 自此로 알부렛시 負笈從師

ᄒᆞ야 出乎類拔乎萃 故로 受此篇帙ᄒᆞ야 至於老死토록 常目在玆ㅣ러라. 王이 卽位之初에 덴박 人이 侵寇于邊이어ᄂᆞᆯ 統率三軍ᄒᆞ고 親自九戰ᄒᆞ야 常欲平和호ᄃᆡ 덴막은 素是多詐反覆之國이라. 緩則進 急則退ᄒᆞ야 雖以指環으로 誓死同埋나 非實心所出 故로 不踐所約ᄒᆞ고 數入于境ᄒᆞ야 燒人之家ᄒᆞ며 劫人之貲러니 至于四年 冬ᄒᆞ야 蹂躪國中ᄒᆞ야 逼于잉길낸드 ᄒᆞ니 國兵이 新破ᄒᆞ고 敵勢猖獗ᄒᆞ야 王無所歸라. 借着農人衣褐ᄒᆞ고 避禍於牧者家中ᄒᆞ니 牧者도 亦不知其爲王也러라. 一日은 主婆ㅣ 呼王炙餠이어ᄂᆞᆯ 王之心이 深憂王室如燬ᄒᆞ고 忘却餠之炒黑이러니 主婆ㅣ 歸見餠炒ᄒᆞ고 大責曰 若이 無乃豚犬乎아. 何其敏於食以懶於事耶아 ᄒᆞ고, 薄待滋甚이러라. 是時에 西土 人民이 敵王之愾ᄒᆞ야 收散之卒ᄒᆞ야 殲厥巨魁(섬궐거괴)ᄒᆞ고 奪取繡烏之旗(수오지기)ᄒᆞ니 是旗也ᄂᆞᆫ 一父之女三兄弟ㅣ 一日織出者로 故로 덴막之所瞻仰(첨앙)이러니 一自被奪 後로 無不失望咄歎曰 我軍乘勝之日에 烏飛天半ᄒᆞ야 翽翽(홰홰)其羽ㅣ러니 一敗塗地 後로 瞻烏爰止컨ᄃᆡ 于誰之屋고. 將不知其雌雄이라 ᄒᆞ야 無復挑戰之心이러라.

번역 871년에 대 앨프레드가 왕위를 이으니 이 때 나이 23세였다. 어렸을 때 로마에 다시 돌아가고 잠시 파리에 돌아오니 형제 중에서 나이가 어렸으므로 부모로부터 가장 총애를 받았다. 당시 나라는 유순하고 나약하여 사람들이 학업에 힘쓰지 않는 까닭에 이를 가는 나이인 12세에도 서적이 어떻게 생겼는지 알지 못하더니, 하루는 그 어머니 오슈버거가 여러 아이들을 모두 앉혀 놓고 색슨 시집을 읽어 듣도록 하니 그 책은 활판 인쇄소에서 간행한 것이 아니었다. 곧 손으로 베껴 쓴 것이요, 겸하여 첫째 권 끝에 그림 하나를 실었으니, 여러 아이들이 그것을 더욱 좋아하거늘 어머니가 여러 아이들 중 맏이와 막내를 물론하고 가사가 놉고 올올하며 문장이 기위하여 먼저 깨우친 아이에게 그 책을 주겠다고 하였다. 이에 앨프레드가 짐을 지고 스승을 찾아서 그들 중에 뛰어난 지경에 이른 까닭에 이 책질을 받았는데 죽을 때까지 상상 눈 앞에 볼 수 있도록 하였다.

왕이 즉위 초에 덴마크 인이 변경을 침범하거늘 삼군을 통솔하고 스스로 아홉 번 싸워 평화를 얻고자 하였으나, 덴마크 인은 본래 속임이 많고 반복이 심하였다. 느리면 나아가고 급하면 물러나 반지로써 함께 죽자고 맹서하였으나 본래 진심에서 나온 것이 아니었으므로 약속을 실천하지 않고 수차례 변경을 침입하여 인가를 불태우고 재물을 겁탈하더니 4년에 이르러 나라 전체를 유린하여 잉글랜드를 핍박하니 나라의 군사가 파멸되고 적의 세력이 창궐하여 왕이 돌아오지 못했다. 농부의 옷을 빌려 입고 한 양치기의 집으로 화를 피하더니, 양치기도 또한 그가 왕인 것을 알지 못했다. 하루는 주인 노파가 왕을 불러 떡을 구으라 하거늘 왕의 마음이 왕실이 불탄 것을 심히 우려하여 떡이 타는 줄도 몰랐더니, 주인 노파가 돌아와 떡이 다 타버린 것을 보고 크게 꾸짖기를 그대는 개와 돼지만도 못하다. 어찌 먹는 데는 민첩하고 게으르기가 이와 같은가 하고, 박대하기를 더욱 심하게 하였다. 이 때 서양 인민이 왕의 분노에 맞서 흩어진 군졸을 모아 적의 괴수를 섬멸하고 수오기(繡烏旗)를 탈취하니, 이 깃발은 한 아버지의 딸 삼형제가 하루 동안 짜는 것이라, 덴마크 사람들이 우러러 보는 것이니 한번 피탈된 후로 다시 도발하지 못하고 탄식하며 말하기를 아군이 승승하는 날에 까마귀가 하늘 반을 날아 그 깃으로 날개를 치니 일패도지 후에 까마귀 바라보는 것을 그치고자 하나 누구의 집인지 장차 그 자웅을 알 수가 없도다 하니, 다시는 도전할 마음이 생기지 않았다.

第十一科程 英君主大알부렛之中興 二

한자	음	한자	음	한자	음
征	정, 칠	紆	우, 얽을	漢	한, 놈
俳	빅, 광대	優	우, 광대	竽	우, 피리
鼗	도, 쇼고	湎	면, 취홀	睥	비, 엿볼
睨	예, 엿볼	訊	신, 무를	獲	획, 엇을
條	됴, 가지	嬰	영, 어릴	邪	샤, 샤특
證	증, 증거	懋	무, 힘쓸	啻	시, 뿐
掊	부, 거둘	謠	요, 노래	珮	패, 패물
梢	쵸, 가지	攫	확, 움킬	遮	챠, ᄀ리울
祟	슈, 빌미	拱	공, ᄭ줄	燕	연, 나라

於是에 알부렛시 西來馳驅ᄒ야 慰征夫之勤勞ᄒ고 紆破敵之籌策ᄒ야 親自變形幻態ᄒ고 做一好漢俳優ᄒ야 吹芋擊鼗ᄒ고 入探彼陣之虛實ᄒ야 轉至大將幕下ᄒ니 彼之將卒이 自相戲謔(희후)ᄒ야 或沉湎于酒中ᄒ고 或潛心于樂聲ᄒ야 任他偵探之奇權 故로 其兵卒之多少强弱이 莫逃於一睥睨之間이라. 歸募敢死之卒ᄒ야 圍之十三日에 執訊獲酋ᄒ야 不使一人漏網ᄒ고 亦不至一卒被害라. 約定二條ᄒ니 一은 割東區而定租界ᄒ야 驅降卒而務農業ᄒ고 不使復得侵略事ㅣ오, 二ᄂ 使其大將 구드럼으로 棄邪神信眞主而靈洗事ㅣ라. 구드럼이 受洗之時에 알부렛시 像他嬰兒之父ᄒ야 在傍明證ᄒ니 此乃英主ㅣ 不嗜殺人之心이 體天父好

生之德也ㅣ니 其爲聖神感化는 難以人心所測이라. 구드럼이 痛悔己罪ᄒᆞ고 感於神化ᄒᆞ야 終身事主ᄒᆞ고 其下軍卒도 亦無復侵掠之槩ᄒᆞ고 懋玆稼穡ᄒᆞ야 盡爲良民ᄒᆞ니 全國이 晏然이러라. 蓋此알부렛은 不啻戰伐世英傑之君이오 亦爲治平時修德之主ㅣ로라. 志在新民ᄒᆞ야 勞來不怠호ᄃᆡ 採遠方人可用之說ᄒᆞ야 編成冊子ᄒᆞ야 播之民間ᄒᆞ고 譯羅馬語ᄒᆞ야 教導民心ᄒᆞ며 立法公平ᄒᆞ야 使民安堵ᄒᆞ고 除去務刻之吏ᄒᆞ며 遠斥掊斂之臣ᄒᆞ니 謠曰 金環佩玉를 掛於樹梢라도 無人攫取라 ᄒᆞ더라. 又於國內에 設爲學校ᄒᆞ야 親自勸勉호ᄃᆡ 立董學之規ᄒᆞ야 三分日時ᄒᆞ니 時無時計 故로 以燭爲限ᄒᆞ야 八時는 做工ᄒᆞ고 八時는 運動ᄒᆞ고 八時는 就寢이나 然이나 或燭以風吹所致로 不能較一이라 ᄒᆞ야 始以角으로 造遮風具ᄒᆞ니 是乃燈皮러라. 王이 多年有無何之祟나 然而亦病於博施ᄒᆞ야 不暇一日垂拱燕處ᄒᆞ고 無時不强病視務ㅣ러니 至於五十三歲而崩ᄒᆞ니 王이 雖崩於九百一年 而至今尙稱大알부렛이러라.

번역 이에 알프레드가 서쪽에서 달려와 정벌하는 사람들의 수고를 위로하고 적의 계책을 깨뜨리고자 스스로 모습을 바꾸고 한 배우로 가장하여 피리와 소고를 두드리고 적진에 들어가 허실을 탐지하여 대장의 막하에 이르니 그 장졸이 서로 놀이에 빠져 혹은 술에 취하고 혹은 음악 소리에 잠겨 다른 사람에게 정탐을 맡기니, 그 병졸의 다소와 강약이 흘끗 보는 사이에 도주하는 것과 같더라. 돌아와 죽음을 무릅쓴 병사들로 13일간 포위하여 그 추장을 잡아 심문하여 한 사람도 도망하지 못하게 하였으며 또한 한 병졸도 피해를 입지 않았다. 두 개의 조항을 약조하니 하나는 동쪽 지방을 할애하여 조계로 삼으며 항복한 병졸로 하여금 농업에 힘쓰게 하고 다시는 침략하지 않도록 하며, 둘은 그 대장 구드럼으로 하여금 사신(邪神)의 진주를 포기하고 영세를 받도록 하는 것이었다. 구드럼이 세례를 받을 때 알프레드가 그 영아의 아버지를 본떠 그 주위에서 증명하니 이에 영국 왕이 살인하는 마음을 좋아하지 않게 되니 온 세상이 호생의 덕이었으며, 신성한 감화가 되어 사람이 측량할 바가 아니었다. 구드럼이 자기의 죄를 깊이 뉘우치고 신화(神化)에 감동되어 종신토록 주인으로 섬기고, 그 휘하 군졸도 또한 침략하는 폐단이 없고 농사에 힘써 진심으로 양민이 되니 전국이 평안하였다. 대개 이 알프레드는 전쟁과 정벌뿐만 아니라 세상의 영걸한 임금이요 또한 평화로운 시절 덕을 닦은 군주이다. 백성을 새롭게 하는 뜻을 갖고 게으르지 않으니 원방 사람들을 찾아 활용하고 책자를 만들어 민간에 반포하며 로마어로 번역하여 민심을 교도하며 공평한 법을 만들어 백성들을 안도하게 했으며 고통을 주는 관리를 제거하며 부렴(掊斂, 가혹한 수탈)한 신하를 멀리하니 그 때의 동요에 금환옥패가 나무 끝에 걸렸어도 주워가는 사람이 없다고 하였다. 또한 국내에 학교를 세우고 스스로 권면하되 학교 규칙을 만들어 감독하여 하루를 셋으로 나누니 그 당시 시계가 없었으므로 촛불로 한계를 정해 8시간은 공부하고 8시간은 운동하고 8시간은 취침하게 하였다. 그러나 혹은 촛불에 바람이 불 수 있으므로 이를 견주기 어려우니 뿔로 바람을 막는 도구를 만드니 이것이 등피(燈皮)이다. 왕이 다년간 어떤 존숭도 없지 않으나 병이 들어 하루도 쉴 때가 없고 병을 돌볼 여가가 없으니 53세에 이르러 붕어하였다. 왕이 비록 901년에 붕어했으나 지금까지 일컫기를 대 알프레드라고 칭송한다.

第十二課 모믜거져[象名]之不服他主*[155] 一

한자	음	한자	음	한자	음
趾	지, 발뒤굼치	燎	료, 불살을	灌	관, 썰기나모
栵	례, 썰기나모[156]	辟	벽, 물니칠	木聖[157]	셩, 움버드나모
据	거, 집힝이	盤	반, 셔릴	菑	치, 싸븨밧[158]
畬	여, 싸븨밧	值	치, 갑	燒	쇼, 불살올
牙	아, 어금니	駕	가, 멍에	專	젼, 오로지
耦	우, 겨리[159]	庸	용, 떳떳	蕩	탕, 방탕홀
杯	빅, 잔	梃	정, 몽동이	蹄	뎨, 굽
酩	명, 취홀	酊	뎡, 취홀	腓	비, 덥흘[160]
蹴	축, 찰	郭	곽, 셩곽	蒭	추, 꼴
憩	게, 쉬일				

印度에 有一커피 [茶名] 農夫ᄒᆞ야 于耟擧趾之時에 欲種커피ᄒᆞ야 伐木于山ᄒᆞ며 燎火于原ᄒᆞ야 修之平之ᄒᆞ니 其灌其栵ㅣ며 辟之辟之ᄒᆞ니 其聖(?)其据ㅣ로다. 燎餘根株ㅣ 盤據菑畬ᄒᆞ야 拔之不能이라. 計之以藥

---

155) 모디거저가 다른 주인에게는 복종하지 않는다.

156) 렬(栵): 현대음을 렬. 산밤나무를 의미함.

157) 한 글자임.

158) 싸븨밧: 따비밭. 묵정밭.

159) 겨리: 짝. 배우자.

160) 비(腓): 덮흘 비. 장딴지 비.

暴發則其值甚高ᄒᆞ고 謀之以火燒却則其日이 必曠故로 拔根之要ᄂᆞᆫ 莫如象之爲用 而其爲物也ㅣ 有其牙則隨其觸 而無物不拔ᄒᆞ고 無其牙則駕鐵索 而無所不引이라. 因借貰始役ᄒᆞ니 或一專力ᄒᆞ며 或二成耦ᄒᆞ고 或三並力이러라. 箇中 最好者之名은 모듸거져ㅣ니 譯卽珠玉之謂也ㅣ라. 然而受制於庸夫手下ᄒᆞ고 不入於勢家所奪ᄒᆞ니 如此自由ᄂᆞᆫ 自印度有國以降으로 曾所未見者ㅣ러라. 今此庸夫ᄂᆞᆫ 素以豪蕩漢子로 藉象力而得財不少ᄒᆞ야 便作生涯酒一杯라. 每到酒後에 以梃打蹄則象忍其痛ᄒᆞ고 不害其主者ᄂᆞᆫ 以其知主人之醒後에 必愛之而賜酒也ㅣ니 象亦嗜飮은 不言可想而正謂有是人有物也ㅣ로다. 有時乎庸夫ㅣ 被酒酩酊ᄒᆞ고 臥於蹄間이면 象則腓字之ᄒᆞ야 禁牛馬之至其傍ᄒᆞ고 不許人之過其前ᄒᆞ야 待其醒이 後에 乃已러라. 其庸夫之爲人也ㅣ 雖曰善飮이나 當於農時ᄒᆞ야ᄂᆞᆫ 每貪雇價ᄒᆞ야 不暇醉倒ᄒᆞ고 高坐於象之頭腦上ᄒᆞ야 任意指揮ᄒᆞ니 以若雙牙之利用과 膂之胛强力으로 能推能引ᄒᆞ야 所前無礙라. 足蹴耳郭曰 壯哉壯哉라 力拔山疾追風ᄒᆞ니 爾眞獸中王이로다 ᄒᆞ고, 至於夕陽停役之後ᄒᆞ야 飼之以三百斤蒭ᄒᆞ고 飮之以一壺酒(일호주)ᄒᆞ야 放于樹林之間ᄒᆞ고 彼亦半醉ᄒᆞ야 憩于蹄間而歌ㅣ러라.

번역 인도에 한 커피 농부가 있어 따개비로 밭을 갈고자 할 때 커피를 심고자 산에 벌목하며 들판에 불을 놓아 평평하게 닦고 그 나무들을 베어내고자 하니 버드나무와 지팡이뿐이었다. 남은 나무뿌리를 불태우고 묵밭을 평탄하게 하니 뽑아낼 수가 없었다. 약을 써서 폭발시키고자 하나 그 값이 비싸고 태워 없애고자 하나 그 시일이 걸리는 까닭에 뿌리를 뽑는 데는 코끼리를 쓰는 것만한 것이 없으니 코끼리는 상아가 있어 닿는 것을 뽑지 못하는 것이 없고, 상아는 철삭이라도 잡아당기지 못하는 것이 없는 까닭이다. 이에 세를 내어 작업을 시작하니 혹은 혼자서 하고 혹은 둘이 짝을 이루어 하거나 혹은 세 마리가 함께 하였다. 개중 가장 좋은 코끼리의 이름은 모디거저인데 번역하면 주옥(珠玉)을 뜻하는 말이다. 그러나 용부(庸夫, 졸렬한 사람)의 손아래 압제를 받아 세가(勢家)에 들지 못하고 빼앗기니 이러한 자유는 인도라는 나라가 존재한 이후로 지금까지 보지 못하던 바이다. 지금 이 용부는 호탕한 한량으로 코끼리의 힘을 빌려 재물을 얻은 것이 적지 않아 편히 일생에 술을 즐겼다. 매번 술을 마신 뒤 몽둥이로 발굽을 때리니 코끼리가 그 고통을 참고 그 주인에게 해를 끼치지 않는 것은 주인이 술을 깬 뒤에 반드시 술을 내려줄 것을 아는 까닭이니, 코끼리 또한 술 마시기를 좋아하는 것은 가히 상상할 수 있으니, 이것은 사람이나 짐승이 모두 같다고 할 것이다. 이때 용부가 술에 취하여 발굽 사이에 누우면 코끼리는 곧 장딴지로 우마가 그 곁을 지나는 것을 막고 사람이 그 앞을 지나는 것을 허락하지 않으며 깰 때까지 기다렸다. 용부의 사람됨이 비록 마시기를 좋아하나 농사철을 당해서는 매번 품삯을 탐내 술 취할 겨를이 없이 코끼리 머리에 높이 앉아 멋대로 지휘하니 두 상아를 이용하고 가슴과 어깨의 강한 힘으로 능히 밀고 능히 끌어 거칠 것이 없었다. 다리로 차고 귀를 잡아당기며 장하다 장하다 산을 뽑고 바람을 질주하니 너야말로 진짜 짐승 중의 왕이로다 하고 석양이 머문 연후에야 삼백 근의 꿀을 먹이고 한 병의 술을 마시게 하여 나무 숲 사이로 놓아주니, 저 또한 반쯤 취하여 발굽 사이에서 쉬며 노래를 불렀다.

第十三課 모믜거져[象名]之不服他主 二

한자	음	한자	음	한자	음
梳	소, 빗	俾	비, ᄒᆞ여곰	恙	양, 병[161]
扇	선, 붓치	閉	폐, 닷을	喉	후, 목구멍
訃	부, 통(부고)	矜	긍, 불샹히녁일	恤	휼, 불샹히녁일
匍	포, 길	匐	복, 길	遞	톄, 갈닐
癘	려, 병	鄙	비, 더러올	殤	샹, 요ᄉᆞᄒᆞᆯ(일찍죽을)
夭	요, 요ᄉᆞᄒᆞᆯ	罹	리, 걸닐	盍	합, 하불(덮을)
肯	긍, 즐길	笞	틔, 볼기	罰	벌, 벌줄
殑	승, 죽을뜻ᄒᆞᆯ	縷	루, 실마리	泥	니, 진흙
添	텸, 더ᄒᆞᆯ	厥	궐, 그	側	측, 기우릴
杖	쟝, 집힝이	喙	훼, 부리	授	슈, 줄
猪	져, 도야지	飴	이, 엿	搔	소, 긁을
戀	련, 싱각				

此庸夫之名은 듸사ㅣ니 一週間 一次씩 至江浴象ᄒᆞᆯ식 磨之以瓦甕(와옹)ᄒᆞ고 梳之以刷子(쇄자)ᄒᆞ야 使象潤身ᄒᆞ고 詳察其耳目諸竅(상찰기이목제규)ᄒᆞ야 俾得無恙ᄒᆞ니 象折樹梢(상절수초)ᄒᆞ야 自扇其身ᄒᆞ고 庸夫로 亦浴首理髮而伴歸ᄒᆞ야 工作多日에 久閉飮戶 故로 喉生塵埃ᄒᆞ야 自不勝渴心所使ㅣ라. 乃言于農主曰 我丁母喪ᄒᆞ니 不可不奔이라 ᄒᆞᆫ

161) 양(恙): 근심 양.

되 主人이 曰 爾於數年前에 對我告喪ᄒᆞ고 又於數月前에 向某告訃ㅣ러니 今復言告言言歸ᄒᆞ니 無乃遁辭所窮乎. 듸사ㅣ 涕泣曰 此非親母ㅣ라. 乃我姑母ㅣ니 有子十人호ᄃᆡ 莫養其ㅣ母라가 遽至斯境ᄒᆞ니 我外에 無人矜恤而匍匐救者ㅣ니이다. 主人曰 何處得聞고. 曰郵遞니이다. 主人曰 從某至某에 遞夫 往還이 自有定日而今不及期 則勿復言他ᄒᆞ라. 듸사ㅣ 曰 近聞鄙鄕에 癘疫(여역)이 輪行ᄒᆞ야 人多殤夭ㅣ라 ᄒᆞ니 恐或己妻罹患이라. 盍往歸哉리잇고. 主人이 招진헌爲名者ᄒᆞ야 問曰 爾乃듸사里中人乎아. 曰然ᄒᆞ니이다. 又問曰 듸사ㅣ 有妻乎아. 答曰 以女爲名ᄒᆞ고 誰肯與此不恒破落戶로 同室乎잇가. 主人이 謂듸사曰 速往赴役ᄒᆞ라. 不然이면 必行笞罰호리라. 듸사ㅣ指天而誓曰 我自視役以來로 已經數月호ᄃᆡ 不暇痛飮이러니 形如枯木ᄒᆞ고 心如死灰ᄒᆞ야 殑殑然(승승연) 難保殘縷ㅣ라. 願借十日寬限ᄒᆞ야 容我遠離主人聖潔之地ᄒᆞ야 俾醉以酒ᄒᆞ고 俾飽以德ᄒᆞ쇼셔. 主人이 笑曰 你言이 今乃似是나 然而你若去後에 使象赴役을 如爾在時則許可泥醉ᄒᆞ리라. 듸사ㅣ 欣謝曰 願我主人은 壽添四萬ᄒᆞ야 如天光明ᄒᆞ쇼셔. 我將經旬還來ᄒᆞ리이다 ᄒᆞ고 欣欣然 高呼ᄒᆞ니 象在林中ᄒᆞ야 噴塵逐蠅이라가 聞厥有聲ᄒᆞ고 馴立于前이어ᄂᆞᆯ 듸사ㅣ 提其耳面命之曰 你乃我之心光이라. 如山有力ᄒᆞ야 保護醉睡者ㅣ니 側耳而聽我言ᄒᆞ라. 我欲離此往他ᄒᆞ리라. 象이 欣然點頭ᄒᆞ야 如不勝興이어ᄂᆞᆯ 듸사ㅣ 曰 爾不可同往이오 留此赴役ᄒᆞ라. 我於十日後에 還來相見ᄒᆞ리라. 使象擧蹄ᄒᆞ고 以杖十打曰 勿謂我不在ᄒᆞ고 十日所役을 宜聽진헌之命ᄒᆞ라. 象以長喙로 抱진헌ᄒᆞ야 置其頭腦上이어ᄂᆞᆯ 듸사ㅣ 以鐵杖으로 授진헌ᄒᆞ야 數次打頭ᄒᆞ니 象이 應聲以諾이어ᄂᆞᆯ 듸사ㅣ 曰 山猪乎여. 十日間 爾主ᄂᆞᆫ 果是진헌이니 今我暫離ᄒᆞ노라. 象이 擧喙餞別이러라. 듸사ㅣ 去後에 진헌이 雖以溫柔手段으로 使之赴役호되 反有齟齬之氣色ᄒᆞ니 以其非其主之故也ㅣ라. 진헌이 賜以香飴ᄒᆞ고 或搔頷下(혹소함하)ᄒᆞ며 其妻ㅣ 或來稱善호ᄃᆡ 常有戀主之情ᄒᆞ야 自不禁其悵鬱(자불금기창울) 而連日從役ᄒᆞ야 無異於듸사所使ᄒᆞ니 農主ㅣ 異之러라.

번역 이 용부의 이름은 디사이니 일주일에 한 번씩 강에서 코끼리를 목욕시키고자 하니 물동이를 갈아 빗으로 빗기고 코끼리의 몸을 적셔 이목의 여러 구멍을 자세히 관찰하여 병이 없도록 하니, 코끼리는 나뭇가지를 꺾어 스스로 그 몸을 구부리고 용부도 또한 머리를 감고 돌아오니, 여러 날 일하여 오랫동안 음호(飮戶)를 닫아두어 목구멍에 진애(塵埃)가 끼어 스스로 목마름을 해소하지 못하게 한 까닭이다. 이에 농장 주인에게 말하기를 정녕 내 어머니의 상을 당했으니 불가불 분주합니다 하니, 주인이 너는 수년 전에 내게 상을 알리고 또 수월 전에 모씨에게 부고를 알리더니 지금 다시 내게 돌아간다는 말을 하니 둔사(遁辭, 핑계의 말)이 궁핍하지 않느냐 하였다. 디사가 울며 말하기를 이는 친모가 아니라 시모(始母)로 자식이 열이나 그 부모를 모시는 분이 없어 이 지경에 이르니 나 이외에는 긍휼히 여겨 포복(匍匐, 무덤가에서 울고 기어줌)하고 구할 자가 없습니다 하니, 주인이 어디에서 그 말을 들었는가? 우체부로부터입니다. 주인이 말하기를 누구를 따라 누구에게 이르러 우체부가 왔다 갔는지 스스로 정한 일자를 약속하지 못하니 다시 그 말을 하지 말라 하였다. 디사가 말하기를 근자에 들으니 제 고향에 여역(癘疫, 전염병)이 창궐하여 많은 사람이 죽었다고 하니 제 아내가 병이 들었을까 걱정입니다. 어찌 돌아오겠습니까. 주인이 진헌(인명)을 불러서 묻기를 너는 디사의 마을 사람인가? 그렇습니다. 또 묻기를 디사는 처가 있느냐? 답하기를 여자로 부르고, 이와 더불어 누구와 함께하며 항상 집을 파락(破落)하니 함께 살 사림이 있겠습니까. 주인이 디사에게 말하기를 속히 돌아와 일을 하라. 그렇지 않으면 태벌(笞罰)을 행하겠다. 디사가 하늘을 가리켜 맹세하여 말하기를 제가 일한 이래로 수월이 지나 통음(痛飮)을 치료할 겨를이 없었으니 모습이 고목과 같고 마음이 죽은 사람과 같이 곧 죽을 모습이어서 남아 있는 몸뚱이를 보존하기도 어렵습니다. 원컨대 넉넉히 십일을 한정하여 주인의 곁을 떠나 성스러운 땅에 가서 술도 마시고 음식을 먹을 수 있도록 덕을 베푸소서 하였다. 주인이 웃어 말하기를 네 말이 그럴 듯하나 네가 만약 간 뒤에 코끼리로 하여금 네가 있을 때처럼 하면 잔뜩 취하게 하는 것을 허락하겠다. 디사가 흔연히 감사하여 말하기를 원컨대 주인은 사만 수를 더하여 하늘과 같이 빛나소서. 저는 앞으로 열흘 후에 돌아올 것입니다 하고 기뻐하여 큰 소리로 코끼리를 부르니, 코끼리가 수풀 중에 있다가 먼지를 내뿜고 줄을 쫓다가 그 부르는 소리를 듣고 그 앞에 돌아오거늘, 디사가 그 귀에 대고 명령하여 말하기를 너는 내 마음의 빛이다. 산이 힘이 있는 것과 같이 취수자(醉睡者)를 보호하니 귀 곁에 내 말을 들어라. 내 곧 이곳을 떠나 다른 곳으로 가고자 한다. 코끼리가 흔연히 머리를 들어 기쁨을 감추지 못하는 듯하거늘 디사가 말하기를 너는 함께 가지 못하니 여기서 일을 해라. 내가 십일 후에 돌아와 다시 만나리라. 코끼리로 하여금 발굽을 들어 장을 열 번 때리면서 말하기를 내가 없다고 하지 말고 십일 동안의 일은 마땅히 진헌의 명을 들어야 한다. 코끼리가 긴 부리로 진헌을 안아 머리 위에 앉히거늘 디사가 철장을 진헌에게 주고 여러 차례 머리를 치게 하니 코끼리가 그 마을 듣고 허락하거늘 디사가 말하기를 산돼지여 십일간 너의 주인은 과연 진헌이니 지금 나는 잠시 떠나겠다. 코끼리는 부리를 들어 전별하였다. 디사가 간 뒤 진헌이 온유한 수단으로 일을 시키되 오히려 저어하는 기색이 있으니 그 주인과 다르기 때문이었다. 진헌이 좋은 먹이를 주고 턱 밑을 긁혀주며 그 아내가 혹은 칭찬하되 항상 주인을 연모하는 정이 있는 듯하여 그 창울함을 금하지 못하고 연일 노역하여 디사가 부리는 것과 다르게 하니, 농장 주인이 이상하다 여겼다.

第十四課 모믜거져[象名]之不服他主 三

한자	음	한자	음	한자	음
杏	힝, 살구	逶	위, 노닐[162]	眄	이[163], 노닐
婚	혼, 혼인	醑	셔, 거를[164]	沽	고, 살[165]
乾	건, 하늘	坤	곤, 짜	眄	면, 볼
快	쾌, 쾌훌	馴	훈[166], 길드릴	馭	어, 어거훌(말을 몰다)
尖	쳠, 뱃족	齧	셜, 씹을	慴	습, 두려올
悖	패, 어그러질	刑	형, 형벌	懲	징, 징계
脅	협, 갈비	觝	뎌, 밧을(닥치다)	畎	견, 이랑
畝	묘[167], 이랑	沮	져, 져희훌(막다, 방해하다)	糖	당, 셜당
秫	츌, 슈슈	腸	쟝, 장즈(창자)	俛	면, 쇽일(힘쓸)
躍	약, 뛸				

162) 위(逶): 구불구불 가다. 노닐다.

163) 면(眄): 애꾸눈 면. 『유몽천자』에서는 '노닐 이'라고 하였으나 '애꾸눈 면'임. 같은 글자가 바로 뒤에 나옴. 애꾸눈 면 대신 '볼 면'으로 풀이함.

164) 서(醑): 좋은 술 서. (美酒). 거를 서. (술을 거르다).

165) 고(沽): 팔 고(팔다). 『유몽천자』에서는 '사다(매입)'로 풀이하였는데, '사다'와 '팔다'의 의미가 달라짐을 의미함. 노천명의 시 '대추밤을 돈사야'(대추밤을 팔아서 돈을 사다?).

166) 순(馴): 길들일 순. 『유몽천자』에서는 '훈'으로 읽음.

167) 무(畝): 이랑 묘, 이랑 무. 음이 두 개임.

되사ㅣ 行尋杏花村ᄒᆞ야 逶迤(위이)于樹木間이라가 逢一婚行ᄒᆞ야 有酒酺我ᄒᆞ며 無酒沽我ᄒᆞ야 送日月於壺中ᄒᆞ고 付乾坤於醉裏ᄒᆞ야 期逝不至者ㅣ 十有一日이러니 모듸거져ㅣ 回身顧眄ᄒᆞ야 不肯從役ᄒᆞ고 自任所之어ᄂᆞᆯ 진헌이 呼曰 去將安之오. 快來抱我ᄒᆞ야 置你頭腦ᄒᆞ고 飛也聽役ᄒᆞ라. 不然이면 以鐵杖碎蹄ᄒᆞ리라. 象自發憤ᄒᆞ야 不服其馴(불복기순)이어ᄂᆞᆯ 진헌이 追欲駕馭(추욕가어) 則濕濕其耳가 向前忽尖ᄒᆞ야 衝突于象羣中ᄒᆞ고 或齧樹枝ᄒᆞ야 使人慴伏(사인습복)ᄒᆞ니 진헌이 知其無奈ᄒᆞ고 告急于農主ᄒᆞ니 農主ㅣ 揮鞭作聲ᄒᆞᆫ듸 象見白人ᄒᆞ고 追至屋下ᄒᆞ야 戰身搖頭어ᄂᆞᆯ 白人이 逃保生命ᄒᆞ야 曰 如此悖惡之獸ᄂᆞᆫ 不可不刑이라 ᄒᆞ고, 呼他猛象一隅ᄒᆞ야 賜以鐵索十二尺ᄒᆞ니 是象則有懲象施罰之職이라. 施鐵索ᄒᆞ야 置諸左右ᄒᆞ니 모듸거져ᄂᆞᆫ 在三十九年來로 曾未被罰者 故로 初不知其鐵索之何用이러니 終乃知其施罰之具ᄒᆞ고 以牙로 觝其象脅ᄒᆞ니 二象이 被觸驚走ᄒᆞ야 不復近前이어ᄂᆞᆯ 모듸거져ㅣ 走入畎畝間(주입견묘간)ᄒᆞ야 沮他羣象之役이라가 日之夕矣라. 下來求食ᄒᆞ니 진헌이 忿然曰 汎駕之獸ᄂᆞᆫ 宜籠其口ㅣ니 莫來要我ᄒᆞ라. 是時에 適有嬰孩ㅣ 遊於門外러니 象이 以其喙로 抱擧ᄒᆞ야 高 出진헌 頭上十二尺이어ᄂᆞᆯ 진헌이 罔知所措ᄒᆞ야 曰 將與糖秫三百斤 及 餠幾許團ᄒᆞ리니 勿害此兒ᄒᆞ라. 象이 旋卽置兒於後蹄間ᄒᆞ고 待其所賜ᄒᆞ야 以充其腸 然後에 使兒로 俛出脚下ㅣ러라. 是象之爲物也여. 夜亦無眠ᄒᆞ야 從左暫臥者ㅣ 不過二時間이오 向右所臥도 亦纔二時間이오 外他時間은 或反嚼或運動이러니 忽於中夜에 戀切戀主之情ᄒᆞ야 或叫或躍ᄒᆞ며 或上或下ᄒᆞ야 遍于林間ᄒᆞ고 復向前日沐浴場ᄒᆞ야 叫通其意호듸 終無所應이러니 是時曉頭에 되사ㅣ 歸來ᄒᆞ야 見主人家産이 少無被傷ᄒᆞ고 感於心而謝其主ᄒᆞ니 主人이 不聽其謝曰 往視爾象ᄒᆞ라. 業爲棄物이니라. 되사ㅣ 訪其在所ᄒᆞ야 高聲一呼ᄒᆞ니 象卽起來ᄒᆞ야 見其主ᄒᆞ고 欣欣然有情이어ᄂᆞᆯ 되사ㅣ 輒理鐵杖鐵索而赴之役所ᄒᆞᆫ듸 象自如前服役ᄒᆞ야 拔去木根ᄒᆞ니 白人이러 異之而怒氣乃解러라.

번역 디사가 행화촌을 찾아서 수목간을 비틀거리다가 혼인 행렬을 만나 좋은 술이 있으면 마시고 없으면 사서 호리병에서 세월을 보내고 온 세상을 취기 속에서 보내다가 기약한 날 11일에 돌아오지 못하니 모디거저가 몸을 돌아보아 일하는 것을 수긍하지 않고 멋대로 하거늘, 진헌이 말하기를 네 장차 어찌하려는가. 어서 나를 안아 네 머리 위에 앉히고 빨리 일하도록 하자. 그렇지 않으면 이 철장으로 네 발굽을 부숴 버리겠다. 코끼리가 화가 나서 복종하지 않거늘 진헌이 멍에를 씌워 귀를 축축하게 하고자 하다가 그 앞에 튀어나와 코끼리 무리와 충돌하고 혹은 나뭇가지를 씹어 사람으로 하여금 두렵게 하니, 진헌이 그 까닭을 모르고 급히 주인에게 알리니 주인이 채찍을 휘두르며 소리를 질렀다. 코끼리가 백인을 보고 집 아래까지 쫓아와 싸움하며 머리를 흔드니 백인이 생명을 지키고자 도망하여 말하기를 이와 같이 패악한 짐승은 불가불 벌을 내려야 한다 하고, 다른 사나운 코끼리 한 쌍을 불러 철삭 12척을 주니 이 코끼리는 코끼리를 징벌하는 직책을 맡은 코끼리이다. 철삭을 좌우에 던지니 모디거저는 39년 이래로 일찍이 이런 벌을 받아본 적이 없는 까닭에 처음에는 그 철삭이 어디에 쓰이는지 모르다가 결국 형벌 도구임을 알고 상아로 그 코끼리 곁에 던지니 두 코끼리가 이를 맞고 놀라 달아나 다시 근처에 오지 못했다. 모디거저가 이랑 사이를 달려 다른 코끼리의 일을 방해하다가 날이 저물어 먹을 것을 구하러 내려오니 진헌이 화가 나서 말하기를 모든 멍에를 쓴 짐승은 마땅히 그 입에 멍에를 지워야 하니 내게 구하러 오지 말라. 이때 지나던 한 아이가 있어 문밖을 거닐더니 코끼리가 그 부리로 안아 진헌 12척 머리 위에 올려 놓으니 진헌이 어찌할 바를 몰라 말하기를 네게 사탕수수 삼백 근과 몇 단의 먹을 것을 줄 것이니 아이를 해치지 말라. 코끼리는 즉시 아이를 발굽 뒤에 두고 그 먹을 것을 기다려 배를 채우고 아이로 하여금 다리 아래로 빠져 나가게 하였다. 이 코끼리의 물건됨이여. 밤에는 잠도 자지 않고 왼편에 누운 것이 불과 두 시간이요, 오른

쪽을 향해 누운 것도 잠깐 두 시간이요, 그 밖의 시간은 혹은 씹고 혹은 운동하니 홀연 밤중에 주인을 연모하는 정이 있어 혹은 절규하고 혹은 뛰며 혹은 위로 혹은 아래로 수풀 사이를 돌아다니고 다시 전일 목욕하던 곳을 바라보고 그 뜻을 절규하나 종내 반응이 없었다. 이때 날이 밝아 디사가 돌아와 주인집 가산이 적잖이 상한 것을 보고 감사하며 사죄하니 주인이 그 사죄를 듣지 않고 말하기를 가서 네 코끼리를 보아라. 일을 모두 포기했다. 디사가 그곳에 가서 큰 소리로 한 번 부르니 코끼리가 즉시 일어나 와서 그 주인을 보고 기뻐하는 정이 있으니 디사가 문득 철장과 철삭으로 다스려 일하는 곳으로 가니 코끼리는 전과 같이 복종하며 일을 하고 나무뿌리를 뽑았다. 백인이 이를 이상하게 여기고 노기를 풀었다.

第十五課 女子 그레쓰딸닝[168]之急人高義一

한자	음	한자	음	한자	음
凄	쳐, 셔늘ᄒᆞᆯ	櫻	잉, 잉도	晳	셕, 흴
閒	한, 한가	飜	번, 뒤칠	滲	슴, 샐
挹	읍, 당길	雱	방, 비소릐[169]	伯	빅, 맛(만)
嫠	리, 과부	曙	셔, 새벽	礁	쵸, 바회(바위)
巉	참, 놉흘(가파를)	碞	암, 험ᄒᆞᆯ	閭[170]	려, 미려혈
擱	거[171], 걸닐	葬	쟝, 장ᄉᆞ	涵	함, 져즐(젖다)
晡	포, 느즐(늦다)	瘴	쟝, 쟝긔(풍토병)	眺	됴(조), 볼
屣	ᄉᆞ, 신	贅	췌, 사마귀	萱	훤, 풀

168) 그레이스 달링달링(Darling, Grace Horsley, 1815.11.24~1842.10.20): 1838년 9월 초, 영국 북동부 해안 뱀브러 지역의 등대를 지키던 그레이스 달링은 깜짝 놀랐다. 배가 난파돼 가라앉는 중이었고 승객들이 바닷물 속에서 허우적거리고 있었다. 그는 등대지기 아버지 윌리엄 달링과 함께 즉각 구조에 나섰다. 인근 시하우스 지역의 구명선을 부르기에는 파도가 너무 거칠다고 판단한 달링 부녀는 노 젓는 보트를 띄워 난파 현장으로 갔다. 현장에 도착한 그들은 남자 4명과 여자 1명을 보트에 태워 구해낸 뒤 수차례 되돌아가 모두 13명의 목숨을 건져냈다. 달링 부녀는 자신의 안전도 보장하기 힘든 상황이었지만 그들은 용감하게 위험 속으로 뛰어들었던 것이다. 그레이스 달링의 나이 23살 때였다. 아버지와 함께 그녀의 영웅적 행동이 빅토리아 시대의 영국 전역으로 퍼져 나갔다. 당시 유명 시인 윌리엄 워즈워드는 '그레이스 달링'이라는 시를 발표, 그녀를 기렸다. 어릴 때부터 아버지와 함께 등대에서 생활한 경험이 난파선 승객들을 살리게 했다. 그러나 이 천사 같은 아가씨는 불행하게도 선행 4년 뒤인 1842년 오늘, 폐결핵으로 세상을 떠났다. 오늘날까지 영국인들은 노래와 책 등을 통해 그녀를 되살리고 있다. 김지석 논설위원 /매일신문 2011년 10월 20일(http://www.imaeil.com/sub_news).

169) 방(雱)은 '눈 올 방', 방(霶)은 '빗소리'여서 의미상 변화가 있음.

한자	음	한자	음	한자	음
愕	악, 놀날	孤	고, 외로올	吊	됴, 됴상(조상, 문상)
惻	측, 슯흘	憖	은, 슯흘	刮	괄, 괄시홀
單	단, 홋	拯	증, 건질	櫓	로, 로
湜	식, 묽을	沚	지, 물가	浩	호, 넓을
湄	미, 물가	萌	밍, 움돗을	溝	구, 개천
佑	우, 도을	衷	츙, 가온딕	愧	괴, 붓그러올
颺	양, 늘닐				

在昔 英國에 有年少 女子ᄒᆞ니 其名은 그레쓰쌀닝이라. 與其父母로 同居于바안 島中ᄒᆞ야 守其光塔ᄒᆞ니 是島也ᄂᆞᆫ 在로 덤벌난드之前ᄒᆞ야 至險且危ᄒᆞ야 罕見足跡來遠近ᄒᆞ고 只有水鳥對沈浮ㅣ라. 無處問路ᄒᆞ야 有或冒險故로 設一光塔ᄒᆞ야 風雨凄凄之夕과 雲霧漠漠之曉에 迥照來往舟楫ᄒᆞ야 使得免危러라. 是時 芳年이 二十有二오 碧眼素髮과 櫻脣白哲으로 自有幽閒之姿ᄒᆞ야 學母書針線ᄒᆞ고 助爺暮理燈이러니 一千八百三十八年 九月 夜에 疾風이 送聲ᄒᆞ고 怒濤ㅣ 飜空ᄒᆞ야 使人甚懼ㅣ라. 高坐塔上終無眠ᄒᆞ야 爲慮風帆旅魂驚터니 不知何船이 漂泊於海島間ᄒᆞ야 任風力而上下ᄒᆞ고 隨波心而浮沈ᄒᆞ니 危哉라 是船이여. 自出帆 以後로 船底有孔ᄒᆞ야 床無乾處ᄒᆞ고 水湧甚急이라. 衆手並作ᄒᆞ야 挹以引水器나 然而水高半尺ᄒᆞ야 危在呼吸ᄒᆞ고 且有雨雪이 雱雱ᄒᆞ야 橫打船頭ᄒᆞ야 東傾西轉이라. 水入火滅ᄒᆞ고 霧鎖天黑ᄒᆞ니 河伯은 自發望洋之嘆ᄒᆞ고 嫠婦(리부)ᄂᆞᆫ 不禁泣舟之淚ㅣ라. 隨風擧帆ᄒᆞ고 以待天曙ㅣ러니 遠自霧中으로 迷見塔燈ᄒᆞ니 暗礁ᄂᆞᆫ 巉岩於中間ᄒᆞ고 海岸은 渺茫於上下ᄒᆞ니 萬劫餘生이 出沒冥府ㅣ라 而已오. 船一觸巖에 救之不得ᄒᆞ야 板尾ᄂᆞᆫ 入尾閭而歸諸烏有ᄒᆞ고 帆頭ᄂᆞᆫ 擱石齒而甚於魚呑이라. 船長 沙格

170) 려(水+閭): 한 글자임.

171) 각(擱): 놓을 각. 현대음과 차이가 있음.

이 具葬於魚腹ᄒᆞ고 只有水夫數人ᄒᆞ야 抱纜索而仆伏於破壞餘板ᄒᆞ야 全身이 涵泳於怒濤中이러니 日欲晡時에 女子ㅣ 自光塔으로 照鏡放眺則瘴霧中風濤上數里外에 有板如脫屣ᄒᆞ고 有人如黑贅라. 急走萱堂ᄒᆞ야呼爺指視ᄒᆞ니 爺爺ㅣ 驚愕且歎曰 奈何奈何오. 雖溺이나 不能援之以手ᄒᆞ니 手中孤魂을 有誰慰吊오. 力所不及에 愛莫助之라 ᄒᆞ니 乃父爲人이頗有惻隱之心ᄒᆞ야 無若是怠이언마ᄂᆞᆫ 隻手單身으로 莫可周急이라. 女子ㅣ 在傍ᄒᆞ야 左思右度ᄒᆞ야 欲圖拯救之方ᄒᆞ니 曾於潛風穩海上에 雖或搖櫓運動ᄒᆞ야 濯足於湜湜之沚ᄒᆞ고 觀瀾於浩浩之湄나 一未嘗見如是暴風險濤ㅣ라. 自不禁慈悲心萌ᄒᆞ야 曰坐視人死ㅣ 若己推納溝中이니盍往觀乎ㅣ리오. 天父ㅣ 所佑에 無事不成이라 ᄒᆞᆫ딕 其父ㅣ 知其衷曲所發ᄒᆞ고 同乘扁舟ᄒᆞ고 各搖一櫓ᄒᆞ야 任汐水而下險礁間ᄒᆞ야 得及破船處ᄒᆞ니 瀕死諸人이 且喜且怪ᄒᆞ야 回想一箇少女兒ㅣ 伴此老沙格ᄒᆞ야 何以至此危險之地오 ᄒᆞ더라. 父女ㅣ 殫其心力ᄒᆞ야 救活九人之命ᄒᆞ니 是時에 水勢尙急ᄒᆞ야 難以溯流ㅣ라. 九人이 並力行船ᄒᆞ야 俱全生命ᄒᆞ니라. 此事ㅣ 播颺於歐洲各國ᄒᆞ야 各自修書致賀ᄒᆞ고 書中에 或封七千圓ᄒᆞ며 寫本掛市ᄒᆞ고 爲詩登歌ᄒᆞ니 此女ㅣ 雖得如此名譽之大나 終不以驕昂變心ᄒᆞ고 與其父母로 同居三年이러니 竟以咳喘으로 離世ᄒᆞ다.

번역 옛날 영국에 어린 소녀가 있었으니 그 이름은 그레스달닝이다. 그 부모와 함께 바안 섬에 거주하며 등대(光塔)을 지켰는데, 이 섬은 바로 덤벌난드 앞에 있어 험하고 위태로워 멀리서 오는 흔적만 바라보고 물 위에 떠 있는 섬일 뿐이었다. 길을 물을 곳이 없는데 혹 모험을 하는 까닭에 광탑(등대)을 세워 비바람 서늘한 저녁과 운무가 막막한 아침에 멀리 배를 비추어 위급을 면하게 하였다. 이때 나이 22세로 푸른 눈과 흰 얼굴에 집안 깊은 곳에서 어머니께 침선을 배우고 아버지를 도와 불을 밝히더니 1838년 9월 밤 사나운 바람이 불고 거친 파도가 하늘을 뒤집을 정도여서 사람을 매우 두렵게 하였다. 높은 탑에 올라 잠을 자지 못하고 풍범의 여행객들의 놀라는 것을 생각하는데, 어떤 배인지 모르지만 해도 사이에 표류하여

바람이 불 때마다 위아래로 흔들리고 파도에 따라 떠도니 위태로웠다. 이 배는 출범한 이후 배 밑에 구멍이 생겨 마른 곳이 없고, 물이 스며들어 심히 위태로웠다. 모든 사람이 함께 물그릇을 잡았으나 물 높이가 반 척이나 되어 숨쉬기조차 위태롭고 또 눈비가 흩날려 뱃머리를 후려치니 동으로 기울고 서로 뒤집어졌다. 물이 들어 불을 꺼트리고 운무가 가려 하늘이 검어지니 하백(河伯)은 망양지탄하고 과부는 배에서 눈물을 멈출 수 없었다. 바람에 돛이 날리고 하늘이 밝기만 기다리니 멀리 안개 속에 한 등대가 희미하고, 암초는 험하고 해안은 위아래로 아득하니 만겁의 여생이 저승에 든 것일 따름이다. 배가 바위에 부딪혀 구조할 길은 없고 판미(板尾)는 꼬리에 걸리고 뱃머리는 돌부리에 걸려 고기에 삼킬 지경이었다. 선장 사격(沙格)[172]이 물에 빠져 죽을 각오를 하고 수부 몇 사람과 함께 닻줄을 묶어 파괴된 남은 갑판에 엎드려 전신이 파도에 파묻혔다. 날이 저물 무렵 한 여자 아이가 광탑에서 조망경(眺望鏡)을 비추는데, 안개와 사나운 파도 위 몇 리 밖에 신을 벗은 것 같은 널빤지 하나가 있고, 검은 점과 같은 사람이 있었다. 어머니께 급히 달려가 아버지를 불러 가리키니 아버지가 놀라 말하기를 어찌하나 어찌하나 물에 빠져죽을지라도 구할 길이 없으니 수중고혼을 누가 위로할 것인가, 힘이 미치지 못해 도울 수가 없다고 하였다. 아버지의 사람됨이 비록 측은한 마음을 갖고 게으름이 없는 사람이지만 혼자 힘으로 위급을 막을 길이 없었다. 여아가 곁에서 이리저리 생각하며 구할 방도를 생각하니, 예전 해상에 바람이 잦아들 때 비록 노를 저어 물가에서 발을 씻으며 넓은 물가를 바라보았으나, 이와 같은 폭풍과 험한 파도를 본 적이 없었다. 안타까운 마음을 금할 수 없어, "사람이 죽는 것을 앉아서 보는 것은 자기를 구렁텅이에 빠뜨리는 것과 같으니 어찌 보고만 있을까요. 하느님이 돕는 곳에 이루어지지 않을 일이 없을 것입니다."

172) 사격(沙格): 선장의 이름. 스코트를 음차한 것으로 보임.

라고 하니 아버지가 그 진심어린 마음을 알고 작은 배를 타고 노를 저어 험한 암초 사이를 헤쳐 파선한 곳에 이르니 죽을 지경에 이른 모든 사람들이 기뻐하며 생각하기를, "작은 소녀가 이 선장을 동반하여 어찌 이러한 위험한 곳까지 이르렀을까."라고 하였다. 부녀가 심력을 다해 9명의 생명을 구하니 이때 물살이 더 급해져 거슬러 올라가기 어려웠다. 9인이 힘을 합쳐 배를 저어 드디어 모든 생명을 구했다. 이 일이 구주 각국에 널리 전파되어 각자 글로 치하했는데, 서중에 7천원이 동봉되고 시가를 등사하여 보내고 노래를 지었으니, 이 소녀는 비록 큰 명예를 얻었으나 끝내 교만하여 변심하지 않고, 그 부모와 더불어 3년을 함께 살았으나 마침 천식으로 세상을 떠났다.

第十六課 紅人論

한자	음	한자	음	한자	음
倉	창, 고집(곳집)	胃	위, 비위	哺	포, 먹일
軒	헌, 마루	鱗	린, 비늘	介	개, 썹질
羽	우, 깃	蔬	소, 나물	朱	쥬, 붉을
販	판, 팔	汔	흘, 거의	愒	게, 쉬일
猷	유, 쇠(꾀이다)	獵	렵, 산양(나냥)	穽	정, 함정
弓	궁, 활	釣	됴, 낙시	獐	쟝, 노루
鹿	록, 사슴	串	관, 곳치	烹	핑, 삶을
苽	과[173], 외	葵	규, 희ᄇᆞ라기	菽	슉, 콩
茀	불, 졔ᄒᆞᆯ[174]	蛤	합, 죠ᄀᆡ	舂	용, 방아
碓	듸, 확(방아)	摶	단, 뭉칠	貯	져, 싸흘(쌓다)
歠	철, 마실	楓	풍, 단풍	斧	부, 독긔(도끼)
弦	현, 시위(줄)	鏃	촉(正音족)[175], 살촉	爪	조, 손톱
藁	고, 집	筐	광, 광주리	油	유, 기ᄅᆞᆷ
豹	표, 표범	鈴	령, 방울	苔	틔, 잇기(이끼)
霞	하, 안ᄀᆡ	爇	설, 살올(사르다)	匝	잡, 둘닐

173) 고(苽): 줄 고. 과(瓜)와 차이가 있음.

174) 불(茀): 풀 우거질 불.

175) 족(鏃): 정음(正音) 족이라고 한 것은 우리말 음이 족으로 변화했음을 표시한 것임.

其爲人也ㅣ 短於思量知覺ᄒᆞ고 痴於動靜云爲ᄒᆞ야 驍勇은 雖日行三百里나 其强力이 不過於數日이오 哀樂은 雖日當大小間事ㅣ나 其聲色이 不大於倉卒ᄒᆞ며 腸胃ᄂᆞᆫ 能大能小ᄒᆞ야 雖以少小食料及南草로도 得免飢渴ᄒᆞ고 若有珍需盛饌이면 亦爲含哺鼓腹ᄒᆞ니 外雖軒軒이나 內室空空이러라. 所食은 只以鱗介羽毛之族과 山蔬野菜之味와 黃果朱實之屬이오 不務耕作ᄒᆞ며 不事興販ᄒᆞ고 今日 東明日西ᄒᆞ야 到處依幕無一定ᄒᆞ니 汔可少愒ᄒᆞ야 爲猷不遠ᄒᆞ고 但專力於漁獵ᄒᆞ야 穽以陷之ᄒᆞ고 網以羅之ᄒᆞ며 弓以射之ᄒᆞ고 釣以鉤之ᄒᆞ니 作釣維何오 鳥魚之骨이오 結網維何오 獐鹿之筋이라. 枝串魚肉ᄒᆞ야 炙於火上ᄒᆞ고 烹之煮之ᄒᆞ니 其器土木이오 欲取水而揚湯이면 置炙石於水中ᄒᆞ며 間或務農ᄒᆞ니 玉秫南草와 苽葵及菽이오 茀厥豊草ᄒᆞ니 蛤之外介와 獸之肩骨노 代鋤利用ᄒᆞ고 不知造餠ᄒᆞ야 炒玉秫而舂於石碓ᄒᆞ야 和水摶末ᄒᆞ니 其名曰 눅힉이라. 눅힉 南草ᄅᆞᆯ 小貯囊橐則可致遠行이오 冬則窟置樹皮而中藏食物ᄒᆞ야 供其放飯流歠호ᄃᆡ 調味以甘楓汁ᄒᆞ고 戰備ᄂᆞᆫ 弓矢斧梃이니 梃名은 도마혹이오 以石爲斧而伐柯有則ᄒᆞ니 析樹枝ᄒᆞ고 置斧其間ᄒᆞ야 使經年而復合木理 後에 取以赴戰ᄒᆞ고 戰平則埋ᄒᆞ며 弦鏃旣具ᄒᆞ니 獐筋與腸이며 獸瓜及石이오 肆筵設席ᄒᆞ니 皮藁及板이며 有器有皿ᄒᆞ니 土木石筐이오 取靑紅之漆油ᄒᆞ야 治其容如豹文ᄒᆞ고 編鳥獸之皮毛ᄒᆞ야 爲首飾與身衣ᄒᆞ고 耳懸鈴鼻懸鈴ᄒᆞ니 金蛤骨與彩石이오 烟臺長於二尺ᄒᆞ니 雕石成其曲頭로다. 味金鐵之鐵幣ᄒᆞ고 革貫蛤而代用ᄒᆞ니 名之曰 왐범이라. 紅爲第一이오 次黑次白이며 編萬蛤而成帶ᄒᆞ야 帶赴敵曰戰帶오 視苔痕又聽葉ᄒᆞ야 察獸跡與敵走ᄒᆞ며 不變色於臨事ᄒᆞ고 善察人之氣色이라. 然而自不知先代遺事ᄒᆞ고 所言은 不過鷹雷瀑布落霞等物이오 彼若會議則爇火匝坐ᄒᆞ고 人若離世면 或埋於地ᄒᆞ고 或裹以皮ᄒᆞ야 掛於樹梢ᄒᆞ야 以避豺狼之患ᄒᆞ고 女從事於秫田ᄒᆞ며 男遊食而遊衣러라.

번역 그 사람됨이 생각이 짧고 지각이 부족하여 활동이 어리석어 용맹으로 보면 비록 하루에 삼백 리를 가나 그 힘이 몇 일을 지나지 않고, 애락은 비록 대소사를 당하나 그 소리가 미처 급히 크지 아니하고 장과 위는 능히 크게 하고 작게도 할 수 있어 비록 적게 먹거나 담배(南草)만으로도 기갈을 면하고, 만약 진수성찬이 있으면 또한 함포고복하니 외양은 번지르르하나 내실은 비어 있을 따름이다. 먹는 것은 물고기와 새, 산나물과 채소, 누런 과일과 붉은 열매 등이요, 경작에 힘쓰지 않고 사고파는 일에 종사하지 않아, 낮은 동으로 밤은 서로 도처에 움막을 지어 정처가 없으니 쉬고 싶으면 멀리 가지 않고, 단지 어렵에만 전력하여 함정을 파고 기다리며, 그물을 치고 활로 쏘며 낚시질한다. 낚시는 무엇으로 만드는가. 새와 물고기의 뼈이요, 그물은 무엇으로 엮는가. 노루와 사슴의 근육이다. 가지에 고기를 꿰어 불 위에 굽고 삶고 구우니 그 그릇이 토목이요, 물을 끓이고자 하면 돌 수중에 돌을 구으며 간혹 농사에 힘쓰기도 하니 옥화남초(玉禾南草)와 외와 해바라기 쑥 등이며, 풀이 우거지니 조개껍질과 짐승의 뼈로 호미 대신 이용하며 음식(떡)을 만들 줄 몰라 옥화를 볶고 돌방아로 절구질하여 물을 맞추어 뭉치니 그것을 '눅핵'이라고 한다. 눅핵 남초를 조그만 배낭에 넣으면 곧 먼 길을 가는 것이며, 겨울에 굴속에 나무껍질로 저장하면 먹을거리로 밥과 함께 마시도록 제공하며 단맛의 즙을 가미하고, 전쟁 준비는 화살과 도끼 자루이니 자루 이름은 '도마혹'이며 돌로 도끼를 만들고 자루를 두니 나뭇가지를 꺾어 도끼 사이에 끼우고 해가 지나 다시 나무에 합치하게 하여 전쟁이 나면 그것을 들고, 전쟁이 끝나면 땅에 묻으며, 현촉(화살)으로 갖춘 것은 노루의 고기와 창자며 짐승의 발톱과 돌이고, 자리를 만드는데 가죽을 말린 장판이며, 그릇이 있으면 흙과 나무와 돌로 만든 광주리이다. 청홍의 검은 기름을 채취하여 얼굴에 표범무늬처럼 바르고 짐승의 가죽과 털을 짜서 머리와 몸을 꾸미며 귀에 방울을 걸고 코에 거니 금빛 조개껍질과 색깔 있는 돌이며, 전대(烟臺)의 길이는 2척으로 돌에 새겨 굽은 머리를 만든다. 금철의 철 비단을 가미하고 조개껍질로 가죽을 대용하니 이를 일컬어 '왕범'이라 한다. 붉은 것이 제일이며 그 다음은 검은 것, 그 다음은 흰 것인데 많은 조개를 묶어 대를 만들고, 대를 차면 적은 '전대'라고 하며, 이끼의 흔적을 보거나 나뭇잎 소리를 듣고 짐승의 흔적이나 적의 도주를 관찰하며, 어떤 일에 닥치든 얼굴색을 변하지 않고 타인의 기색을 잘 살핀다. 그러나 선대에 남겨준 일이 무엇인지 알지 못하고 말하는 것은 겨우 매의 소리, 천둥, 폭포, 노을 등이다. 저들이 만약 회의를 하면 불 가장자리에 모일 뿐이며, 만약 사람이 죽이면 혹은 땅에 묻기도 하고 혹은 가죽을 벗겨 나무 끝에 걸어 이리떼의 화로부터 피하도록 할 뿐이며, 여자는 화전(秝田)에 종사하고, 남자는 놀고먹고 입는다.

第十七課 그루소之救一黑人作伴 一

한자	음	한자	음	한자	음
宅	틱, 집	凌	릉, 업수히녁일	溟	명, 바다
池	지, 못	賦	부, 글	囂	효, 짓거릴(지껄이다)
涘	ᄉᆞ, 물가	覗	ᄉᆞ, 엿볼	忡	츙, 근심
虞	우, 근심(헤아리다)	階	계, 뜰	擡	ᄃᆡ, 들
蠻	만, 오랑캐	縲	루, 밀(매다)	絏	셜, 밀(매다)
剝	박, 긁을	宰	ᄌᆡ, 맛흘(재상)	觳	곡, 썰(떨다)
觫	속, 썰	覵	간, 엿볼	躱	타, 버슬(벗다, 비끼다)
履	리, 밟을	嫁	가, 싀집갈	聊	료, 애오라지
逕	경, 길	泅	슈, 뜰(뜨다, 헤엄치다)	材	ᄌᆡ, ᄌᆡ목
劣	렬, 용렬(열등)	栽	ᄌᆡ, 심을	拔	발, 쌜(빼다, 뽑다)
儔	쥬, 짝(짝, 누구)	匿	닉, 숨을	昵	닐, 친압홀
魄	ᄇᆡᆨ, 넉(혼)	箭	젼, 활살	彎	만, 당길
膈	격, 가슴				

그루소ㅣ 以浮家泛宅으로 凌萬頃之滄波ᄒᆞ고 朝東溟暮咸池ᄒᆞ야 舟楫杳然自此去ㅣ라가 至于주안버난틔쓰 島ᄒᆞ야 爲風所破ᄒᆞ야 舟中一行은 蒼茫問白鷗ᄒᆞ니 無處賦招魂이라. 獨於島中에 僅保身命ᄒᆞ야 不聞

城市囂塵ᄒᆞ고 徒見上下天光者ㅣ 二十有五年이러니 忽見五船이 來泊於相望之涘而不見舟人이라. 自意前者에 所覩之如是等船에 各載五六人이러니 今此 五船에 必有多人上陸이라 ᄒᆞ야 覗其危機ᄒᆞ고 憂心忡忡ᄒᆞ야 裝銃裁藥ᄒᆞ야 以備不虞ᄒᆞ고 暗上飛階ᄒᆞ야 擡頭窺視ᄒᆞ니 果有三十人이 匝坐岸頭ᄒᆞ야 爇火炙肉ᄒᆞ며 且踏且舞ㅣ 無非蠻風이라. 照鏡察船ᄒᆞ니 携二漢自縲絏中出ᄒᆞ야 以挺打一漢頭ᄒᆞ고 剝皮宰肉이어ᄂᆞᆯ 在傍一漢이 見其被殺ᄒᆞ고 無罪就死ㅣ 如牛觳觫(여우곡속)이라가 覸衆目之不注ᄒᆞ고 向我處而逃躲ᄒᆞ니 我以滄桑餘悸으로 又履虎尾則此何人斯오. 豫備嫁禍妙策ᄒᆞ야 以待窮途來敵이러니 自敵漢中으로 三漢이 追之호ᄃᆡ 走者之足이 疾於追者ᄒᆞ야 先至江頭ᄒᆞ야 不計深淺ᄒᆞ고 泳思方思ᄒᆞ야 無聊得渡ᄒᆞ고 追者 中 一漢은 不慣於水ᄒᆞ야 自回其逕ᄒᆞ고 二漢도 亦不及於走自之泅이라. 我意欲辨其材之優劣ᄒᆞ야 傾者ᄂᆞᆫ 覆之ᄒᆞ고 栽者ᄂᆞᆫ 培之ᄒᆞ야 拔其尤而同儔ᄒᆞ고 且救瀕死之命이 可也ㅣ라 ᄒᆞ야 忙手裁銃ᄒᆞ야 匿於林間이라가 旋呼走者ᄒᆞ야 示以親昵之意호ᄃᆡ 彼反畏我를 甚於追者ㅣ라. 我敵追者而不肯砲殺ᄒᆞ고 但以銃頭도 打彼一漢頭ᄒᆞ야 使之魄散케 ᄒᆞ고 不使在彼多數敵漢으로 聞砲聲望藥烟而追來也ㅣ러니 追者一漢이 抽箭欲彎이어ᄂᆞᆯ 疾手一丸으로 中彼胸膈ᄒᆞ야 血流塗地ᄒᆞ니 被追者도 聞我砲聲ᄒᆞ고 亦不敢進退ㅣ러라.

번역 크루소가 떠다니는 집으로 만경창파를 헤치고 아침에 동쪽에서 저녁에 해지는 곳으로 가니 배가 묘연하여 이로부터 가다가 주안버난티스 섬에 이르러 바람에 파선하니, 배 안의 일행은 백구 사이에 아득하니 혼을 부를 곳조차 없었다. 섬에서 홀로 겨우 목숨을 보존하여 사람 사는 곳의 시끄러움을 듣지 못하고 상하 하늘빛만 본 지 25년이더니 문득 5척의 배가 물가에 표박하였으나 뱃사람은 보이지 않았다. 스스로 생각하기를 이전에 본 여러 배에 각각 5~6인이 탔으니 이번 다섯 척에는 반드시 사람이 많이 상륙했을 것이라고 하여, 기회를 엿보며 근심이 가득하여 총에 화약을 재워 뜻하지 않은 일에 대비하고 몰래 위로 올라가 머리를 들어 바라보니 과연 30명이

해안가에 앉아 불일 지피고 고기를 구우며 한편으로 춤을 추는데 야만의 풍속이 아닌 것이 없었다. 조망경으로 배를 살피니 두 놈이 배를 매고 나와 한 놈을 몽둥이로 때리며 살갗을 벗기려고 하거늘, 곁에 있는 한 놈이 피살되는 것을 보고 죄 없이 죽는 것이 소가 떠는 것 같이 하다가 여러 놈의 눈치를 보며 내가 숨은 곳으로 도망오니 내가 당황하여 호랑이의 꼬리를 밟은 것 같으니 이 사람이 곳 그러했다. 화를 돌릴 묘책을 준비하여 다가오는 적을 기다리는데 적의 무리에서 세 놈이 쫓아오거늘 도망하는 사람이 쫓는 놈들에게 잡힐 듯이 겨우 강가에 이르러 깊이를 헤아리지 못하고 헤엄치고자 하나 건너지 못하고, 쫓는 놈 하나는 물을 건너지 않고 길을 돌고 두 놈도 또한 도망하는 사람에 미치지 못하였다. 내가 그 우열을 가려 기운 놈은 밟고, 심은 것은 길러 짝을 삼고 죽을 지경에 이른 사람을 구제하는 것이 마땅하다고 생각하여, 총을 들고 숲에 숨었다가 도망치는 사람을 부르고 친히 제압할 뜻을 보이니 그가 오히려 나를 쫓는 사람보다 두려워했다. 내가 적이 쫓아오나 죽이지 않고 단지 총개머리로 한 놈의 머리를 타격하여 혼이 나가게 하고, 저들 다수의 무리가 포성을 듣고 화약 냄새를 맡아 쫓아오지못하게 하니, 쫓던 놈 하나가 화살을 뽑고자 하거늘 손으로 그의 가슴을 맞혀 피가 땅에 흐르니 쫓기던 사람도 내 포성을 듣고 또한 감히 나아가지도 물러나지도 못했다.

第十八課 그루소之救一黑人作伴 二

한자	음	한자	음	한자	음
彳	자[176], 쵹거릴	亍	쵹, 자쵹거릴(자축거리다. 멈춰서다)	凳	등, 등상(걸상)
寰	환, 둘닐	聾	롱, 귀막을	悼	도, 슯ᄒᆞᆯ
粟	속, 죠	寞	막, 젹막ᄒᆞᆯ	勵	려, 힘쓸
傴	구, 굽흐릴	僂	루, 굽흐릴	掉	도, 흔들
掩	엄, ᄀᆞ리울	食	식, 먹일	茵	인, 자리
膂	려, 힘줄(등뼈근육)	巧	교, 공교	倩	쳔, 고을(예쁘다)
黔	금[177], 검을	搾[178]	자[179], 체ᄃᆞ리(술주전자)	肇	죠, 비로솔(비롯하다)
曜	요, ᄂᆞᆯ빗(빛남)	斁	역[180], 슬ᄒᆞᆯ(싫어할)	阡	쳔, 언덕
陌	ᄆᆡᆨ, 언덕	窀	둔, 구덩이	穸	셕, 구덩이
嘔	구, 토ᄒᆞᆯ				

176) 척(彳): 조금 걷다. 음이 변화함. '쵹거릴 자'에서 '쵹거리다'는 '조금 걷다', '비틀거리다'의 뜻.

177) 검(黔): 음 변화. '금>검'으로 변화.

178) 榨의 오식.

179) 착(搾): '체다리 자'로 읽었으나 현대음은 '착(뚫다)'임. 자(榨, 술주전자)를 잘못 쓴 것으로 보임.

180) 두(斁): 섞을 두. 싫어할 역. 두 가지 의미가 있음.

擧手招招ᄒᆞ니 厥漢이 欲前未前ᄒᆞ야 彳亍其行ᄒᆞ고 戰其一身ᄒᆞ야 不能自持라가 一步一拜ᄒᆞ고 步步連拜ᄒᆞ고 來伏于前ᄒᆞ야 自以其頭로 爲足凳ᄒᆞ야 擧我足置其上ᄒᆞ니 盖其意殺活奇權이 在於足下則永爲僕役之謂也ㅣ러라. 自我之居是島로 塵寰이 何世오, 波濤ㅣ 襲人이라. 悼隻影之吊形ᄒᆞ야 沙滄海之一粟터니 天借我以好伴ᄒᆞ야 慰寂寞之孤懷로다. 遂把其手ᄒᆞ고 實心相慰之際에 被打一漢이 更勵精神ᄒᆞ야 傴僂欲起어늘 招伴指示ᄒᆞ니 彼雖掉舌이나 卒難解意라. 我欲砲放ᄒᆞ니 彼固挽執ᄒᆞ고 請我佩刀ᄒᆞ야 擊斷其頭ᄒᆞ고 揖余致賀ᄒᆞ며 欲往視中丸者어늘 許其所欲ᄒᆞ니 去察其傷處ᄒᆞ고 驚異不已라. 携欲同歸ᄒᆞᆫ듸 示我以揜屍之意어늘 且許其埋ᄒᆞ니 厥漢이 雙手掘地ᄒᆞ야 十五分間에 並埋二漢ᄒᆞ고 同歸我窟ᄒᆞ야 食以餠與葡萄汁ᄒᆞ고 兼賜草菌與衾ᄒᆞ야 使之安寢ᄒᆞ고 詳察其體ᄒᆞ니 體甚强健ᄒᆞ야 頗有膂力ᄒᆞ고 年近卄五ㅣ라. 身雖全黑이나 面無惡氣ᄒᆞ야 笑亦巧倩ᄒᆞ고 黔首長齒오 脣則不厚ㅣ러라. 移時半點에 穩寢而起ᄒᆞ야 來我羊乳所榨之處ᄒᆞ야 擧我足置其頭어늘 肇錫嘉名曰 六日이라ᄒᆞ니, 得於土曜日之故也ㅣ라. 自後로 彼此間 解通情之語ᄒᆞ고 以餠和乳ᄒᆞ야 敎以食之ᄒᆞ고 且賜케 익ᄒᆞ니 搖頭甘食ᄒᆞ야 喜不自勝이러라. 是夜에 入窟同宿ᄒᆞ고 早起授衣ᄒᆞ니 服之無斁이라. 携下阡陌ᄒᆞ니 彼向二漢所埋ᄒᆞ야 掘居窀穸ᄒᆞ고 欲食其肉이어늘 我ㅣ 搖手變色ᄒᆞ야 示以不可食之意ᄒᆞ고 且以嘔吐之形으로 禁其所欲ᄒᆞ니 彼不得已而乃止라. 伴陟高岡ᄒᆞ야 望見黑人船所泊處ᄒᆞ니 船已去人不在러라.

번역 손을 들어 부르니 그 놈이 앞에 올까 말까 하여 자촉거려 그 한 몸으로 싸우다가 스스로 지키지 못해 한 걸음으로 한 번 절하고 연이어 걸어 내 앞에 와 엎드려 머리를 조아려 발 걸상을 삼아 내 발을 들어 그 위에 얹으니, 죽이고 살리는 권한이 오직 발 아래 있으니 곧 영원히 종이 될 것이라고 하는 뜻이다. 이로부터 내가 이 섬에 살아온 세상이 어떤 세상인가. 파도가 밀려오고 슬픔만 쓸쓸한 형상이어서 창해일속으로 모래알 같더니 하늘이 나를 불쌍히 여겨 좋은 동반자로 적막한 고독을 위로해 주신 것이라고 생각했다. 드디어 그 손을 잡고 서로 위로할 때 맞았던 한 놈이 다시 정신을 차리고 구부려 일어나고자 하거늘, 동반자를 불러 가리키니 그가 떨리는 목소리로 그 뜻을 이해하지 못하였다. 내가 방포하고자 하니 그가 만류하고 나의 칼을 달라고 하여 그 머리를 자르고 내게 읍하며 치하하며 주변을 보고자 하거늘, 내가 허락하니 가서 그 상처를 보고 놀라 마지않는다. 함께 돌아오고자 하니 내게 시신을 가리고자 하는 뜻을 보이거늘 또한 매장하기를 허락하니, 그 놈이 두 손으로 땅을 파서 15분간에 두 놈을 매장하고 나와 함께 움막으로 돌아와 함께 떡과 포도즙을 먹고 겸하여 풀 섶으로 된 침낭을 주어 편안히 자게 하고, 그의 신체를 자세히 살펴보니 신체가 매우 강건하여 등골 힘이 있고 나이는 25세였다. 몸은 비록 모두 검으나 얼굴에 악기가 없고 웃으면 귀엽고 검은 머리에 치아가 길며 입술은 두텁지 않았다. 온 지 반 시간이 지나 편안히 자고 일어나 내 양젖을 짜는 주전자가 있는 곳으로 와서 내 발을 들어 그의 머리 위에 올리니 일찍이 기뻐 일컫기를 '육일'이라고 하였는데, 그것은 토요일에 (그 사람을) 얻은 까닭이다. 이후로 서로 그 뜻을 이해하도록 말하고 떡과 우유로 먹는 것을 가르치고 또 주도록 익히니 머리를 흔들어 먹게 하니 기쁜 일이었다. 그날 밤 움막에 함께 들어 자고 일찍 일어나 옷을 주니 복종하면서도 슬픈 기색이 없었다. 그는 두렁에 내려가 두 놈이 묻힌 곳에 가서 무덤을 파고 그 고기를 먹고자 하거늘(식인 풍습) 내가 손을 들어 먹으면 안 된다는 뜻을 보이고 또 구토하는 흉내를 내어 금하게 하니 그는 마침내 그만두었다. 함께 높은 곳에 올라 흑인 선박이 표류했던 곳을 보니 배는 이미 가 버리고 사람은 없었다.

第十九課 巴里京之變이 由於싸스틸*181)[獄名] 一

한자	음	한자	음	한자	음
獄	옥, 옥(감옥)	掌	장, 손바닥	咽	인, 목구녁(목구멍)
蹙	축, 찡길(찡그리다)	頞	알, 니마(콧마루)	孺	유, 어릴
婦	부, 며ᄂᆞ리	誹	비, 바방	咀	져, 져주ᄒᆞᆯ
呪	주, 져주ᄒᆞᆯ	署	셔, 마을	觱	필, 찰(피리의 일종)
料	료, 거리	贓	장, 탐ᄒᆞᆯ(장물)	溢	일, 넘칠
擒	금, 사로잡을	闢	벽, 열	巷	항, 구렁(거리)
躬	궁, 몸	胞	포, 포틱	濟	졔, 건널
靡	미, 아닐	盬	고, 약ᄒᆞᆯ		

不亦畏乎아. 싸스틸之爲獄也ㅣ여. 在敵人掌握ᄒᆞ야 有城甚厚ᄒᆞ고 有門甚嚴ᄒᆞ니 民欲與之偕亡이나 莫敢誰何ㅣ러라. 是獄이 在셴단퉌ᄒᆞ야 爲全國之咽喉ㅣ 如지불올더之在地中海峽ᄒᆞ야 爲天下之衝要ᄒᆞ니 可謂一夫當關에 萬夫莫開라. 爲貪虐之權柄ᄒᆞ야 浚生靈之膏澤ᄒᆞ니 遊客行旅ᄂᆞᆫ 莫不指點而蹙頞(막부지점이축알)ᄒᆞ야 不忍過其域ᄒᆞ고 孺婦尺童(유부척동)도 盡是腹誹而咀呪ᄒᆞ야 不敢近其門이라. 時任監獄署長之名은 쏄논이182)니 素以悖惡者流로 視務一年에 討錢이 五萬圓이오 虐待

181) 리의 정변이 바스티유 감옥에서 비롯되다.

罪囚ᄒᆞ야 雖在觱發冬天이라도 不給薪炭ᄒᆞ고 亦於長長夏日에도 半減食料ᄒᆞ야 歸之私橐ᄒᆞ고 且以官許之獄囚運動場으로 貰給于人ᄒᆞ야 種菜無餘地ᄒᆞ고 不許行之其間ᄒᆞ니 其來行刑慘酷은 不得民情이오 所爲貪贓濫溢은 自爲身謀ㅣ라. 然而其爲人也ㅣ 本無膽大心力ᄒᆞ고 只有愚蠢氣習故로 終乃被擒ᄒᆞ고 獄亦遺墟ㅣ러라. 當日民情이 不忍其虐待ᄒᆞ야 無生之氣ᄒᆞ고 有死之心으로 欲破是獄ᄒᆞ야 闢一生門호ᄃᆡ 手無寸鐵이라. 不敢起鬧ㅣ러니 轉聞軍人病身院[183]에 雖云有砲ㅣ나 亦自無砲則無計以砲取砲ㅣ오 且該院長이 素多才畧ᄒᆞ고 兼有軍權ᄒᆞ야 自數日前으로 圖得大砲幾門ᄒᆞ야 置於院ᄒᆞ고 或於巷議所傳에 國兵이 自싸세이 來어ᄂᆞᆯ 聚民三萬이 謀取軍器ᄒᆞ야 短銃長戟으로 交雜前進ᄒᆞ니 空手來參者도 亦不可勝數ㅣ라. 有一神父ㅣ 弓彎敎徒ᄒᆞ고 將向病院ᄒᆞᆯᄉᆡ 先立約條曰 吾儕ᄂᆞᆫ 以若堂堂大丈夫로 當決意立志ᄒᆞ야 勿忘同胞相濟之義ᄒᆞ라ᄒᆞ고 自各處禮拜堂으로 鳴鍾不絶ᄒᆞ니 是鏤也ㅣ 昔以禮拜節次로 爲之善鳴之러니 今以國事靡監로 爲之假鳴之러라.

번역 또한 두렵지 않은가. 바스티유가 감옥이 됨이여. 적의 수중에 들어가 성이 매우 깊고 그 문이 삼엄하더니 백성들이 모두 망할지라도 누가 감히 어찌하겠는가. 이 감옥은 세르단틴에 있어 전국의 인후가 되더니 지중해 해협에 있는 지부롤터와 같이 천하의 요충지가 되어 가히 한 사람이 관문을 지키면 만 명이라도 그 문을 열지 못했다. 탐학스러운 권력이 인민의 고택을 짜내니 여행객들이 손으로 가리키고 얼굴을 찌푸리지 않을 수 없으며 참고 그 지역을 지나가기 힘드니 어린 아이나 부녀들도 진실로 이를 비난하고 저주하여 감히 그 문 근처에 이르지 못했다. 이때 감옥서 장의 이름은 드로네이

182) 드 로네이: 바스티유 습격 사건 당시 감옥서장. 사령관. 습격 사건 후 군중에게 붙잡혀 그레이브 광장에서 살해당함.

183) 앵발리드 보훈 병원을 지칭함. 1879년 7월 12일 수만 명의 사람들이 앵발리드(보훈 병원)으로 몰려가 자기 방어와 질서 유지를 명목으로 무기와 탄약 지급을 요구함. 7월 14일 군중이 앵발리드에서 3만 정의 소총을 빼앗고 탄약 조달을 위해 바스티유 감옥으로 향함.

니 성품이 패악한 자로 업무를 맡은 지 1년에 끌어 모은 돈이 5만원 이요, 죄수를 학대하여 비록 겨울철 얼어 죽더라도 땔감을 지급하지 않고 긴긴 여름날에도 먹을 것을 반으로 줄여 나머지는 자기 주머니로 챙기고 죄수들의 운동장을 사람들에게 빌려주어 채소조차 심을 곳이 없게 하고 이를 행하지 못하게 하니 그 행형의 참혹함은 민심을 얻지 못했으며, 탐학하여 재물이 넘쳐나게 끌어 모은 것은 자신만을 위한 것이었다. 그러나 그곳 사람들은 담대한 심력이 없고 다만 우준한 기상만 익힌 까닭에 마침내 사로잡혀 감옥은 폐허가 되었다. 그날 민심이 더 이상 학대를 참지 못하고 살 방도가 없어 죽을 마음으로 이 옥을 파괴하고자 하여 생문 하나를 열고자 하되 손에 아무 것도 없어 감히 소요하지 못했다. 들리는 말에 군인 병원에 비록 대포가 있으나 또한 스스로 대포가 없으면 대포로 대포를 취할 방책이 없고 또 이 병원장이 재략이 많고 군권을 겸했으니 이로부터 수일 전에 대포 몇 문을 얻어 병원에 두고 혹 민간 회의소에 전하기를 정부 군대가 바르세이유에서 온다고 하거늘, 모인 군중 3만 명이 무기를 취하고자 꾀하여 단총 장검으로 뒤섞여 전진하니 빈손으로 온 사람도 얼마나 되는지 알 수 없었다. 신부 한 사람이 교도를 거느리고 병원으로 향하면서 먼저 조약을 확립하여 말하기를 우리는 당당한 대장부로 뜻을 세워 결의하고 동포를 서로 구제함을 잊지 말라 하고, 각자 예배당으로 가 종을 울리기를 그치지 않으니 이는 옛날 예배 절차로 그것을 밝히고자 한 것이니 지금 국사 미감(國事靡監, 국사에 관계된 일)으로 가명(假鳴)을 삼은 것이다.

第二十課 巴里京之變이 由於싸스틸[獄名] 二

한자	음	한자	음	한자	음
墻	장, 담	彌	미, 출(두루)	詰	힐, 힐난
惜	석, 앗길	卵	란, 알	勳	훈, 공
奮	분, 썝낼	蚌	봉[184], 죠기	鷸	휼, 황새
讙	환[185], 즐길	瘁	췌, 파리홀	稗	비, 가라지(古音 패)[186]
莠	유, 가라지(강아지풀)	踵	종, 발굼치		

是時에 該院長도 亦知防民之擾ㅣ 甚於防川ᄒᆞ야 雖殺難制오 且無王命則軍用器械를 雖曰豫備나 不可擅便砲放이라. 玆以馳報于싸세이러니 該院에 本無墻垣所隔이라. 乃一其心ᄒᆞ야 以此不多軍物노 欲取全國要害處ᄒᆞ야 向彼싸스틸ᄒᆞ니 쎨노이 方在高臺上ᄒᆞ야 取彈丸載砲門ᄒᆞ고 且拾石塊鐵片ᄒᆞ야 積於臺上ᄒᆞ고 欲以多方交擊이러라. 是獄은 只有一門而門下三十二守護兵은 皆以瑞士人雇人ᄒᆞ니 以其外國人之於本國人에 素無私情而易爲行暴故也ㅣ오 本兵八十二人은 皆隱身於臺上ᄒᆞ고 向民砲放이러니 時有一大臣두리오[187]ㅣ 自政府來ᄒᆞ야 聲言曰 吾爲民欲

184) 방(蚌): 현대음은 '방'.

185) 환(讙): 시끄럽게 떠들다. 말다툼하다의 뜻. 환(驩)의 오식.

186) 패(稗): 식물의 일종인 피를 의미함. 고음은 '패'라고 하였으나 현대음도 '패'로 읽힘.

187) 자크 드 플레셀(?). 바스티유 습격 사건에서 정부 대표로 시민과 정부를 중재하고자 한

入獄ᄒᆞ노라. 獄吏開門迎入이어ᄂᆞᆯ 두리오ㅣ 曰 我以全國命令으로 許開獄門ᄒᆞ노라. 署長 쏄노익 自恃救兵將至ᄒᆞ고 曰不可ᄒᆞ다. 民若不砲放이면 我亦如之ᄒᆞ리라 ᄒᆞ야 相詰良久에 두리오ㅣ 出告于民ᄒᆞ니 民衆十萬이 自不惜身命ᄒᆞ고 塡街爭前ᄒᆞ야 砲擊獄城ᄒᆞ니 城厚四拾尺이라. 彈丸이 不能穿ᄒᆞ야 如以卵擊石이러니 臺上駐兵은 自意彼我同胞ㅣ 不忍相害라 ᄒᆞ야 不發一彈호ᄃᆡ 至於門卒ᄒᆞ야ᄂᆞᆫ 乃是外國人이라. 但抱貪財之心ᄒᆞ고 媿成自己勳勞ᄒᆞ야 奮擊不休어ᄂᆞᆯ 適有何陣兵卒이 聞此蚌鷸持勢ᄒᆞ고 破門突出ᄒᆞ야 出力助民ᄒᆞ니 民見援兵ᄒᆞ고 如雷懽聲이 高出於砲聲之上이라. 巴里全城이 望風奮起ᄒᆞ야 憂國盡瘁ᄒᆞ야 欲鋤稗莠ᄒᆞ니 駐臺本兵은 雖欲出降이나 惟獨瑞兵이 力戰四時에 臺上致死ᄂᆞᆫ 只有一人이오 門外에 戰不旋踵은 凡一百七十一人이오 其外負傷者도 亦以幾千計也ㅣ러라.

번역 이때 이 병원장도 군중의 소요를 막는 것이 하천을 막는 것보다 심해서 비록 죽일지라도 통제하지 못할 것을 알고 또 왕명이 없으니 곧 군용 무기를 준비하고 있으나 마음대로 발포하지 못했다. 이에 바르세이유에 보고하니 이 병원은 본래 담장이 없었다. 이에 한 마음으로 이 많지 않은 무기로 전국 요해처를 취하고자 하여 바스티유로 향하니 드로네이가 높은 대 위에 앉아 탄환을 포에 적재하고 또 석괴와 철편을 준비하여 높은 대에 쌓아놓고 바야흐로 공격하고자 하였다. 이 옥은 다만 문이 하나밖에 없고 32명의 수호병은 모두 스위스 용병으로 외국인이 본국인에게 본래 사사로운 정이 없으니 사납기 짝이 없고, 본국병 82명은 모두 높은 대에 은신하고 군중에게 포를 들이대니 이때 정부의 한 관리인 두리오가 정부로부터 와서 말하기를 내가 백성들을 위해 옥에 들어가고자 한다. 옥리가 문을 열어 맞아들이거늘 두리오가 말하기를 나는 전국에 명령하여 옥문을 여는 것을 허락하고자 한다고 하였다. 서장 드로네이이 원병

시장.

이 올 것을 믿고 불가하다고 하며, 만약 군중이 발포하지 않으면 나도 그렇게 하겠다고 하였다. 서로 오래도록 힐난하다가 두리오가 나와 백성들에게 알리니 군중 10만 명이 목숨을 아끼지 않고 거리를 메워 앞 다투어 감옥의 성을 공격하니 성의 두께가 40척이나 되어 탄환이 뚫지 못하고 계란으로 바위를 치는 꼴이었다. 대상에 주둔하는 병사는 피아가 모두 동포이니 서로 해하는 것을 차마 하지 못한다 하여 한 발도 쏘지 않았으나, 문 밖의 병졸은 모두 외국인이어서 단지 재물에만 욕심을 내고 자기 공로만 세우고자 힘껏 공격하여 쉬지 않으니, 어느 진의 병졸이 이 방휼의 형세와 같은 소리를 듣고 옥문을 파괴하고 돌연 밖으로 나가 군중을 도우니, 민중이 원병을 보고 기뻐 소리치며 포성 소리보다 높았다. 파리 전역이 바람같이 분기하여 우국하는 마음으로 호미를 들어 풀을 뽑아내듯하니 대 위에 주둔하던 본국 병사들이 비록 항복하고자 하나 오직 스위스 용병들이 힘껏 싸운 네 시간 동안 죽은 자는 오직 한 사람이요, 문 밖에 싸우러 가서 돌아오지 않은 사람이 171명이며 부상자도 또한 몇 천에 이르렀다.

第二十一課 巴里京之變이 由於싸스틸[獄名] 三

한자	음	한자	음	한자	음
仇	구, 원슈	袖	슈, 소매	筩	통, 통
獰	녕, 사오나올	叱	즐[188], 꾸지즐	辱	욕, 욕홀
曷	갈, 엇지(어찌)	洞	통, 넓을	阻	조, 막을
鴻	홍, 기록이	駟	ᄉᆞ, ᄉᆞ마	騁	빙, 달닐
忤	오, 미울(거스릴)	拘	구, 거리낄	斬	참, 버힐(베다)
讞	언, 죄안[189]	餱	후, 량식	鼠	셔, 쥐
竊	절, 도적	狗	구, 개	偸	투, 도적

本兵이 不忍其自相攻擊을 如仇讐(여구수)ᄒᆞ야 因懸降旗ᄒᆞ니 쐴노이 見親卒은 懸旗而民兵은 圍城ᄒᆞ고 自度不得脫ᄒᆞ야 袖藏石硫筒ᄒᆞ고 疾入火藥庫ᄒᆞ니 是庫에 有藥三十五筩이라. 欲使是獄으로 隨藥力而與之暴發ᄒᆞ야 以其騰空炭石으로 陷沒巴里半城之民이어ᄂᆞᆯ 有一守門長官이 豫知其偕亡之計ᄒᆞ고 以銃拒之ᄒᆞ야 使不得入이러라. 時自民兵中으로 有何凶獰者ᄒᆞ야 執一年少女兒ᄒᆞ고 叱之辱之曰 是乃쐴노이之女ㅣ라 ᄒᆞ야 欲示之以將焚乃己之意ᄒᆞ야 使其父出降이어ᄂᆞᆯ 衆民이 皆曰不可ㅣ라 ᄒᆞ야 見不可而後에 安然釋歸ᄒᆞ니 義乎大哉라 是事之擧여. 始自上午十二時로 至於下午五時ᄒᆞ야 處處高懸白旗ᄒᆞ고 無白旗者ᄂᆞᆫ 以巾으로

188) 질(叱): 꾸짖을 질. 즐>질(전설모음화).

189) 얼(讞): 평의할 언, 죄를 물을 얼. 두 가지 음이 있음.

懸之銃末ᄒᆞ니 砲聲이 乃止라. 萬民이 同聲齊呼曰 빠스틜은 斯速來降ᄒᆞ라 今汝所降은 非降於之聲이오 實降於民心이니 曷敢有越厥志리오 ᄒᆞᆫ듸 洞開獄門ᄒᆞ야 無所阻隔ᄒᆞ니 民之赴門이 如鴻遇順風ᄒᆞ고 駟騁長程ᄒᆞ야 或躍或走ᄒᆞ며 或先或後ᄒᆞ야 忤視刑具之奇嚴ᄒᆞ고 安慰拘囚之苦楚ᄒᆞ니 是民衆也ㅣ 雖濺怒於同胞流血이나 尙留心於惡人悔改라. 自破其獄으로 只斬瑞兵一人ᄒᆞ고 外他諸軍은 執訊考讞後에 使援兵으로 保護以歸ᄒᆞ야 以賜餱糧ᄒᆞ니 自是之後로 國無壓制政治ᄒᆞ고 民無抑冤情狀則是日은 非獨佛蘭西之大日노 記念이오 凡有天下國家者ㅣ 當記念而愼之哉ㄴ뎌. 先是에 法皇이 在싸세이ᄒᆞ야 聞砲聲之達起ᄒᆞ고 雖知禍起蕭墻이나 自以爲鼠竊狗偸ㅣ니 無足爲也라 ᄒᆞ야 以著日記러라.

번역 본병이 서로 공격하기를 원수같이 하는 것을 차마 하지 못하여 항기를 거니 드로네이가 친히 병졸을 보니 기는 걸렸고 민중은 성을 포위하여 탈출하기 어려움을 알고 손에 석류통을 감추고 화약고에 뛰어들고자 하였다. 이 창고에는 35만 톤의 화약이 있었는데, 이 옥에서 화약과 함께 폭발하여 빈재를 만들어 파리의 성 반에 해당하는 민중을 함몰하고자 하거늘, 수문장 한 사람이 있어 모두 함께 망하고자 하는 계획을 알고 총을 들어 막아 들어가지 못하게 하였다. 이때 민병 가운데 한 흉폭한 자가 있어 한 세된 어린 소녀를 잡고 꾸짖어 말하기를 이가 바로 드로네이의 딸이니 장차 불살라 죽이고자 (위협)하여 그 애비에게 항복하게 하자 하거늘, 군중이 모두 말하기를 불가하다 하여 그렇게 하지 못하게 한 뒤 안전하게 돌려보내니 의로운 일이다. 이 일이여. 오전 12시부터 오후 5시까지 곳곳에 백기가 걸리고 백기가 없는 자는 수건을 총 끝에 거니 포성이 이에 멈추었다. 만민이 함께 외쳐 말하기를 바스티유는 속히 항복하라, 너희가 항복하는 것은 항복이 아니라 민심에 복종하는 것이니 어찌 그 뜻을 꺾을 수 있겠는가 하니, 옥문을 열고 막는 자가 없으니 군중이 문에 들어갔다. 순풍을 만난 듯 준마가 장정을 달리듯 혹은 뛰고 혹은 달리며 앞으로 뒤로 하여 형구의 삼엄함을 저주하고 죄수의 고초를 위로하니

이는 민중이 비록 동포가 피 흘린 것을 분노하나 악인도 회개할 수 있음에 유의한 것이다. 옥문을 부수고 스위스 병사 한 사람을 참한 뒤 다른 모든 군인들은 신문을 받은 뒤 원병으로 하여금 보호하여 돌아가게 하며 식량을 제공하니 이후로 국가에 압제 정치가 없고 백성들이 원통한 소장을 내는 일이 없으니 곧 이 날은 단지 프랑스의 큰 기념일일 뿐만 아니라 무릇 천하의 모든 국가가 마땅히 기념하고 삼가야 할 날이다. 이에 앞서 프랑스 황제가 바르세이유에서 포성이 일어난 것을 듣고 비록 재앙이 담장까지 다가왔음을 알았으나 좀도둑처럼 여겼으니 말할 바가 없다 하여, 이를 기록하여 남겼다.

第二十二課 羅馬之亡由於弑其君시사*190) 一

한자	음	한자	음	한자	음
燮	셥, 화흘	僻	벽, 치우칠	宥	유, 두남둘(용서할)
赦	샤, 노흘(용서할)	洽	흡, 화흘	霑	쳠191), 져즐
渥	악, 져즐	廷	뎡, 죠뎡	癖	벽, 셩벽(치우친 셩미)
猜	싀, 싀긔	廢	폐, 폐흘	憲	헌, 법
衡	형, 져울대	欽	흠, 공경	藻	조, 마름
筲	쵸, 되(正音 쇼)192)	爵	쟉, 벼슬	渝	유193), 변흘
說	셰, 달낼194)	稔	임, 풍년	聿	율, 드딀
奠	뎐, 드릴(제사지낼)	宗	종, 마루	嫗	구, 할미
孫	손, 손ᄌ	瑕	하, 틔(하자)	疵	자. 틔(하자)
莅	리, 림흘(다다르다)	擢	탁, 쌜	窠	과, 둥우리
簡	간, 대쪽	硯	연, 벼루	巫	무당
覡	격, 화랑이	筮	셔, 시초(점치는 대)	宣	션, 펼(베풀다)

시사ㅣ 以需英才로 抱濟世經略ᄒ고 揵制甲兵ᄒ야 芟艾羣凶흘싀 初

190) 로마의 멸망이 그 임군을 시해한 데서 비롯되다.

191) 점(霑): 젖을 점. 현대음 '점'

192) 소(筲): 대나무그릇 소. 정음은 '소'라고 하였으므로 저자가 음을 잘못 인식했을 것으로 보임.

193) 투(渝): 달라질 투. 변할 유. 음이 두 가지임.

194) 세(說): 말씀 설. 달랠 세. (유세)

征을 自ᄭᅩ올[195]노 始ᄒᆞ야 燮伐英國ᄒᆞ니 英之爲國也ㅣ 僻在海島中ᄒᆞ야 素無國文故로 其土地險隘와 戶口多寡와 政治得失과 俗習善惡을 一不可考ㅣ라. 시사ㅣ 因以羅馬文字로 記其所見所聞ᄒᆞ니 是爲英史之始也ㅣ오 ᄭᅩ올은 今之佛蘭西也ㅣ러라. 是時羅馬政黨[196]五十人은 皆以有赦者流로 洽霑恩渥ᄒᆞ고 同盟于廷ᄒᆞ야 雖云期不負爲國心이나 每以自恃之愍으로 敢抱猜忌之心ᄒᆞ야 欲廢立憲ᄒᆞ고 圖成共和ᄒᆞ야 臣視君을 如仇讎ᄒᆞ니 自意其無傷於欺罔也ㅣ러라. 今我像想羅馬時局컨ᄃᆡ 彼等憤發之心이 以是爲非ᄒᆞ고 以善爲惡ᄒᆞ니 雖欲無亡이나 豈可得也리오. 其中에 有一正直者ᄒᆞ니 名은 ᄲᅮ루더쓰ㅣ라. 優於文詞ᄒᆞ야 任自意而筆削ᄒᆞ고 職在律官ᄒᆞ야 得自由而權衡ᄒᆞ니 時爲其君之第一信任者ㅣ라. 自彼黨中으로 無不欽慕ᄒᆞ야 欲使之參其會ᄒᆞ니 其文藻才華ᄂᆞᆫ 不可以斗筲論及이오 其稟性天質은 實難以爵祿渝盟이로ᄃᆡ 至如民主政治等事ᄒᆞ야ᄂᆞᆫ 熱心做去ㅣ 偏而不周ᄒᆞ야 如醉如狂ᄒᆞ고 其胸界不潤ᄒᆞ야 恃其怪夢異兆ᄒᆞ야 如坐雲霧中이라. 彼黨이 欲與之同謀ᄒᆞ야 使其媒夫개시어쓰[197]로 往說ᄲᅮ루더쓰ᄒᆞᆯᄉᆡ 개시어쓰ㅣ 稔知其注意如何ᄒᆞ고 先激其心曰 毋念爾祖아. 聿修厥德이어다. 昔於다권入掠之日에 救人民於塗炭ᄒᆞ고 奠宗社於

---

195) ᄭᅩ올: 갈리아. 갈리아 전쟁(라틴어: Bellum Gallicum)은 기원전 58년에 시작해 기원전 51년에 끝난 로마 공화정과 갈리아 부족간의 전쟁이다. 기원전 58년 율리우스 카이사르는 갈리아 키살피나, 일리리아, 프로빈키아의 총독으로 임명되었다. 로마는 당시 갈리아의 독립 켈트족 부족국가들과 교역 및 외교관계를 맺고 있었다. 하이두이족은 당시 세콰니족, 헬베티족, 게르만족의 압박을 심하게 받고 있었다. 헬베티족은 대서양에 면한 산토니족의 영토로 이주하기 위해 프로빈키아속주를 지날 것을 카이사르에게 요청했으나 거절당해 하이두이족과 세콰니족의 영토를 지나려 했다. 이에 하이두이족이 카이사르에게 도움을 요청해 전쟁이 시작되었다. 카이사르는 이후 7년이라는 짧은 기간 동안 갈리아 전역을 장악하고 로마의 속주로 만들었다. 전쟁 자체는 8년째, 기원전 51년까지 계속되었으나 알레시아 공방전의 결과로 전쟁은 실질적으로 끝났으며, 기원전 51년은 전후처리에 가깝다고 보는 것이 일반적이다. 갈리아 전쟁에 대한 1차 사료로는 카이사르의 저작『갈리아 전쟁기』가 남아 있다. 〈위키백과〉에서 옮김.

196) 라마 정당: 로마 원로원.

197) 카시우스 롱기누스(Gaius Cassius Longinus, ?~기원전 42). 율리우스 카이사르를 암살한 주모자.

盤泰ᄒᆞ니 村嫗街童이 誦傳芳名ᄒᆞ야 至于今日ᄒᆞ고 君亦有愛國之心ᄒᆞ야 不惜身命者ㅣ니 無乃有是祖有是孫乎아[198]. 쓰루더쓰ㅣ 然其言ᄒᆞ야 一入其黨ᄒᆞ니 自是之後로 民視其會ᄅᆞᆯ 如無瑕疵ㅣ라. 推玆二人ᄒᆞ야 爲其黨首ᄒᆞ니 政府 諸官은 盡趨下風ᄒᆞ고 全國人民은 莫不傾心이러라. 是歲三月十五日에 시사ㅣ 將欲遊覽바듸아ᄒᆞ야 先玆組織政府官制ᄒᆞ야 使各莅任ᄒᆞᆯᄉᆡ 쓰루더쓰는 特以馬其頓[199]刺史로 被擢(피탁)ᄒᆞ고 쓰루더쓰之親弟는 且以北利大利 城宰로 塡窠ᄒᆞ니 此眞惡黨乘機謀事之千載一時也ㅣ라. 是時에 有一匿名書簡ᄒᆞ야 墮於쓰루더쓰之硯床ᄒᆞ니 其言曰 勿寢警醒ᄒᆞ라 ᄒᆞ고 又書于쓰루더쓰之先祖石象曰 望爾復生于今世라 ᄒᆞ야ᄂᆞᆯ 全國 人心이 水沸風動이라. 시사도 亦所聞知오 其所親愛者도 每多力勸愼之로ᄃᆡ 시사는 有義之君이라. 不顧一身之私曰 吾爲全國而立者오 不爲一身而生者也ㅣ니 勿復言此ᄒᆞ라 ᄒᆞ고 巫覡卜筮者流도 亦宣言曰 幾日後國君이 必被害ㅣ라 호ᄃᆡ 시사ㅣ 不信ᄒᆞ고 將於十五日에 欲開政府大會ᄒᆞ니 是會는 自宗教中提議者ㅣ니 欲尊시사爲皇帝也ㅣ러라.

번역 시저(율리우스 카이사르, 영국식 줄리어스 시저)는 뛰어난 영재로 세상을 경략할 방책을 품고 갑병을 거느리고 무릇 오랑캐를 평정하고자 할 때, 처음 정복지는 갈리아에서 시작하여 영국을 정벌하니 영국은 해도 가운데 치우친 곳에 있어 본래 문자가 없고 토지가 험하며 호구의 다과와 정치 득실 풍속의 선악 등을 상고하기 어렵다. 시저가 로마문자로 본 바와 들은 바를 기록하니 이것이 영국 역사의 시작이며 갈리아는 지금 프랑스 지방이다. 이때 로마 원로원 50명은 모두 사면을 받은 자들로 은택이 흡족하고 조정과 동맹하여 비록 국가를 위한 마음을 갖지 않는다고 말하나 매번 자신의 성벽만을 믿어 감히 시기하는 마음을 갖고 군주를 폐하고 공화정을 만들고

198) 브루투스의 조상 고니우스 브루투스는 로마 공화정을 세우는 데 공헌을 했던 인물로 알려져 있다.

199) 마기돈: 마케도니아.

자 하여 임금 보기를 원수처럼 하니 스스로 기망하지 않음이 없다. 지금 내가 로마 시국을 상상해 보면 저들의 분발심이 옳은 것을 그르다 하고 선한 것을 악하다 하니 비록 망하지 않으나 어찌 가능한 일이겠는가. 그 가운데 오직 정직한 사람 하나가 있으니 이름은 브루투스이다. 문사(文詞)가 뛰어나 스스로 붓을 버리고 율관을 맡아 자유를 얻고 권력을 잡으니 이때 그 임금이 가장 신임하는 자였다. 저들 무리 중에서 흠모하지 않은 자가 없어 그 회에 참석시키고자 하니 문장과 재주가 일반인은 미치지 못할 정도요, 품성도 실로 작록을 기약하기 어려울 정도였다. 민주정치 등과 관련해서는 열심히 행하며 두루 미치지 않음이 없고 취한 듯 미친 듯 그 가슴에 젖어들지 않으며, 괴상한 몽조를 믿어 운무 중에 앉은 것 같았다. 저들(원로원) 무리가 함께 도모하고자 그 매부 카시우스로 브루투스를 설득하고자 하니, 카시우스는 해야 할 바를 주의하고 먼저 그 마음을 격동시켜 말하기를 그대의 조상을 생각하고 덕을 닦으라. 옛날 다긴인이 침략했을 때 인민을 도탄에서 구제하고 종사를 반석위에 얹어 촌사람 어린아이들까지 모두 그 이름을 칭송하여 지금에 이르고, 그대 또한 애국심을 갖고 있어 목숨을 아끼지 않으니 그 조상에 그 자손이 아니던가. 브루투스가 그 말이 그럴 듯하여 그 당에 들어가니 이후로 백성들이 원로회가 흠결이 없다고 생각하였다. 이에 두 사람을 추대하여 당수로 삼으니 정부 여러 관료는 모두 그 아래에 들고 전국 인민은 기울어진 마음이 없었다. 이해 3월 15일 시저가 장차 바디아로 유람하고자 하여 먼저 정부 관제를 조직하고 각각 임명할 때, 브루투스는 특히 마케도니아 자사로 임명하고 그의 친동생은 북 이탈리아 성 재상으로 삼으니 이는 진실로 악당들이 모사할 천재일우의 기회였다. 이때 익명의 편지가 브루투스의 연상(硯床)에 떨어지니 그 말이 자지 말고 깨어라 하였고, 또 브루투스의 선조 석상에 쓰기를 그대가 이 세상에 다시 살아날 것이라고 하였는데, 전국 인심이 물 끓듯 하였다. 시저도 그 소문을 들어 알고 그가 아끼는 사람도 매번 힘써 신중할 것을 권했으나 시저는 의로운 임금이어서 일신을 사적으로 돌아보지 않고 말하기를, 나는 전국의 인물이요, 혼자 살아가는 것이 아니니 이런 말을 다시 하지 말라 하고, 무속 점성가들도 또한 말하기를 며칠 후 임금이 반드시 해를 입을 것이라고 하되, 시저가 믿지 않고 장차 15일에 정부 대회를 열고자 하니 이 대회는 종교적인 제의이니 시저를 높여 황제를 삼고자 하는 대회였다.

第二十三課 羅馬之亡由於弑其君시사 二

한자	음	한자	음	한자	음
弑	시, 죽일	鞘	쵸, 칼집	愈	유, 나을
闔	합, 닷을	墜	츄, 써러질	祭	졔, 졔ᄉᆞ
祀	ᄉᆞ, 졔ᄉᆞ	帖	텹[200], 톄	怕	패[201], 두려올
佯	양, 거짓	裾	거, 옷깃	揕	침, 씨를
簒	찬, 찬역(빼앗음)	孽	얼, 싹(서얼)	亮	량, ᄇᆰ을

噫 彼惡黨이 當其數夜前ᄒᆞ야 會食於개시어쓰 家ᄒᆞ고 期欲來夜行弑ᄒᆞ야 先約數條曰 當日시사ㅣ 必衣平服而來ᄒᆞ리니 吾儕도 亦以平服으로 各帶紙鞘中尺劍而會ᄒᆞ야 獨弑시사一人이 可乎. 並弑從者ㅣ 可乎아. 終乃妥決以但시사ᄒᆞ고 且募演戲場 牛鬪漢 幾人ᄒᆞ야 埋伏於夾室ᄒᆞ야 以備不虞ㅣ러라. 十四日夜에 會于王族家ᄒᆞ야 就飯之時에 或이 間於시사 曰 人之於死에 在所難免이니 死於病이 可乎아, 死於事ㅣ 可乎아. 시사ㅣ 曰 生者ᄂᆞᆫ 死之本이라. 不死則已어니와 死則擧大名이니 豈可草木同腐乎ㅣ리오. 死於事者ㅣ 爲愈ㅣ니라. 其時에 或이 以所見所聞으로 鮮其兆曰 所闔之殿門이 自闢과 所掛之鐵甲이 自墜者ㅣ 甚不尋常이오 王妃之夢에 시사ㅣ 昇天ᄒᆞ야 在帝左右ㅣ 亦爲不祥이오 且於十五日早朝에 所獻之祭祀ㅣ 不見其吉이라 ᄒᆞ니 시사도 亦溺於今日廷怪士之說

200) 쳡(帖): 표제 쳡.

201) 파(怕): 두려울 파. 부끄러울 파.

而自失其前日大丈夫之心ᄒᆞ고 王妃도 且勸今日에 勿參政府會議러라. 是夜 惡黨이 齊會政府ᄒᆞ야 各抱霜刃ᄒᆞ고 苦待시사호ᄃᆡ 시사ㅣ 不到ᄒᆞ니 自其中一人이 欲移시사所坐之椅子어ᄂᆞᆯ 其黨이 特派ᄲᅳ루더쓰之弟ᄒᆞ야 馳送請帖ᄒᆞ니 시사ㅣ 不忍拒絶ᄒᆞ고 行過空闕之下ᄒᆞᆯᄉᆡ 前日所造自己石像이 自倒破碎러니 而已오. 有人이 來獻某某列名記ᄒᆞ니 其意雖指政府謀事之如何ㅣ나 시사ᄂᆞᆫ 泛視其錄名ᄒᆞ고 不思其裏許而赴會ᄒᆞ니 是君은 索有感人服人之能力ᄒᆞ야 不禁人之近侍ᄒᆞ고 有時相對면 使人自怕라. 厥黨이 恐或他望風自潰ᄒᆞ야 曰 事貴速成이라 ᄒᆞ고 佯若有所稟所奏之事而趨進左右ᄒᆞ야 請除베드니아城宰ᄒᆞ니 王이 不許어ᄂᆞᆯ 把主之裾ᄒᆞ고 露其後腦ᄒᆞ야 使易受刺ᄒᆞ고 개시어쓰ㅣ 揕其胷ᄒᆞ니 시사ㅣ 四顧에 會中이 皆敵國이라. 謂ᄲᅳ루더쓰曰 爾亦敵我乎아. 自度不得脫ᄒᆞ고 袖手彼面而坐어ᄂᆞᆯ ᄲᅳ루더쓰ㅣ 以劍刺之ᄒᆞ고 擧血刃而循視會中曰 我國同胞ㅣ 從玆得赦ㅣ라 ᄒᆞ고 彼黨이 且喜且忿ᄒᆞ야 相前爭刺ᄒᆞ고 齊聲高呼曰 羅馬ㅣ得自由ㅣ라 ᄒᆞ니 全國이 從風而靡라. 시사之尸ㅣ 獨臥於政府ㅣ러라. 嗚呼ㅣ라. 簒弑之變이 何代不有며 共和之治ᄅᆞᆯ 何人不欲이리오마ᄂᆞᆫ 簒弑之孽이 或藉於共和而起ᄒᆞ고 共和之論이 易歸於簒弑而亡ᄒᆞ니 可不愼哉며 可不懼哉아. 立憲之政이 或有勝於自由者ᄒᆞ니 賢明之君이 在上致治之國也ㅣ오 自由之治가 或有不及於立憲者ᄒᆞ니 愚昧之氓이 在下致亂之國也則萬民感覺이 實有難於一人元亮也夫ㄴ뎌. 以시사元亮之資로 不謀專制而欲圖立憲則非不欲使其民自由언마ᄂᆞᆫ 民不自感覺ᄒᆞ고 反猜其君ᄒᆞ야 至有簒弑之名ᄒᆞ니 然而不亡者ㅣ 未之有也온 況復專制之國이 愚其民而使之不感覺者乎아.

번역 아, 저 악당이 몇 날 밤 전에 카시우스의 집에 모여 장차 밤에 시해하고자 예정하고 먼저 수개 조를 약속하기를 당일 시저가 평복을 입고 올 것이니 우리들도 평복을 입고 각자 종이 칼집에 척검(尺劍)을 휴대하고 홀로 시저 한 사람을 죽이는 것이 가능할까 둘이 시해하는 것이 가능할까 하다가 마침내 홀로 시저를 죽이기로 결정하고 연희장의 투우사 몇 사람을 모집하여 옆방에 매복시켜 뜻하지 않은 일에 대비하였다. 14일 밤 왕족 집안에 모여 밥을 먹을 때 혹 시저에게 말하기를 사람이 죽음을 면하기는 어려우니 병으로 죽는 것이 좋습니까, 사변으로 죽는 것이 좋습니까. 시저가 말하기를 사는 것은 죽는 것의 근본이다. 죽지 않으면 모르지만 죽는다면 대명을 날려야 하니 어찌 초목과 같이 썩겠는가. 사변으로 죽는 것이 더 나으니라 하였다. 그 때 어떤 사람이 본 바와 들은 바로 앞날을 해명하되 전각문이 저절로 열리고 걸렸던 철갑이 저절로 떨어지니 심상치 않은 일이며, 왕비의 꿈에 시저가 승천하여 상제의 좌우에 있으니 또한 상서롭지 못하며 15일 이른 아침에 제사를 드리는 것이 길함을 보지 못한다고 하니 시저도 또한 금일 조정의 괴이한 선비가 하는 말에 빠져 전날 대장부의 마음을 잃고 왕비도 또한 금일 정부회의에 참석하지 말 것을 권하였다. 이날 밤 악당이 정부 회의에 모여 각자 날카로운 칼을 품고 시저를 기다리나 시저가 도착하지 않으니 그 중 한 사람이 시저의 의자로 가고자 하거늘 그 무리가 브루투스의 동생을 특파하여 청해 오고자 하니, 시저가 거절하지 못하고 빈 궐 아래로 지나갈 때, 전날 만들었던 자기 석상이 저절로 부서지니 어찌 된 것인가. 사람이 와서 누구누구를 열명하여 그 뜻이 비록 정부의 모사(謀事)가 어떠하나 하나 시저는 범연히 그 이름을 보며 그 속내를 생각하지 않고 회의에 참석할 것을 허락하니 이 군주는 사람을 복종시키고 감화시키는 능력이 있어 사람들이 가까이 시중드는 것을 금하지 않고 상대할 때는 사람들로 하여금 스스로 두렵게 하는 사람이었다. 그 무리가 두려워 혹 타일을 바라보고 스스로 흩어져 말하기를 일을 속히 이루어야 한다 하고 거짓으로 아뢰고 품부하며 좌우로 나아가 베드니아 성 관리를 청하여 제거하고자 하니 왕이 옷자락을 잡고 그 뒷머리를 보여 칼에 찔리기 쉬우니 카시우스가 가슴을 찔렀다. 시저가 사방을 둘러보니 모인 사람이 모두 적이었다. 브루투스에게 말하기를 너도 또한 나의 적인가 하였다. 스스로 벗어나지 못할 것을 알고 그의 소매를 잡고 앉으니 브루투스가 칼로 그를 찌르고 피를

뿌려 모인 사람들에게 말하기를 내 나라 동포가 드디어 해방되었다고 하였다. 그 무리가 또한 기뻐하고 분노하여 서로 다투어 찌르고 소리 높여 말하기를 로마가 자유를 얻었다고 하니 전국이 이에 복종하고 시저의 시신만 홀로 정부에 누워 있었다. 아아, 찬시의 변이 어느 시대에는 없고 공화정치를 어떤 사람이 바라지 않을까마는 찬시의 변이 혹 공화를 빙자하여 일어나고 공화의 논리가 찬시로 돌아가 멸망하니 가히 삼가지 않으며 가히 두려워하지 않겠는가. 입헌 정치가 비록 자유보다 나은 것이 있으니 현명한 군주가 군위에 있어 정치를 맡는 나라의 경우이며, 자유 정치가 간혹 입헌에 미치지 못하는 것도 있으니 우매한 백성이 통치를 받으며 나라가 어지러울 때이니 곧 만민의 감각이 실로 한 사람의 으뜸되는 사람(元亮)보다 어지럽기 때문이다. 시저라는 원량의 자질로 전제를 꿈꾸지 아니하고 입헌을 도모하니 그 백성들로 하여금 자유를 얻게 하지 않은 것은 아니지만 백성들이 스스로 깨우치지 못하고 도리어 임금을 시기하여 찬시의 이름을 남기니 그러고도 망하지 않는 자는 없을 것이거늘, 하물며 다시 전제국이 되어 그 백성을 어리석게 하고 깨우치지 못하게 하는 것은 어떠하겠는가.

第二十四課 으리쳐202)之假義行暴*203) 一

한자	음	한자	음	한자	음
蝮	복, 독샤(살무사)	儀	의, 거동	祚	조, 복
絹	쵸, 깁(비단)	矛	모, 창	盾	슌, 방패
揭	게, 들	螫	셕, 살(쏘다)	貝	패, 자기(조개)
鳶	연, 소리개(솔개)	髓	슈, 썌	挫	좌204), 썩글
帑	탕, 늬탕고	鬻	육, 팔205)	鳩	구, 비둙이(비둘기)
誘	유, 쏘일	嫉	질, 투긔	妬	투, 투긔
孥	노, 쳐즈식(종)	鑰	약, 즘을쇠	倅	슈206), 원
罷	파, 다할	煽	션, 불붓흘	訣	결, 영결흘
孰	숙, 누구	薨	훙, 죽을	姪	질, 족하
誼	의, 졍의	繫	계, 밀(매다)	梏	곡, 착고

---

202) 사자왕 리처드: 리처드 1세(영어: Richard I, 1157년 9월 8일~1199년 4월 6일)는 플랜태저넷 왕가 출신으로는 잉글랜드 왕국의 두 번째 국왕이다(재위 1189년 9월 8일~1199년 4월 6일). 잉글랜드의 헨리 2세와 아키텐의 엘레오노르 사이에서 태어난 세 번째 아들이다. 생애의 대부분을 전쟁터에서 보냈으며, 그 용맹함으로 인해 사자심왕(獅子心王, 프랑스어: Cœur de Lion, Richard the Lionheart)이라는 별명을 얻었으며, 한국에서는 사자왕으로도 불린다. 이후 중세 기사 이야기의 전형적인 영웅으로 동경의 대상이 되었다. 그러나 재위 시 본국인 잉글랜드에 체재했던 기간이 불과 6개월이었으므로 그의 통치력에 대해서는 뚜렷이 알려진 바가 없다. 치세의 대부분을 외국에서 보내고 통치자로서 무능하였으나, 용감·관용 등을 겸비한 중세의 전형적 기사였다. 〈위키백과〉

203) 사자왕 리처드의 거짓 의로움에 따른 횡포

204) 좌(挫): 꺾을 좌. 『유몽천자』에는 예사 음이 거센 음으로 표기된 한자가 많다. 외국인이

一千一百八十九年에 으리쳣시 以獅心蝮性(사심복성: 사자의 마음과 독사의 심성)으로 大設威儀ᄒᆞ고 卽祚受冕之日에 一品四大臣이 羽翼於左右ᄒᆞ야 各持長戟ᄒᆞ고 戟掛紅綃ᄒᆞ야 如盖張空ᄒᆞ고 幸行웨스터민스드 會堂ᄒᆞ니 是時에 猶太人族이 無事得謗於英人ᄒᆞ야 相爲矛盾이라. 早朝揭榜曰 自今以往으로 禁猶人之來會라 ᄒᆞ야ᄂᆞᆯ 猶人이 畏其毒螫ᄒᆞ야 自欲納贖圖免ᄒᆞ야 抱貨貝而敢來ᄒᆞ니 王이 貪貨其時에 不見其人이라. 自門外大呼曰 猶人來此ㅣ라 ᄒᆞ야 始行殺戮之變ᄒᆞ니 二十四時間에 幾至於血流漂杵ᄒᆞ고 鳥鳶啄髓라. 王이 鎭壓其民ᄒᆞ야 殲厥巨魁三人而已러라. 으릿쳣시 身長九尺이오 常喜與人으로 較藝運動ᄒᆞ야 絲毫不見挫折이러니 謀取예루살넴ᄒᆞ야 往討回回教人ᄒᆞᆯᄉᆡ 欲辦軍費ᄒᆞ야 放賣內帑庫物ᄒᆞ고 賣官鬻爵(매관육작)ᄒᆞ며 懲罰納贖(징벌납속)ᄒᆞ야 鳩聚多射(구취다사)ᄒᆞ고 招致主教二人ᄒᆞ야 代理王事ᄒᆞ고 且疑其弟約翰[207]ᄒᆞ야 誘之以貨ᄒᆞ야 使悅其心호ᄃᆡ 約翰이 亦嫉妬其兄ᄒᆞ야 兄若戰不旋踵이면 自期代立이러라. 鼓鼓出行聖地之路에 輒殺猶人ᄒᆞ야 逢無孑遺ᄒᆞ니 在요옥之猶人이 見其妻孥(견기처노)ㅣ 被害ᄒᆞ고 避入臺上ᄒᆞ야 鎖鑰其門(쇄약기문)ᄒᆞ니 該城本倅ㅣ 欲使之開어ᄂᆞᆯ 猶人曰 若一開門이면 吾儕必盡魚肉於惡人手中이라 ᄒᆞ야 罷力而守之ᄒᆞ니 城倅ㅣ 大怒ᄒᆞ야 煽動其民ᄒᆞ야 圍城三日이라. 猶太長老ㅣ 相謂曰 吾儕俱以聖地氏族으로 寧爲自永訣而潔己언뎡 無爲敵所戮而辱己라 ᄒᆞ야 先以財産으로 投諸火中ᄒᆞ고 自相生命ᄒᆞ니 惡人이 入門에 徒見灰燼이라. 으리쳣之所到行暴ᄅᆞᆯ 孰能禦之리오. 率軍前進ᄒᆞ야 且與法王빌닙으로 發行ᄒᆞᆯᄉᆡ 大衆 十萬이 期會于地中海峽시실니러라. 先時에 으리쳣之妹與시실니王으로 成婚이러나 王이 薨ᄒᆞ고 其叔父당크렛시 擅權自恣ᄒᆞ야 囚其姪婦어ᄂᆞᆯ 으리쳣시 自恨己妹之見困ᄒᆞ고 以兵力으로 挾制당크렛ᄒᆞ야

한국어를 사용한 데서 비롯된 표기상의 오류로 보인다.

205) 륙(鬻): 죽 륙. 팔 륙.

206) 졸(倅): 백사람 졸. 버금 쉬. (음이 채, 쉬, 졸 세 가지로 읽힘)

207) 약한(約翰): 리처드의 동생인 존.

釋其妹ᄒᆞ고 多受罰金ᄒᆞ며 且取金器ᄒᆞ야 獨自肥己ᄒᆞ고 不與法王分功ᄒᆞ니 其親誼自此漸疎ㅣ러라[208]. 携其妹ᄒᆞ고 行軍至사이프레쓰ᄒᆞ니 是島ᄂᆞᆫ 昔日 英船이 被破見害ᄒᆞ야 無人救我ᄒᆞ고 反受其虐處也ㅣ라. 欲懲其習ᄒᆞ야 繫其王於銀梏ᄒᆞ고 取其王女ᄒᆞ야 置諸陣中ᄒᆞ고 且選一人ᄒᆞ야 立爲君長ᄒᆞ다.

번역 1189년 리처드가 사자의 마음과 독사의 심성으로 위의를 갖추고 면류관을 쓰는 날 일품 4대신이 각기 긴 칼을 차고 붉은 깁을 걸고 하늘을 펼치듯이 웨스트민트 회당을 행행하니 이때 유태인 부족이 영국인에게 비방하여 얻을 것이 없으니 서로 모순이 되었다. 이른 아침 곁에 방을 걸어 말하기를 지금부터 유태인이 와서 회합하는 것을 금한다 하거늘 유태인이 그 독충을 두려워하여 스스로 속죄하여 면하고자 재화를 들고 들어오니, 왕이 재물을 탐내어 그 사람을 보지 못했다. 문 밖에서 유태인이 왔다는 큰 소리가 나 살육을 하고자 하니 24시간 피가 흐르고 몽둥이가 날아다니며 새매가 골수를 쪼아대었다. 왕이 그 백성을 진압하고 세 명의 괴수를 참했다. 리처드는 신장이 9척이고 항상 사람들과 더불어 기뻐하며 함께 활동하여 조금도 좌절하지 않았는데, 예루살렘을 회복하여 이슬람교인을 토벌하고자 할 때, 군비를 충당하고자 내탕고의 물건을 방매하고 관직과 작위를 팔며 징벌로 납속하게 하여 많은 사람들을 죽이고, 교주 두 사람을 불러 왕의 업무를 대신하게 하고 또 그 동생 존을 의심하여 재물로 유인하여 그를 기쁘게 하였는데 존이 형을 질투하여 형이

---

208) 1189년 리처드는 노르망디를 얻고 잉글랜드 왕위에 즉위함. 십자군 원정을 위해 1190년 시칠리아로 향했으며, 시칠리아인이 잉글랜드를 적대적으로 대하자 10월 4일 북부항구 메시나를 기습 점령함. 시칠리아인들은 독일 황제 하일리히 6세의 통치를 막기 위해 시칠리아 출신 레체의 탕크레드를 왕으로 뽑음. 탕그레드는 리처드의 누이이자 전왕의 부인은 잉글랜드의 조운을 감금하고 그녀의 상속권을 인정하지 않음. 메시나 조약을 맺어 조운에게 유산과 자유를 찾아주고, 탕크레드를 시칠리아 왕으로 승인함. 조카인 브르타뉴의 아서(아르튀크)를 후계자로 선언하여 탕크레드의 딸과 아서를 혼인시킴. 이 일로 독일인이 반감을 갖게 되었으며 동생 존이 반역하는 계기가 되었음.

전쟁에서 돌아오지 못하면 스스로 왕을 대신하고자 하였다. 북을 쳐 성지로 출행하는 길에 갑자기 유태인을 살해하니 요옥에 있는 유태인이 그 처자가 피해를 입는 것을 보고 대상에 들어가 문을 걸어 잠갔다. 그 성졸이 문을 열고자 하거늘, 유태인이 말하기를 만약 성문을 열면 우리들은 반드시 악인의 수중에서 어육이 될 것이라고 하면서 힘껏 그 성문을 지켰다. 성졸이 크게 성내어 백성들을 선동하고 성을 포위한 지 3일이 되었다. 유태인 장로가 말하기를 우리들은 모두 성지의 종족으로 차라리 깨끗이 자결할지언정, 적의 포로가 되어 욕을 당하지 않겠다 하여 재산을 불 속에 던지고 목숨을 버리니, 악인들이 문을 열고 들어가 불에 타 재가 된 것만 보게 되었다. 리처드의 횡포를 누가 막을 수 있겠는가. 군을 인솔하여 프랑스 왕 필립과 함께 행차할 때 대중 10만 명이 지중해 시실리에 모이기로 약속하였다. 먼저 리처드의 누이와 시실리 왕이 성혼하였으나 왕이 죽고 그 숙부 탕크레드가 멋대로 전권을 행사하여 질부를 감옥에 가두니, 리처드가 그 누이의 곤궁함을 안타깝게 여겨 병력으로 탕크레드를 협제하고 누이를 석방시키며 많은 벌금을 받고 금품을 차지하여 혼자만 살찌고 프랑스 왕에게 나누어주지 않으니, 그 주변 사람들이 점차 멀어졌다. 그 누이를 데리고 행군하여 사이프러스에 이르니 이 섬은 옛날 영국 선박이 피해를 입을 때 누구도 구조하는 사람이 없고 오히려 학대를 하던 곳이었다. 그 과거를 징벌하고자 그 왕을 은곡(銀梏)에 묶고 왕녀를 취하야 진중에 두고 다른 한 사람을 뽑아 군장을 삼았다.

第二十五課 으리쳣之假義行暴 二

한자	음	한자	음	한자	음
葛	갈, 츩(칡)	藤	등, 등(등나무)	塚	춍, 무덤
樵	쵸, 나모뷜(나모 베다/ 땔나무)	蘇	소, 차쪽이	爨	찬, 불쐴(불 때다)
鉞	월, 독긔	戒	계, 경계	駑	노, 노둔ᄒᆞᆯ
煩	번, 번거	劑	졔, 약졔	瘳	츄, 나흘
闃	격, 고요ᄒᆞᆯ	梂	구, 흙손	陾	웅, 셩ᄒᆞᆯ[209]
鞅	앙, 굴네	訂	뎡, 의론	隴	롱, 언덕
搆	구, 얽을	邸	뎌, 쥬막	訛	와, 거즛
訕	산, 수지즐	訟	송, 송ᄉᆞ	鴆	짐, 짐새
辜	고, 죄	違	위, 어길	序	셔, ᄎᆞ례
鯁	경, 굿셀				

으리쳣시 轉至猶港에크ᄒᆞ니 法王이 先至是港ᄒᆞ야 見困於回教人ᄒᆞ고 兵卒이 多罹於黑死ㅣ라. 英法兩卒이 並不服習ᄒᆞ야 自奮勇於私鬪ᄒᆞ고 不合力於公戰ᄒᆞ며 二王[210]도 各自懷忌ᄒᆞ야 相爲葛藤故로 法王은 還軍ᄒᆞ고 英王은 獨戰ᄒᆞᆯᄉᆡ 中夜에 三吹畫角ᄒᆞ야 勸之以保護聖塚ᄒᆞ니 萬卒이 齊呼 아멘이러라. 然而困於樵蘇後爨(초소후찬)ᄒᆞ고 不服水土

209) 잉(陾): 성할 잉. 웅>잉(전설모음화)

210) 리처드와 필립.

ᄒᆞ며 病於暑濕ᄒᆞ야 兵卒이 減半이라. 王이 親持斧鉞ᄒᆞ고 與士卒노 同甘苦ᄒᆞ니 사라센 人이 畏其威ᄒᆞ야 至於數百年後토록 誦傳其名ᄒᆞ고 且戒駑馬之驚曰 으리첫시在此乎아 何其驚之甚也오 ᄒᆞ더라. 當時 回軍大將名은 살나덴[211]이니 素以勇敢有智略者로 見英王之驍勇ᄒᆞ고 稱善不已러니 聞在大馬色[212]ᄒᆞ야 吟病煩惱ᄒᆞ야 熱不退身ᄒᆞ고 爲送果氷二料ᄒᆞ야 使之對症投劑러라[213]. 英王이 疾瘳後에 自不勝閴寂之懷ᄒᆞ야 前往아스갈[214]노 ᄒᆞ야 捄之陝陝築城之日(구지잉잉축성지일)에 忤視奧王之赴役이 不躬不親ᄒᆞ야 蹴還其國ᄒᆞ고 統率各國兵ᄒᆞ야 前進예루살넴이라가 見其兵卒이 不以王事鞅掌ᄒᆞ야 失其軍容ᄒᆞ고 與사라센 人으로 訂約以三年 三月 三日 三時之休戰ᄒᆞ니 살나덴이 許使英兵으로 周覽聖像所在山隴이어ᄂᆞᆯ 으리첫시 只帶將卒幾名ᄒᆞ고 將向本國홀ᄉᆡ 至아드리아듹 海峽ᄒᆞ야 風急船破ᄒᆞ야 幾死僅生ᄒᆞ야 過奧地ᄒᆞ니 曾與奧王으로 構怨於築城之日이라. 雖欲變名潛跡而行이나 身長이 過人ᄒᆞ고 兵多知面ᄒᆞ니 可謂莫顯乎隱이라. 被捉於奧京私邸ᄒᆞ니 法德 兩君이 莫不喜悅而興訛做訕ᄒᆞ야 拿至訟庭ᄒᆞ야 聲言其罪曰 在猶地會盟之日에 欲欺我以鴆毒(욕기아이짐독)ᄒᆞ고 且濫殺無辜之人(차남살무고지인)이라 ᄒᆞᆫᄃᆡ 으리첫시 由其熱心所發ᄒᆞ야 自訟己事曰 예루살넴之行은 志在聖塚之救ㅣ오 아스갈노之役은 期無軍律之違러니 不意復見王於此也ㅣ로라 ᄒᆞᆫᄃᆡ 傍聽者ㅣ 見其言辭ㅣ 有序ᄒᆞ야 鯁直不屈(경직불굴)ᄒᆞ고 或有涔然流涕러라.

번역 리처드가 유태 항구에 이르니 프랑스 왕이 먼저 이 항구에 도착하여 회교인으로부터 핍박받음을 보고 병졸도 흑사병에 걸

---

211) 살라딘: 아이유브 왕조의 창시자. 전투마다 서기관을 대동하여 리처드에 관한 기록을 남겼음.

212) 대마색(大馬色): 다마스쿠스. 현재 시리아의 수도.

213) 아르수프(Arsuf) 전투 당시 리처드가 풍토병에 걸렸을 때 살라딘이 적군의 왕이지만 편지와 함께 위로했다는 전설을 소개한 것임.

214) 아스갈: 아르수프.

린 사람이 많으니, 영국과 프랑스 두 나라 병졸이 모두 풍습에 익숙하지 않아 개인적으로 다투고 공적으로 합력하지 않으며, 두 왕도 각자 시기심을 품어 서로 갈등하는 까닭에 프랑스 왕은 군대를 이끌고 돌아가고 영국 왕만 혼자 싸웠다. 한밤에 세 번 북을 울리고 성총(聖塚)을 보호하기를 권하니 모든 병졸이 아멘을 불렀다. 그러나 땔나무도 없이 곤궁하고 풍토에 익숙하지 않으며 더위와 습기로 병들어 병졸이 반으로 줄어들었다. 왕이 친히 부월을 들고 사졸과 함께 동고동락하니 사라센 사람들이 그 위의를 두려워하여 수백 년이 지나도록 그 이름을 칭송하여 전하고 또 노둔한 말을 경계하여 말하기를, 리처드가 여기 있구나, 어찌 심히 놀라지 않겠는가 하더라. 당시 이슬람교 대장의 이름은 살라딘이니 성품이 용감하고 지략이 뛰어난 사람인데 영국 왕의 효용을 보고 칭송을 그치지 않더니, 다마스쿠스에서 병으로 신음하면서도 물러나지 않음을 듣고 얼음 두 덩이를 보내어 치료하게 하였다. 영국 왕이 병에 걸린 뒤 스스로 회복하기 어려워 이전에 아슬갈노 가서 축성하던 날 오스트리아 왕이 부역함을 보고 몸소 하지 않아 그 나라로 돌아가고 각국 병사를 거느려 예루살렘으로 돌아가 그 병졸들을 보니, 왕명으로 장악되지 않고 군사의 용모를 잃었다. 사라센 사람과 3년 3월 3일 3시에 휴전할 것을 약속하니 살라딘이 영국 병사가 성상이 있는 산을 돌아갈 수 있도록 허락하였다. 리처드는 다만 장졸 몇 명만 데리고 장차 본국으로 향할 때, 아드리아 해협에 이르니 바람이 급하고 배가 파선되어 몇은 죽고 겨우 살아서 오스트리아를 지나니, 일찍이 오스트리아 왕과 축성하던 때의 원한이 쌓여 있었다. 비록 이름을 바꾸고 잠행하나 신장이 다른 사람보다 크고 얼굴을 아는 병사가 많으니 가히 숨길 수 없었다. 체포되어 오스트리아 수도의 사저에 갇히니 프랑스와 독일 두 나라 임금이 기뻐하지 아니하고 참소하여 쟁송하기에 이르니, 그 죄를 성토하여 말하기를 유태의 땅에서 회맹하던 날 나를 속여 짐독으로 죽이고 또 무고한 사람을 살해하였다고 하였다. 리처드가 열을 내어 해명하고 자기 스스로를 변호하여 말하기를, 예루살렘으로 간 것은 성총(聖塚)을 구하기 위한 것이요, 아스갈노의 전쟁은 군율을 위반하지 않기 위한 것이니 이에 왕을 다시 보지 않고자 한 것이라고 하니, 방청객이 그 언사가 질서가 있고 굳세어 굴하지 않음을 알고 혹은 잠연히 눈물을 흘렸다.

第二十六課 으리쳣之假義行暴 三

한자	음	한자	음	한자	음
逮	톄, 밋츨	緖	셔, 실마리	扈	호, 동발
徨	황, 방황홀	閣	각, 집	賡	깅, 니을
侶	려, 짝	瓊	경, 구슬	賂	로, 뢰물
允	윤, 진실노	桎	질, 착고	軌	궤, 법
鬩	혁, 싸홀	壎	훈, 피리	篪	지, 피리
鶺	쳑, 새	鴒	령, 새	加	가, 더홀
篤	독, 도타올	帥	솔, 거느릴	缸	항, 항아리
朕	짐, 나	絞	교, 목민죽일	諺	언, 쇽담
繳	작, 주살	帷	유, 쟝막	幄	악, 쟝막
購	구, 살	股	고, 드리	刮	괄, 긁을
壇	단, 단	叵	파, 파측홀	怙	호, 밋올
蛾	나뷔, 아	螳	당, 믈쫑구리	蜋	랑, 믈쫑구리
貸	딕, 수일	哭	곡, 울	阿	아, 언덕
堤	뎨, 언덕	瞑	명, 감을	淪	륜, 쌔질

英王이 逮繫獄中ᄒᆞ야 有時乎以音律노 自慰其懷緖러라. 是時英人이 失王之處ᄒᆞ고 莫知扈從(막치호종)이러니 有一律客이 過其獄下ㅣ라가 聞其樂而知其情ᄒᆞ고 彷徨不忍去ᄒᆞ야 曰 必是吾王被拘ㅣ라 ᄒᆞ야 馳告英京政閣下ᄒᆞ니 是客은 曾被英王款待ᄒᆞ야 賡載和音이라가 自王未歸로 恨儀鳳之離羣ᄒᆞ고 嘆聽魚之失侶ᄒᆞ야 周行列邦ᄒᆞ야 憂夜寒於瓊樓高

ᄒᆞ고 歌望美於天一方ᄒᆞ야 期圖風雲再會者也ㅣ라. 王母 얼너ㅣ 聞王在獄ᄒᆞ고 親往奧地ᄒᆞ야 遺賂救王ᄒᆞᆯᄉᆡ 德王은 憐其母얼너而允許호ᄃᆡ 法王은 囑其弟約翰而與書曰 你兄魔王이 己脫桎梏ᄒᆞ니 愼之愼之하라. ᄋᆞ리쳐시 歸國ᄒᆞ야 知其弟懷不軌之心ᄒᆞ고 欲除後患이어ᄂᆞᆯ 王母ㅣ 憂其兄弟鬩于墻이면 不調壎篪之應和ᄒᆞ고 反失鶺鴒之急難ᄒᆞ야 外不能禦其侮ᄒᆞ야 撫之以仁ᄒᆞ며 摩之以義ᄒᆞ고 約翰도 亦自服其罪ᄒᆞ니 ᄋᆞ리쳐시 不忍加誅ᄒᆞ고 其所戒不過曰 你於未幾日에 必忘今日恩赦어니와 我自今以後로 實是易知難忘者也ㅣ로라 ᄒᆞ니, 凡人之爲兄弟者ㅣ 當於ᄋᆞ리쳐之於約翰間에 可知骨肉之情이 篤矣로다. ᄋᆞ리쳐시 怒於法王之遺書ᄒᆞ야 帥軍向法ᄒᆞᆯᄉᆡ 至이모쳐ᄒᆞ야 聞其城宰ㅣ 掘地得金缸(굴지득금항)ᄒᆞ고 不奪不厭이라. 城宰ㅣ 請予之半ᄒᆞᆫᄃᆡ ᄋᆞ리쳐시 曰 貨之多少ᄅᆞᆯ 無敢隱朕ᄒᆞ라. 照數捧上則已어니와 不然則當絞ᄒᆞ리라. 是時英之俗諺에 曰 吾王ᄋᆞ리쳐시 中流矢ᄒᆞ야 死於이모쳐 城下ㅣ라 ᄒᆞ더니 法人 버드란드ㅣ 自彼城上으로 抽箭禱告(추전도고)ᄒᆞ고 彎弓繳而射之ᄒᆞ야 中ᄋᆞ리쳐之左肩ᄒᆞ니 ᄋᆞ리쳐시 扶傷馳入帳幄之中ᄒᆞ고 令他將으로 代理軍務ᄒᆞ야 乘夜破城ᄒᆞ고 逢人則絞호ᄃᆡ 至於버드란드ᄒᆞ야ᄂᆞᆫ 購其生而置之陣中ᄒᆞ야 將欲別般嚴刑이러니 是時에 ᄋᆞ리쳐之傷處ㅣ 中毒ᄒᆞ야 肩臂之大幾如股호ᄃᆡ 醫無刮骨之才ᄒᆞ고 藥無止痛之效ㅣ라. 自知必死乃已ᄒᆞ고 捉致將壇下ᄒᆞ야 聲其罪曰 以若叵測少年者流로 如是怙終而犯此賊刑ᄒᆞ야 敢欲害我乎아. 飛蛾撲燈而蛾自先落ᄒᆞ고 螳螂拒轍而蜋自先傷ᄒᆞᄂᆞ니 你敢望容貸爾命가. 버드란드ㅣ 曰 凡爲人子弟者ㅣ 爲父母報仇ᄂᆞᆫ 古今之通誼라. 老爺之含寃은 哭霜刃於宿草ᄒᆞ고 阿兄之遺恨은 淚長戟於秋堤ᄒᆞ니 今日之血이 終歸于誰오. 出乎爾者ㅣ 反乎爾라. 天必厭之ᄒᆞ샤 俾我射爾ᄒᆞ시니 爾雖殺我ㅣ나 我目未瞑ᄒᆞ고 見爾淪喪然後에 將無遺恨이리라. ᄋᆞ리쳐시 聞之ᄒᆞ고 曰 勇敢哉라. 此人이여. 死且不避ᄒᆞ니 豈非英豪乎아. 招其大臣ᄒᆞ야 解其所搏ᄒᆞ고 兼賜銀子百圓ᄒᆞ야 安然送歸ᄒᆞ고 而已卒逝ᄒᆞ니 時年이 四十二러라.

번역 영국 왕이 옥중에 갇혀 음률로 자기의 회포를 위로하였다. 이때 영국인이 왕을 잃고 따를 바를 모르더니 한 율객(律客)이 그 옥 아래를 지나다가 그 음악을 듣고 사정이 있음을 알고 어쩔 줄 몰라 차마 가지 못하고 말하기를 이는 반드시 우리 왕이 구금되어 있는 것이라고 하였다. 이에 영국 수도에 있는 대신에게 알렸으니 이 객은 일찍이 영국왕의 관대함을 입고 함께 음을 즐기던 사람으로 왕이 돌아오지 않음에 의봉(儀鳳)을 한하여 무리를 떠나 고기 무리가 짝을 잃은 듯함을 한탄하고 여러 나라를 주행하여 높은 누각에서 밤새 추위를 근심하고 노래를 불러 세상을 바라보며 재회하기를 기약하고 있었다. 왕모 엘너가 왕이 옥중에 있음을 듣고 친히 오스트리아로 가서 돈을 주고 왕을 구하니, 독일 왕은 그 어머니 엘너를 가엾게 여겨 윤허하되, 프랑스 왕은 그 동생 존에게 편지를 써서 그대의 형인 마왕이 질곡을 탈출하니 신중하고 또 신중하라고 하였다. 리처드가 귀국하여 그 동생이 반역할 뜻을 품고 있음을 알고 후환을 제거하고자 하거늘, 왕모가 그 형제들이 집안싸움을 하면 조화를 이루지 못하고 도리어 급난을 당하여 외적으로부터 모욕을 막지 못할 것을 염려하여 인으로 달래고 의로 무마하고, 존도 또한 그 죄를 스스로 인정하니 리처드가 더 이상 죄를 묻지 않고 경계하여 말하기를, 너는 얼마 후 반드시 지금의 은혜를 잊겠지만 나는 지금 이후 실로 이것을 잊기 어렵다 하니, 평범한 사람들이 마땅히 리처드와 존 사이에 가히 골육의 정이 두터움을 가히 알 수 있었다.

리처드가 프랑스 왕의 유서에 노하여 군사를 거느리고 프랑스를 치러 가니, 왕이 이모처[215]에 이르러 그 성주가 땅을 파 금항아리를 얻고 뺏는 일을 주저하지 않고 반을 줄 것을 청하니, 리처드는 재물의 다소를 짐에게 숨기지 말라. 숫자대로 바치면 모르거니와 그렇지

215) 이모처: 리처드는 귀국 후 5년 뒤 프랑스 왕 필립 2세를 정벌하기 위해 프랑스로 출병하였음. 이모처는 프랑스 지명.

않으면 죽일 것이라고 하였다. 이때 영국 속언에 우리 왕 리처드가 화살을 맞아 이모처 성 아래에서 죽었다 하거늘 프랑스 사람 버드란드가 이 성 위로 화살을 쏘아 알리고 활을 구부려 쏘아 리처드의 왼쪽 어깨를 맞히니 리처드가 부상을 입어 장막으로 들어와 다른 장수로 군무를 대신하게 하고 밤을 틈타 성을 깨뜨린 뒤 만나는 사람마다 모두 죽이고, 버드란드에 대해서는 살려 진중에 가두고 장차 특별한 엄형에 처하고자 하였다. 이때 리처드의 상처가 독이 발생하여 어깨가 마치 다리와 같으니 의사가 뼈를 비빌 수 없고 약도 고통을 멈추게 하는 데 효과가 없었다. 스스로 죽을 것을 알고 단하에 장수를 잡아 그 죄를 말하기를 너 어린 소년으로 이와 같이 마침내 죄를 범하여 감히 나를 해치고자 하는가. 불나비가 등을 향해 날아드나 나비가 먼저 떨어지고 당랑이 수레를 막고자 하나 사마귀가 먼저 부상을 입으니 네가 감히 내 목숨을 상하게 하고자 하는가. 버드란드가 말하기를 무릇 사람의 자제가 되어 부모의 원수를 갚는 것은 고금의 의로운 일이다. 왕께서 원한을 품은 것은 숙초(宿草)에 서리가 내리고 형이 남긴 한은 가을 둑에 긴 칼로 눈물을 뿌리니 지금 피를 흘리는 것은 누구에게 돌아간단 말인가. 너로부터 나온 것은 너에게로 돌아가는 것이다. 하늘이 이를 싫어하여 내가 너를 쏘게 했으니 네 비록 나를 죽일지나 나는 눈을 감지 못하고 네가 죽는 것을 본 뒤에야 장차 한이 없을 것이다. 리처드가 그것을 듣고 말하기를 용감하도다. 이 사람이여. 죽음 또한 피하지 않으니 어찌 영웅이 아니겠는가 하고, 그 대신을 불러 묶인 바를 풀게 하고 아울러 은자 백 원을 주어 안전하게 돌려보내고 서거하니 이 때 나이 42세였다.

第二十七課 헤루리之深憂教獘*216) 一

한자	음	한자	음	한자	음
璽	ᄉᆞ, 옥ᄉᆡ	綬	수, 인ᄭᅳᆫ	跨	과, 거러앉ᄌᆞᆯ
駿	쥰, 쥰마	驄	총, ᄆᆞᆯ	卿	경, 벼ᄉᆞᆯ
袞	곤, 룡포	匡	광, 바ᄅᆞᆯ	蠹	두, 좀
痼	고, 병	朔	삭, 초ᄒᆞ로	暨	긔, 밋ᄎᆞᆯ
封	봉, 봉ᄒᆞᆯ	酵	교, 긔쥬	淫	음, 음란
剽	표, ᄶᅵᄅᆞᆯ	靠	고, 의지ᄒᆞᆯ	謙	겸, 겸손
遜	손, 겸손	蛇	사, ᄇᆡ암	鴿	합, 비ᄃᆞᆰ이
簸	파, ᄭᅡᆸ을	糠	강, 겨	粃	비, 겨
殯	빈, 빈소	帒	ᄃᆡ, 젼ᄃᆡ	塋	영, 무덤
伉	항, 짝	儷	려, 짝	婿	셔, 사회
媒	ᄆᆡ, 즁ᄆᆡ	逑	구, 짝	秉	병, 잡을
兎	토, 톳기	贈	증, 줄	踟	지, 머뭇거릴
躕	쥬, 머뭇거릴	褰	건, 것을	兌	틔, 밧골
店	뎜, 쥬막	怊	쵸, 슯흘	繾	견, 얽힐
綣	권, 얽힐	蜀	촉, 나라	鏡	경, 거울
琴	금, 거문고	蠱	고, 좀	乂	예, ᄌᆡ조
侔	모, 짝	擬	의, 비길		

第二世 헤루리ㅣ 臨寶位按璽綬ᄒᆞ니 時年이 二十有一이라. 偕王妃跨

216) 헨리가 교회의 폐단을 심히 우려하다.

駿驄ᄒᆞ고 橫馳大道上ᄒᆞᆯ싀 自公卿至庶民이 山呼萬歲ᄒᆞ고 路鋪花枝ᄒᆞ니 一團春風에 香襲衮裳이러라. 自王卽位로 每欲匡救蠹國害民之痼瘼ᄒᆞ야 日新治蹟이 東漸西被ᄒᆞ고 朔南에 曁토록 比屋皆封ᄒᆞ야 百廢俱興호ᄃᆡ 獨於宗敎中에 難防其酵ᄒᆞ야 姦淫沈湎之徒와 剽人奪金之輩ㅣ 莫不來靠于會中이라. 思以正直謙遜ᄒᆞ야 智如蛇馳如鴿者(지여사치여합자)로 新差大主敎ᄒᆞ야 簸其糠粃(파기강비)ᄒᆞ고 收穀入倉이러니 方是之時에 在任간터보라 大主敎[217]引殯于福地어ᄂᆞᆯ 王自擇其所親愛者 도마쓰쌔슷ᄒᆞ니라. 昔者에 론돈 大賈 길벗 쎄슷[218]시 伴茶僮携手偣ᄒᆞ고 往省聖子之塋이라가 被執於回敎ᄒᆞ니 回敎將官이 因善遇之ᄒᆞ고 且有力芳年少女ᄒᆞ야 不勝春情ᄒᆞ고 流送秋波ᄒᆞ야 至於兩人心事兩人知라. 請爲伉儷(청위항려)어ᄂᆞᆯ 길벗曰 迎婿之禮ᄂᆞᆫ 地醜德齊然後에 行謀納幣(행모납폐)ᄒᆞᄂᆞ니 君學모하멧ᄒᆞ고 我依예수ᄒᆞ야 道名不同ᄒᆞ니 可奈若何오. 女ㅣ曰 若許君子好逑則何患乎出此入彼리오. 길벗 曰凡人秉心이 猶其不忍이라. 相彼投兎도 尙或先之[219]ᄒᆞᄂᆞ니 願借間路ᄒᆞ야 與子同歸ᄒᆞ노라. 女子ㅣ 依其所請ᄒᆞ야 贈約相送ᄒᆞ야 俟我於海隅ㅣ러니 길벗시 恐回人疾追ᄒᆞ고 恨女子之遲來ᄒᆞ야 只帶下人ᄒᆞ고 航海獨去어ᄂᆞᆯ 女子ㅣ 懷而不見이라. 搔首踟躕(소수지주)라가 換着賤人之服ᄒᆞ고 褰裳涉津ᄒᆞ야 轉倒地中海濱ᄒᆞ니 是女ㅣ 曾不習英語ᄒᆞ고 以奇貨로 兌船票ᄒᆞ야 直向론돈ᄒᆞ니라. 是時에 길벗시 在론돈商店ᄒᆞ야 逐物照數러니 僕夫ㅣ來告曰 回敎夫人來此ㅣ라 ᄒᆞ야ᄂᆞᆯ 責之曰 狂童之狂也諸ㅣ로

---

217) 간터보라 대주교: 캔터베리 대주교. 토머스 베켓. 헨리 2세는 잉글랜드와 프랑스의 영토를 넓히고 왕권을 강화했으나, 캔터베리 대주교인 토머스 베켓과 싸워 파멸을 초래했다.

218) 길벗: 토머스 버켓의 아버지.

219) 『시경』 '소아(小雅)' 제4 절남산지십(第四 節南山之什)의 한 구절. "相彼投兎 尙或先之 行有死人 尙或墐之 君子秉心 維其忍之 心之憂矣 涕旣隕之(저 쫓김을 당하여 사람에게 달려드는 토끼를 보고도 오히려 혹 그 곤궁함을 애처럽게 여겨서 먼저 빠져나가게 하는 자가 있으며, 길에 죽은 사람이 있어도 혹 그 폭로함을 애처럽게 여겨 묻어주는 자가 있으니, 이는 모두 不忍之心이 있어서이다. 지금 왕은 참소하는 말을 믿어서 그 자식을 버리고 쫓아내어 일찍이 달려드는 토끼와 죽은 사람을 보는 것만도 못하니, 그 마음가짐이 잔인하기도 하다. 이 때문에 마음에 근심하여 눈물을 떨어뜨리는 것이다)."

다. 復告曰 夫人이 在路上ᄒᆞ야 但誦길벗쎄슷이러이다 ᄒᆞ고 從窓間指示ᄒᆞ니 一箇異服言之女子ㅣ 以怊悵氣色으로 立於大途上人海中이라. 길벗시 回憶前日之恩情ᄒᆞ고 含淚出迎ᄒᆞ야 慰其繾綣之情(위기견권지정)ᄒᆞ고 幾日後에 行婚式於禮拜堂ᄒᆞ니 情合蜀鏡ᄒᆞ고 樂逐琴瑟ᄒᆞ야 首生一子ᄒᆞ니 卽도마쓰 쎄슷시라. 其爲人也ㅣ 幹父之蠱ᄒᆞ야 俟乂勇略으로 極務奢侈ᄒᆞ야 宴居閑處ㅣ 侔擬宮闕ᄒᆞ야 侍卒이 一百四十餘ㅣ오 曾與佛人으로 交戰ᄒᆞ야 打破其頭ᄒᆞ고 奪取其馬ㅣ러라.

번역 헨리2세가 보위에 올라 옥새를 받으니 그 때 나이는 21세였다. 왕비와 함께 준마를 타고 대도를 횡행할 때 공경(公卿)으로부터 서민에 이르기까지 모두 만세를 부르고 꽃을 꺾어 거리에 뿌리니 봄바람에 향기가 곤룡포에 배었다. 즉위할 때부터 매번 나라를 좀먹고 서민을 해치는 고질병을 바로잡아 구하고저 하여 치적이 날로 새로웠고, 동서를 점차 넓혀 남쪽 끝에 미치도록 영지를 넓히고 모든 폐단을 고쳐 부흥시키니, 단지 종교 중에 썩은 것을 막기 어려웠으나 간음에 빠진 무리와 약탈하는 무리가 회중에 의지하지 못하게 하였다. 정직하고 겸손하여 뱀이 비둘기를 길들이는 것과 같은 지혜로 새로운 대주교를 임명하여 쭉정이를 걸러내고 곡식을 거두어 창고에 들이니 이 때 캔터베리 대주교가 서거하니 왕이 친히 토머스 베켓을 간택하였다.

예전 런던의 대상(大商)이었던 길벗 버켓이 차동(茶僮)과 함께 성자(聖子)의 무덤을 찾아갔다가 이슬람교도에게 잡혔는데, 이슬람교 장관이 그를 만나 잘 대우해 주고, 또 꽃다운 나이의 소녀가 있어 사랑하는 마음을 이기지 못해 추파를 던지니 두 사람의 마음을 두 사람이 알고 있었다. 부부가 되기를 청하니 길벗이 혼인의 예는 지추덕제(地醜德齊, 상대되는 두 집안의 지위나 덕망이 같음)한 연후에 납폐를 꾀하는 것이니 그대는 모하메드를 공부하고 나는 예수에 의지하여 종교가 같지 않으니, 어찌하겠는가. 여자가 말하기를 만약 군자호구(君子好逑, 짝이 되는 것)를 허락한다면 이에서 저 종교로 들

것이니 어떤 근심이 있겠습니까 하였다. 길벗이 말하기를 무릇 사람이 마음이 있어도 다만 차마 하지 못한다 하니, 쫓김을 당해 사람에게 달려드는 토끼를 보고도 혼 곤궁함을 애처롭게 여겨 먼저 빠져나가게 하는 자가 있으니 원컨대 길을 빌려 그대와 함께 돌아가고자 한다 하였다. 여자가 그 청하는 바에 따라 먼저 보내기로 약속하고 바닷가에서 나를 기다리라 하니, 길벗이 회교도가 추적하는 것을 두려워하고 여자가 늦어짐을 안타까이 여겨 하인만 데리고 홀로 출항하니 여자의 한을 차마 볼 수 없었다. 머리를 긁고 머뭇거리다가 천인의 옷으로 갈아입고 치마를 걷고 나루를 건너 지중해안에 도착하니 이 여자는 영어를 할 줄 모르나 재물로 배표를 사서 런던으로 향했다. 이 때 길벗이 런던 상점에 있으면서 물건을 조사하고 있었는데, 노복 한 사람이 와서 말하기를 회교 부인이 이곳에 왔다고 하거늘, 꾸짖어 미친 아이로다 하였다. 다시 아뢰어 말하기를 부인이 노상에서 단지 길벗 베켓만을 죄치고 있더이다 하고 창 밖을 가리키니 한 이상한 옷을 입고 말을 하는 여자가 초췌한 기색으로 큰 길가에 있고 사람들이 바다처럼 모여 있었다. 길벗이 전일의 은혜를 생각하고 눈물을 흘리며 맞이하여 그동안 얽히었던 정을 위로하고 몇 일 후에 예배당에서 결혼식을 거행하니 정이 두텁고 금슬이 좋아 한 자녀를 낳으니 곧 토머스 버켓이다. 그 사람됨이 아버지를 닮아 용략이 빼어나고 사치하기를 좋아하여 한가히 놀며 궁궐에 함께 살아, 시졸이 140이 넘으며, 일찍이 프랑스 사람과 교전하여 그 우두머리를 타파하고 말을 탈취하였다.

第二十八課 헤루리之深憂教弊 二

한자	음	한자	음	한자	음
劄	차, 글월	輜	ᄎᆡ, 짐바리	鋂	ᄆᆡ, 고리
盧	로, 개	輛	량, 박회	李	리, 오얏
猿	원, 잔나비	鬈	권, 구레나룻	偲	ᄉᆡ, 아름다올
詼	회, 회ᄒᆡ	乞	걸, 빌	鶉	슌, 모치라기
套	투, 투	斃	폐, 고일	蘊	온, 싸힐
蚤	조, 벼룩	虱	ᄉᆞᆯ, 니	癯	구, 파리ᄒᆞᆯ
瘠	쳑, 파리ᄒᆞᆯ	儼	염, 엄연ᄒᆞᆯ	儉	검, 검소ᄒᆞᆯ
庄	장, 뎐장	券	권, 문셔	頉	탈, 탈ᄒᆞᆯ
汰	ᄐᆡ, 사ᄐᆡ	錮	고, 좀을쇄	籲	유, 부ᄅᆞ지질
眚	ᄉᆡᆼ, ᄌᆡ앙				

도마쓰ㅣ 以駐箚專權으로 前往佛國ᄒᆞᆯᄉᆡ 車騎輜重이 擬如王者ᄒᆞ야 二百五十 兒童이 讚美前導ᄒᆞ며 重鋂韓盧ㅣ 雙雙隨後ᄒᆞ고 大車八輛에 每輛五馬ㅣ니 二車ᄂᆞᆫ 車酒ᄒᆞ야 俾鮮觀光者之渴喉ᄒᆞ고 四車ᄂᆞᆫ 載金銀器皿과 錦繡衣服ᄒᆞ고 二車ᄂᆞᆫ 載僕從行李ᄒᆞ며 有馬十二駿ᄒᆞ야 各載一猿ᄒᆞ고 後有擁盾驅馬者ᄒᆞ며 令人臂鷹ᄒᆞ야 鱗次前進ᄒᆞ고 大臣與宣教師ㅣ 磨肩擁後而金銀珠玉之飾이 暎日射光ᄒᆞ야 美且鬈偲者(미차권시자)ㅣ 도마쓰 쌔ᄉᆞᆺ이라. 人皆齊呼曰 其臣孔嘉ᄒᆞ니 其君如之何오. 英王이 欣然ᄒᆞ야 亦以詼談으로 稱其勝己ᄒᆞ고 且於嚴冬에 興王馳馬ᄒᆞᆯᄉᆡ 王이 見一老乞이 懸鶉百結노 戰不勝寒ᄒᆞ고 曰賜以輕煖ᄒᆞ야 俾禦酷寒이 不

亦善乎. 對曰 然ᄒᆞ니이다. 以君主好生之德으로 兼教人慈愛之心ᄒᆞ시니 感謝感謝ㅣ라 ᄒᆞᆫᄃᆡ 王曰 惡ㅣ라. 是何言也오 하고 欲奪外套而予之ᄒᆞ니 도마쓰ㅣ 不欲被奪이라가 幾至墮馬ㅣ라. 勒奪其衣ᄒᆞ야 以賜乞人ᄒᆞᆫᄃᆡ 乞人이 甚異之ᄒᆞ고 傍觀諸人이 莫不喜悅이러라. 當是時ᄒᆞ야 方以教弊로 爲隱憂ㅣ라. 도마쓰ㅣ 嘗在教會ᄒᆞ야 專力教弊러니 王이 自意其人이 有才好勇ᄒᆞ고 用權務奢則將爲我善治教라 ᄒᆞ야 不拘規則ᄒᆞ고 擢爲大主教ᄒᆞ니 도마쓰ᄂᆞᆫ 本以自行自止로 喜求名譽者ㅣ라. 旣以巨富로 著名于世則窮奢極侈도 反不足爲貴라. 謀取他譽ᄒᆞ야 不遵王命ᄒᆞ고 力守其職ᄒᆞ야 玩好器物과 便嬖使命(편폐사명)을 一并退斥ᄒᆞ고 飮水蔬食ᄒᆞ야 只免飢渴ᄒᆞ고 衣獘蘊抱ᄒᆞ야 不捫蚤蝨(불문조슬)ᄒᆞ고 以鞭打背ᄒᆞ야 自苦其身ᄒᆞ며 全廢沐浴ᄒᆞ고 日招十三人ᄒᆞ야 親洗其足ᄒᆞ고 自以癯容瘠骨(자이구용척골)노 儼然獨處ᄒᆞ니 何其於前而儉於後也오. 若以前日之八車十二馬로 變作八千馬ᄒᆞ야 載猿이라도 反不足怪ㅣ오 今日之惡衣惡食이 實有名於前後ᄒᆞ니 王이 甚懷不平이러라. 頃之오. 查照教中田庄文券ᄒᆞ야 請頉給於王ᄒᆞ고 幾日後에 揭榜曰 自今爲始ᄒᆞ야 王이 不得復興於擇教主之事ㅣ라 ᄒᆞ더니 其時에 켄트 人이 奉行王命ᄒᆞ야 擇一主教ᄒᆞ니 大主教深責其人ᄒᆞ야 汰去其任ᄒᆞ고 除名教案ᄒᆞ니 是時出教規則은 呪以身體髮膚와 動靜云爲로 俱爲沉淪이라 ᄒᆞ야 籍沒其家ᄒᆞ고 禁錮其身ᄒᆞ야 使不得容於世ㅣ라. 其人이 罔知所措ᄒᆞ야 見王呼籲(견왕호유)어ᄂᆞᆯ 王이 請見大主教ᄒᆞ고 說明其眚災ᄒᆞ야 欲圖以肆肆ᄒᆞ니 大主教ㅣ 不肯曰 我已妥決이라 ᄒᆞ야 釁隙之生(흔극지생)이 自此始焉이러라[220].

번역 토머스가 주차 전권(駐箚專權)으로 프랑스에 갈 때 수레와 치중이 왕과 같아서, 250 명 아동이 앞길을 찬미하며 고리로 엮어 만든 가마가 쌍쌍이 뒤를 따르고 큰 수레가 8량인데, 각 수레마다 말 5필이 끌었다. 두 대는 술을 싣고 시중드는 사람의 갈증을 해결하

220) 헨리 2세는 토머스 베켓을 신임하여 대법관으로 임명했으나, 베켓이 켄터베리 대주교로 선출된 직후 교회 사법권과 관련하여 헨리와의 견해 차이로 불화가 시작되었다.

고, 네 대는 금은과 기명을 싣고 비단 옷을 입게 했으며, 두 대는 수행 종복의 여장이며 12필의 말이 있어 각기 원숭이 한 마리를 태우고 뒤에서 말을 모는 자가 옹호하며 영인(伶人)이 팔에 매를 얹고 차례로 전진하고, 대신과 선교사가 팔을 걷어 옹호한 뒤 금은주옥으로 꾸며 일광을 비치니 수염이 아름다운 사람이 곧 토머스 베켓이었다. 사람들이 모두 말하기를 그 신하가 이처럼 아름다우니 그 군주는 어떻겠는가 하였다. 영국 왕이 기뻐하여 역시 농담으로 그 뛰어남을 칭송하고 또 엄동에 왕이 직접 행차할 때 한 걸인이 누더기 옷을 입고 추위를 이기지 못하며 말하기를, 가벼운 옷이라도 내려 주셔서 혹한을 막게 하면 또한 좋은 일이 아니겠습니까 하니, 그렇습니다. 군주의 호생지덕(好生之德)으로 자비심을 가르치시니 감사하고 감사합니다 하니, 왕이 말하기를 싫다 하니 이 어찌된 말인가 하고, 외투를 빼앗아 주고자 하니, 토머스가 빼앗기지 않으려 하다가 말에서 떨어졌다. 그 옷을 강제로 빼앗아 걸인에게 주니 걸인이 매우 이상하다고 생각하고 곁에 있는 사람들이 기뻐하지 않는 사람이 없었다. 이때 바야흐로 교단의 폐해가 숨은 근심거리였다. 토머스가 일찍이 교회에서 교폐에 전력하니 왕이 스스로 생각하기를 그 사람이 용맹을 좋아하고 권력에 힘쓰고 호사하니 장차 나를 위해 교단을 잘 다스릴 것이라고 하여, 규정에도 불구하고 대주교로 선발하니, 토머스는 본래 멋대로 명예를 추구하는 자여서 일찍이 거부(巨富)로 세상에 유명하나 극히 사치함에도 오히려 존귀함이 부족하다고 여겼다. 타인의 명예를 탈취하여 왕명을 지키지 않고 그 직분을 고수하여 좋아하는 물건과 하고 싶은 일을 모두 물리치고, 물과 채소만으로 단지 배고픔만 면하고 헐어진 옷을 입어 벼룩이 물지 못하게만 하고 채찍을 들어 스스로 몸을 괴롭게 하며 목욕을 전폐하고 13인을 초빙하여 친히 그 발을 씻어주고 수척한 얼굴과 여윈 몸으로 엄숙히 살아가니 이전과 달리 얼마나 검소한 것인가. 만약 전날 여덟 수레와 열두 필 말로 팔천 말을 만들고 원숭이를 실어도 오히려 이상하지 않을 텐데 지금 나쁜 음식과 옷을 입고 전후에 이름을 날리니 왕이 심히 불평하는 마음을 갖게 되었다. 교중의 전답 장원의 문권을 조사하여 왕에게 주기를 청하고 며칠 후 방을 붙여 지금부터 왕이 다시 교주를 택하지 않을 수 없다 하였다. 이 때 겐트 사람이 왕명을 받들고 주교를 택하니 대주교가 그 사람을 심하게 꾸짖어 그 직책을 뺏고 교안에서 제명하니, 이 때 출교 규칙은 신체와 머리털과 행동이 모두 침륜되라고 저주하여, 그 일가를 적몰하고 신체를 금고에 처하며 얼굴을 세상에 드러내지 못하게 하였다. 그 사람이 어찌할 바를 몰라 왕을 보고 부르짖거늘 왕이 대주교를 보고 그 재앙을 설명하여 사면할 것을 청하니, 대주교가 수긍하지 않고 말하기를 내가 이미 결정한 것이라 하여, 두 사람의 사이가 틀어진 것이 이로부터 시작되었다.

第二十九課 헤루리之深憂教弊 三

한자	음	한자	음	한자	음
欠	흠, 흠	敕	칙, 신칙홀	戍	슈, 슈자리
捕	포, 잡을	牌	패, 패	黜	츌, 내칠
裂	렬, 쓰질	巹	근, 쵸례	項	항, 목
勃	블, 노홀	俸	봉, 월봉	詰	힐, 힐난
悛	젼, 곳칠	闖	츰[221], 엿볼	猾	활, 어즈러올
副	부, 버금	睚	애, 눈가	眦	ᄌᆞ, 눈가
謾	만, 업수히녁일	旆	패, 긔	縣	현, 고을
戴	ᄃᆡ, 닐	戩	젼, 다홀	罄	경, 다홀

時有西境所在神父一人이 殺一不辜어ᄂᆞᆯ 王이 欲以國法으로 捉致處辦(착이처판)ᄒᆞ니 大主教ㅣ 不許就捉ᄒᆞ고 因於自己室이어ᄂᆞᆯ 王이 親行웨스트밋쓰드 會堂ᄒᆞ야 開會取決曰 從今以後로 若有犯科之神父며 待之不以神父ᄒᆞ고 捉之擬以罪人ᄒᆞ야 自法庭審查ㅣ라 ᄒᆞᆫᄃᆡ 大主教ㅣ 終不肯從ᄒᆞ니 王이 顧謂諸主教曰 爾從我命乎아. 大主教ㅣ 流視諸主教曰我命外云云ᄒᆞᆫᄃᆡ 諸主教ㅣ 如出一口曰 大主教所命之外에 皆從王命ᄒᆞ리이다. 王이 聞其言ᄒᆞ고 甚怒ᄒᆞ야 欠席而出ᄒᆞ니 諸主教ㅣ 恐生釁隙(공생흔극)ᄒᆞ야 往請大主教ㅣ 與王和親ᄒᆞ고 如王所復開會ᄒᆞ야 事至妥決에 大主教ㅣ 復云我命外ᄒᆞ니 大怒罷會ᄒᆞ고 訓勅各港戍卒(훈칙각항수

221) 闖: 현대음 틈.

좁)曰 將捕不道ᄒᆞ야 照以賊刑ᄒᆞ리니 汝當知悉ᄒᆞ고 毋使漏網케 ᄒᆞ라. 當日 主教齊會之 席에 童子擧十字牌ᄒᆞ고 隨大王教ᄒᆞ야 置其座前ᄒᆞ니 王이 避人夾室이여ᄂᆞᆯ 諸主教ㅣ 欲講平和ᄒᆞ야 勸從王命호ᄃᆡ 大主教ㅣ 不肯曰 所謂俗世名吏가 何能審法乎아. 我當稟告于教皇이라 ᄒᆞ고 拂袂出門이어ᄂᆞᆯ 傍人이 忤視其行ᄒᆞ고 掬塵投座ᄒᆞ니 大主教ㅣ 忿然曰 我若前日所戰長劍이런덜 當斬ᄒᆞ리라. 是夜에 大主教ㅣ 知其危機ᄒᆞ고 變服登船ᄒᆞ야 潛向호올란드ᄒᆞ니 王이 大怒ᄒᆞ야 籍其家産ᄒᆞ고 流其徒四百名ᄒᆞᆫᄃᆡ 大主教ㅣ 專恃教皇與法皇之所助ᄒᆞ야 轉向羅馬ᄒᆞ야 入一教堂ᄒᆞ야 聲言英國君臣之罪ᄒᆞ고 一並黜教ᄒᆞ니 英王이 方欲就寢이라가 聞此消息ᄒᆞ고 驚愕且憤ᄒᆞ야 自裂其衾ᄒᆞ고 忽墜寐下ㅣ러니 輒思一策ᄒᆞ고 申飭各港ᄒᆞ야 禁之勿納教皇書札이러라. 幾年後에 英王之子ㅣ 與法王之女로 親迎巹席(친영근석)할ᄉᆡ 法王이 請도마쓰ᄒᆞ야 與英王으로 講和ᄒᆞ니 도마쓰ㅣ 來雖屈膝이나 尙爾强項이라 法王이 語英王曰 此人之驕昂自潔이 欲超於諸聖之上ᄒᆞ고 又勝於諸聖之上ᄒᆞ고 又勝於聖彼得이라 ᄒᆞ니 大主教ㅣ 聞之勃然이어ᄂᆞᆯ 法王이 僕僕謝過ᄒᆞ야 如恐不及이러니 其後 英王이 復會於法地ᄒᆞ야 許令도마쓰로 復其職食其俸ᄒᆞ니 自此로 庶無相詰之獘나 然而大主教ㅣ 不悛其行ᄒᆞ고 闖發英王密事러라. 先是에 헤루리 恐被教皇咀呪ᄒᆞ야 全國이 盡歸於亂猾ᄒᆞ고 太子不得爲副極일가 ᄒᆞ야 欲爲之祝福ᄒᆞᆯᄉᆡ 간터보리 大主教ᄂᆞᆫ 怨結睚眦(원결애자)ᄒᆞ야 讓不供職ᄒᆞ고 只有요옥主教ㅣ라. 請爲子祝福이러니 도마쓰ㅣ 修書先呪요옥主教ᄒᆞ고 還旆英國ᄒᆞ니 所過郡縣에 垂髮戴白이 爭迎于道ᄒᆞ야 思見俾人戩殺ᄒᆞ고 罄無不宜러라.

번역 이때 서경(西境)에 한 신부가 죄없는 사람을 죽이거늘 왕이 국법으로 체포하여 처결하고자 하니 대주교가 허락하지 않고 죄수를 자기 집에 가두었다. 왕이 친히 웨스트민트 교회로 가서 개회하고 처결하여 말하기를 지금부터 죄를 지은 신부는 신부로 대우하지 않고 범죄자로 체포하여 법정에서 심사하도록 하라고 하니, 대주교가 끝내 수긍하지 않자 왕이 모든 주교에게 이르기를 너희는 왕명을 따를 것인가 하였다. 대주교가 여러 주교를 보고 왕명 이외의 것이라고 말하니 모든 주교가 하나같이 말하기를 대주교의 명령 이외에는 왕명을 따를 것이라고 하였다. 왕이 그 말을 듣고 대로하여 자리를 박차고 나오니 모든 주교가 큰일이 날까 두려워하여 대주교에게 청하여 왕과 화친하고 다시 개회하여 타결하도록 하니, 대주교가 다시 이르기를 나의 명령 밖이라고 하니 대로하여 회를 파하고, 각 항구의 수졸에게 훈칙하여 불법으로 체포하여 적과 같이 형벌에 처할 것이니 그리 알라 하고, 빠져나가지 못하게 하였다. 당일 주교가 모두 회의하는 자리에 동자가 십자패를 들고 대주교를 따라 그 앞자리에 두니, 왕이 그 사람을 피해 좁은 방으로 가거늘 모든 주교가 화평을 강구하고자 왕명을 따르라고 권하나 대주교가 따르지 않고 말하였다. 소위 속세의 관리가 어찌 법을 심판하겠는가. 내가 마땅히 교황에게 알리리라 하고 옷소매를 잡고 문을 나오거늘 곁에 있던 사람이 그 길을 막고 움켜잡아 자리에 앉히니, 대주교가 노해서 말하기를 내가 전날 전쟁할 때의 장검이 있었다면 마땅히 참했을 것이라고 하였다. 이날 밤에 대주교가 위기를 느끼고 변복하여 배를 타고 홀란드로 향하니 왕이 대로하여 그 가산을 적몰하고 그 무리 4백 명을 유배보냈다. 대주교가 교황과 프랑스 왕의 도움을 받고자 로마로 가서 한 교당에 들어가 영국 왕과 신하들을 성토하고 아울러 출교(黜敎)하니 영국 왕이 잠을 자고자 하다가 이 소식을 듣고 놀라고 분하여 스스로 잠자리를 떨치고 일어나다가 침상 아래 떨어졌는데, 문득 한 계책을 생각하고 각 항구에 신칙하여 교황의 서찰을 들이지 못하도록 하였다. 몇 년 후 영국 왕자가 프랑스 왕녀와 혼인할 때 프랑스 왕이 토머스를 청하여 영국 왕과 강화하니 토머스가 비록 무릎을 꿇으나 강제로 한 것이었다. 프랑스 왕이 영국왕에게 말하기를 이 사람이 교만하고 스스로 고결하여 모든 성상의 위에 있고자 하고 또 모든 성상을 이기고자 하며 세인트 피터(聖彼得, St Peter, 웨스트민스터?)보다 낫다고 하니 대주교가 이를 듣고 발연하므로, 프랑스 왕이 사과

하고 두려워하여 미치지 못하더니 그 후 영국 왕이 다시 프랑스에서 회의를 열고자 토머스가 그 직책에 복귀하고 봉지를 받도록 허락하니 이로부터 서로 힐난하는 폐가 사라졌으나 대주교가 그것을 시행하지 않고 영국 왕에게 밀사를 보냈다. 이보다 앞서 헨리는 교황의 저주를 입어 전국이 소란스러워졌고 태자가 어쩔 수 없이 부극(副極, 공동 통치자)이 될까 의심하여 축복하고자 할 때, 캔터베리 대주교는 원한을 갖고 함께 통치하는 것을 모멸하니 다만 요크 주교만 그 아들을 위해 축복하더니[222] 토머스가 요욕 주교를 주저하고 영국으로 돌아가니 가는 곳마다 발을 드리우고 길에서 환영을 받았으며, 궁중 사람들을 무참히 죽이고 파문했다.

222) 요크 대주교: 베켓의 경쟁자로 대주교가 왕에게 왕관을 씌워주던 켄터베리 대주교의 전통적 권한을 침해하고 헨리에게 왕관을 씌워줌.

第三十課 헤루리之深憂教獘 四

한자	음	한자	음	한자	음
愎	퍅, 독ᄒᆞᆯ	攸	유, 바	斁	두, 패ᄒᆞᆯ
勘	감, 마감ᄒᆞᆯ	繩	승, 노	娶	취, 장가들
蟊	모, 버레	弁	변, 곡갈	詢	슌, 무ᄅᆞᆯ
僉	쳠, 다	駱	락, 약ᄃᆡ	駸	침, ᄉᆡᆨᄅᆞᆯ
站	참, 참	箕	긔, 키	踞	거, 거러안ᄌᆞᆯ
毁	훼, 헐	謗	방, 비방	惴	췌, 두려올
擐	환, ᄢᅰ일	鍵	건, ᄌᆞᆷ을쇠	鏚	쳑, 독긔
恬	념, 편안	倦	권, 계으ᄅᆞᆯ	詣	예, 나아갈
攀	반, 밧들	懟	ᄃᆡ, 원망ᄒᆞᆯ	杜	두, 막을
輔	보, 도을	弼	필, 도을	錚	징, 쇠소ᄅᆡ
曳	예, ᄭᅳ을	几	궤, 궤	暉	휘, 날빗
隩	오, 모퉁이	虩	ᄒᆡᆨ, ᄒᆡᆨ실ᄒᆞᆯ	迄	흘, 밋ᄎᆞᆯ
蘗	죄, 얼	逭	환, 도망	摻[223]	삼, 잡을
拳	권, 쥬먹	歐	구, 칠	沛	패, 잣바질
挲	사, ᄆᆞᆫ질	迭	질, ᄉᆡᆨᄅᆞᆯ	嚚	은, 완악ᄒᆞᆯ
羈	긔, 구레	瞋	진, 부ᄅᆞᄠᅳᆯ	玷	뎜, 틔
韜	도, 칼집	躔	전, 별자리	鬢	빈, 귀밋
零	령, ᄶᅥ러질	濡	유, 져ᄌᆞᆯ	屹	흘, 놉ᄒᆞᆯ
腔	강, 챵ᄌᆞ	圇	륜, 둥굴	囷	균, 창고
倏	ᄒᆞᆯ[224], 문득	憎	증, 뮈울	窩	와, 집
釘	뎡, 못	霰	션, ᄡᆞᆯ악눈	殞	운, ᄶᅥ러질
墳	분, 무덤				

도마쓰ㅣ 與民會讌於간터보리ᄒᆞ고 要見王子ᄒᆞᆫᄃᆡ 王이 恐或被呪ᄒᆞᆯ까 ᄒᆞ야 不許容接이어ᄂᆞᆯ 當聖誕節日ᄒᆞ야 在會堂演說曰 是國은 人心이 剛愎(강퍅)ᄒᆞ고 彝倫(이륜)이 攸斁(유두)ᄒᆞ야 雖殺大主教라도 必無能勘繩其罪ᄒᆞ리라 ᄒᆞ고 又呪大臣三人ᄒᆞ니 此世之人이 誰肯受此君不君 臣不臣 父不父 子不子 女不嫁 男不娶之呪乎아. 王이 大怒曰 孰能爲我ᄒᆞ야 除去蟊賊(제거모적)고. 時有武弁四人이 流目相視ᄒᆞ야 詢謀僉同ᄒᆞ니 箇中三人은 曾隨도마쓰之使行ᄒᆞ야 駕彼四駱ᄒᆞ고 載驟駸駸者也러라. 聖誕後三日에 四人이 同칸터보리ᄒᆞ야 令十二力士로 住站於近店ᄒᆞ고 下午十二時에 入大主教家ᄒᆞ야 不禮箕踞ᄒᆞ니 도마쓰ㅣ 疾視良久에 曰 何所聞而來오. 一人이 曰 方有二件妥決事ᄒᆞ니 一은 還收前日所咀ᄒᆞ고 不復輕施事ㅣ오 一은 爾來王前ᄒᆞ야 自服己罪事ㅣ니라. 도마쓰ㅣ 曰 我所行止ᄅᆞᆯ 王何敢毁謗이며 亦何關於若輩오. 爾雖劍客이나 吾不惴全國之劍이로라. 四人曰 今我來此ㅣ 非徒相議오 將欲行事ㅣ라 ᄒᆞᆫᄃᆡ 도마쓰ㅣ 驅逐四人이어ᄂᆞᆯ 四人이 擐甲帶劍ᄒᆞ고 還至其門ᄒᆞ니 門隷業已封鍵이라. 欲以鍼揚攻門호ᄃᆡ 堅不能破ᄒᆞ고 從夾門入ᄒᆞ니 諸僕이 自意武弁이 不敢犯入聖殿이라 ᄒᆞ야 勸大主教 入聖殿호ᄃᆡ 恬然不動(염연부동)이러니 聞讚美歌聲ᄒᆞ고 倦步詣殿(권보예전)ᄒᆞᆯᄉᆡ 童子高攀十字牌ᄒᆞ고 在前導行ᄒᆞ며 諸僕이 勸閉殿門ᄒᆞ니 大主教ㅣ 曰 此乃天父所居之殿이오 不是大對所戰之地라 ᄒᆞ야 終不杜門이러니 一武入殿曰 王之輔弼은 齊心從我ᄒᆞ라. 選徒嚚嚚(선도은은)ᄒᆞ야 佩刀錚錚ᄒᆞ며 曳履几几(예리궤궤)ᄒᆞ야 如踏平地ᄒᆞ니 是時에 落暉沉沉(낙휘침침)ᄒᆞ고 短燭隱隱(단촉은은)ᄒᆞ야 殿閣四隩(전각사오)에 深不見人이라. 人皆隱身호ᄃᆡ 猶有一人이 攀十字牌ᄒᆞ고 侍立大主教前이러니 武弁(무변)이 大呼曰 大逆不道安在오. 大主教ㅣ 聽若不聞이라가 後聞大主教安在之聲ᄒᆞ고 乃自沉陰中 應聲曰 我在此矣로라. 武弁注意ᄂᆞᆫ 本不嗜殺害其人이오 只欲彈覈其罪라.

---

223) 현대음 '섬' 또는 '참'.

224) 현대음 '숙'.

謂大主教曰 迄今不避ᄒᆞ고 終若抗衡(종약항형)인ᄃᆡ 自作蘖은 不可逭(불가환)이니 請與偕去ㅣ라 ᄒᆞ고 摻執其手ᄒᆞ니 大主教ㅣ 拳毆一武ᄒᆞ야 顚沛于地라. 在傍武弁이 摩挲長劍(마사장검)ᄒᆞ고 迭代其前ᄒᆞ야 責其頑嚚(책기완효)ᄒᆞᆫᄃᆡ 大主教ㅣ 心常不羈ᄒᆞ야 瞋目視武弁ᄒᆞ니 所言之玷(소언지점)을 眞不可磨ㅣ라. 龍韜長鳴(용도장명)ᄒᆞ야 光射星躔(광사성전)ᄒᆞ니 十字牌所攀之人이 以臂翼蔽ᄒᆞ야 少傷大主教之鬢而流血零零이어ᄂᆞᆯ 武弁이 尙不忍自手濡血(상불인자수유혈)ᄒᆞ야 欲使之避호ᄃᆡ 揮之不去ᄒᆞ고 擧手祈禱ᄒᆞ야 屹然特立이어ᄂᆞᆯ 武弁이 不勝熱血이 滿腔圇囷(만강륜균)ᄒᆞ야 手一翻覆ᄒᆞ니 倏忽劍頭에 伊誰云憎고. 心窩痛釘이 如霰消瀜(여산소융)이라. 鞭馬歸京ᄒᆞ니 時王은 有智라. 前日誰能爲我除害之說이 苟不欲其傷命이오 使之逐出境外러니 聞其首殞(문기수운)ᄒᆞ고 恐有教人之變ᄒᆞ야 遣使于教皇ᄒᆞ야 歸咎於四武ᄒᆞ니 該犯四人이 遠走北鄙어ᄂᆞᆯ 教皇이 呪咀四人ᄒᆞᆫᄃᆡ 四人이 不容於英ᄒᆞ고 行乞于市라가 至예루살넴ᄒᆞ야 寒風凄雨(한풍처우)에 自吊其壙ᄒᆞ니라.

번역 토머스가 캔터베리에서 민회를 열고 왕을 뵈니, 왕이 저주를 받을까 두려워 만나지 않았으나 성탄절을 맞이하여 회당에서 연설하여 말하기를, 이 나라는 민심이 강퍅하고 인륜이 유순함을 싫어하여 비록 대주교를 살해하더라도 그 죄를 처벌할 능력이 없다 하였다. 또 대신 세 사람을 저주하여 말하기를 이 사람들이 임금이 임금이 아니며 신하가 신하가 아니고 아비가 아비가 아니며 자식이 자식이 아니다. 여자는 결혼하지 못하고 남자는 아내를 맞이하지 못할 것이라고 저주하였다. 왕이 크게 노해서 말하기를 누가 나를 위해 저 해충과 같은 도적을 제거할 것인가 하였다. 이때 무사 4명이 있어 서로 보고 죽이고자 하니, 이들 중 세 사람은 일찍이 토머스를 수행하여 낙타 4마리가 끄는 수레를 타고 말을 몰던 사람들이었다. 성탄 후 3일 뒤 네 사람이 캔터베리로 가서 12 역사에게 근처 역참에 거주하며 하오 12시 대주교의 집에 들어가 예를 드리지 않고 웅크리니, 토머스가 오래도록 바라본 뒤 말하기를 무슨 일을 듣고 왔는가. 한 사람이 두 가지 해결해야 할 일이 있으니 하나는 전날 저주했던 일(파문한 일)을 거두어 다시 이처럼 경솔한 일을 하지 않도록 함이요, 하나는 이전 왕 앞에서 자기 죄를 자복한 것이라고 하였다. 토머스가 말하기를 내가 행하는 일을 왕이 어찌 방해하며 또한 이런 무리와 무슨 관계가 있는가. 그대가 비록 검객이나 나는 전국의 검객을 두려워하지 않는다고 하였다. 네 사람이 말하기를 지금 이곳에 온 것은 서로 상의한 것이 아니고 장차 일을 행하고자 한다 하니, 토머스가 네 사람을 쫓아내거늘, 네 사람이 갑옷을 입고 칼을 찬 채 그 문을 둘러싸니 문을 지키는 사람이 이미 문을 걸어 잠근 상태였다. 도끼를 들어 문을 부수고저 하되 견고하여 파괴하지 못하고 좁은 문으로 들어가니 여러 시종들이 무기를 들고 감히 성전에 들지 못한다 하며 대주교에게 성당으로 들어가라 하였으나 대주교는 태연히 움직이지 않았다. 찬미가 소리를 듣고 걸음을 움직여 성당으로 들어가고자 할 때 동자가 십자패를 높이 들고 앞길을 인도하고 여러 시종들은 문을 걸어 닫으라고 권했다. 대주교가 말하기를 이곳은 하느님 아버지가 거처하는 성전이요, 싸움을 해야 할 장소는 아니라고 하여 마침내 문을 잠그지 못하더니 한 무사가 성당으로 들어와 말하기를 왕을 보필하는 것이 내가 따라야 할 마음이라고 하였다. 무리가 완악하여 칼을 차고 시끄럽게 신을 끌며 평지처럼 들어오니 이 때 해는 지고 어두워 촛불이 은은하고 전각 네 모퉁이에 사람이 보이지 않았다. 사람들이 모두 피했는데 오직 한 사람이 십자패를 들고 대주교 앞에 시립하더니 무사가 소리를 질러 말하기를 대역무도한 자가 어찌 편안하리오 하였다. 대주교가 못들은 척하다가 뒤에 대주교 어디 계십니까 하는 소리에 침음하던 중 대답하여 내 여기 있노라고 말하였다. 무사의 생각은 본래 사람을 죽이는 것을 좋아하지 않고 다만 그 죄만 묻고자 한 것이다. 대주교가 말하기를 지금 피하지 않고 만약 맞선다면 스스로 지은 죄를 피할 수 없으니 청컨대 모두 돌아가라 하고 그 손을 잡으니 대주교가 한 무사의 손을 이끌어 땅에 자빠뜨렸다. 그

옆에 있던 무사가 장검을 뽑고 그 앞으로 달려들어 시끄럽게 꾸짖는데 대주교가 마음에 담지 않고 눈을 부릅떠 무사를 바라보니 이 말의 욕됨을 씻을 수 없었다. 칼집이 긴 소리를 내며 빛을 발하니 십자패를 잡은 사람이 팔로 가려 대주교의 얼굴에 상처가 나고 피가 흐르거늘 무사가 일찍이 스스로 피에 물든 것을 참지 못해 피하게 하고자 하거늘, 이를 막고 가지 않고 손을 들어 기도하여 홀연히 서 있으니, 무사가 열혈을 이기지 못하는 마음이 가득 차서 손을 뒤집으니 홀연 칼끝이 스치니, 이 누구의 증오인가. 마음이 심히 아프고 눈이 녹아드는 것과 같구나. 말을 타고 서울로 돌아오니 이 때 왕은 지혜가 있는 사람이어서, 누가 능히 나를 위해 제해(除害)하겠느냐는 전날의 말은 진실로 목숨을 해치고자 한 것이 아니며 경지 밖으로 몰아내자는 말이라고 하였는데, 그 수뇌가 죽었음을 듣고 교인들이 변란을 일으킬까 두려워 교황에게 사신을 보내 그 죄를 네 사람의 무사에게 돌리니, 이 네 사람이 멀리 북쪽 변방으로 달아났다. 교황이 네 사람을 저주(파문)하니 네 사람이 영국에서 사는 것이 허용되지 않고 걸식하며 떠돌다가 예루살렘에 이르러 추위와 비바람에 스스로 자신들의 무덤을 팠다.

第三十一課 신신아다쓰之盡職讓功 一

한자	음	한자	음	한자	음
溪	계, 시내	笛	뎍, 뎌	楊	양, 버들
柳	류, 버들	僚	료, 동관	鼎	뎡, 솟
閫	곤, 문지방	聘	빙, 빙문	邵	소, 놉흘
宦	환, 벼슬	蟬	션, 미암이	讀	독, 닑을
桂	계, 계슈나모	粱	량, 기장	梅	미, 미화
棠	당, 아가위	陶	도, 질그릇	鶯	잉, 쇠고리
鵓	블, 비둙이	袒	단, 메일	裼	셕, 버슬
祼	라, 버슬	裎	졍, 버슬	疇	쥬, 밧두둑
縉	진, 띄	紳	신, 띄	亨	형, 형통
裹	과, 쌀	仗	쟝, 집흘	軛	익, 멍에
凱	개, 투구	犒	호, 호군	蒻	약, 갈대
笠	립, 갓	簑	사, 도롱이	芋	우, 토란
栗	률, 밤	棗	조, 대초	梨	리, 비
菊	국, 국화				

在昔羅馬中興之初에 익궈人이 侵掠이어늘 민유시어쓰는 率兵五千ᄒᆞ고 犯其前ᄒᆞ며 노듸어스는 率兵五千ᄒᆞ고 絶其後ᄒᆞᆯᄉᆡ 익궈大將 그락그쓰ㅣ 見羅馬軍兵ᄒᆞ고 佯敗而走ᄒᆞ니 羅兵이 追至山峽中溪谷間이라가 爲伏兵之所挾擊ᄒᆞ야 左右受敵ᄒᆞ니 疑兵前之草木ᄒᆞ고 進退無路ᄒᆞ야 淚笛裏之楊柳터니 時有馬兵二人이 夜逃禍網ᄒᆞ야 歸報羅延한ᄃᆡ

滿延百僚ㅣ 風動鼎沸ᄒᆞ야 深憂全國之危ᄒᆞ고 謀薦制閫之材(모천제곤지재)ᄒᆞ야 禮聘신신아다쓰[225]ᄒᆞ니 是人也ㅣ 曾以戰伐之功으로 再被統領之選이러니 年高德卲(연고덕소)ᄒᆞ야 宦情薄於蟬翼(환정박어선익)ᄒᆞ고 鄕夢切於狐首ㅣ라. 退歸田里ᄒᆞ야 勸兒耕讀ᄒᆞ니 南山桂花ᄂᆞᆫ 對床書而晩開ᄒᆞ고 西舍黃粱은 催夜舂而時熟이라. 携妻看雪梅ᄒᆞ고 抱孫弄海棠ᄒᆞ야 不知老知ᄒᆞ고 其樂陶陶ᄒᆞ니 前日富貴ᄂᆞᆫ 鶯花何時오 鵓鳩喚雨(발구환우)ᄒᆞ고 布穀催舂(포곡최용)이라. 親自袒裼裸裎(친자단석나정)ᄒᆞ고 方有事於西疇라가 望見縉紳來聘ᄒᆞ고 問其所然ᄒᆞ야 知自議院總代ᄒᆞ고 丁寧回語屋中妻曰 今年田事ㅣ 似難亨通이라 ᄒᆞ고 趣駕詣京ᄒᆞ니 京師之野에 自公卿至庶人히 莫不出迎이라. 聞先鋒之所敗ᄒᆞ고 謀敵將之生擒ᄒᆞ야 訓飭王城ᄒᆞ야 商民은 撤廛ᄒᆞ며 百工은 休業ᄒᆞ고 募其强壯ᄒᆞ야 俱編行伍(구편행오)ᄒᆞ고 招其老弱ᄒᆞ야 乃裹糇糧(내과후량)ᄒᆞ야 爰方啓行ᄒᆞ니 朝日務農타다 夕日仗義ᄒᆞ야 親率兵卒ᄒᆞ고 往救敗軍홀ᄉᆡ 使人人으로 各持十二杙(각지십이익)ᄒᆞ고 夜至峽口ᄒᆞ야 圍回敵陣ᄒᆞ고 四境揷杙ᄒᆞ니 自敵陣이로 聞打杙之聲ᄒᆞ고 自驚擾亂이어ᄂᆞᆯ 被圍將卒이 知其援兵來到ᄒᆞ고 戮力赴戰ᄒᆞ야 內應外援이 出其不意ㅣ라. 敵將이 自知兵疲力盡ᄒᆞ고 出陣乞降이어ᄂᆞᆯ 大將이 禁其殺害ᄒᆞ고 虜其渠魁ᄒᆞ야 竪戟設軛(수극설액)ᄒᆞ고 俾行降禮호ᄃᆡ 出自軛下ᄒᆞ야 送歸自家ᄒᆞ고 所奪物貨ᄂᆞᆫ 分給援兵ᄒᆞ야 表其勳勞ᄒᆞ고 그락그쓰와 及 他二將은 縛以鐵索ᄒᆞ야 使之前行ᄒᆞ고 신신아다쓰ᄂᆞᆫ 高座馬車而樂誦凱歌ᄒᆞ고 數萬 軍卒은 皆着花冠而喜奏劍舞ᄒᆞ야 馳入羅京ᄒᆞ니 人民이 歡樂ᄒᆞ야 珍羞盛饌으로 犒饋其軍(호궤기군)ᄒᆞ야 任其就食ᄒᆞ고 全國이 且以願戴之心으로 推尊신신아다쓰ᄒᆞ야 爲六朔間 大統領ᄒᆞ니 신신아다쓰ㅣ 不忍拒絶ᄒᆞ야 只經十六日視務ᄒᆞ고 退歸鄕里ᄒᆞ야 篛笠綠簑로 自修農業ᄒᆞ야 園收芋栗(원수우율)ᄒᆞ고 野撲棗梨ᄒᆞ며 秋咏楓菊ᄒᆞ고 春弄

225) 신신아다쓰: 로마시대 집정관. 구체적으로 어느 인물인지 추론하기 어려움. 가이우스 마리우스일 가능성이 있으나 확인되지 않음.

花鳥홀싀 自上下議院으로 齎送金銀衣服ᄒ고 割封菜邑이어늘 신신아다쓰ㅣ 讓不居功ᄒ니 此事雖在於數千載前이나 名猶香於數千載之後ㅣ러라.

번역 옛날 로마 중흥의 초기에 에게인이 침략하니 민유시어쓰(?)는 병사 5천을 거느리고 그 앞을 막고 노디어스(?)는 5천으로 그 뒤를 막았다. 에게 대장 그락그쓰(?)가 로마 군병을 보고 거짓으로 패하여 달아나니 로마 병사가 추격하여 협곡에서 복병을 만나 습격당하니 좌우에 적이며 병사들 앞에 초목으로 만든 의병이 있어 진퇴양난이었다. 이때 마병 둘이 야밤에 도주하여 로마 조정에 보고하니, 조정 신료들이 우왕좌왕 솥에 물 끓듯이 전국의 위기를 걱정하고 한 인재를 천거하여 신신아다쓰(?)를 초빙하니 이 사람은 일찍이 전공으로 통령에 두 번이나 선출된 사람으로 나이가 많고 덕이 높아 벼슬길을 매미 날개같이 가볍게 여기고 고향에 돌아가 살고자 한 사람이었다. 고향으로 돌아가 아이를 보고 농사를 짓고 책을 읽으니, 남산의 계관화는 책상에 가득 만개하고 서쪽 사옥 누런 곡식은 밤새 쬥기를 재촉한다. 처와 함께 설매(雪梅)를 감상하고 손자를 안고 꽃놀이를 하니 늙는 줄을 모르고 그 즐거움이 도도하니 전날 부귀는 어느 때인가 비둘기가 비를 부르고 곡식 쬥기를 재촉한다. 친히 옷을 벗고 서쪽 언덕에서 일을 하다가 벼슬아치가 찾아오는 것을 보고 그 이유를 물으니, 원로원으로부터 총대를 맡길 것을 알고 그 부인을 돌아보며 말하기를 금년 농사가 잘 되기는 어렵겠다고 하고, 수레를 몰아 서울(로마)로 가니 공경(公卿)으로부터 서인에 이르기까지 환영하지 않는 사람이 없었다. 선봉이 패했음을 듣고 적장을 생포하고자 하여 왕성을 살피니, 상민은 상점을 철폐하고 모든 공인은 휴업하고 그 장병을 모집하여 대오를 편성하고, 그 노약자를 불러 양식을 싸게 하며 행할 것을 밝히니, 아침에 농사에 힘쓰다가 저녁에 의기를 세워 친히 병졸을 거느리고 패군을 구하러 갔다. 이 때 사람마다 각각 12개의 말뚝을 잡게 하고 밤에 좁은 산 어귀에 이르러 적진을 둘러싸고 사방에 말뚝을 박으니 적진이 이 말뚝소리를 듣고 놀랐다. 포위된 장졸이 원병이 왔음을 알고 힘서 전투에 임해 안과 밖이 상응하여 뜻하지 않은 곳으로 나아갔다. 적장이 병사들의 힘이 다했음을 알고 스스로 나와 항복을 구하거늘 대장이 살해를 금지하고 그 우두머리를 포로로 잡아 칼을 씌워 체포하고 항복의 예를 받되, 스스로 굴레 아래 내려가 (패군을) 각기 집으로 돌려보내고 빼앗은 물화는 원병에게 나누어 주며 공적을 드러냈다. 크락크스와 다른 두 장수는 속박하여 앞에 보내도록 하고 신신아다스는 높은 말에 올라 개가를 부르고 모든 군졸은 화관을 쓰고 검무를 추어 로마 수도로 들어오니 인민이 기뻐 즐기며 진수성찬으로 그 군대에 제공하여 먹게 하고, 전국이 추대하는 마음으로 신신아다스를 추존하여 6개월 간 대통령을 삼았다. 신신아다스가 거절하지 못하고 다만 16일 동안 업무를 보고 고향으로 돌아가 삿갓 쓰고 도롱이 입고 스스로 농사를 지어 밭에서 토란을 거두고 손수 대추며 배를 가꾸고 가을에는 단풍과 국화를 노래하고 봄에는 화조를 즐기니 상하 의원이 금은과 의복을 보내고 채읍(菜邑)을 봉하거늘, 신신아다스가 사양하니 이러한 일은 수천 년 전이나 그 이름은 수천 년 후에 오히려 더 향기롭다.

牖蒙千字

유몽천자 권4

牖蒙 續編

序

凡有本國所行之事, 卽必有本國所著之文, 所以古人行文, 莫先乎記事通情, 不在乎索隱行怪, 自所見而及其所未見, 自所知而及其所未知, 方言俚語, 土俗物産, 莫不備記, 使後之人, 見其文而知其國之如何者, 天下之通情也.

번역 무릇 본국에서 일어나는 일은 곧 반드시 본국에서 지은 글이 있으니, 그 까닭에 고인의 글쓰기는 사실을 기록하고 사정을 통하는 것보다 우선하는 것이 없으며, 숨은 것과 기괴한 행실을 찾는 데 있지 아니하다. 스스로 본 바와 보지 않은 바, 스스로 알고 있는 바와 알지 못하는 바, 방언과 속어, 토속 물산이 기록할 준비가 되지 않은 것이 없으니 후세 사람으로 하여금 그 글을 봄으로써 그 나라의 어떠함과 천하의 사정을 알게 한다.

嗟東方, 自箕子以後假借漢文, 以通其用, 故習於中國人所著章句, 或潛心於尋章摘句, 或事從於浮誇放浪, 唐虞世代之治, 洞瀟等地之景, 隨問隨答, 朝讀暮誦, 而至如本國之事, 無異於霧中看花, 夢裡償春, 問不能答, 思不能得, 何君何士之聖哲, 某水某山之佳麗, 寥乎無聞, 可勝歎哉.

번역 아, 동방(우리나라)은 기자 이후로 한문을 빌려 씀으로써 그것을 통용하니, 그런고로 중국인이 지은 장구(章句)를 익히고, 혹은 그 구절을 발췌한 것을 마음에 새기며, 혹은 실속없이 과장되고 방랑한 일을 따르며, 당우(唐虞) 세대의 정치와 동정·소호 등지의 경치를 막힘없이 묻고 대답하며, 아침에 읽고 저녁에 암송하여 본국의 일과 같은 경지에 이르러 안개 속에서 꽃을 봄과 다름이 없고, 꿈속에서 봄을 감상하듯 물어도 답할 수 없고, 생각해도 깨칠 수 없으니, 어느 임금 어느 선비의 성스럽고 밝음이나 어느 물 어느 산의 아름다운 경치를 들은 바 없이 휑하니 가히 탄식할 일이다.

老士碩儒之稱爲有識者, 尙且如此, 新學少生之懵(어리석을 몽)於趣向者, 何所效則乎. 乃編次聖君賢士之卓然可法者, 考古證今, 並著山水堂窩之超然可觀者, 顧名取義, 可以質前代治亂之要領, 且以破後人聞見之孤陋

번역 노사(老士)·석유(碩儒)라고 일컫는 유식한 사람들도 하물며 이러하거든 신학(新學)의 젊은 생도의 어리석은 취향은 무엇을 본받을 것인가. 이에 성군 현사의 탁연하여 가히 본받을 만한 것을 가려서(편찬하여) 옛것을 살피고 지금을 증거하며, 아울러 산수당와(堂窩)가 초연하여 가히 볼 만한 것을 드러내어 명분을 돌아보고 의(義)를 취함으로써, 가히 전대의 치란(治亂)의 본질로 요령을 삼도록 하며, 또한 후세 사람의 견문이 고루함을 깨뜨리고자 한다.

子君臣之義, 風雲月露之情, 莫不該括, 簡而不煩, 精而且要, 故, 庶乎智者, 可以三四年而通, 愚者, 不過五六年而學, 記其事則可以得要, 通其情則可以知其眞, 無所用而不備, 無所往而不達, 雖至精至微, 極高極遠, 皆可得而書矣. 則文雖取於中國, 功何讓於中國乎.

번역 그대들, 군신의 의리와 비바람 달빛 이슬의 정이 이에 묶이지 않음이 없으며 간결하면서도 번잡하지 않고, 정밀하면서도 또한 요체가 있으니, 그러므로 지혜로운 자들은 가히 삼사년에 통달할 수 있고, 어리석은 자들도 불과 오륙년에 배울 수 있으니, 그 사실을 기록함은 곧 요점을 이해할 수 있고, 그 사정을 통하는 것은 곧 그 진실을 알 수 있으므로 필요함에 준비되지 않은 바 없고, 가야 할 곳에 이르지 않은 바 없어, 모름지기 정밀함에 이르고 미세함에 이르러 지극히 높고 지극히 원대함을 모두 가히 얻어 기록하고자 하였다. 곧 글은 비록 중국에서 취하였으나 그 공은 어찌 중국에 양보하겠는가.

至於洪範九疇226) 乃是我東化物成俗之聖君, 所作也. 取著編首, 以示斯文所來之原, 若其五行陰陽卜筮(복서)227)之說, 雖曰古人精義, 多端蒙蔽(몽폐),228) 使人易於浸惑, 則不足以爲訓斯世, 不必溯源探根, 消磨歲月也.229)

번역 홍범 구주에 이르러 우리 동방의 문화가 성군의 풍속이 되었으니, 이를 취하여 으뜸으로 엮음으로써 이 문장의 본원을 보이고자 한다. 만약 오행 음양 복서의 설은 비록 고인의 정교한 의미를 말하더라도 그 줄기가 복잡하고 포괄적이어서, 사람으로 하여금 쉽게 유혹에 빠져들게 하니 곧 이 세상을 가르치게 하는 데 족하지 아니하고, 근원을 거슬러 올라가거나 뿌리를 찾는 일도 필요하지 않아 시간이 지남에 따라 소멸 마모되었다.

古人所云不得於言, 勿求於心者, 可謂識時務之至論, 何必泥乎古而不通乎今也哉. 不以文害辭 不以辭害志, 惟適於日用事物者, 拳拳服膺, 至於迂遠無實處, 不苟甚解, 而觀先聖之制度爲取諸賢之諷詠勸懲, 分課就程, 比諸舍己從人之日, 事半功倍, 其於敎育之道, 未必無小補云爾.
옛사람이 이르기를 말로 이해하지 못하는 바는 마음으로 구하지 말

---

226) 홍범구주: 『서경』의 홍범에 기록되어 있는, 우(禹)가 정한 정치 도덕의 아홉 원칙. 오행, 오사, 팔정(八政), 오기, 황극, 삼덕, 계의, 서징(庶徵) 및 오복과 육극이다.

227) 사문(斯文): 유학자.

228) 복서(卜筮): 점.

229) 홍범구주: 『서경』의 홍범에 기록되어 있는, 우(禹)가 정한 정치 도덕의 아홉 원칙. 오행, 오사, 팔정(八政), 오기, 황극, 삼덕, 계의, 서징(庶徵) 및 오복과 육극이다.
사문(斯文): 유학자
복서(卜筮): 점

번역 것이니, 시무의 지론(至論)을 안다고 일컬을 수 있다. 어찌 옛 것에서 진흙을 찾고 지금과 통하지 않음이 있으랴. 글로써 말을 해롭게 하지 아니하고 말로써 뜻을 해롭게 하지 아니하는 것은 오직 일용 사물에 적용하는 것뿐이니 참된 마음으로 복응하여 우원하고 실속 없는 데 이르러 깊이 해석하지 아니하고, 성현의 제도를 살펴 제현의 풍영(諷詠)과 권징(勸懲)을 취하여 과정을 나눔으로써, 자신을 버리고 타인을 따르는 후일과 비교하여, 노력은 적게 들이고 성과는 배가 되도록, 교육의 방침에 다소라도 보탬이 되지 않는 바가 없게 하고자 할 따름이다.

第一課

내용: 箕子東來, 洪範=기자동래는 한문, 홍범은 국한문

=기자가 주 무왕에게 홍범구주를 지어 바쳤으며, 무왕은 조선도 평양에서 홍범의 도를 가르치도록 하였다. 8조를 두고 삼강을 구주에 밝히고 설명하여 계도함으로써 우리 동방 문명의 융성함이 곧 오랑캐를 중국의 도로 변화시키고 윤리를 확립하도록 하여 -----

洪範: 국한문체

惟十有三祀에 王이 訪于箕子하시다. 王이 乃言曰 嗚呼ㅣ라. 箕子아. 惟天이 陰騭下民(음즐하민)ᄒᆞ샤 相協厥居ᄒᆞ시니 我는 不知其===

(홍범구주)

初一은 曰 五行이오, 次二는 曰 敬用五事오, 次三은 曰農用八政이오, 次四는 曰 協用五紀오, 次五는 曰 建用皇極이오, 次六은 曰乂用三德이오, 次七은 曰明用稽疑오, 次八은 曰念用庶徵이오, 次九는 曰嚮用五福이오 威用六極이니라.

一 五行

二 五事

三 八政

四 五紀

五 皇極

第二課

내용: 홍범 구주 이어짐

六 三德
七 稽疑
八 庶徵
九 五福

第三課

내용: 세종대왕 기사, 계주편=한문

第四課

내용: 숙종대왕 기사, 창파편주도식(滄波扁舟圖識): 한문

第五課

내용: 薛聰, 花王戒＝한문

第六課

내용: 崔致遠, 上大師侍中狀＝한문

牖蒙千字

牖蒙千字 原典

隆熙三年三月十五日印刷
隆熙三年三月二十日發行

牖蒙續編〔終四〕

定價金二十錢

著述者 英國文學博士 奇一牧師

校閱者 聖書繙譯會委員 李昌植

發行者 廣學書舖 金相萬

印刷所 徽文館

皇城中部布屛下三十七統六戶 發賣所 廣學書舖
京鄉各書店

ㅇ

아 哦 읇ᄒᆞᆯ
아 迓 마즐
애 崖 언덕
애 埃 틔끌
애 閡 막힐
애 艾 쑥
애 厓 언덕
의 隘 좁을
애 獃 미련ᄒᆞᆯ
애 礙 걸닐
암 闇 어두울
암 菴 암ᄌᆞ
안 鞍 안장
안 鴈 기럭이

앙 昻 ᄇᆞᆰ을
앙 殃 지앙
압 鴨 오리
야 射 벼슬
야 倻 절
양 暘 ᄇᆞᆰ을
양 煬 녹일
양 襄 도울
양 穰 풍년
양 瀁 물
양 駚 ᄇᆞᆰ을
어 淤 더러울
어 鋙 섭섭ᄒᆞᆯ
어 圄 곤ᄒᆞᆯ
엄 淹 머므를

언 彥 클
여 餘 남을
여 洳 물
예 睿 어질
예 栧 돗대
예 薉 더러울
예 枘 자로
예 裔 옷깃
역 驛 역마
염 艶 고ᄒᆞᆯ
염 厭 슬ᄒᆞᆯ
염 恬 편안
염 灩 물결
염 冉 약ᄒᆞᆯ
연 衍 넓을

연 筵 자리
연 捐 버릴
연 沿 좃출
연 蜎 버레
연 姸 고ᄒᆞᆯ
영 詠 읇ᄒᆞᆯ
영 嬰 놉ᄒᆞᆯ
영 楹 기동
영 瑩 구슬
엽 燁 빗날
오 燠 더울
오 吳 나라
오 娛 즐길
오 梧 오동
오 惡 슬ᄒᆞᆯ

오 汙 더러울
오 傲 거만ᄒᆞᆯ
외 煨 구을
외 猥 외람
옥 獄 옥
옥 沃 기름질
온 昷 다슬
옹 蓊 줄기
옹 顒 클
옹 甕 독
요 妖 요망
뇨 了 뭇출
요 徼 마즐
요 澆 져즐
요 腰 허리

용	聳	소ᄉᆞᆯ
용	踊	ᄯᅱᆯ
용	墉	담
용	冗	번거
우	吁	슯ᄒᆞᆯ
우	禑	도을
우	禹	님군
우	雩	긔우졔
우	祐	도을
위	尉	벼ᄉᆞᆯ
위	葦	갈
위	韋	가족
위	葳	셩ᄒᆞᆯ
위	魏	나라
위	蔚	셩ᄒᆞᆯ
욱	澳	물가
운	沄	흐ᄅᆞᆯ
운	韻	운
웅	熊	곰
웅	雄	슈
울	鬱	답답
유	踰	넘을
유	庾	곳집
유	儒	션비
유	諛	아당
유	愉	할ᄒᆞᆯ
유	裕	넉넉
유	腴	기ᄅᆞᆷ질
유	鮪	고기
윤	尹	맛
율	汩	ᄒᆞᆯᄅᆞᆯ
의	顗	삼갈
의	猗	아ᄅᆞᆷ다올
의	懿	아ᄅᆞᆷ다올
은	殷	나라
응	膺	가ᄉᆞᆷ
을	乙	새
읍	悒	근심
이	彝	ᄯᅥᆺ々
이	貽	줄
이	邐	갓가올
이	迤	도라올
이	圯	흙ᄃᆞ리
이	弛	풀닐
이	珥	귀에고리
이	蘙	셩ᄒᆞᆯ
익	弋	주살
익	翊	도올
임	壬	북방
임	衽	옷깃
인	堙	막올
인	仞	길
인	姻	혼인
일	佚	편안
와	窩	집
왜	倭	나라
완	蜿	ᄉᆞᆷ작일
왕	汪	너ᄅᆞᆯ
원	苑	동산
원	鴛	원앙
	ㅎ	
하	遐	멀
하	廈	집
ᄒᆡ	峐	야산
ᄒᆡ	廨	관청
ᄒᆡ	瀣	이ᄉᆞᆯ
ᄒᆡ	骸	ᄲᅧ
학	涸	마ᄅᆞᆯ
함	咸	다
함	啣	명함
함	緘	봉ᄒᆞᆯ
한	僩	굿셸
한	閑	동ᄂᆡ
홍	恒	홍샹
항	沆	물
향	餉	먹일
허	嘘	불
헐	歇	쉬일
혜	兮	어조ᄉᆞ
혁	焱	불ᄭᅩᆺ

二

현	衒	빗뵐
현	炫	밝을
형	馨	꼿다올
협	協	화ᄒᆞᆯ
협	浹	물
협	蛺	나뷔
후	候	졔후
휘	諱	휘ᄒᆞᆯ
휘	輝	빗날
호	濠	물
호	胡	오랑키
호	皞	흴
호	沍	얼
호	滸	물가
회	繪	그림
회	廻	도라올

회	淮	회슈
회	膾	회칠
회	檜	젼나무
획	畫	그을
홍	弘	클
홀	笏	홀
효	孝	효도
흉	兇	흉ᄒᆞᆯ
희	僖	즐거울
희	熙	밝을
희	憘	편안
희	晞	마를
희	嘻	슯흘
희	餼	먹일
희	曦	날빗
흘	訖	맛출

힐	詰	힐난
화	驊	몰
환	奐	빌날
환	歡	즐거울
환	闤	담
환	煥	빗날
환	喚	부를
환	鬟	머리치
황	纊	솜
황	隍	언덕
황	遑	겨를
황	皇	님군
황	潢	은하슈
황	滉	깁흘
황	篁	듸
황	怳	황홀

활	豁	널올
훤	暄	더울
훤	喧	들뵐
	ㄱ	
가	伽	절
가	軻	슈레
ᄀᆡ	塏	싸
ᄀᆡ	愷	즐거울
ᄀᆡ	丐	빌
각	閣	집
감	酣	취ᄒᆞᆯ
간	侃	굿셀
간	諫	간ᄒᆞᆯ
ᄀᆞᆫ	艮	ᄀᆞᆫ방
간	艱	어려울
간	澗	시ᄂᆡ

강	彊	굿셀
강	疆	디경
강	襁	보ᄌᆞ
강	姜	셩
ᄀᆡᆼ	秔	벼
ᄀᆡᆼ	羹	국
거	祛	소믜
거	蘧	대머리
거	鉅	톱
거	莒	풀
걸	桀	사오나올
계	稽	상고ᄒᆞᆯ
계	戒	경계
계	繼	니을
계	癸	북방
계	契	싸

三

음	字	뜻
계ㆍ	髻	상토
계	磎	산길
계	薊	싸
계	鸂	물닭
격	闃	고요ᄒᆞᆯ
겸	慊	한ᄒᆞᆯ
겸	鉗	자갈
견	鵑	덜
경	勁	굿셀
경	儆	경동ᄒᆞᆯ
경	逕	길
경	慶	경ᄉᆞ
경	扃	닷을
경	磬	경쇠
고	誥	고ᄒᆞᆯ
고	藁	잡
고	皐	언덕
고	膏	기름
고	扣	두ᄃᆞ릴
고	盬	약ᄒᆞᆯ
고	枯	마ᄅᆞᆯ
고	槁	마를
괴	蒯	풀
괴	瑰	옥돌
곡	鵠	ᄯᅡ욱이
곡	轂	수릐
곡	斛	휘
곤	鯀	고기
공	恐	두려울
공	貢	밧칠
공	鞏	굿을
굉	閎	너ᄅᆞᆯ
공	筇	집힝이
교	矯	ᄉᆞᆷ일
교	郊	들
교	翹	들
교	鮫	물사롬
교	嘐	울
구	龜	거북
구	軀	몸
구	謳	노릐
구	裘	갓옷
구	劬	힘쓸
국	局	판
국	麴	누룩
군	皸	터칠
규	料	얼을
규	奎	별
규	畦	이랑
규	圭	홀
균	均	고ᄅᆞᆯ
균	菌	버셧
기	跂	져여디딜
기	歧	갈내길
기	夔	즘승
기	忮	모질
길	吉	길ᄒᆞᆯ
긔	棊	돌
긔	頎	길
긔	綺	비단
긔	寄	븟칠
긔	淇	물
긔	沂	물
극	殛	죽일
극	亟	급ᄒᆞᆯ
근	覲	볼
긍	兢	조심ᄒᆞᆯ
급	岌	위티ᄒᆞᆯ
관	舘	집
광	誑	속일
괄	括	거둘
괘	卦	팔괘
궤	匱	궤
궤	闠	져ᄌᆞ문
권	惓	정셩
쾌	快	쾌ᄒᆞᆯ
	口	
마	罵	ᄭᅮ지즐
마	麛	작셜
매	邁	갈

四

막 鬘 갈기
막 邈 멀
만 漫 길
만 幔 장막
망 漭 아득홀
망 莽 풀
망 芒 가싀
밍 孟 맛
말 抹 가로
모 帽 사모
모 謨 꾀
모 模 법
모 茅 띄
목 睦 화목
몽 蒙 무릅쓸
몰 沒 쌔질

묘 廟 ᄉᆞ당
묘 眇 외눈
무 廡 힝랑
무 戊 별
무 蕪 것칠
무 貿 살
무 誣 속일
무 鶩 달닐
문 汶 물
묵 默 ᄌᆞᆷᄌᆞᆷ
미 弭 부리올
미 薇 고사리
민 泯 싸질
민 悶 민망
민 閔 싸
ㄴ

내 迺 이에
남 楠 들미나무
녁 翮 ᄂᆞᆯᄀᆡ
노 弩 소뇌
뇨 撓 흔들
뉴 紐 밀
ㅂ
비 裴 셩
비 湃 물소리
박 舶 비
박 礴 돌
박 粕 겨
박 搏 칠
반 叛 비반
반 頒 반포홀
반 泮 물

방 磅 돌
방 旁 겻
방 坊 막을
발 渤 물
발 跋 발블
범 範 법
범 范 셩
번 蕃 셩홀
번 藩 울타리
벌 伐 칠
벽 擗 쪽일
벽 劈 쪽일
벽 璧 구슬
변 卞 변졍
변 汴 물
병 屛 병풍

粉 丙 남녁
보 普 너를
보 黼 용포
보 甫 겨우
봉 葑 빅ᄎᆡ
봉 烽 봉화
부 符 병부
부 鳧 오리
부 阜 언덕
부 郛 셩
부 鈇 독긔
부 掊 칠
부 缶 장고
부 傅 스승
부 敷 펼
분 粉 가루

五

분	賁	클
분	芬	쏫다올
분	濆	물가
불	黻	룡포
불	刜	싹글
불	弗	아닐
붕	淜	물소리
비	丕	클
비	匪	아닐
비	卑	나즐
비	裨	도올
비	妃	계집
비	扉	싸리문
비	翡	비취
비	畀	줄
빈	瀕	물가
빈	儐	갓촐
빙	俜	헛ᄒᆞᆫ거름
	丂	
파	覇	웃듬
픽	浿	물
핑	砰	물소리
폐	幣	폐빅
편	扁	적을
편	蹁	빗드딀
편	鞭	치직
평	坪	들
포	鮑	고기
포	鋪	느즐
표	飄	놀닐
표	鑣	자갈
풍	馮	셩
풍	諷	ᄀᆡ유ᄒᆞᆯ
피	陂	언덕
피	披	헷칠
필	蹕	긋칠
필	罼	그물
	己	
라	邏	순라
락	洛	물
람	攬	당길
람	嵐	산긔운
란	鸞	란새
란	欄	란간
랑	郞	사나희
랑	廊	힝랑
랍	蠟	셧돌
량	諒	알
량	樑	들보
려	驪	말
려	戾	어그러질
려	礪	숫돌
려	唳	울
려	廬	집
려	蠡	죠기
례	醴	단술
력	曆	칙력
렴	歛	거둘
렴	廉	청렴
렴	瀲	넘칠
렴	濂	물
련	蓮	련
련	輦	련
령	伶	광ᄃᆡ
령	逞	쾌ᄒᆞᆯ
로	鹵	ᄶᆞᆯ
뢰	籟	피리
록	麓	산발
요	遼	멀
요	寥	고요
요	繚	얽힐
요	憀	한ᄒᆞᆯ
루	鏤	삭일
루	窶	간난ᄒᆞᆯ
루	壘	진
류	謬	그릇
류	騮	말
류	瀏	맑올
류	劉	죽일
륜	崘	뫼

六

융	癃	여윌
름	廩	곳집
름	懍	름름홀
릉	陵	언덕
리	邐	련홀
리	俚	쇽담
리	狸	숙
리	籬	울타리
	人	
ᄉᆞ	徙	옴길
ᄉᆞ	伺	살필
샤	榭	기동
ᄉᆞ	竢	기다릴
사	砂	쥬사
사	莎	쎄
사	謝	샤례

삭	數	자조
삭	槊	창
삭	爍	빗날
산	傘	일산
산	刪	삭글
샹	觴	잔
샹	庠	학교
샹	裳	치마
살	鎩	창
ᄉᆡᆼ	笙	피리
삽	颯	바람
셔	舒	펼
셔	墅	농막
셔	胥	서로
서	鉏	호믜
셔	黍	기장

셔	噬	씹을
셕	蓆	플
셕	釋	노흘
셕	席	자리
셕	碩	클
셕	潟	짝
셤	銛	삽
션	禪	중
션	躚	뒤칠
션	蟺	셔릴
션	羨	부러올
션	膳	반찬
셩	誠	졍셩
셩	惺	ᄭᅢᄃᆞ롤
셜	薛	짜
셜	挈	ᄭᅳ올

셜	洩	셜
셥	躡	ᄇᆞᆲ올
소	泝	거ᄉᆞ릴
소	巢	깃드릴
소	疏	글
소	素	힐
쇼	銷	녹일
쇼	簫	통쇼
소	焇	불사롤
소	蔬	셤길
쇼	瀟	물
솔	率	거ᄂᆞ릴
솔	蟀	귀ᄯᅳ람이
슈	隋	나라
수	叟	늙은이
슈	燧	불쑷

슈	粹	슌젼홀
슈	睢	눈가
슈	岫	뫼부리
슈	邃	깁홀
슈	售	팔
슈	綏	인ᄭᅳᆫ
슈	隧	역마올
슈	脩	길
슈	倕	공교
슉	夙	이를
슌	楯	란간
슌	醇	술
술	述	긔록
술	潏	물가
승	陞	오롤
승	僧	중

七

승	承	니을
승	升	오롤
시	翅	놀ᄀᆡ
시	豕	도야지
시	諡	시호
심	燖	닉을
심	瀋	ᄌᆞᆷ길
신	辛	ᄆᆡ울
신	矧	ᄒᆞ물며
신	呻	신흠
신	宸	대궐
신	汛	ᄲᅮ릴
신	蜃	조ᄀᆡ
실	悉	다
실	蟋	귀ᄯᅳ람이
	ㄷ	
담	澹	ᄆᆞᆰ을
단	檀	박달
당	倘	만일
당	瞠	부릅ᄯᅳᆯ
달	闥	문지방
달	獺	슈달
도	綯	삭기
도	叨	탐ᄒᆞᆯ
도	稻	벼
도	度	지날
도	桃	복소아
도	賭	나기
도	饕	탐ᄒᆞᆯ
독	瀆	더러울
독	黷	더러울
돈	沌	ᄒᆞ릴
동	棟	기동
동	童	ᄋᆞᄒᆡ
동	幢	긔
두	餖	만두
두	竇	구멍
등	滕	나라
등	磴	돌길
	、ㅌ	
ᄐᆡ	宅	다롤
타	唾	침
ᄐᆡ	台	별
ᄐᆡ	殆	자못
ᄐᆡ	怠	게으롤
ᄐᆡ	兌	셔방
탁	啄	ᄶᅩ을
탑	榻	탑
퇴	焞	셩ᄒᆞᆯ
특	忒	간특ᄒᆞᆯ
	ス	
ᄌᆞ	恣	방ᄌᆞ
ᄌᆞ	咨	무롤
ᄌᆞ	孜	부ᄌᆞ런ᄒᆞᆯ
ᄌᆞ	紫	ᄇᆞᆰ을
ᄌᆞ	梓	가나무
쟈	炙	구을
쟈	赭	ᄇᆞᆰ을
ᄌᆞ	疵	흠
ᄌᆡ	齋	지계
ᄌᆡ	滓	씻기
재	宰	ᄌᆡ샹
잔	剗	살글
쟉	綽	녀녁ᄒᆞᆯ
장	粧	단장
장	臟	오장
쟝	薔	장미
장	狀	글
장	莊	엄장
쟝	嶂	뫼부리
장	戕	해ᄒᆞᆯ
잡	雜	셕길
져	篨	대머리
져	楮	닥나모
져	樗	가죽나모
져	苧	모시
졔	霽	ᄀᆡ일
뎨	禔	핫옷
뎨	悌	공경
뎨	梯	사ᄃᆞ리

八

음	한자	뜻
졔	躋	오를
젹	勣	공
젹	謫	귀향
젹	荻	갈
젹	幘	수건
뎍	摘	ᄯᅡᆯ
뎍	翟	ᄭᅯᆼ
뎍	靮	굴레
뎜	佔	엿볼
뎐	腆	두터울
뎐	畋	산양
젼	篆	젼ᄌᆞ
젼	展	펼
뎐	癜	병들
젼	鸇	새매
뎐	巓	니마
뎐	鈿	비녀
젼	銓	져울눈
젼	詮	의론
졍	貞	곳을
졍	鄭	나라
졍	靚	ᄐᆡ도
졍	汀	물가
졍	婧	평ᄒᆞᆯ
졍	程	길
뎡	挺	ᄲᆡ일
뎡	飣	진설ᄒᆞᆯ
졍	菁	무우
뎡	霆	우뢰
뎡	蜓	잔자리
졀	浙	물
졀	切	간졀
졀	岊	놉흘
뎝	蝶	나뷔
조	槽	귀유
조	厝	둘
죠	趙	나라
조	糟	겨
조	竈	부억
조	躁	ᄲᅥᆯ
됴	凋	ᄯᅥ러질
죠	啁	울
조	狙	도마
됴	刁	됴두
죵	縱	노흘
종	綜	ᄌᆞ셰
졸	拙	졸ᄒᆞᆯ
쥬	紂	사오나올
쥬	疇	이랑
쥬	誅	버힐
쥰	峻	놉흘
쥰	濬	칠
쥰	惷	미욱ᄒᆞᆯ
준	樽	술준
증	增	더ᄒᆞᆯ
증	甑	시루
증	矰	쥬살
즙	緝	닑을
즙	葺	기울
즐	騭	도을
지	底	니를
지	祇	공경
지	識	긔록
지	砥	숫돌
지	祉	복
지	址	터
진	晉	나라
딘	殄	다ᄒᆞᆯ
진	珍	보ᄇᆡ
진	榛	가얌
진	臻	니를
진	鎭	진졍
딜	耋	늙을
질	窒	막을
질	姪	족하
질	秩	ᄎᆞ례
징	澄	ᄆᆞᆰ을
좌	佐	도을
	ㅊ	
치	磋	갈

九

음	한자	뜻
차	嗟	슯ᄒᆞᆯ
ᄎᆡ	砦	진칠
ᄎᆞᆷ	僭	ᄎᆞᆷ람ᄒᆞᆯ
참	巉	놉ᄒᆞᆯ
참	讒	참소
찬	贊	도을
창	愴	슯ᄒᆞᆯ
창	彰	빗날
창	惝	슯ᄒᆞᆯ
창	瘡	헌듸
창	滄	바다
창	敞	너를
찰	拶	핍박ᄒᆞᆯ
쳐	悽	슯ᄒᆞᆯ
쳬	滯	걸닐
쳬	螮	무지게

음	한자	뜻
톄	睇	볼
톄	遞	갈
텩	惕	두려울
쳑	脊	등마루
쳑	躑	ᄯᅱᆯ
쳑	拓	열
텩	剔	ᄲᅧ러질
텩	滌	씨슬
쳠	諂	아쳠ᄒᆞᆯ
쳠	瞻	볼
쳔	闡	밝을
쳔	囅	우슴
쳥	蜻	잔자리
쳘	餟	졔물
쳘	掣	ᄭᅳ을
쳘	啜	마실

음	한자	뜻
쳘	喆	ᄇᆞᆰ을
쵸	稍	졈졈
쵸	湫	좁을
쵸	愀	슯ᄒᆞᆯ
최	崔	놉ᄒᆞᆯ
쵹	趣	ᄌᆡ쵹
쵹	觸	질일
쵹	躅	ᄌᆞ최
춍	摠	다
추	趨	추창
츄	楸	가래나모
추	鄒	ᄯᅡ
추	甃	우물돌
츄	啾	울
추	騶	ᄆᆞᆯ
츄	惆	셥셥ᄒᆞᆯ

음	한자	뜻
취	醉	취ᄒᆞᆯ
취	趣	지취
취	炊	밥지을
취	毳	담
츅	畜	져츅ᄒᆞᆯ
측	昃	기울
측	仄	기울
치	峙	고ᄀᆡ
치	緻	ᄲᆡᆨᄲᆡᆨᄒᆞᆯ
치	癡	어리셕을
칙	勑	신칙ᄒᆞᆯ
칙	鶒	물새
칙	飭	신칙ᄒᆞᆯ
침	鋟	ᄉᆡᆨ일
촬	撮	ᄲᆞᆸ을

十

之憂而致者耶、易、曰夕惕若厲、孟子、曰君子有終身之憂、是憂也、乾乾而不
息、競競而不息、將以修吾德而講吾學也、然則修之如何、必之所得乎天者、
本非不明、而氣拘物蔽、不能全其天賦、則只當惕然反省、誠以閉邪、敬以直
內、刮去舊染、如古鏡之重磨矣、講之如何、聖賢之訓、具在方冊、心法眞銓、門
路有的、以近思、爲四子之階梯、以四子爲六經之階梯、俯讀仰思、眞積力久、
則一朝脫然、如大寐之得醒矣、然則是終身之事、不容有一息間斷、纔間斷
則前功盡棄、故、以夫子之大聖、必說出是憂二字、以警切後學者、深矣今子
以斯文後承、早謝功令業專心、用力於爲己之學、深入洞天、靜坐讀書、不以
世人之憂、爲憂、而憂之以古聖人之憂、吾其微斯人之輿、而誰與乎、且也浩
然、一章、是七篇之大端、靜菴先生、嘗於山寺、一月乃了、牛溪先生、每單提、以
勉學者熟講、是豈才看過便了、將沒身從事於之言養氣之訓、有事、而勿正、
集義、而不餒、則吾之氣養、而心廣體胖、俯仰無怍、此所謂反身而誠、樂莫大
焉者也、雖孔顏之樂、夫豈他求乎哉、憂之所存、卽樂之所在、此其大人公之
所以命名者也、人樂有賢父兄、其斯之謂歟、主人、曰惟請以是說、爲堂之記、

諸生皆起、再拜曰微先生、幾不聞大小本末之要、著以爲學記、

第四十九課

姜강、셩 翊익、도읍 梯뎨、ᄉᆞ드리 幌황、장막 躋졔、오를 詮젼、의론

姜必孝、字、仲順、號、海隱、正廟朝、被薦、不就、 純祖朝、除翊衛司洗馬、不仕、憲宗朝、除敦寧府都正、公曰前日宮官臺梯、是分外也、今於壽秩、可安之、斯可歌詠聖澤、以終餘生、賦性仁厚完粹、自志學以來、專精熟讀者、聖賢之書也、嘗著是憂堂記、

是憂堂記

冷泉成公、旣解官歸、經由丹山、爲其中子退默聖發甫、舍於舍人巖下、爲關門讀書之所、盖遂其願矣、必孝聞而樂之、往叩焉、公、已歸洛、聖發、在書幌、方讀鄒傳浩然章、躋其堂、扁、曰是憂、余卽問之、曰子有俱存無故之樂、又有得英敎育之樂、又得佳山水所觀居之樂、而名之以憂、所憂者何事、曰是吾大人之所命名者、而憂學之不講、德之不修也、有是哉、是憂、豈獨子之憂也、亦吾之憂也、聖人猶云、况我輩人乎、人受天地之中以生理、無聖凡之不同、固無聖人獨做己獨不知之理、然而聖人自聖人、吾自凡庸人、玆豈非不知是憂

吾屬之有言、而先生之不應、何哉、豈其愛紙墨之賞乎、抑鄙而夷之乎、余曰唯唯否否、非是之謂也、乃以季春、擇日、行鄉飲酒之禮於學焉、旣畢諸生、皆進、曰昔者、吾屬、請設白日塲、而先生不應、今行鄉飲之禮焉、詩賦、吾所習也、請之而不行、禮、吾所素不講也、不請而行之、敢問其說也、余曰是盖有深意焉、過者、欲其退之也、不及者欲其進之也、選擧之法、與鄉飲酒之禮、無異也、周官三物之敎、皆本於禮、而升諸司徒曰選士、升諸學曰俊士、升諸司馬曰進士、及鄉老羣吏、獻之王而後、王、再拜受之、自鄉黨、而達於朝廷、未嘗一日而離於禮也、後世、易之以科制、士乃以僥倖得先之心、作爲綺麗對偶之文、以自衒於有司、累百年來、賢人碩士、多由此進、而其法則非選士非俊士非進士、其於事長事君之道、遠矣、諸生、不務其本、而趨於末、不志其大而安於小、此余所以就其過不及、而進退之也、諸生、曰然則廢之歟、曰何可廢之也、今之時非、古之時也、士之有志於天下國家者、非科擧則無以進之、如之何其可也、必也以莊敬辭讓之心、折衷於禮、而行有餘力、則以學文、無必得之意、而有可用之實、可也、欲正科擧之學、則先知事長事君之義、此之謂知本、今之飮於鄉者、非爲酒也、欲使其知禮也、非爲之知也、欲使知進身之道也子王孫、得以肆志故、驕奢遊宴、至此之極也耶、雖然物盛而衰、理也、樓既一閱滄桑矣、又孰知今侍郎能保其舊家之遺址、與客、擧一觴爲樂耶、繁華者、驟見銷歇、而澹素者持而長久、昔之爲珠翠歌管者、詩書、秩如也、昔之爲綺紈膏粱者、布蔬、泊如也、吾將卜侍郎之後必昌、而樓不知更支幾百年矣、

第四十八課

磬경、경쇠

任實學記

鄕無飮酒、豈無飮酒、不如先王之禮也、士自立身、以至治國平天下者、自鄕飮始、故、獻酬、本之人倫、而爲之節、襲定然後、迎賓介、迎賓介然後、進和笙、進和笙然後、擧旅、敬其長也、故、經曰衆賓之長、欲使鄕人、知有長也、左何瑟、不面鼓者、大夫之禮也、階間懸磬、不懸鍾者、士之禮也、凡大夫士不敢從諸侯之禮、故、其終也、工歌二南、而不歌鹿鳴魚麗、欲使鄕人、知有君也、然則鄕飮酒、將以敎事長事君之道而已矣、非尙酒也、余莅任實之數月、諸生、請設所謂白日場者、盖以詩賦課士、爲應擧之業、而今之州縣、皆行之、余諾而不果、諸生、相與語、曰先生之來是邦也、吾屬之望之也深、將以學校之政、待之也、

拒之、曰此不近人情、有可施與不可施而已、曾記夕陽樓

夕陽樓

駝駱之峰、在城東、幅圓十里、其水石林巒、明秀蜿蜒、騷人墨客、指爲觴咏游樂之地、而所謂夕陽樓、突然起於烟雲樹木之中、隱然有畫意、樓是麟坪大君舊第、與　孝宗大王鳳林潛邸、對開相峙、麟坪於孝宗、爲親弟、友愛特至、及　登宁、數具儀衛、鹵薄幸第、於是、治臺榭園池、鉅麗甲於國中、園植紅白梅杏水仙花楓楠洞竹松檜幾千種、方春秋花開葉脫時、金碧翅蛺蝶、褐色蜻蜓翡翠青鴨錦鷄鸂鶒之屬、聚散浮泳、心目炫耀、麟坪、好客、一時士大夫造其門者、分韻命酒、肩摩袂接、車馬笙鼓之聲、日聞於閭里、後値變故、第幾入籍度支、僅以得免、樓浸以圮、花卉樹植、斧以爲薪、流丐家畜、雜入群聚、幾爲廢區、其後百餘年、安興、始葺而居之、蠲薉刜翳、崇傾決淤、嗣孫侍郎起家、爲東京尹、復列於朝、至是、樓之勝、十完三四、余嘗登斯樓、與侍郎相見、醇謹長者也、有三子、皆讀書飭躬、絶無富貴家氣習、甚可意也、嗟夫方、樓之始落也、清聲而豐頰者、墮舞鬟、拾歌鈿、紈扇掩笑、羅帶飄香、迭侍遞代、恃艷而呈媚、所謂畫棟流蘇、錦筵鍾皷、幾與西園金谷、相高、豈　聖代之風流昇平、公

吾不知、其必不知、與其知而不知、無寧不知而猶爲可知也、翁過知非之年、而不及懿戒之時、自是以往、惕然改圖、加意晩工、因其所知、而益窮其所不知、則雖不能盡其知、而不害其爲知矣、子其勉夫、第惟名軒之說、乃是作者之事、而子不擇於鄕黨知之者、屬於必孝之淺之知、其亦不知也歟

第四十七課

忮기、모질銓젼、져울눈蜒연、버레坪평、들閑한、동늬宁져、죠령鹵로、짤鉅거、둡楠남、들미나모檜회、젼나모翅시、늘기蛺협、나뷔蝶졉、나뷔蜻쳥、잔자리蜓뎡、잔자리翡비、비취鸂계、물재鶒칙、물재炫현、어지러울箏칭、피리筒개、빌豕시、도야지蕆예、더러울制불、작글尹윤、맛䬣환、머리치鈿뎐、비나紈환、비단迭질、서로遞데、갈닐滄창、물址지、더歇헐、긔일澹、담맑을蔬소、성길昌창、々성

南公轍、字、元平、號金陵、晩號、思頴居士、宜寧人也、正宗十六年、登第、純祖三十二年壬辰、拜領相、諡、文獻公、公、嘗言吾平生、無他長、惟簡拙安分、無忮忌之心云爾、居銓部、相府用人一循公議、而自偏黨公離之後、世傳之義理、固當堅守不撓、而國家名器、只宜惟才是用、或有親戚知舊請囑、則亦不一切

觀水者、而何其好之篤、如是也、夫爲邑者、其志、在與利除害、其樂、在山水樓臺是可以知其政焉、亦可以知其人矣

第四十六課

彦 언 클 傲 오 오만

不知軒記

老友金君李彦甫、深居川上之雲谷、名軒以不知、盖因坊名、而寓詩人訪隱不遇之意、間以書、屬余爲記、曰子非同庚而知我者乎、我之不知、人之所知、已過知非之年、而凡世間榮辱、人事得失、一不知而全此純愚矣、我旣不知、則不知不慍、非吾之所敢擬、而不知、爲不知竊有從事於斯語之願、乃以不知、名軒、非知也、實也、幸我子、爲之記、必孝、作而言曰知有二義、從我而言、則我之自知也、從人而言、則人之知我也、故魯論言、不病人之不已知、求爲可知者、凡三見、而其告子路、則知之爲知之、不知爲不知、爲知者爲其無自欺之弊、而又有可知之理故也、人能知恥、則無恥矣、知過則無過矣、知非則無非矣、翁之自知爲不知者、其亦知恥知過知非之意、而不安於不知者矣、且余觀於人多矣、人皆曰余知而不曰不知、人曰知吾不知、其必知、人曰不知、

九十四

今凜然、使饕夫介、而黷俗貞子之家庭、有餘淸矣、周公曰文王、我師也、子能以侍郞公、爲師、律身而莅官、惟祖武、是繩、則淸不可勝用、而世之人、亦將曰李氏之祖與孫、雙淸也、今乃求益於余、何也

第四十五課

轂곡、슈레박휘菁졍、무우蔚위、셩할撓뇨、흔들

映波樓重修記

海之西、皆墳衍廣斥、而獨瑞之爲州、環山而臨水、映波之樓、當客館之前、有淸曠之觀、然、州居直西之衝、往來車馬蓋轂、相磨也、爲吏者、疲於送迎、因於消餼、未知山水樓臺之樂焉、故是樓也、頹之久、無或修者、德水李士秀、自鹽州、移是邑、不半歲而已半新、蓋翼然而高、奐然而明矣、夫映者、明之交於物也、水之性、內明、故、受物之映、天之映、以虛山之映、以翠、日月之映、以光、樓臺之映、以麗、草木之菁蔚、羽毛之文章、各以其形、交焉、然、波定、則其映也專、撓則其映也散、專則眞、散則變、變與眞、盪物之情矣、心、猶水也、政、猶映也、心定則政平、心煩則政厖、孟子曰觀水有術、必觀其瀾、其斯之謂歟、士秀、在鹽州、嘗濬南池、治湖亭、余時按是道、爲文以美之、今又走書、而告樓成、非有得於

九十三

雙清亭記　仝人

海西、無佳山水、惟碧城環山臨海、有樓觀之勝、觀察使居焉、置通判佐之、理民事、地近識親、每於公餘、簡札數、從容如賓僚焉、庚寅余以節、鎭碧城、韓山李大之爲通判居數月、政多暇、政事堂之東、起小亭、鑿池種蓮、植碧梧數本、養白鶴一雙、鳴琴揮毛其上、余乃聞而奇之、携酒而就焉、飭少輒酣、大之請亭名、余命侍兒、磨油煤翰林風月、染象管大霜毫、書雙清亭三大字、使揭之、大之請其義、余曰環是亭者、無非清也、試言其大者、負龍首之奇峰、帶睡鴨之澄湖、此山水之雙清也、東有首陽之山、前瞻孤竹之祠、此節義之雙清也、架石爲臺、環臺爲池、是池與臺雙清也、挹水中之香、聽月下之唳、是花與禽、雙清也、富矣哉、亭之清也、大之曰凡此數者、清則清矣、皆外物也、獨不及於飭已治民之方、何也、余悚然整襟、曰善哉、問也、子可與言清之道也、夫清者氣之精也、天得之而形、水得而明、人得而靈、以之治心則欲淨而理、全以之治躬則氣和而行潔、處乎人則嚴而信、居乎官則愛而威、故清者德之府也、名之實也、天下之人、莫不敬服、百世之下、想其風、大哉清乎、物莫與之爭矣、然余於大之之問、竊有異焉、子之大父侍郞公、以清名苦節、伏一世、遺風至世、豈不邈乎邃哉、而敎之以甲、未覺其甚遠也、由此觀之、天地之運、閱六十寒暑、斯已久矣、夫物之生、皆受天地之氣、而命之短長、不齊、朝菌之壽、以日月、計、昆蟲之壽、以春秋、計、草木之壽、以朞閏、計、羽毛之族、其壽、遠不過十年、惟人也、萬物之靈、得五氣之全、善養而無害、能含乎天地之數、然、而六氣、代其外、五情、戕其內、於是乎、短者多、而長者鮮、故、人生六十始謂之壽、列於五福之首、顔冉之賢焉、而不得焉、賁育之勇焉、而不得焉、王公之尊焉而不可以勢取也、陶猗之富焉而不可以力賭也、惟命於天者、乃能得之、而人莫與爭矣、然則人之得年、至於六十、誠難矣哉、友人洪相喆、生於丁未歲、今年、甲子一周、相喆、學古、而不遇、識者惜其窮而老焉、余獨擧觴賀之、曰子之年、得唐堯以後六十九之一、可謂久矣、得顔冉賁育之所未能得、王公之尊陶猗之富所未能取、可謂貴矣、豈善養而無害者歟、所謂命於天而莫之爭者也、何惜乎其窮所以全其天也余、甲辰生人也、嘗謂唐堯之世、去我未遠、謂古人不可及、惑也、今雖老矣、請與子勉焉、

第四十四課

飭칙、신칙 凜름、찰 饕도、탐흘

而政事則讓於由與求也、聖賢猶然、況下於此者乎、夫才與學、性之所出、而人之修於已者也、窮與達、天之所命、非人之所能爲也、修於已者、尙有能、有不能、況命於天者乎、故才者未必盡揚、拙者未必盡伏、慧者未必盡奮、獃者未必盡黜、自古猶然、況後世乎、南陽洪相喆、博而好古、善歌詩、落落有奇氣、甞爲詩、曰士皆巢許志、誰與共四海、觀其志、可以知其人焉、相喆少學進士、年五十、不遇、窮無以爲家、將退而耕於海濱、其色、若有不得者然、余酌酒而告之、曰吾子則富於文而窶於財、閎於志而阨於命、所謂不兩能者也、使子擇而居之、其將以此易彼乎、我知其必不肯也、抑獨何慊焉、然士有屈於前而伸於後者、有窮於身而達於名者、是則吾與子俱不得而知也、姑書此以贈

第四十三課

菌균、버섯 戕장、해ᄒᆞᆯ 伐벌、칠 賁분、클 賭도、나기

小瀛居士洪相喆周甲序

易、曰天一生水、地六成之、天五生土、地十成之、六與十相乘、而爲六十天干與地支、交配而亦止于六十、周而復始、是乃天地之大數也、姑、六十一、謂之周甲、盖自唐堯元載甲辰、至今甲辰、不過六十九周甲矣、以今人視唐堯之

非幻也、榮枯聚散、終歸於盡、故、朝霞夕嵐、一時之幻也、春華夏蟲、一年之幻也富貴權勢一世之幻也盍試觀夫燕薊之間乎、北望無終之山、盖有昭王之塚焉、方其遷齊器於靈臺、植汶篁於薊丘、功業、如彼其盛也、東瞻山海之關、卽秦皇鞭石之墟、夫旣內吞六國、外拓四夷、塹山爲城、據海爲池、聲威規畫、又何壯也、曾不數世、皆已烟焇而燼滅、過者、爲之徘徊而惆悵、是亦豈非幻耶、曰然則、世所稱豪華得意、皆不盈於一視、君子所恃者、何事、余笑而答、曰君子之道、厥有其常、修之於身而爲德行、發之於言而爲文章、利澤及于生民、聲名昭于簡冊、不倚形而立、不隨物而滅、當與日星而並耀、何足與彼、較短長與虛實哉

第四十二課

喆 쳘、밝을 匿 익、숨을 稷 직、피 倕 슈、공교ᄒᆞᆯ 冉 염、약ᄒᆞᆯ 獃 의、미련ᄒᆞᆯ 巢 소、깃드릴

贈洪上舍相喆歸南陽序　仝人

天地有不滿、故其生物也、有不全、五行各專其功、故物莫有兩能、角者去上齒、四足者、無翼、夜明者晝匿、氷行者陸廢、物猶然矣、況於人乎、契之敎、不能爲稷之播、夔之音、不爲倕之工、顔冉之賢而言語、則讓於子貢、遊夏之文章、

八十九

대鞭편、채찍焇소、사라질惆추、슯흘

薊門烟樹賦

三韓使者、涉遼野、穿長城、弔燕丹於易水、訪飛將於北平、朝發玉田、將向薊丘、于時陽曦始舒、曉靄初收、天蒼蒼而四收、野茫茫而無垠、轉眄東南、澄湖際天、瑩如明鑑、滑如爛銀、車流馬逝、不見行塵、樹林村閭、浮在水面、或如帆檣之出沒、或如島嶼之隱見、或如螮蝀之飲河、或如鯨鯢之吹浪、明滅變化、光怪百狀、顧問驛夫、曰彼何水耶、若是浩渺而不見涯涘也、驛夫對曰此非水也、所謂薊門烟樹者也、余瞠然異之、停車捲幔、徐察其形、有影無波、有色無聲、平鋪地上、上混天光、近眡則漸消、遠睇則如故、始若在前、倏爾在後、自彼視我、則我亦化烟樹乎、惝怳疑久、不能去、從者問曰此何氣也、余乃默然沉思若有神解、夫天地之間、有光有氣、山川出雲、江海作霧、是所謂遊氣也、陽輝成霓、蜃噓成市、是所謂光怪也、今是物也、隨風而變質、借日成色、就之而不見、攬之而無迹、凝兮其似烟、淡兮其如水、寄象於有無之間、混形於空明之裏、天與野而相薄、自生景於兩際、盖山川之餘精、造物之能事也、從者、曰誠如子言、幻也、非眞何造化之多端、設如是之觀也、余曰天生萬物、夫孰聖人之文章、如日月之麗天、江河之畫地、自然成象也、下此而子思氏、孟軻氏之文、由道學而成文章也、劉向氏、韓愈氏、歐陽氏之文、由文章而成道學也、至若屈子之歌騷、莊叟之放言、管商孫吳之寄辯、賈太傅之高識、太史公之雄才、皆文之至者、而各以其學、宣之於辭、未嘗捨道、而爲空言也、竊嘗讀公之文、上沿詩書、以濬其源、浸淹三禮、以揚其波、紀事比物、則躡司馬氏之堂奧、修辭折理、則挈韓子歐陽子之繩規、跌蕩凌厲之氣、馴雅淡潔之音、一滌扁方之陋、自成一家之言、公之得於稽古者、乃如是矣、然古者、當時之今也、今者、後世之古也、古之爲古、非年代之謂也、蓋有不可以言傳者、若夫貴古而賤今者、非知道之言也、世有志於古者、慕其名而泥其跡、譬如學音者、執追蠡而拊土鼓、不知韶武之變、好味者、挹汙樽、而啜大羹、不識壚梅之和、人曰我能古也、我能古也、其可乎哉、公、怡然而笑、曰子、可謂善古者、然其不傳之妙、吾亦不能言也、姑以子言、記吾廬、

第四十一課

薊계、싸 曦희、날빗 垠은、가 鎣영、구슬 螮체、무지게 蝀동、무지게 瞠당、부릅뜰 幔만、장막 睇체、볼 惝창、슬흘 怳황、황홀 蜃신、조개 噓허、불 嵐람、산긔운 篁황、

瀆、有物焉、其名曰泥、塊然處于沙、無思無營無視無聽、蜿々圂圂如醉人者、今子、所以托名也、殆類於是歟、余囅然而笑引大白、掬土缶、而爲之歌曰、爾居之卑兮、載物之德、爾性之潤兮、利物之澤、搏之成形兮、爲方圓與曲直、斂而返眞兮、泯然乎無跡、渾渾兮其質、汶々兮其色、泥哉泥哉、君子之宅、

第四十課

劉류、죽일傅부、스승雄웅、슈濬쥰、칠躡섭、밟을鑫려、죠마汚오、더러울啜철、마실

稽古堂記　仝人

太學士黃公、卜宅于漢城之西、題其居室、曰稽古之堂、屬良浩、記之、良浩作而言、曰稽古之事、非止一、太上、道學也、其次、文章也、事功也、外之諸子百家之流、皆有以名世、而垂後、願聞公之所稽者、何事、公曰道學則、吾不敢、事功、則吾不能、乃吾所學者、古人之文章也、至於諸子百家之言、吾有所不暇也、良浩曰善乎、公之所擇也、夫文章者、道之精華也、道、形於外文乃成章、如水有源、而波瀾、生焉、木有根而榮華發焉、則卽乎文、而道在、是、公之讓而不居、盖將由是而求之歟、彼事功者、恃其粗跡耳、虞夏商周之書、春秋易繫之辭、

泥窩記　仝人

南山之下、有泥厓、地低而隘、水積、不善洩、湫濕洳淖、行者病焉、故、名其里以泥、余家其巓、名之曰泥窩、客曰泥者、卑汚之處、賤濁之稱也、人方蹴而去之、子何爲名其室、余應之、曰子安知泥之德乎、夫泥、土與水、合而成也、萬物、皆生於水、養於土、然、水不能獨生、而依於土、土不能獨養、而資乎水、相須而成功焉、故、天有五材、始於水、而終於土、城隍、所以衞國、堂室、所以安身、摶埴陶窰、所以養生、皆是物之爲也、泥之功、顧不大歟、故、泰山之禪、用金泥、尙其貴也、璽書之章、用紫泥、昭其文也、函谷之封、用丸泥、耀其武也、藍田之下、有坂、曰青泥、南徼之外、有國、曰佛泥、美其名也、泥何嘗爲汚賤之稱耶、客曰泥之德、誠大矣、泥之名、誠美矣、然、子之居乎泥也、躬逢聖世、早聘高衢、亦嘗有志於利物矣、上之不能宣昭、大猷、贊皇王之業、以比黃帝有虞之隆、則是有異乎金泥也、次之不能鋪張鴻藻、飾太平之懿、以繼典誥風雅之盛、則是有異乎紫泥也、外之不能折衝樽俎之間、鳴劒伊吾之北、以固疆圉、而壯國威、則是又無丸泥之具也、今乃處環堵之中、志江湖之上、土芥軒裳、泥滓名利、耽古人之糟粕、寓眞樂於麴糵、若將黜聰明、外形骸、與混沌者嬉、吾聞東海之之人、始作坤輿之圖、明言海在地中、彼嘗乘舟而窮海者也、其言、誠有據矣、世之談天地者、奇其說、乃謂前人所未道、余則謂聖人、已先知之矣、中庸之論地體、曰載華嶽而不重、振河海而不洩、言地力之能載山海也、孟子亦言禹之治水、曰水由地中行者、順水之性也、蓋水者、依土而行、乃其性也、豈有行於地外之理乎、易、曰天一生水、地六成之、夫水生於天而成於地、地者、盛水之器也、水止於地中、於卦爲兌、其象爲澤、海卽澤也、以此觀之、四海之水、皆在大地之內、而日月之行、未嘗出於海也明矣、中土之人、皆在海內、故疑其出於海也、安能知其麗天之日、常出於地上耶、然則前日之觀於海者非日出之所也今日之觀於地者乃日出之正也、今以後始謂天下之觀日出者、莫我若、可也

第三十九課

厓애、언덕 隘익、좁을 湫쵸、좁을 淖뇨、진흙 窩와、집 搏박、칠 窰요、가마 徼요、요힝 贊찬、도울 懿의、아름다울 詰힐、힐문 樽쥰、술준 俎조、도마 圉어、곤할 芥개、계ᄌ 裳샹、치마 麴국、누룩 骸히、뼈 沌돈、셕길 濆분、물가 蜿완、꿈죽일 囅천、우숨 拊부、붓칠 缶부、장고 渾혼、다 汶문、물、

聽、胸中浩浩然、若傾沆瀣而濯腸肺、不覺塵慮、廓淨、天機、露呈者、何也夫松者、植物之正氣、風者、大塊之和聲也、和與正、相遇、如大樂之奏、渢々乎、洋洋乎、使人、神淸、而氣盈、滌蕩其邪慢、消融則其滓穢、若是乎聽波之妙也、記、曰聲和則氣和、天地之和應之、其斯之謂歟、雖然方其入乎耳灌於心也、惺然而自悟、寘然於俱化、言之不可傳、況於文乎是在聽之者、自得之耳、

第三十八課　仝人

瀋심、물洩셜、실兌틔、셔방

遼野日出記

余、東海人也、屢見日出於海上、嘗謂天下之觀日出者、莫我若也、今年、以使事、如燕、涉遼野七百里、每背日西行、不得見其出入也、及到瀋陽、路折而南、晨起野行、微覺曙色、自東而來、顧而視之、忽見紅日、湧出地中、廣輪之大、光芒之盛、視海上尤近而明焉、始知觀日出者、無定所、無常形、海居者、謂之出於海、野居者、謂之出於野、山居者、謂之出於山、惟隨人目、而異其境耳、然余獨謂日者麗乎天、何嘗有出哉、特以晝夜、而有是名、晝則行於地上、夜則行於地下而已、夫豈有入海之理、古之爲咸池扶桑之說者、皆妄耳、近世泰西

汝天兮愉佚、辭、曰奮長翮兮、挾浮雲、超鬼門兮、上磨天狃、朔野兮、跨鐵關、度金城兮、集華巓、遊漢都之赫戲兮、舞德輝而翩躚、朝刷翼於上林兮、夕弄影於天津、揚淸音之嘐唳兮、近玉樓之蟰蛸、爲報孤臣兮、滯塞垣、髮盡兮白、心彌丹、

第三十七課

廬려、잡 潚소、물 颯삽、회리바람 汪왕、물 籟뢰、피리 沆항、물 瀣히、이슬 滌쳑、씻슬 滓지、찌기 惺셩、씰

聽波樓記　仝人

友人李七深、謂余、曰吾有先人廬、在公山之陽、其名、曰聽波、子、爲我發其指焉、余曰僕、嘗訪子居矣、山繚而野寬、林木翳然、未見有江湖瀾壑之勝焉、何波之可聽、七深曰是波也、非水云爾、卽風松之聲、水波如也、余笑曰松本無聲、待風而鳴、鳴出於松、非波之眞也、夫有待於外之謂暇、非其眞之謂幻、假與幻君子所不道也、居無何、余罷官東出、樓華山之下、于時秋也、夜聞有聲、自遠而近、潚颯如驟雨、迴薄如飛瀑、汪々瀣瀣、如層濤不相遑焉、余肅然而驚、開窓而視之、山月、中天、衆籟、皆息、聲在萬松之間、余乃攝衣坐而、凝神靜

日是味、旨於雉、請膳之、余、曰毋、是鳥也、羣而有序、其有禮乎、侶而不亂、其有
義乎、飛必隨陽、是其智則、至必如期、是其信也、嘴不啄生、爪不攫物、近於仁
矣、羽蟲之微、具此五德、故其居載於書、其聲詠於詩、月令、紀其來賓、嘉見執
以成禮、凡以尙其德而昭其靈也、如之何其羹之炙之、如雉鶉鷄鴨然、乃日
餵以粟、盆水、濟其渴、茅薦、御其寒、夜則蜜其潛、扁其竇、以遠狸鼠、既月、翮始
長可擧、於是、昇高而放之、送之以辭、曰爾之飛兮、無北、白礫林兮、氈毳落、黑
水吼怒兮、層水攢角、朱鬉綠睛兮、熊攫豹食、大弓長鏃兮、捷投遠弋、爾北、徂
兮、爲彼得、爾之飛兮、無南、赭墳潟洳兮、沸水淫淫、蝮蛇騰空兮、尾竪呈銛、火
山爍日兮、揚芒皷炎、爾南翔兮、毛將爆、爾之飛兮、無東、渡幼海兮、洪渡瀰汨
而淵湃、巨鯨呑帆兮、奔鰌躍噬、烏齒鏤身兮、心巧手銳、毒丸伺物兮、霆擊燚
駭、爾不避兮、骨筋碎、爾之飛兮、無西、過鴨水兮、赤縣、蒙穢而幽昧、左言短衣
兮、腰絜臂矢、逐肉充饑兮、腥臭是嗜、搖翟抑幢兮、毛羽之不棄、爾適彼兮、爲
羈鬼、於樂靑丘、日初暘兮、箕張角垂、經緯光兮、山嵺水繚、適燠凉兮、膏壤千
里、足稻粱兮、有　聖涵育、澤溥長兮、不𪆫不卵、物殷昌兮、爾莫他方之逝、返
舊鄉兮、携妃兮喚、族嬉雲兮吽月、啣蘆兮避矰、色擧兮遠罻、春去兮秋來、終

第三十六課

樗저、가죽나무 兒홍、홍홀 慶경、경ᄉ 翮녁、날기 甕옹、밥 膳션 반찬 啄탁、조을 羹깅、국 藩번、울타리 扃경、다올 竇두、구멍 狸리、살기 升승、되 毳취、담 㲲막、갈기 熊웅、곰 鎩살、창 赭쟈、붉을 潟셕、짤 洳여、물 芒망、풀 燖심、닉을 瀹쇼、물가 汨율、흐를 淵븅、물쇼리 呑탄、삼켈 鮪유、고기 噬셔、씹을 霆졍、우레 焱혁、불끗 腰요、허리 槊삭、창 翟젹、꿩 幢동、긔 嚶령、놉흘 漙단、이슬 麛미、삭기 喚환、부를 啣함、먹음을 矰증、주살 畢필、그물 狱공、날 巔젼、산니마 輝휘、빗날 嘐교、울 唳려、울 蜎연、버레 滯체、걸닐

洪浪浩字、漢師、號、耳溪、父鎭輔、不幸短年、收養於外、叔樗村沈先生、先生、謂其質美可敎、敎之以古人爲已之學、良浩悅之、專心服事、以家貧親老、勉就擧子業、十七八歲、大鳴國庠、二十四、中生員試、二十九、中庭試文科、選補翰林、英宗大王、特器之、多所顧問、每稱博學矣、 正宗初年、權兒洪國榮、以親屬心害之、斥補慶興府使、時著放鴈辭、

放鴈辭

季秋之月、孔(慶興一號孔州)之野人、生得二鴈、剪其翮、以獻、余歸其直而畜于庭、甕人

七十九

惡梅而不取、愛有所鍾而不能徧及也、抑有一說焉、當爲子究言之、古人之所貴乎梅者、非獨子之所稱而已、抽芳心於臘前、戰風雪於陰壑、其操爲可尙也、奈何今之所謂梅者、爭雨露之恩於桃李之塲、而或反後之、服桀之服行桀之行、則桀而已矣、此渡淮之橘、變艾之蘭、所以見賤於君子之論也、若然則、雖謂吾惡梅而不取、吾亦不辭矣、季狄之月天氣慘慄、風霜合圍、草木凋傷、向之綠者、紅者、芳者、姸者、悉皆搖落而摧折、蕭條慘悽之象、一望而無際矣、吾乃岸巾携笻、入吾圃而視之、綠葉黃英、數腴爛熳、堆金疊繡、燦然滿目、初不知天地之有二氣之肅殺、譬如正人君子、端笏立朝、陰邪讒毁之患左右交至、神閒色定、不易其所操也、伏節死義之臣、刀鉅在前、而視殞如榮、罵賊而不屈也、避世長往、枯槁隱遁之士、草衣木食、絶芬華之外慕、自襲於荒閒寂寞之境、不求知於人也、絶代佳人、幽居空谷、畏芳姿之難保、守貞心而自潔、翠袖獨立、不見儒於行露也、使吾、神凝目注、情性和暢、愛玩怡悅、終日而不能去、時或呼兒叫婦、命以大爵、掇英而泛之、一飮輒盡、陶然臥叢邊、浩歌數曲、或朗吟陶詩數篇、盎然春風、在吾圃之中矣、又何暇、知有所謂花魁者、而煩吾之栽植也耶、余起而拜、曰先生之樂、眞矣、是足以終老矣、

爲我記之、余以不文、辭不獲、遂書而歸之、

第三十五課

劬구、힘쓸 臘랍、섯달 桃도、복송아 桀걸、사오나올 淮회、회슈 艾애、쑥 憀료、한할 凋조、마를 姸연、고을 筇공、집핑이 腴유、기름질 笏홀、홀 讒참、참소 鉅거、큼 枯고、마를 槁고、마를 芬분、꽃다올 盎앙、동의、

鄭經世、字、景任、號、愚伏、晋州人也、 仁祖朝、登第、官至吏判、諡、文莊公、少以文名、著世、嘗記菊圃、

菊圃記

希菴丈尹公季守氏、少而貧、老而窶、能受命焉、釁淸甑塵、而夷然不以爲意、堂前、闢一少圃、樹其中以菊、近數千叢、晨培而夕灌、用力、甚劬、而不自知疲、蓋將以是爲終老之樂、而凡世間富貴榮利聲色玩好、皆無以易之也、余嘗造而問、曰水陸之花、可愛者甚蕃、而博雅之評、以梅爲魁者、誠以標格之淸高、容色之潔淨、精神之明粹、韻氣之芳烈、可以壓萬卉而朝之也、今子治圃、菊專而梅遺、無乃取舍之失宜、而好尙之偏乎、公、笑曰子之言是矣、人情、各有所好、好之深則不能無偏、吾之於菊、正猶子猷之於竹、伯倫之於酒、吾非

曰爲人臣、止於敬、爲人子、止於孝、爲人父、止於慈、與人交、止於信、此特其大者耳、是以、其經、曰知止而后、有定、定而后、能靜、靜而后、能安、安而后能慮、慮而后、能得、夫既靜而安矣、而又須喫過能慮一節然後、便能得矣、子且於慮之一字、熟玩而詳味、則其味、無窮、於是而有所得則此心之體、鑑空衡平、無時而不靜、無事而不靜、靜亦靜也、動亦靜也、不必將此身心、居安靜之處、安靜之室而後、可也、異日、將寘子之身於市朝喧煩之處、機務叢冗之地、終日而所接者人、千群萬類、而此身之至安者、自如也、左右而所酬者事、千緖萬端、而此心之至靜者、自如也、行乎富貴貧賤夷狄患難大歡大戚大危疑大恐懼之際、無入而不自得其安且靜焉、夫然後、可以知安靜之正味矣、嗚呼、其安矣哉、靜矣哉、君子之道、自近而遠、吾有以見、子之子弟、安於灑掃應對、而不尙浮躁之行、子之僕妾、安於使令供給、而不肆暴慢之心、以至接子之隣、承子之風者、爲農者、安於農、爲工者、安於工、爲商賈者、安於商賈、各安其本分而不好犯上之事、則安靜之味、不獨子之知之、而人亦得而知之矣、子之風、不惟動隣里、動鄕黨、動一國而已、推而大之、可以動天地者、由於斯、可以動古今者、由於斯、可以動來世者、由於斯、子謂斯何、得之又喜甚、曰子其意、方其得意之至也、泰山、在前而不見、疾雷破柱而不聞、亦可見其心之安且靜也、世固有安靜其居者矣、有能安靜其地者乎、地猶物也、有能安靜其身者乎、身猶外也、有能安靜其心者乎、欲安靜而至於安靜其心、則乃爲安靜之至也、安靜之求、誰爭子所、有是洞、而有是人、于洞名、大有光焉、子於是、必有人所不知、而已獨知之之趣、此其所以志之歟也、

第三十四課

冗용번거훌躁조될

得之喜曰然、余又曰夫安者、隨所遇而安之謂也、靜者、寂然不動之謂也、之趣也、人所不知而已獨知之、則子之道、可以爲難矣、然而心之安靜、未可遽以易言也、一心之微、衆欲攻之、耳之欲聲、則心不得而靜矣、目之欲色、則心不得而靜矣、口之欲味、則心不得而靜矣、至於四肢之欲佚、器用之欲精、莫不皆然、一念之頃、不加察焉、則身坐密室之中、心馳千里之外、當此之時也、將何道以靜之乎、夫水止則淵靜而波安、風止則林靜而柯安、是故、易之艮、言止之義、曰艮其背、不獲其身、行其庭、不見其人、止之時義大矣哉、然而止之道、非絕物而不交不接之謂、於天下事、各有所當止之、則是故、大學之傳、

吾友、鄭得之、嗜學而工書、名聞於國、而家於食、四圍其居而、青嶂合、前松林後竹苑、其佳景也、得之樂之、一日、余造焉、得之、以大字、署其室之東扁、曰安靜洞幽居、余扣焉、曰信乎子之居之幽也、安靜之義、奚居、曰吾洞名也、盖吾與得之、同居豐德縣之大冶谷、而洞壑殊焉、自得之所居、而指吾所居曰外谷、自外谷、而指得之所居、曰內谷、以其里之中、山以環之、澗以繞之、入其中、有若處乎室、而安如也、靜如也、盖其命名之義、必有取夫斯也、自他里而稱之、曰大冶、自同里而稱之、曰內谷、以故、安靜之名、雖同里不得而名也、夫物有相感而事有相須、吾不敢知安靜之爲洞名、今幾年所也、彌其洞而爲居者、凡幾人所也、何獨至於今日而得之取之、以署其室、是非有會於其心者乎哉、人待洞而顯、洞待人而著、其相感之深相須之切、豈偶然哉、於是、余歛衽而言、曰子、誠安靜洞裏人也、卽其居、數間茅屋、環堵蕭然、汛掃庭除、塵喧不聞、則見其居之安且靜也、入其室、窓明几淨、圖左書右、鍾王虞褚顏張之妙蹟、李杜韓柳蘇黃之逸藻、秩然整然、可詠可玩而無他長物、則見其室之安且靜也、得之乃以角巾布衣、或嘯或詠、或寢或寤、則見其身之安且靜也、及其默宇其巧智於書藝也、濡毫伸紙、貌其閒暇、作字其敬、直得程朱之遺、其抹植綱常、而其闡明斯文之功、則或有所不如也、此何異於但以妄爲臣僕、爲殷師之賢、而顧昧夫陳範叙疇、以啓萬世道統之源也、厥或知之、而其興廢由天、有開必先之機、則又未必如也、惟如其陰陽搀移之理、識造化機緘之妙然後、可以與此也、嗚呼、是豈易與俗人言哉、惜乎、其佳言至論、不盡傳於世、而獨此寂寥數編、幸存而不泯、則牧隱所謂橫說竪說者、未知爲何等語也可勝惜哉、然、以載此集者、象想而窺測、則眞所謂豪傑之才、聖賢之學、後之觀者、知吾言之不誣也、嗚呼、世道已季、俗尙愈下、慨前哲之益遠、悼斯文之將墜、輒書是說、以付于四編之端、俾如東人、受先生罔極之恩、而又如斯文興喪、實爲之所係云爾、

第三十三課

童동、ᄋᆞ희稟픔、픔슈홀嶂쟝、뫼부리袵임、옷깃茅모、ᄯᅴ汛신、ᄲᅮ릴喧헌、짓거귈諸저、ᄌᆞ루秩질、ᄎᆞ례默묵、좀좀

趙克善、字、有諸、號、冶谷、漢陽人也、　仁祖朝、以遺逸直拜童蒙敎官、天稟、卓異、德性、純粹、其學、以格致誠正修身齊家、爲主矣、嘗記安靜洞幽居、

安靜洞幽居記

聚於五季之時、蓋理有漸、而氣先至也、惟我東方表爲中國、上世、蓋貿貿而
夷也、自殷師、以洪範之道、來設八敎、而三綱明、九疇叙矣、其後數千餘載、而
我圃隱先生、挺生麗季、盡忠所事、畢命改社、其扶倫立彝之功、足以軒天地
耀日月、遠承殷師之道、近守晦翁之法、以啓我　朝、文明之盛、俾我東表之
人、世受罔極之恩者、固不可數計而周知也、昔我　仁廟大王朝、太學齋甫、
請伸靜菴趙文正、其言、曰光祖、學於金宏弼、宏弼、學於金宗直、宗直、學於其
父叔滋、叔滋學於吉再、吉再之學、出於鄭夢周、而夢周、實爲理學之祖、其道
學、醇疵、雖各不同、其淵源所自、因略可見、而趙文正之後、儒術之盛、又可以
追蹤於宋之豐祐乾淳、則尋宗泝本、匪先生、伊誰歸哉、然則殷師之生、非殷
之幸、而我東之幸也、先生之生、非麗氏之幸、而我朝之幸也、然而我　朝文
治、如此其盛、而天之啓之也、不能無漸、則其不得不生先生於麗氏者、其理、
宜如此也、先生文集、年譜附錄諸篇、合爲四編、刊行於世、久矣、今其子孫、相
國公維城、與其族弟縣監雲翼、族侄縣監元徵、謀所以重刊、雲翼、梓木於鳳
城治所、而按使洪公處厚、樂爲之相役、既諸公、俾余志其首、余惟前人之序
跋、其所以推尊稱美者、至矣盡矣、又何說可贅哉、惟是世之如先生者、但如

七十三

者、食其力而飽者其飽也有常、得於人而飽者、其飽也不常、何者、得於人者、與奪、在於人、食其力者、得失、在於己也、余受國恩、屢享專城之奉、而曾不食其力、惟官食、是靠、盖得於外者也、故、得之則飽、不得則飢、凡數十年來、幾飽而幾飢、幾夢而幾覺也、或饑或飽、或夢或覺、而年已迫七十矣、從今以往、能復幾何日而飢與飽、歸同於大夢也歟、庶不以饑飽得喪、嬰其懷、噫、而今以後、吾知免夫、

第三十二課

甫보、겨우尤우、더욱洛락、락슈貿무、살疵자、흠祐우、복沂긔、물侄질、족하闡천、밝을誣무、속일

宋時烈、字、英甫、號、尤菴、恩津人也、 仁祖朝、魁司馬、以學行、文章、應薦、官至左相、謚文正公、配文廟西廡、第七位、歷事 仁孝顯肅四朝、嘗著圃隱先生集重刊序、

圃隱先生集重刊序

天地之理、未嘗有無漸而成者、春夏之陽、始於前冬、枝柯之繁、肇於纔落、故、天將啓漢家之治道、則文章、已變於戰國之世、將興洛建之道學、則五星、已

ᄒᆞᆯ餘여、남은甑증、시루飣정、진설ᄒᆞᆯ餖두、만두嘻희、슯흘

夢飽說 上同

乙亥季冬之月、余受襄陽之　命、于時、新遭國恤、朝野遑遑、不暇治行自佚、隔歲三日而遂行、越三宿到洪川村舍、卽丙子元月也、草屋可三四間、制雖朴陋、而窓壁、稍完煖氣、襲人、竈突庭除、潔淨無纖埃、短籬、纔繞屋、而雜以荊棘、向南開出入之所、而用柴荊爲扉、房外、有虛架數間、積粟十餘斛、傍有折薪、汲澗而炊、余顧而歎曰樂哉、生涯也、彼見吾騶卒之夥、供頓之備、必歆艶而敬畏之矣、渠安知吾及羡渠之至於斯耶、妻妾、齊應曰然、羡之誠是也、彼雖不甚豊、其有恒產、而有可繼之道者乎、吾輩跋履險阻、從子于官、盖將以一飽也、旣飽而還、蕭瑟、猶夫前也、此與夢飽、何異、余曰若說、然、眞夢飽也、感而爲之說、因以夢飽、命篇、昔有窶人、三旬纔九食、餘日長飢、羡人腹飽卒歲者、盖有年矣、忽於一日夜夢、餉大饌、飯甑溢於後、飣餖羅於前、含哺而嘻鼓腹而歌、反以眞飽爲夢、忽復遽然而悟、乃一夢也、其覺也、腹猶果然也、俄而饑甚、思食、倍於前、不如不夢之爲愈也、然、饑飽一過之後、都是幻也、未知何者爲眞、何者、爲夢也、噫、飽之道、有二焉、有食其力而飽者、有得於人而飽陵轢江山、嘯咏風烟、悠然自適、得於天則一也、至於歎周郎之英槩、思孟德之賦詩、非蘇子、騁懷於古今而感慨於興衰者乎、若乃感乙支之雄勇、憶隋煬之敗績、非清江舊跡之可尋而事類於赤壁乎、嗚呼、月色無恙風光依舊、買不得其一錢、用不竭於千齡、蘇子得之於耳者、吾亦得之而爲聲、蘇子寓之於目者、吾亦寓之而成色、非蘇子所謂造物者之無盡藏乎、且夫百世一朝、萬朝一塵、孰謂今世、孰謂古人、誰爲之後、誰爲之先、一氣往復、變化而嬗、安知吾輩不生於古而蘇子不死於今也、非蘇子所謂物與我皆無盡者乎、然則不必思古而悲今、不必傷離而怨別、語其寄也、天地逆旅、語其同也四海吾與、又安知他鄕之可悲兮、故鄕之可思、獨恨夫九闕、如海、長安、杳兮日邊、四郊多壘、胡塵起而蔽天、顧西塞而膽裂、瞻北極而眼塞、樂不可從、遊不可盤、因誦謝希逸之歌、曰美人邁兮、音塵闕、隔千里兮共日月、月旣沒兮、露欲晞、歲方晏兮、無與歸、佳期不可還、霜沾人衣、遂輟棹而歸、

第三十一課

丙병、남녁竈조、부억埃애、틔끌籬리、울타리雜잡、셕길扉비、싸리문澗간、시내炊취、밥지을騶추、말歆흠、흠흘羨션、부러울妾쳡、쳡恒항、항샹窶루、가난

峰、丹崖擁而壁立、波瀲灧而相舂、粉堞繚以周遭兮、紛昭曜乎江中、出魯陽
而長邁、觀夫浩浩無窮、於是、劈沙棠以爲舟、削木葉以爲棹、錦纜兮、牙檣、挹
清光兮、下前浦、乍沿洄而容與、云余濟乎西滸、于時、星漢左轉、北陸南廻、碧
梧始落、金風西來、白露降以橫空兮、素月騰而流天、九州迥、以滉瀁兮、玉宇
廓其渺邈、天與水而相涵兮、成一碧之茫然、攬顥氣而盈襟、欲輕擧而翩翩、
遂瀛吟乎齊章、終懸懃兮陳篇、江娥出而歌舞兮、馮夷又從而蹁躚、爾乃移
舟於桂若之洲、扣枻乎滄浪之中、波恬浪靜、夜寂山空、漁歌互應、客有携玉
簫而來者、沙禽亂飛、聲瀏亮其凄悲、泉客爲之泣珠、鮫人爲之罷織、游魚仰
而竊聽、賈客聞而太息、四座潸然而泣下兮、遂變樂而爲哀、强引盃而相屬、
心悽悵而徘徊、時序忽其不淹、春與秋其代謝、嘆美人之遲暮、憂思鬱其不
寫、蟋蟀鳴而啁啾兮、鴈流哀於江渚、草木、欲其黃落兮、哀衆芳之先剔、矧王
事之靡盬、緬驅馳於原濕、路脩迥而多艱、悲故鄕之擁隔、音塵曠而日遠、關
塞杳而無極、江流日夜而東逝兮、共歸心而綿邈、屬良辰於天末、憶勝賞於
蘇仙、覺往事之如昨、幾壬戌之人間、惟物色之分留、歷千古兮、一般、念今日
之邂逅、天所餉於吾儕、雖復人非蘇子、地非赤壁、山川隔闊、時序遷易然、其

六十九

採用、區區至願也

第三十課

彦언、클 儐빈、갓 출 湏픠、물 莽망、풀 兮혜、어조사 瀲렴、넘칠 灩염、물결 繚료、둘닐 邁미、갈 劈벽、쪽일 洄회、거스릴 滸허、물 洸왕、깁흘 瀁양、물 顥호、클 蹁편、빗드뵐 躚선、뒤칠 扣고、두다릴 枻예、돗대 簫쇼、통쇼 瀏류、맑을 鮫교、도롱룡 蟋실、곳듸람이 蟀솔、곳듸람이 啁주、울 啾추、울 鴈안、기러기 剔척、써러질 鼯고、약홀 修수、길 艱간、어려울 邈막、아득홀 餉향、먹일 閡애、막힐 轢력、우그러질 蟺선、서릴 壘루、진칠 瞻첨、볼 晞희、마를 輟철、것을

朴弘美、字、君彦、號、灌圃、羅祖赫居世之后、參奉贈吏曹叅判顯龍之子、歷事宣仁兩朝也、月沙李先生之爲儐使也、極選文士、爲從事、灌圃亦與焉、及詔使之回、隨行至安州、時、秋七月旣望也、與諸公、泛舟遊於淸川江、作淸江賦、讀之者以蘇子赤壁賦、並稱焉、

淸江賦

灌圃子、與客、遊於淸江之上、時維孟秋、歲則壬戌、月盈而望、旬有六日爾、其東接湏水、南注溟渤、北瞻鐵甕、經營乎莽蕩之野、西通鴨綠、發源乎香爐之

之際、亦難擇人、而時議、方以沿革爲難、故所謂救弊者、不過除衙眷而已四方蹙蹙、穌殘無日、則終至於環八道、作曠夫矣、此是何等法制乎、此弊則殿下、固嘗留意而屢言矣、何故、畏難而莫之施乎、今若擇數三殘邑之接壤者、合而爲一則此非驚世駭俗之擧、而民力可減三分之一、愼簡守令、亦易於前矣、所謂久任監司者、監司爲一道之主、久於其職、與民相信然後、王化宣焉、號令行焉、平日、可以成政、緩急、可以應變、今則不然、監司只任一期、而不以家眷自隨哉、人皆厭之、受命之日、已有謝病之計、苟淹數月、無意察任而、終以疾免、故、一道常若無主、政無所寄、民不被化、其中、乃心王室者、雖欲整理政化、而期月、易滿、不能有成、故、監司有無、民不管他、監司之設、豈端然哉、今若於諸道擇巨邑設營、使監司、率眷、兼爲邑宰、久於其位、如兩界之例、而別簡朝臣之心存經濟、可以牧民馭衆者、往欽厥職、責以成效、入則俾參朝政、無重內輕外之弊、則四境之民、可蒙實惠、而碩鼠之歌、不作於邑里矣、豈非安民之至計乎、每伏惟念　殿下以英睿之質、淸粹之德、不能推廣仁心、施於有政、故、將與古昔荒嬉無度之主、危亂、同歸於一轍、此、臣所以夙夜悶惜、腐心痛骨者也、　殿下、如以臣言、爲不妄、則深思舒究、詢及大臣、少加議爲、如漢武帝、非賢君也、當其好大喜功之際、材略之士、宣力于外、東恢西拓、惟意所欲、及其末年、悔過歛迹、養民保境、則又有任士之臣、運智制器、使耕利民、若使武帝、求踵哲王、則安如無道學之士、出而應命乎、世未甞無人、只患人君、求治不誠、不能收用耳、今日人物眇然、 殿下俯視一世、固歎無可用之材、雖然 殿下若誠心望治、用當其才則豈不可做一時之事業乎、若積獘之可袪則今難枚擧、愚臣之每達于經席者、是改貢案、省吏員、久任監司、三者耳、所謂改貢案者、列邑土地人民、大小不同、或至懸絶而貢案之定、無甚差等、苦歇、不均而多非土産百物、皆辦而分納各司、刁蹬之獘、害歸於民、胥吏弋利、而公用不加焉、且近來稅輜、有如貊道一歲之入、不能支出、每以宿儲、補用二百年積累之國、今無二年之食、國非其國、豈不寒心、今欲加賦、則民力已竭、坐守前規、則不久必罄、此非難見者也、臣意、若改貢案、付之能手、善於規畫、只以土産、均數平定、使一邑所納、不過二三司、則元入之數別無所減、而民費、則可除十之九矣、如是寬舒民力、慰悅民情然後、量宜加稅、則國用可以漸裕矣、欲改貢案者、非獨爲民、實爲經費也、所謂省吏員者、設邑寘宰、只爲牧民、今者、邑夥民少、多擁虛器、吏民之困、日甚一日、除拜已、必至於膚、引繩不止、必至於絕、豈可以目前之幸免、遂以爲終無事也哉、今 殿下、無意於救時則雖皐夔稷契、布列左右、亦無益也、臣、可緘口矣、如欲救時、豈可寥寥無策乎、

第二十九課 前續

裕유、넉넉 仄측、기울 拓척、헤칠 眇묘、외눈 祛거、버릴 刁됴、됴두 磴등、돌길 貊믹、오랑키 沿연、좃칠 謝샤、샤례 淹엄、머물

嗚呼、 殿下、誠能一朝、慨然發憤、大振勇猛之志、必以旋轉乾坤、昭洗宇宙、光祖宗裕後昆、爲期而篤信大道、終始典學、居敬窮理、而進其功、動靜云爲、一循天則、以一身立表準於上、使一國臣民、咸覩 聖心、重道崇儒、申明敎化、快若雲霧盡消、太陽中天、則汚世濁俗、寧無於變之勢乎、如是而至誠側席、旁招俊人、明明、揚歹陋、惟賢惟才、不問其類、用人、只覩人器、相當而已、勿拘常格、各使稱職、則食志之患、非所慮也、其於賢者、察之審、擇之精、知之深、信之篤、於委任責成、勿貳勿間、使之舉其所如、分掌百職、各興事功、考績課勞、黜陟、公明、則淸論、有主、而國勢、尊嚴、悠悠之輩、亦皆俯首聽位、各守其分矣、浮議、安得以亂政乎、人君、臨政每患無人、此亦不然、若三代君臣則固無

聞詔使、將來、西民、已無支撑之計、今以　殿下之恪愼、尙不能保國倘使繼於後者、稍不謹度、則其亡、必亟矣、不及今日、爲貽厥燕翼之謨、則是　殿下、上負祖宗、下棄子孫矣、　殿下、若於乙夜燕閒之際、念及此則能無惕然警省者乎嗚呼、非常之績、不可以常調、幸而成也、今將回亂爲治、轉危爲安、一新世道、迓續天命、功光祖宗、業垂後裔、則此固非常偉烈、必樹立大志、奮庸熙載、日有所事、盡其才誠然後、庶可有成矣、今者、上下束手、恬憘姑息、則不進而退者、固其理也、竊覸廷臣、氣象萎薾、賢者、只欲持身寡過而已、不賢者汲引儕輩、托公營私、在職之人皆無固志、少有人言、引疾避事、朝選暮除、不成模樣、其於治亂安危漠然不入於心、言及經國遠猷、則賢者、嚬眉、猶憂上意之難回、其次委之天命、以爲無奈何、若不賢者則直加非笑、以爲愚妄、由是、廟堂、絶建白之議、六部、守文墨之規、臺諫、毛擧細故、摘人舊悪、以爲日課、侍臣、尋章摘句閒言謾語、以擬啓沃、未嘗聞有一人憂深思遠、提挈綱領、直言極諫者、此無他、殿下不以有爲之志、昭示羣下、故、廷臣、疑　殿下悪聞逆耳而不盡其忠也、噫自古人臣之獻忠者、先事而言、則必不見信、事至而言、則欲救、無及、此所以死病、無良醫者也、今日之象、非先事之言也、剝床不

第二十八課 前續

鞏공、굿을 銷쇼、사라질 廩름、곳집 陲슈、여마올 潢황、진펴리 度도、지날 亟극、
싸를 謀모、꾀乙을、석 惕젹、두려울 迓아、마즐 裔예、옷깃 熙희、밝을 恬염、편안
憘희、편안 薾이、풀 諫간、간홀 摘젹、쏠 沃옥、기름질 挈셜、쓰을 夔기、즘승 稷직、
피 契셜、싸 緘함、좀좀홀

今者、非但膠守舊章、雖誤規出於一時、行之旣久、則認爲成憲、遵守益虔、毒遍寰宇而莫之恤、斯民、何罪、値 聖明之君而終不得脫塗炭之苦乎、昔者諸葛亮、曰不伐賊、王業、亦亡、惟坐而待亡、孰與伐之、臣、亦曰不更張、邦國必亡、惟坐而待亡、孰與更張、更張善、則社稷之福也、更張而不善亦非促亡、只與不更亡者、一般耳、 殿下、雖有愛民之心、而不施安民之政、徒善無法、民不見德、此所以民窮於積弊者也、嗚呼、我 太祖康憲大王、肇受天命、 太宗恭定大王、贊成大業、 世宗莊憲大王、鞏固弘基、 列聖相承、至于 殿下、祖宗在天之靈、於昭陟降、其有望於 殿下者、豈不深且遠哉、今者民散兵銷、倉廩匱竭、見不下究、信義掃地、脫有外侮、侵犯邊陲、頑民弄兵潢池、則無兵可禦、無粟可食、無信義可以維持、未知於此、 殿下將何以應之耶、今

必得賢者、而共國故、大哉之堯、猶以不得舜爲己憂、君哉之舜、猶以不得禹皐陶、爲己憂、人君任臣、天地之道也、顧所任、有邪正、而治亂安危、係焉、是故、任君子則政治而安、任小人則政擅而危、君子小人、都無所任則政散而亂、此必然之勢也、今以 殿下之明聖、小人、固不得肆其奸矣、至於君子、亦未深信而任之不專、故、君子亦不能行其志、是君子小人、皆無所用也、由是、國柄、無寄、而朝綱、渙散、有如第宅、無主、路人、皆入、發言盈庭、其曰予聖、各以私見、馳騁而橫議、至於牛童馬卒、乳臭小兒、皆欲預論朝廷之是非、故朝廷、不嚴、國勢不尊、此所以致亂於浮議者也、自古、繼世之君、善於守成者、有二焉繼治世則遵其法而治焉、繼亂世則革其弊而治焉、其事雖異、其道則同也、故、眞西山曰當持守而持守、固繼述也、當變通、而變通亦繼述也、此眞不易之定論也、今 殿下承積弊之餘、宜講更張之策、而每以改紀、爲難、故、變通之說、略不採納、譬如舊室材朽、朝暮將頹而不易一椽、不改一柱、坐待覆壓、是何理歟、雖舊章成憲、時移事變則或有勢難遵行者故、國初、用經濟六典而光廟創成經國大典、 成廟以後、續錄、多端、此豈好爲紛更乎、權時適宜之策、不得之爾、

皆係於　殿下、而革弊興治、亦在於　殿下、不爲也、非不能也、何以言之、

第二十七課

惡오위울 醇슌、술 綬슈、인ᄭᅳᆫ 靮적、굴레 躑쳑、찰 躅쵹、찰 墁만、흙손 礪려、숫돌

殿下、好善雖至、而信道不篤、聞人有忠孝淸白一節之行、則嘆賞不置、聞人有以道學自任、則或疑其僞夫道學者、必具善行、未必知道、豈可重一節而輕道學乎、惟　殿下、重道崇儒之誠、未至、故、發號、擧錯之間、喜循俗而惡異常、直節之士、疑其矯激、含默之臣、比於醇厚、古道之說、斥以大言、由是、流俗之士、向風草偃、咸曰吾　王、不悅道學、爲善者沮、爲惡者肆、稍自修飭、則目以釣名、同流合汚、則許以任眞、敎化陵夷、彝倫、喪敗、此所以世汚於循俗者也、　殿下、愛士之意、固出於誠、而惟是好勝之私、未克、求治之志、不立、故、惓戀印綬者、順而承寵、難進易退者、逆而忤旨、至於進賢、則不論用舍而只以爵祿、爲羈靮、待士、則不論賢否而只以崇卑、分輜重、故、欲行其道者、願忠而不可得、彷徨躑躅、終至於必退、欲食其祿者、雖毁瓦畫墁、必以久次、終至大官、夫爵祿者、所以礪世磨鈍而命德之器也、若使欲得者皆進、不求者皆退、則天工之曠、何足恠哉、此所以績敗於食志者也、自古、明王誼辟、不能獨治、

鳥獸、百怪競出、式月斯興、此是何影乎、嗚呼、　殿下、爲一國之主則一國之
不治、將責之誰乎、古之論爲治者、必以格致誠正、爲本今爲老儒陳言、孰不
以爲迂且遠哉、雖然、欲捨格致誠正、而求治國者、終無是理、何則、不格致、則
智不燭理、不誠正、則心不循理、不燭理、則無以辨邪正是非之分、不循理、則
無以施任賢安民之術、自古、人君、雖甚無道、豈有欲亡其國乎、惟其智不明
也、故以、亂爲治、以奸爲忠、惟其心不正也、故見賢而憚其守道、遇佞而悅其
媚己、此所以覆轍相尋而終莫之悟者也、今　殿下、天資、睿聖、寡慾淸修、恭
儉禮下、少無遇失而臨御十六年、治道不昇、乃有危亡之象、如前所陳則豈
非格致誠正之功、有所未盡而然乎、嗚呼、　殿下、其以今日國勢、爲可以拱
手垂衣、終得保存乎、抑欲匡救而未知其策乎、抑有其志而不得其臣、難於
作事乎、抑欲付之天運、任其興亡而不容人力乎、自古欲治不能者、有二焉、
多慾之君、自奉甚廣、宮室之盛、聲色之娛、馳騁弋獵之樂、不能自抑、故、民不
能堪而亂作者、一也、柔弱之君、授柄權奸、政不已出、寄生於上、左右耳目、皆
非心腹、稍欲有爲、便被鉗制者二也、今　殿下旣無多慾之累、又無權奸之
患、欲王、而王欲覇、而覇、在　殿下、度內耳、誰禁而莫之治乎、竊料危亡四象、

所自來、始微漸盛、終至於動搖廟堂、波盪臺閣、則擧朝靡然、莫敢相抗、議浮之權、重於太山、銛於鋒刃、一觸其鋒、則公卿、失其尊、賢俊、失其名、儀秦、無所用其辯、賁育、無所施其勇、終莫知其所以然也、吁、亦異矣、由是、下而凌上、賤而蔑貴、人各自用、紀綱板蕩、不顧義理所在、而惟視浮議之勢而已、噫、政在臺閣、尙云憂亂、況於政在浮議者乎、誠千古之所罕聞也、譬如萬斛之船、泛于溟渤、無一人執柁、一任風浪、此其爲危亡之象、三也、民窮於積弊者、何謂也、法久弊生、古今通患、不有變通、生理必窮、況我國家屢經權奸之手、多立弊法、踵謬不改、因微至大、貽毒生民、無有紀極、而數十年來、未嘗釐革、至于今日、版籍之數、田野之闢、太半減舊、而責辨貢賦、反甚於前、故、民窮財盡、輾轉流離、民益少而役愈苦、其勢必至於民無孑遺然後、乃已也、民爲邦本、本固、邦寧、目今、民生日蹙、如在水火、撫我則后、虐我則讎、豈不深可懼哉、孟子、曰爲叢驅雀者鸇也、今以斯民之倒懸、倘有鄰邦、如曹莒者、在傍則、民必襁負而歸之、此其爲危亡之象、四也、今此四象、非隱微未現之機也、有目者可覩、有口者可言、　殿下、寧獨未知乎、漢臣梅福之言、曰不見其形、願察其影、若言今日之影則天文示變、地道不寧、水旱極備、癘疫連年、草木山川、昆蟲

五十九

綱常之紐、脫有緩急、則將必疾視長上之死、而不救矣、上崩之勢、翹足可待、此其爲危亡之象、一也、績敗於食志者、何謂也、設官分職、非祿其窮也、將得人才、以治天工、而今則然、不爲人擇官、不問才否、大官持祿、固鮮憂國之志、小官餔餟、尤絕奉職之念、師師非度、筋脈解弛、一有欲治官事者、則群笑聚罵、指爲癡兒、左牽右掣、前拘後碍、卒無所成、至於胥吏之微、亦得乘機售奸、竟使失職習已成例、由是、士之稍知自守者、不欲做官、而惟慕爵貪榮、及窮不能家食者、或儌時得勢、或屈心抑志、乃能久於居官、故、大小臣僚、皆不敢有意於職務、其中、彼善於此者、只能按簿書應期會而已、馴致庶績、日敗、百司皆弊、延及郡縣、無邑不殘、內外空虛、無以爲國、此其爲危亡之象二也、

第二十六課 前續

歧기、갈ᄂᆡ길 銛셤、삽 賁분、클 斛곡、휘 貢공、밧칠 鷸젼、식미 倘당、만일 莒거、풀 彊강、보ᄌᆞ 誠셩、졍셩 迂오、오활ᄒᆞᆯ 弋익、쥬살 寄긔、붓칠 鉗겸、ᄌᆞ갈

政亂於浮議者、何謂也、自古、爲國、必有執政、三公、統六卿、六卿、摠庶司、貴必臨賤、以下承上、尊卑有序、綱紀、攸張、今則不然、廷議多歧、朝更夕變、是非之權、莫適主張、上下大小、不相管攝、朝紳千百、千百其心、所謂浮議者、不知其

書、十九歲、登第、直除翰林、固謝不就、及爲右賛成、三辭不許、乃拜命、上封事極陳時弊、其道德經綸、爲儒林之宗也、

時弊疏

臣、聞上智、明於未然、制治于未亂、保邦于未危、中智、覺於已然、知亂而圖治、識危而圖安、若夫見亂而不思治、見危而不求安、則智斯爲下矣、恭惟 殿下、上智之資、當覆隍之運、危亡之象、明若觀火、中智之所閲歎、而終不見治安之策、可以上副皇天祖宗、付畀之責、下慰臣隣黎庶、顒若之望、謂 殿下、不知危亡之象、則今之國勢岌岌、童子亦知、寧有 聖明、不知之理乎、謂 殿下、已知也、則何恃而不出制治保邦之計乎、嗚呼殆哉、嗚呼殆哉、危亡之象、臣請冒鈇鉞之誅、試陳其略焉、世汚於循俗、績敗於志、食政亂於浮議、民窮於積弊、此四者、其大目也、世汚於循俗者、何謂也、世降俗末、人心漸薄、非有敎化、振起之、則風澆俗敗、勢所必至、今之世道、如水益下、習非、巳久視若當然、禮義廉耻、不張、久矣、循俗者、無謗、異衆者、招譏、故、大小尊卑、相率而而入於荒亂之境、放心爲悪、無復顧忌、士子、尙且先利而後義、則小民、何觀焉、甚至於遺君後親、無所係念、三綱淪而九法斁者、今日之謂也無事時、已解

五十七

可量也、譬諸楩楠杞梓、騂騮騄駬之收用於一時者、豈不萬萬乎哉、而 殿下急先務者、高出於前代矣、夫然則應撰者、可不思副 聖上樂育之恩耶、聖人之道、布在方策、六經之淵深、諸史之異同、百家之浩汗、必將包羅該括、涉其流而撮其精、觀其會而擧其要、極其博而歸於約然後、能深造之而逢其源矣、皇王帝覇之道、禮樂刑政之本、修齊治平之要、擧在於此施、諸事業、在勉强耳、董子所謂勉强學問、則聞見博而智益明、勉强行道、則德日起而大有功者、可見其效矣、徒取糟粕、以爲記誦之資、組織綺麗、以爲聲律之文、以誇世而衒俗、則非朝廷儲養之意也、嗚呼、學文之功、貴乎變化、今日讀一書、亦猶此人也、明日讀一書、亦猶此人也、雖多、亦奚以爲、孔子、曰學而不思、則罔又謂子夏曰汝爲君子儒、毋爲小人儒、可不勉之哉

第二十五課

珥이、구슬 蒙몽、어릴 顒옹、클 岌급、위틱할 鈇부、독긔 澆요、흐를 率솔、거느릴 紐뉴、밀 鋪포、느즐 餟철、제물 罵마、꾸지즐 癡치 미련할 掣철、잇글 售슈、팔

李珥、字、叔獻、號、栗谷、謚、文成公、元季之子也、生於中宗三十一年丙申、卒於宣祖十七年甲申、性、主温和、春風其氣、氷玉其操、十六歲、作擊蒙要訣、鄕約

羣書之浩穰、非專業、莫克終始、每遣集賢殿文臣五六人、賜長暇於山寺、任
便讀書、於是、人才之盛、極於一時、述作之美、侔擬中華、今　上、即位、尊崇儒
術、育養人才、視舊有加、仍　敎政院、曰宜於城外、擇地開堂、以爲讀書之所、
政院、覆啓、龍山小菴、今係公廨棄之矣、修而葺之、爽塏幽曠、藏修遊息、此爲
最宜、　上、嘉其請、遣官董役、閱兩月而成、凡爲屋僅二十間而夏凉冬煥、各
具其所、於是、賜額曰讀書堂、命臣爲記、臣、竊惟詩之旱麓、曰愷悌君子、遐不
作人、人才之興、繫乎上之人、作成如何耳、苟善養之、濟濟多士、王國克生、不
善養之、國無其人、誰與圖理、若徒慕養士之名、而苟焉取之、鷄鳴狗盜之流、
竊聚其間、可不愼哉、三代人才皆由庠序、而成周造士之法、最爲詳密、若漢
之翹材、唐之登瀛、皆苟得一時之名、烏足議爲也、惟我國家、涵養百年、敎化
開導之方、奬勵養成之規、實與成周造士之法、相爲表裏、而泮宮玉堂之外、
又有養賢之所、擇之精而遇之厚、其與詩之每食無餘、不承權輿者、爲如何
者、易、曰聖人、養賢、以及萬民、傳之者曰養賢、所以養萬民也、今日之假館致
粥、無與治道也、萬機之繫、特紆　宸念、似若不切於事也、然他日經營治道、
黼黻王度者、未必不由此輩而粉飾太平、澤被生民、其功利之及於遠者、不

五十五

願殿下、毋怠毋荒、永肩一心、每登眺之際、深懼玩愒之易流、面必以懷保小民、爲祈天永命之實、如上所云、則我國億萬世無疆之休、寧不在玆乎、臣、敢以是爲獻、

第二十四課

磎계、돌楩편、나모楠남、들믜나모杞긔、나모梁량、들보騄록、말騑이、말鞍안、안장鞁비、곳비綜종、ᄌᆞ시穰양、넓을廨히、공히愷기、즐거울悌뎨、공경庠샹、학교翹교、들瀛영、물泮반、물餼희、먹일黼보、용포黻불、용표粉분、가루撮촬、샘을覇픽、읏듬糟죠、겨粕박、겨綺긔、비단衒현、빗뵐

曹偉、字、太虛、號、梅溪、佔畢齊門人、昌寧人也、頗以文章、鳴於時、作龍山讀書堂記、

讀書堂記

夫建大廈者、豫養梗楠杞梓之材於數十百年、必待昂霄聳壑然後、取爲棟梁之用、適萬里者、豫求騹騮騄騑之鍾、必豐其芻豆、整其然鞍鞁後、可達燕楚之遠、爲國家者、豫養賢才、亦何異於此、此、讀書堂之所由作也、恭惟我本朝列聖、相承、文治日臻而至于世宗文宗盛時、以爲研窮義理之奧妙、博綜

而登法宮之仗、一切屏去、服夏后之衣、岸光武之幘、怡神澄慮、與道爲謀、至若青陽和暢、草木敷榮、則感乾坤生物之功、疲癃鰥寡、何以無飢、薰風南來、畏景爍空、則咏帝舜解瘟之操、而滿壑淸陰、何以均施、黃落在候、萬寶告成、則吾民十一之歛、不可過制也、滕六屑瓊、沍氣襲裘、則曰吾民皸瘃之肌、不可更勞也、四時之景、一經于、 宸眼者、皆取以爲發政施仁之實、不惟是也、記曰張而不弛、文武不能也、弛而不張文武不爲也、然則一弛一張之具、亦所不廢、如欲納經而質疑、鴻碩之儒、可以並召、如欲選射而觀德、決拾之士、可以耦進、于以從容顧問、于以講習武備、何莫非君國子民之嘉猷偉範耶、此我 殿下、作亭深意、而中燕位育之極功、是可以馴致也、昔宋孝宗、營翠寒堂於禁中、嘗召趙雄王維等、奏事堂下、古松數十、淸風徐來、帝曰松聲甚淸、遠勝絲竹、夫孝宗、宋之賢主也、平時、無燕遊聲色之奉、宮室苑囿之娛、而乃建斯堂、顧不圖安佚、而拳拳於延訪宰輔、以防擁蔽之害、其英風雅度、至今燁然於簡策之中、今我 殿下聰明仁聖、遠過孝宗、而斯亭之設、偶與之同、前後聖賢規模制作、異世而同符、吁可想已、彼芙蓉雙曜之峙、壯觀於上陽、凝思韶芳之葺、重煥於中央、皆爲遊畋巡幸之備耳、烏足爲今日道也、誠

壜기、싸畜축、저축홀祉지、복切절、근절屛병、병풍幘젹、슈건瘵룡병鰥환、홀
아비爍삭、빗날沍호、얼裘구、갓옷㽹균더질瘢뎐、병宸신、대궐弛이、풀닐碩
셕、클趙죠、나라佚일、평안燁염、빗날吁우、슯峙치、고기煥환、빗날、

金宗直、字、季昷、號、佔畢齋、謚、文簡公、淑滋之子、善山人也、文行、冠乎一世、寒暄、日蠹、出入其門而歷事　世成兩朝、作環翠亭記、至於燕山戊午、禍及泉壤也、

環翠亭記

昌慶宮之後苑、有新亭、曰環翠、直通明殿之北奧也、岡巒體勢、旁橫側展、長松千萬、環擁而立、又植密竹數千挺、以補其隙、前臨大內、結構參差、鴛鱗碧鏤、迭階苔蘚、相助爲翠微之氣、自邇以遠、則崇墉之外、有闤闠、闤闠之外、有郛郭、郛郭之外、有巖岫、終南之烟雲、東郊之草樹、攢靑抹綠、爭效奇於欄楯之下者、千萬其狀、此、亭之所以得名也、然、其所以爲人主燕息之所、則實在彼而不在是焉、是亭也、歷九閟之阻、聯六寢之邃、幽靜寥閴、高明爽塏、蓋其地、自　祖宗置離宮以來、儲祥畜祉而不發、幾至九十餘年、適遇我　殿下、堂搆之秋、而倏然有成、豈非有所待而然耶、退朝淸讌之餘、往往布玉趾

直之難通、昔、新羅薛聰、始作吏讀、官府民間、至今行之、然、皆假字而用、或澁或窒、非但鄙陋無稽而已、至於言語之間、則不能達其萬一焉、癸亥冬、我殿下、創制正音二十八字、略揭例義、以示之、名之曰訓民正音、象形字倣古篆、因聲而音協七調、三極之義、二氣之妙、莫不該括、以二十八字而轉換無窮、簡而要、精而通、故、智者、不崇朝而通、愚者、可浹旬而學、以是解書、可以知其義、以是聽訟、可以得其情、字韻則淸濁之能辨、樂歌則律呂之克諧、無所用而不備、無所往而不達、雖風聲鶴唳、鷄鳴狗吠、皆可得而書矣、遂命臣等、詳加解釋、以喩諸人、庶使觀者、不師而自悟、若其淵源精義之妙則非臣等之所能發揮也、恭惟我　殿下、天縱之聖、制度施爲、超越百王、正音之作、無所祖述而成於自然、豈以其至理之無所不在而非人爲之私也、夫東方、有國、不爲不久、而開物成務之大智、蓋有待於今日也歟、

第二十三課

昷온、다살佔점、엿볼暄헌、다살苑원、동산展전、펼挺정、쎄날鴛원、원앙鏤루삭일莎사、쎄甃추、우물돌墉용、담闤환、담闠궤、저ᄌ문郛부、셩岫슈、뫼부리抹말、가루欄란、란간楯슌、란간闀굉、너를邃슈、깁흘寥료、고요闃격、고요흘

괘、팔괘括괄、거둘浹협、저즐暌려、울解히、풀釋석、노울述술、긔록

盖我東、漢文字、始出於支那、故、不能盡通於各國、各國之人、必假方言、譯而解之、惟我東國、最近支那、與漢音、不甚迂隔、而有國以來、未有方言之翻譯者、字音、猶不能詳矣、何幸運啓賓日、聖人有作、我　世宗莊憲大王、睿智天縱開物成務、於是、刱制訓民正音、二十八字、以應列宿之數、而字形則觀圭璧圓曲之象、點畫則倣小篆分隸之體、明白簡易、使童子婦女、可以與知、引而伸之、足以盡天下之文、通四方之音、猗歟、盛哉、大聖人作爲、可與太皞畫卦、史皇制字同其功矣、後之世、删其ㆁㆆ△三字之煩文、取用二十五字之精要也、

訓民正音序 俗稱諺文

鄭麟趾

有天地自然之聲、則必有天地自然之文、所以古之人、因聲制字、以通萬物之情、以載三才之道、而後世不能易也、然四方風土區別、聲氣亦隨而異焉、盖異國之語、有其聲而無其字、假中國之字、以通其用、是、猶枘鑿之鉏鋙也、豈能達而無礙乎、要皆各隨所處而安、不可强之使同也、吾東方禮樂文物、侔擬中華、但方言俚語、不與之同、學書者、患其志趣之難曉、治獄者、病其曲

賞而歸、自濟川亭、西至喜雨亭、數十里間、公候貴戚、多置亭榭、以收覽風景、東郊、又土性肥、水草饒、宜於收養、驊騮萬匹、望若雲屯、中有高邱、狀如覆盆上有樂天亭、卽我　太宗大王禪位後、怡愉之所也、南臨大江、楮子小島宛在水中、洲渚縈回、明沙蘆荻、景致殊異、以賜貞懿公主、公主又以與少子安公貧世、乃修葺亭宇、乘閒來往、命工圖畫、以求題詠、蓋侈祖宗之傳及、而亦以酬出塵之素志也、吾想夫春卉爭芳、碧霧橫空、中流四望、風帆上下、舞雩活然之氣、若與狂點鄒孟、接席同歡矣、至或天地爲洪爐、淸風來拂面、快哉、楚襄、冷然列子、亦將被襟而忘返矣、又如玉宇澄淸、星月沉江、有時彈琴、峨峨焉、洋洋焉、莫有知其妙者、若夫雪花橫飛、白帝玉妃、崩騰排擯、假使賦雪之韓、騎驢之戴、聯鑣而至、逞才乘興、于胥樂矣、夫四時之景、不同、公之樂則一也、噫、樓臺山川、天下古今、膾炙者、岳陽樓滕王閣而已、然皆在天下數千里之外、但可耳之、而不可目之矣、孰若近在輦下、朝夕遨遊、以舒至樂也哉、

第二十二課

莊장、엄장 璧벽、구슬 篆젼、젼ᄌᆞ 猗의、아름다올 皞호、힐 畫획、그을 皇황、님금 枘예、ᄌᆞ로 鉏셔、호믜 鋙어、섭섭ᄒᆞᆯ 礙의、걸닐 俚리、속담 獄옥、옥 窒질、막힐 卦

區區地理禍福之邪說、何足道哉、臣竊念世例、以儒者之言、爲泥古而不通、然其泥於古者、實亦欲通乎今也、臣今所陳、自世俗而言、雖若泥古、質諸聖賢之道、則其於擗邪說明正道、作則垂訓、永保天命之義、未必無小補云、

第二十一課

睢슈、눈가 齋지、셔지 姻인、혼인 楮저、닥 攬람、당길 驊화、말 騮류、말 禪선、터닥글 愉유、깃불 狄젹、갈 懿희、아름다올 葺즙、기울 酬수、갑흘 素소 본래 雩우、긔우제 鄒추、ᄯᅡ 席셕、돗 歡환、즐길 快쾌、쾌할 襄양、클 披피、헤칠 澄징、맑을 妃비계집 拶찰、핍박할 騎긔、탈 鑣표、자갈 逞령、쾌할 胥셔、서로 膾회 회칠 炙자、구을 滕등、나라 輦련、련

鄭麟趾、字、伯睢、號、學易齋、靖難功臣、謚、文成公、縣監興仁之子、河東人也、年十九歲、 太宗朝登第、官至領相、 世祖嘗赴麟趾家、直入寢房、執其手曰、當與公結婚姻、麟趾、知其有異意、許之、及大事將擧、麟趾赴闕周旋、以至成功也、會賦楮子島樂天亭序、是島、在東水口門外也、

樂天亭序

京都、背負華山、面對漢水、形勝、甲於天下、中朝士君子、奉使東來、必賦詩遊

建塔廟、大概心有所惑、則必有所蔽、於是、君臣上下皆墮於術中、請藉此術可以致歷年之久、不懋敬厥德、以爲祈天永命之實、則今日此舉、殆非所以燕翼貽謀之道也、可不愼哉、昔我　太宗恭定大王、宣旨、若曰先王、制禮、自天子至於大夫士、葬期各有月數、後世陰陽家、拘於多忌、踰時不葬、予甚憫焉、如太歲壓本命、葬師最忌、予嘗驗之再矣、而大無妨也、遂命大臣鄭以吾等、遍閱羣書、取其正論、去其邪說、質聖賢之旨要、破俗巫之瞽盲、集成一書、名之曰葬日通要、頒布中外然後、人心、有定、王制復明、吾東方之爲人父者、乃得死不暴露、而喪親之道無憾矣、燕翼貽謀之　道必如我　太宗然後、爲至也、歲月日時之拘忌、我　太宗、旣絕之於前、其山水禍福之邪說、我　殿下、當正之於後也、伏惟　殿下、遠遵先聖賢之正道、近體我　太宗之美意、許令名儒、遍覽地理之書、專以程朱司馬公所論爲宗、其怪誕不經之說、一皆去之、亦如　太宗之所爲、　殿下又當致中和之極、清道義之源、以天命爲主脉、以民心爲對案、顧諟天之明命、用顧畏于民嵒、益修明乎政敎、于以淑人心、而回世道、使斯道之明、如日中天、而致雍熙泰和之隆、以貽訓於後世、務以凝天命、而結人心、國祚有磐泰之安、則此正億萬世無疆之休也

이뢈암、헙흘熙회밝、을
自古、邪說之興、易於惑人、以禍福動之也、試語衆曰某山某水、不利於國則
閑之者、必曰臣子所不忍、莫敢誰何、此、無他、動以禍福也、溫公程朱、天下之
大賢也、福禍之說、前則周公孔子之所不言、後則溫公程朱之所不取、不知
而不言則周公孔子爲不智、知之而不言、則周公孔子爲不忠、知之而不取、
則溫公程朱亦爲不忠、然則彼二聖三賢、獨非臣子而不言不取耶、是則聖
賢、反不智不忠於術士歟、此理甚明、無復可疑、固聖學之所洞徹也、臣敢誣
哉、所謂造山塞路等事、縱使無妨於今日、然非徒有戾於聖賢之道、其末流
之弊、可勝言哉、方今上有聖明之主、下有聖嗣爲儲副、又有賢宰、相與講論
治道、立法定制、垂憲萬世、正在此時、眞可謂先孔子而聖者、非孔子、無以明、
後孔子而聖者、非孔子、無以法者也、今而試用其術、則後世、必曰某祖某宗、
聖人也、而信用之、予不聖於祖宗、而敢違之、遂人之富貴貧賤、賢愚壽夭、皆
係於此、時君、信焉、時相、惑焉、妖媚之徒、乘隙而進、乃詭曰某山某地、民居可
撤、某方某門、可塞、某位某山、可低可高、顚倒吉凶、誑惑人心、必矣、非特此也、
將恐前朝裨補之說、或繼踵而起、則必曰某里某方、可營寺刹、某邑某山、可

又按林洞照膽、范越鳳之所撰也、越鳳、五季一術士耳、其所謂明堂、有臭穢不潔之水、悖逆凶殘之象者、論葬地之吉凶也、都邑之形勢、則不之及焉、蓋越鳳之意、必以神道、尙潔、故、水性、不潔則神靈、不安、而有如是之應也、非所論於國都者也、至於都邑之地、人烟、繁盛、旣庶旣繁、則臭穢斯積、必有通溝廣川、經緯乎其間、以流其惡然後、可以肅淸都下、其水無可淸之理矣、今欲使都邑之水、一如山間之淸淨、則非惟勢不能行、以理言之、死生殊途、神人、異體塚地之事、豈可用之於國都乎、我國都邑之形勢、盡合於術、而獨此數事、爲未盡耶、若未合於術者頗多、而禍福之說、例盡可用、則塚地成局之內、無居民矣、都內之民、盡可出之城之外歟、況景福宮之左臂、昌德之宮右臂、尤爲切近、可盡撤其居民乎、塚地四神、有路交者、傷亡之兆、四維有路、者、貧苦之兆、坤上交路者、多滛、艮方交路者、子死、然則國門之直、四神四維及坤艮之方者、可盡塞之歟、如此之類、難以枚擧、苟未能盡從其術、則於此數事、何獨惓々、此愚臣之所未解也、

第二十課

戾려、어그러즐 誑광、속일 坊방、막을 瞽고、판수 頒반、반포홀 遵쥰、좃출 寔식、

第十九課

魏위、나라煬양、녹일汴변、물麓록、산발瘡창、헌데阜부、언덕局국、판艮간、간
방倦권、정셩
三代以後、都長安者、則西漢、歷年二百一十四、西魏後周隋高祖、皆二十餘
年、唐家至於二百九十年、都洛陽者、則東漢、歷年一百九十六、曹魏西晉、四
五十年、隋煬僅帝十三年、都建康者、則東晉歷年百有五年、宋齊梁陳或五
六十年、或二三年、都汴京者、則五季、尤短祚、或十餘年、或止四年、趙宋、至於
百有六十七年、由是論之、所都之地一也、而其國祚脩短之不齊、何若是歟、
臣所謂固無關預於地理者、以此也、謂城北之路、塞之則福、通之則禍、城內
之麓、補之則吉、不補則凶、經傳故事、何所據依、臣誠愚昧、未燭其理、古者、帝
王都邑之制、必皆面朝背市、則宮城之北、果皆禁人行跡歟、況術家、以城斷
路截、並論其害、今觀宮城之址、入地之深、計亦幾於丈許矣、假如術士、既已
城斷主脉、深八丈許、而禁人行於皮膚之上、抑末矣、又補土於旣斷之脉、是、
以割肉以補瘡、安有血脉深可通乎、如欲通其氣脉、塞城北之路、固非也、築
城內之阜、亦無益也、必也先毁宮城乎、然則宮城可毁乎、是必無之理也、臣

師之說、既擇年月日時、又擇山水形勢、正使實能致人禍福、亦豈忍使其親、暴露而自求其利耶、然孝子之心、慮患深遠、故必求土厚水深之地、而葬之、程子葬說、曰卜其宅兆卜其地之美惡也、非陰陽家所謂禍福者也、而拘忌者、或以擇地之方位、決日之吉凶、不亦泥乎、胡泳問於朱子、曰至事辦之辰、更以決於卜筮、某山不吉、某水不吉、既得山水拱揖於前、又考來去之吉凶、又必須年月日時之皆合、其說則恐不必如此、答曰須稍有形勢、拱揖環抱、無空濶處、乃可用也、但不用某山某水之說耳、以此觀之、地理禍福之說、盛宋名儒、亦皆不取也、此皆載於經籍、歷歷可考、固 殿下之所洞覽也、臣敢誣哉、然其禍福之說、用之塚地、猶云不可、而又用之都邑之地、則又未見其可也、夫運祚之脩短、國家之禍福、皆係於天命人心之去留、固無關預於地理、是故、古之賢臣、進戒於君、一則曰性上帝不常、作善、降之百祥、作不善、降之百殃、一則曰惟天無親、克敬有親、民罔常懷、懷于有仁、一則曰我不可不監于有殷、惟不敬厥德、乃早墜厥命、斯乃不易之定論也、且三代以前、既無地理之法、而歷年之永致治之美、增光簡策、後世莫及、其所都之地、豈皆盡合於今之地理之說乎、

길殃앙、앙화

魚孝瞻字、萬從、咸從人、變甲子也、世宗己酉登第、官至判中樞左右相、謚、文孝公、公、性、剛直廉潔、自幼、端整不妄戲遊、依如老成、時風水者、諸塞宮城北路、城内、造假山、以補地脉、集賢殿修撰、李賢老、亦以風水之說、請於都内川渠、禁投穢物、以淸明堂之水、故、公、上疏極諫而後丁父母喪、葬於家園之側、及公卒、其子世謙、葬於廣津瀨、亦不擇地、其家法、如此也、

風水說上疏

臣、於地理之書、未能徧博、僅所讀者、亦掩卷輒忘、未領其要、又學問、淺薄、本無識見、但於蠢愚固執之意、妄謂地理之說、三代以前無有姑、儀禮、周公之制也、惟筮宅卜日而已、孔子亦曰卜其宅兆、而安厝之、兩漢以降、始有其術、各立吉凶禍福之說、惑世誣民、唐太宗、以陰陽雜書、訛僞旣甚、拘忌亦多、命太常博士、呂才、刊正削去、才、皆爲之叙、質以經史、識者、以爲確論、其叙葬、曰古之葬者、皆於國都之北、兆域有常處、是不擇地也、今以妖巫妄言、遂於擗踊之際、擇地選時、以希富貴、才之言、旣如此、則雖至唐時、實爲巫史、業此謀生、野俗無識、信之、而有識之士、所不取也、至宋司馬温公、葬論、云世俗、信葬

府人也、簡曰、府舘之東、有蓮池或亭或樓、成毁興廢、其來甚久、今堙傾圮、人不可處、驪江閔先生孝悅、明府、政成多暇、爲之憫然、欲復其舊、命工鳩材悉撤而新之、七閱月而告成、爲楹者凡三、爲補棟者二十餘、廣其舊池、又鑿其流樓於是乎宛在池中、制度旣壯、丹雘又明、島嶼回縈、花卉幽閒、自池有亭樓以來、所未曾有也、工不移時、役不及民、而能復舊物也、如是其可不傳也耶、請爲記、以遺後、昔金君成安之爲是亭也、牧隱嘗爲記、如僕者、安能繼其後歟、夫物之成毁有數、事之興廢有時、因成而毁、因廢而興、循環無端、其爲亭爲樓、爲成毁興廢也、何莫非物與事、合數與時、會者哉、先生處世、常澹然、爲政、亦務字撫、不爲虛飾、而首爲之憫然、復其舊、增大之而後、已、何哉、物毁有當成數、事廢屬可興之時、此先生所以不能自已、而玆池之一大遇也僕雖拙、亦不能不爲記、之而愛蓮之說、景槪之美、不暇及焉、牧隱花開停車之志、竟得伸歟、僕之寓目托興、亦終付之數與時爾、

第十八課

疏소、글 瀕빈、물가 偏편、두루 蠢준、미련ᄒᆞᆯ 厝조、둘 吉길、길ᄒᆞᆯ 誣무、소길 域역、지경 擗벽、ᄶᅩᆨ일 踊용、ᄯᅱ놀 唐당、나라 程정、길 胡호、오랑캐 考고、샹고ᄒᆞᆯ 脩슈、

韻士、如淵明之友菊、子猷之友竹、和靖之友梅、濂溪之友蓮、或取其馨德、或取其清節、心平友之、而付物我於無間者矣、近有金先生敬之、居驪江、名其堂、曰四友、是、取之雪月風花後、加江山、爲六友、其友之也、亦豈徒然哉、然其所尙、皆不如先生之所友、在人倫日用之常、而不在於聲色玩好之末、取友之道、於斯、盡之、居正、亦以四佳、名亭、四佳者、春夏秋冬之謂、元亨利貞、君子之四德備焉、居正欲從四德於君子之後、尙友焉、其所以友四則、當不讓於先生、先生其亦有取乎、如有所取、請與先生、更商略之、

第十七課

癸계、북방頎긔、길館관、직샤堙인、막힐鬱울、답답圯이、흙다리閔민、싸楹영、기동棟동、기동卉훼、풀澹담、맑을增증、더흘

申叔舟、字泛翁、號保閒堂、叅判檣之子、高靈人也、世宗朝、登第、官至領相、天性、高明、秉心寬恕、自少、有大志、不規細微、優遊山寺、讀不輟、不以家事、累心、故、學問、大進、嘗著水原雲錦樓重修記、

雲錦樓重修記

天順癸未春、余方閒居、有投簡者、成均司成孔頎、禮曹左郞、金九英、皆水原

出汲於烟雲杳靄之間、氣像不一、眞所謂名區勝地、而西河任先生元濬之別墅、在焉、嘗構一堂、扁曰、四友、蓋取之耕牧漁樵也、間屬予記、予惟耕於野、牧於郊、林若水之、水若漁之、皆山林肥遁者之所樂、先生以功名富貴之盛、享軒冕圭組之榮、而　聖心之所眷注、物議之所倚望、於斯四者、不可得而爲友、今復取之、何耶、嘗聞山林歟、皐壤歟、所處之地雖不同、所寓之志、無不同、居巖廊而思江湖、厭繁華而樂幽獨、達人君子、雅性、如此、先生雖勳高望重、沖虛挹損、鑑止足之戒、有勇退之心者、非一日、况驪之別業、乃先生家世青氊、先隴楸梧之所在、其距京城、僅一日、先生、於退食之暇、佳辰良節、往復上塚、擊牛烹羊、與鄕之父老、從容談笑、於耕者而問稼穡之道、於牧者、而問養生之術、於樵者、而歌伐木之雅、於漁者、而論濠梁之趣、怡然若淡泊之與交、寂寞之與友、友之不足而名其堂、名其堂而著之、記其友也、非面也、心也、夫友者、友其德、其取友、非一、有友古之人者、有友一世之賢者、有友一鄕之士者、友古友一世、嘗聞其人矣、能友一世之高士、如耕如牧如樵如漁者、益之輔之、久而敬之、則於先生見之矣、嗚呼、先生、有言親親而仁民、而愛物、又曰民吾同胞、物吾與也、則君子之取友、當先於人、而後於物、歷觀古今高人壺從之、嗚呼、水向之水也、心、向之心也、以向之所忌見、今反爲嗜觀、豈以得區區一官之故歟、心吾心也、不能自制、使因時變易之如此、其於一死生、齊得喪得可冀乎後、尙警故、志之

第十六課

獺달、슈달 漭망、아득홀 沄운、흐를 泙핑、물소리 湃배、물소리 磅방、돌 礴박、돌 巉참、놉흘 峻준、놉흘 瑰괴、옥돌 秔깅、벼 稻도、벼 黍서、기장 聳용、소슬 濬준、팔 墅서 농막 圭규、홀 皐고、언덕 廊랑、힝낭 厭염、시룰 楸츄、나모 梧오、오동 濠호、히ᄌ 趣츄、나아갈 韻운、운 靖졍、평홀 濂렴、물 蓮련、련 馨형、향긔

徐居正、字、剛仲、號、四佳、諡文忠公、達城人也、詩文、淡泊、世宗朝、登第、官至右贊成、命撰東國通鑑、嘗著四友堂記

四友堂記

驪之水、源於月岳、合獺川、爲金灘、經仰巖、會蟾水、奔流漸廣、爲驪江、漭沄泙湃、淸徹可愛、江之西、有馬巖、磅礴巉峻、瑰奇特絕、捍水之功、大、爲黃驪一州、所賴、巖之名、由是而著稱、環左右長林大野良田沃壤、彌望數百里、宜秔稻、宜黍林、宜樵蘇、宜畋漁、隨所得而自足、遠而望之、雉岳龍門諸山、攢靑聳碧、

李奎報、字、春卿、號、白雲居士、黃驪人也、高麗明宗、二十年、登第、致仕、辭命、謚、文順、性豁達、不營生產、肆酒放曠、爲詩文、不蹈古人畦徑、橫騖別駕、汪洋大肆、一時高文大册、皆出其手、嘗謫居富平縣、著望海誌、

望海誌

路、西出桂陽山之徼、惟一面、得通於陸、三面、皆水也、始予謫守是州、環顧水之蒼然浩然者、欵入島嶼中、悒悒然不樂、輒府首閉眼、不欲見也、及二年夏六月、除拜省郞、將計日上道、以復于京師、則向之蒼然浩然者、皆可樂也、於是凡可以望海者、無不遊踐、始於萬日寺樓上、望之、大舶、點波心、僅若鳧鴨之游泳者、小舟則如人入水、微露其頭者、帆席之去、僅類人揷高帽而行者、羣山衆島、杳然相望、有昂者駭者跂者伏者、脊出者髻擢者、中穿如穴者、首亞如傘頭者、僧來佐望、輒以手、指點之島、曰彼紫燕也、高鸞也、麒麟也、山曰彼京都之鵠嶺也、彼昇天府之鎭也、龍山也、仁川之望也、通津之望也、歷歷而數、如指諸掌、是日、予甚樂焉、遂與遊者、觴之乘醉而反、後數日、遊明月臺頗有山之掩翳者、不若萬日之豁敞也、後數日、復循山而北、並海而東、觀湖水之激薄、海市之變怪、或乘馬、或步行、稍憊而後還焉、與遊者某某人、指携

涉是急故、未暇登覽而寓目也、壬午之秋、鐵山李山杕鉞而來、觀察右道、弭節于此、顧瞻咨嗟、乃陟崖上相其攸宜、芟榛棘剗砂土、乃構新亭、扁以息波、盖欲壓勝、以利病涉者也、巡觀之暇、必來憩息、至輒信宿、吟哦忘返、公、天性、仁厚、樂善不倦、自幼、慨然有志節、嘗慕范文正公、先天下之憂而憂、後天下之樂而樂之語、常自誦詠、以自期待故、文武才略、中外聲績、其卓卓然不羣足以追配范公而其胸中之天、亦與范公、同其大矣、夫岳陽樓、天下之勝槩凡寓目者、可悲可娛、皆係所感、而范公憂樂、則獨關於天下、今公於此亭、旣得以同其樂、且推其憂於息波、是、其心之憂樂、皆在於及人、而不係於一已者、可見矣、詩曰、維其有之、是以似之、他日、處廟堂之上、輔相之列、憂樂之效、不使范公、專美於宋、亦可卜之矣、

第十五課

奎규、별 驢려、말 豁활、넓을 畦규、이랑 徑경、길 鶩무、달닐 汪왕、물결 謫적、귀향 僥요、요ᄒᆡᆼ 悒읍、슯흘 郞랑、사나희 舶박、비 鳧부、오리 鴨압、오리 蓆셕、돗자리 帽모、사모 岊절、놉흘 垓ᄒᆡᆨ、야산 跂기、져여드딜 脊쳑、등셩이 髻계、샹토 傘산、우산 紫ᄌᆞ、붉을 鸞란、란ᄉᆡ 鵠곡、ᄉᆡ 鎭진、진졍 觴샹、잔 敞창、밝을 稍초、점점

於求賢、逸於任賢、臣請以是爲獻、

第十四課

丞승、니을、僖희、즐거울、覲근、뵐、贊찬、도을、唾타、침비앗흘、沒몰、빠질、漫만、길
弭이、부리울、崖의、언덕、榛진、개얌나모、剗잔、싹글、砂사、쥬사、哦아、읇흘、范범、
성娛오、즐거울

權近、初名、晋、字、可遠、號、陽村、政丞僖之子、圃隱門人、能文好學、專於性理、登第於麗末、不屈於國初、 太祖謂僖曰、近忘我否、汝年、已迫、未聞近、來覲、何篤於忠、而緩於孝、 曰近、豈忘老父、緣身多病、臥不能起、若得其蘇、將見臣、卽送人促來、不得已起、入城赴闕 上以賓禮、待之、官至贊成、謚、文忠公、自是、一時士類、皆反面唾之、曾在松京時、記碧爛渡息波亭也

息波亭記

松都西北、衆壑之水、會爲長江、流入于海、其沒處曰碧爛也、近國故、涉者衆、近山故流駛、近海故潮悍、而涉者亦甚病、國都、爲置官以掌之、濱江岸下、舊有草樓、掌渡者、所寓也、江接海天、山廣野隴、紆餘渺漫、極目無際、形勢之勝、可謂最矣、然而以其爲爭渡之地、而非遊觀之所、故、往來者、皆忙忙焉、惟利

鄭道傳、字、宗之、號三峰、尙書寶文閣提學云敬之子、奉化人也、登第於麗末、太祖開國、策其功勳、封奉化伯、撰進經國大典、本朝開國規模、皆出於三峰之所定、其遺篇、深得其宰輔大體、宮殿序文、多出於三峰之所撰、其章句與感於君王治迹也、

勤政殿序

天下之事、勤則治、不勤則廢、此必然之理也、小事、尙然、况政事之大者乎、書曰儆戒無虞、罔失法度、又曰無敎逸欲有邦、兢兢業業、一日二日萬機、無曠庶官、天工、人其代之、舜禹之所以勤也、又曰自朝至于日中昃、不遑暇食、用咸和萬民、文王之所以勤也、人君之不可不勤也、如此、安養既久、則驕逸易生、又有諂諛之人、從而導之、曰不可以天下國民之故、疲吾精而損吾壽也、又曰既居崇高之位、何獨猥自卑屈而勞苦哉、於是、或以女樂、或以遊略、或以玩好、或以土木、凡所荒淫之事、無不導之、人君以爲是乃愛我厚、不自知其入於怠荒、漢唐之君、所以不及於三代君者、此也、然則人君、豈可一日而不勤乎、然徒知人君之勤、而不知所以勤、則其勤也、流於煩碎苛察、不足觀矣、先儒曰朝而聽政、晝以訪問、夕以修令、夜以安身、此人君之勤也、又曰勤

無不當理、推爲吾東方性理之學之祖、及其跋鄭三峰先生詩集、則有曰講明則同圃隱、著述則同李陶隱、蓋深有所服也、惟其有見於道者、至精而極大、故、其存諸心而施諸事業者、莫不粹然一出於正、至於臨大節、亦有確乎其不可奪者矣、嗚呼盛哉、惜其無有微言至論、著之於書以詔來學於無窮、詩則餘事也、而其存者僅若干篇、然皆本之性情、該諸物理、往往有其發其胸中之所得、而不能自已者焉、後之人苟有知言者、諷詠而詳味之、則其洞見道體之妙、固已躍如於片言半句之中矣、豈無得先生之心於詩之外者、而亦不恨於來學之不知也、先生之子、伯仲氏、携是書以來、徵余序、且曰陽村權文忠公、嘗手校是詩、其未盡校者、囑諸子、又欲爲序而未就、子嘗學於吾先君、又爲門生、則知先君者、無如子矣、序惟子、是託焉、余不獲辭、姑叙其所立之卓、由其所見之明、而所見之明則求諸是詩、而亦可驗者、以竢後之知言者云爾、

第十三課

閣각、집 模모、규모 儆경、경계 禹우、님군 昃측、기울 遑황、겨를 諂첨、아첨 諛유、아첨 猥외、외람 畋전、산양 怠틔、게으를

圃隱先生詩藁序

天地大矣、而人乃一眾於其中、形孰小焉、古今久矣、而人乃一瞬於其間、時
孰近焉、形雖甚小、而有可以參天地而並立者焉、時雖甚近、而有可以貫古
今而不朽者焉、是必有不依形而立、不隨死而亡者矣、天地也、古今也、苟求
其所以然、則與人之所以爲人者、初豈有大小久近之可言也哉、古之人有
見乎此者、未甞不淵氷戰兢於平居之日、而卒然遇夫大變也、則有舍生而
不顧、殺身而無悔焉者、蓋亦欲以全夫此而已、惟吾座主、烏川圃隱先生、當
高麗之季、位侍中、乃能致死於所天、而國隨以亡、我 殿下嘉其節義、追加
封贈、曰文忠、嗚呼、先生之一死、有關於人倫世教、爲甚大、豈惟前朝數百年
作成人才風之效、鍾於公、我朝鮮億萬年臣子綱常之立、起於公而已哉、我
殿下崇獎節義、不掩八善、廣大明光之德、又將因先生而益彰矣、嗚呼、人孰
無一死哉、所謂參天地而並立、貫古今而不朽者、先生有焉、先生爲學、自吾
身心性情之微、人倫日用之著、大而天地古今之運變、細而昆虫草木之名
品、無不貫至、其所超然了悟、獨得夫古人不傳之妙者、則有非吾東方、有文
學來、諸子、所可得而企及也、甞講經於成均也、牧隱先生、稱之曰橫說竪說

宗誠、宗本、以其遺藁、來示余、且請余、曰吾先子、所著詩文、喪亂之中、失亡殆盡、幸此若干百篇僅存、欲鋟諸梓、以傳不朽、子之於吾先子、平生相許不淺矣、幸題一言于卷端也、予感其言、受而讀之、辭語豪放、意思飄逸、和不至於流、麗不至於靡、忠厚之氣、不以進退而異、義烈之志、不以夷險而殊、可見其存養之得其正而發見於聲律之間者、亦然矣則思之然邪、豈係乎、詩之正變也哉、他日中國、有採詩之擧、則此篇、當與牧隱陶隱二先生之集、並傳於中國、而使中國之士、知海東有邦、文學之盛矣、顧不偉哉、嗚呼、先生、出處始終大致、有國乘、在茲不贅焉、晋山府院君浩亭河崙序、

第十二課

禑우、도을兢긍、두려울彰창、빗날了요、맛츨均균、고를跋발、밟을粹슈、슌젼홀竢ᄉᆞ、기ᄃᆞ릴

卞季良、字、巨卿、號、春亭、密陽人也、辛禑朝、登第、世宗朝、重其文章、待以故舊、典文衡、二十餘年、歷擧前代人臣言行可戒可法者、著政府相規說、且撰國朝寶鑑而文辭高妙、曲雅、尤長於詩、淸而不苦、淡而不淺也、嘗序圃隱先生詩藁、

將使金海之民、平居無事、則下山而田、入海而漁、及見烽燧、收妻孥而入城、則可以高忱而臥矣、孰謂設險自固、爲拙策也、余、將訪古伽倻之墟、當舉酒於新城之上、以賀朴候政績之有成也

第十一課

崙륜、뫼諡시、시호刪산、삭글郊교、들諷풍、개유할詠영、읇흘藁고、글鋟침、삭일梓자、가나모飄표、날닐

河崙、字大臨、號、浩亭、晋州人也、麗末、登第而爲我朝定社佐名功臣、官至右議政、謚、文忠公、公、天資重厚、平生、無疾言遽色、 太宗朝、嘗稱、曰晋山、忠直之臣、官尊德義、常以賓師、待之也、曾序圃隱先生詩集

圃隱先生詩集序

常謂孔子、刪詩止于三百篇、然而原於天理人倫、而達乎政教風俗、上自郊廟朝廷之樂歌、下至閭閻委巷之諷詠、凡可以感發善心而懲創逸志者、無不具焉、則詩之爲詩、豈在多乎哉、詩變而爲騷、騷變爲詞賦、再變而五七言出、至于律詩、則詩之變、極矣、然而思無邪之一言、可以蔽三百篇、則詩之道、亦豈多乎哉、圃隱先生鄭公、以天人之學、經濟之才、大鳴前朝之季、今其子、

復然、此余之痛心也、乃告於衆、倭勢日熾、去海百里、尙受其害、況此海曲之邑、水環其境者、直死地也、苟非施險、無以爲也、於是、出令、修古山城、擴而大之、累石爲固、因山爲高、功既訖、自下望之、壁立千仞、雖使一夫、當門、萬夫、莫能開也、府人通憲大夫裵公元龍、走書來請、曰、山城之修、萬世利也、知吾侯者、莫如子、敢以爲請、余惟設險、守國之道、自古帝王、未有不資是以爲治者、孟子、所謂天時不如地利、地利不如人和、蓋言輕重大小之差耳、非謂取其一而廢其二也、嗚呼、祖宗之法、亦密矣、余嘗佐幕朔方、按行東北塞上、有古山城、横截山川、首尾千里、其間要害之地、邏戍營之屯所、動至千百、當時經營禦倭之迹、蓋可見也、往與契丹金元、接境爲敵、抗衡幾年、能不失舊物、以至于今者、豈偶然而致之哉、今國家、用兵二十餘年、城砦池隍、所在頽廢、無異太平無虞之世、夫今之謀臣智將、算無遺策、豈獨不知城池所以待盜賊也、顧棄而不爲、其志將以長槍勁弩、與敵從事於平原廣野、芟薙之、盡滅之、以、快於心、以彼設險守國、爲拙策耶、倭寇之爲寇、小矣、國家之財力、殫竭矣、於是、每兵出而北向之長槍勁弩、快心之策、反爲敵所笑、嗚呼惜哉、以契丹金元之敵、而不畏、何其壯也、今何爲而反困於是耶、朴侯之舉、蓋憤於此也、佐之才、理學之祖、生丁昏季、厥施未普、則大厦將傾、而一木扶之、滄海橫流、而一葦抗之、知其不可、而猶且爲之者、分定故也、所謂分者、何也、天之所以命物、而物之所以爲則者也、則木之厦支、分也、葦之抗海、分也、臣子之忠孝於君親、而竭誠盡節、以至於損軀殞命者、亦分也、盡此分者、聖、勉此分者、賢、如此而生、如此而死、隨其所遇、心自安焉、若夫時之不幸、勢之難爲、則君子不以爲病焉、即於分定、不待勉强而能盡者、其惟圃隱先生乎、先生、嘗記金海山城、

金海山城記

昔、先王、南巡、次于尙、余時、召入、爲翰林、始識朴侯葳於旅舍、相從而悅之、自是、比肩事先生、十有餘年、固已服其才焉、及今上卽位之明年、余以罪、謫居南方其冬、倭陷金海、人皆言曰金海、倭衝也、今已陷且殘之後、雖有智者、殆難以爲治、俄而聞朴侯出爲守、顧謂人曰余知朴侯、其必有以處此矣、侯、始至、乃能日夜、疲精竭思、設計推恩、凍餒者、使之飽暖、呻吟者、使之謳歌、煨燼者、使之奐輪、缺毁者、使之牢緻、旬月之間、百廢擧矣、侯猶慊然、憂形於色、曰、是奚足爲政、近日之陷、夫而哭妻、子而哭父母者、聲相續也、失今不圖、後當

廢己久、全君成安、爲守時、慨然有志於興復、乃鑿而深之、中爲島、以翼新亭、財不出於宮、役不及於民、及其成也、州人、見之、相顧驚駭、以爲何其成之易也、必異物之來相也、何不吾役、而能若此也、吁、全君、其知使民者歟、會、全君、內選、而秘書少監安君、出按楊廣道、嘉全君爲政之能、走書於余、曰、全氏之迹、不泯而傳之後、惟在於文、子毋辭諸、予惟水原、按部所理、控制諸州、是以、爲一道所輻湊、然其盛衰興廢、亦爲一道先、今全君威惠幷至、撫集得宜、又能不煩細民、廣我國家泰平之美、安君職察民風、樂道人善、皆可書也、與日、稽也、功成乞退、道過斯邑、若値荷花開時、必停車上亭、以讀吾此記而後、去矣、

第十課

佐좌、도을 厦하、집 孝효、효도 捐연、버릴 軀구、몸 葳위、셩ᄒᆞᆯ 謫젹、귀향 倭왜、왜국 殆ᄐᆡ、자못 呻신、신음ᄒᆞᆯ 謳구、노ᄅᆡ 猥외、구을 奐환、빗ᄂᆞᆯ 緻치、ᄲᆡᆨᄲᆡᆨᄒᆞᆯ 慊겸、한ᄒᆞᆯ 訖ᄒᆞᆯ、맛ᄎᆞᆯ 仍인、길 裵ᄇᆡ、셩 邏라、슌라 契계、글 砦ᄎᆡ、진칠 隍황、언덕 勁경、굿셀 弩노、소뇌 拙졸、졸ᄒᆞᆯ 烽봉、봉화 燧수、봉화

鄭夢周、字、達可、號、圃隱、延日人也、麗恭愍九年、應擧、連魁三場、遂擢第一、王

政、惠其民、不敢施以威、朞歲大和、利無興而害悉去之、迺作樓于州理、以壯瞻視、以娛賓使、揭名曰望海、使其子國子生彝、徵余爲記、且言曰、州舊有池、久廢不修、上封下游居人、雜耕其中、州人相傳池之龍、徙它境、其後、乃涸然、著知其信否也、候既至命浚而築之、是日黑雲、暴起東南、風雷隨之而至、州人望之、矯矯見龍之尾、及池而下池、水沸三日、白氣蓊然不止、老幼嗟異余曰心之用、大矣、一定其心、則天下無足爲者、鄭候敬止之心、同遠無間故、明則人和、幽則格物、是樓之徵、何足道哉、故先書郡、後錄龍返之由、以告來者焉、候名、乙卿、字、善輔、以材德、名於世

第九課

榭사、기동 蕪무、셩흘 吁우、슯흘 泯민、업서질 控공、다릴

雲錦樓記　牧隱

池臺陂榭、游玩之所也、於世道、何與焉、然、國家理亂之迹、州縣興廢之由、於是乎在、盖朝廷淸明、上下豫安、則吏樂其職、民安其生、非有池臺陂榭、何以形容太平人盛觀哉、法令、苛暴、賦歛、繁重、則民啓於理、吏困於宮、雖有池臺陂榭、豈能獨樂哉、然則水原府新亭之作也、可無記乎、府理東北隅、舊池蕪

志守之、奔趨而與夫定安郡夫人任氏、今爲比尼、名妙德之捨財、而彌智之
有是菴也、此韓山子之有是記也、後之居是菴者、惟普濟捨利、捨利於其身
可也、吾、儒者、曰舜何人也予何人也、有爲者亦若是、請其左其檀越名氏、且
銘于後、

第八課

誅주、버힐 叟수、늙은이 候후、졔후 掑긔、돌 悉실、다 迺내、이에 娛오、즐거울 葑
봉、뷔츄 游어、더러울 它라、다를 涸학、마를 矯교、들 蓊옹、줄기 嗟차、슯흘

望海樓記　牧隱

南陽府、在三國時、號唐城、入本朝中世以來爲益州、州之洪氏、自太祖興時、
有翼戴功、諱殷悅者、是已、世爲大族、至江都末、南陽君、諱權臣、反政王室、生
文睿府主、爲兩朝大海、陛之爲府、蓋山川靈異之氣、鍾而休祥、以基夫萬億
年無疆之業、固不可以他郡縣等夷之也、故重其守臣、亦必愼簡、海亭漁叟
鄭候之至也、以爲日之有出入也、水之有源委也、雖遠且大、善其術者、皆能
知之、況君上之所自出乎、爲之臣者、固當敬止、而毋敢忽也、矧予光被德音、
得爲君上所出其地之守臣哉、是以夙夜惟寅、務以德先化其吏、不敢加以

太祖、受命之後、召公引見、公長揖不拜、上、　降御榻、接以賓禮、還陞御榻、公昂然而起、曰、老夫無坐也、其爲不臣之節、亦不愧於國治兩人哉、牧隱白少、勉學興起斯文、而不信佛法、可於潤筆菴記、知之矣、

砥平縣彌智山潤筆菴記

韓山子、旣筆普濟浮圖銘、則告其徒、曰普濟、我先王之所師也、道尊德高、國中、誰不敢敬趨下風、聞緒論、以爲終身之幸也哉、獨穡、懶於伺候、雖竹院僧話、未嘗一及耳、是以、普濟之出入禁闥、揀擇工夫也、不敢輕而進謁、變吾所守者、蓋道不同、不相爲謀故也、師旣示舍利之異、師道益信於世、闔國奔趨、惟恐不及、穡、又病無由致意於其間、久矣、有　旨、撰其銘、則不敢不奉敎、但未知普濟之可吾文與否耳、雖然、當世大儒、秉筆者不少、而穡、獲承是命、夫豈徒然、未嘗不自幸、且自悲也、旣以問禮於僕、曰潤筆、子、却之、曰師　先王之師也、穡、先王之臣也、以　先王之臣而銘　先王之師、禮不當如是、使
先王無恙、親賜臣、臣當謝、矧今　先王在天之靈、臨之在上、臣、敢貪冒自納於黷貨哉、師之弟子、必報師恩者、修舊寺之廢、一以裨補國家、一以安處徒衆、則雖不潤吾之筆、其潤普濟之餘波、以及於物者、當益無窮矣、此釋、志先、

金思蘭、發兵過海攻討、仍就加我王金某、爲正大尉、持節充寧海軍事、鷄林州大都督、以冬深雪厚、蕃漢苦寒、勅命廻軍、至今三百餘年、一方無事、滄海晏然、此乃我武烈大王之功也、今某儒門末學海外凡材、謬奉表章、來朝樂土凡有誠懇、禮合披陳、伏見元和十二年、本國王子金張廉、風飄至明州下岸、浙東某官、發送入京、中和二年、入朝使金直諒、爲叛臣作亂、道路不通、遂於楚州下岸邐迤至楊州、得知聖駕幸蜀、高大尉差都頭張儉、監押送至西川、已前事例分明、伏乞大師侍中、俯降臺恩、特賜水陸券牒、令所在、供給舟船熟食及長行驢馬草料、幷差軍、將監送至駕前、

第七課

榻탑、탑陞승、오를昂앙、우럴砥지、숫돌菴암、암자普보、너를趨츄、츄창홀伺사、엿힐僧승、중闥달、문지방恐공、두려울矧신、하믈며黷독、더러일裨비、도울檀단、박달、

李穡、字穎叔、號牧隱、稼亭、李穀之子、仕於麗末、官至三重大匡侍中韓山君也、王氏之亡也、世人、但知圃隱冶隱二人、能成大節、而不知牧隱之爲人如何、可惜哉、惟我

之文宗、在顯宗朝、贈文昌公、從享文廟、　致遠、少時精敏好學、年至十二、入
唐求學、其父、送而勉之、曰十年不第、卽非吾子也、至乾符元年甲午、登第、當
黃巢叛亂、以從事之任、賚其表狀書啓之記、後爲賀正使奉命入唐、以此歲
饑荒、盜賊大熾、行道不便、上書于大師侍中、乞賜水陸券牒也

上大師侍中狀

伏聞東海之外、有三國、其名馬韓、弁韓、辰韓、馬韓則高麗、弁韓則百濟、辰韓
則新羅也、高麗百濟全盛之時、强兵百萬、南侵吳越、北撓幽燕齊魯、爲中國
巨蠹、隋皇失馭、由於征遼、貞觀中、唐太宗皇帝親統六軍、渡海恭行天罰、高
麗畏威、請和文皇、受降廻蹕、此際我武烈大王、請以犬馬之誠、助定一方之
難、入唐朝謁、自此而始、後以高麗百濟踵前造惡、武烈、七朝、請爲鄕導、至高
宗皇帝顯慶五年、勅蘇定方、統十道强兵、樓船萬隻、大破百濟、乃於其地、置
扶餘都督府、招緝遺氓、莅以漢官、以臭味不同、屢聞離叛、遂徙其人於河南、
摠章元年、命英公徐勣、破高句麗、置安東都督府、至儀鳳三年徙其人於河
南隴右、高句麗殘孽類聚、北倚太白山下、國號渤海、開元二十年、怨恨天朝、
將兵掩襲登州、殺刺史韋俊、於是、明皇帝大怒、命內史高品何行成、大僕卿

城之外、居大道之旁、下臨蒼茫之野景、上倚嵯峨之山色、其名曰白頭翁、竊謂左右供給、雖足、膏粱以充腸、茶酒以淸神、巾衍儲藏、須有良藥以補氣、惡以蠲毒、故曰雖有絲麻、無棄菅蒯、凡百君子、無不代匱、不識王亦有意乎、何或曰二子之來、何取何捨、花王、曰丈夫之言、亦有道理、而佳人、難得、將如之何、丈夫、進而言曰、吾謂王、聰明、識理義故來焉耳、今則非也、凡爲君者、鮮不親近邪佞踈遠正直是以、孟軻、不遇以終身、馮唐、郎潛而皓首、自古如此、吾其奈何、花王曰吾過矣、吾過矣、於是、王愀然作色、曰子之寓言、誠有深志、請書之、以謂王者之戒、

第六課

崔최、놉흘挈셜、신을伽가、절倻야、절符부、샹셔巢소、깃드릴叛반、비반狀장、글월卞변、변정吳오、나라撓요、흔들隋수、나라遼료、료동廻회、도라올蹕필、어로緝즙、읽을徙사、옮길摠총、거나릴勣적、공渤발、물謬류、그릇披피、헷칠廉렴、청렴浙절、물邐리、련흘迤이도라올台틔、별

崔致遠、字孤雲、王京沙梁部人、仕於新羅憲康朝、官至左僕射、値眞聖女主亂政、自放於山水之間、年至九十五、挈家人入伽倻山、不知其所終、爲東國

薛셜、셩弘홍、클儒유、션비廟묘、ᄉᆞ당舒셔、펼艷염、고을靚졍、프를伶령、광듸
俜빙、혓흔거름綽작、넉넉ᄒᆞᆯ妾쳡、쳡汀졍、물가薔쟝、쟝미薇미、쟝미韋위、가
족旁방、겻蠲견、덜蒯괴、풀匱궤、다ᄒᆞᆯ孟ᄆᆡᆼ、클軻가、슈레馮풍、셩愀츄、슯흘

薛聰、字、小聰智、小性居士、元曉之子、新羅神文王之臣也、其性、明銳、生而有才、始以方言、讀九經訓導後生、至今學士、莫不追宗、而其在高麗憲宗朝、贈弘儒候至我　朝從享文廟、然而其所著述、世無所傳、竟不知其如何矣、近於三國史上、搜得花王戒一篇、以記、則庶免東史撰集者之爲羞也哉、

花王戒

王、以仲夏之月、處高明之室、顧謂聰曰、今日宿雨初歇、薰風微凉、雖有珍饌哀音、不如高談善謔、以舒伊鬱、吾子、必有異聞盍爲我陳之、聰曰惟臣、聞、昔、花王之始來也、植之以香園、護之以翠幕、當三春而發艶、凌百花而獨出、於是、自邇及遐、艶艶之靈、夭夭之英、無不奔走上謁、唯恐不及、忽有一佳人、朱顔玉齒、鮮粧靚服、伶俜而來、綽約而前、曰、妾、履白雪之沙汀、對鏡淸之江海、而沐春雨以去垢、快淸風而自適、其名曰薔薇、王之令德、期薦枕於香帷、王其容我乎、又有一丈夫、布衣韋帶、戴白持杖、龍鍾而步、傴僂而來、曰僕在京

太公、終爲渭水之一老翁耳、昭烈、若無三顧之隆則臥龍、終爲南陽之一農夫耳、由此觀之、賢士之出與不出、實在於人君之誠與不誠而已、何謂好聞其過也、古之帝王之治國也、有進善之旌、敢諫之鼓、誹謗之木、皆所以求道而來諫也、由是觀之、爲人君者、誠能樂聞其昌言、有過則改之、無過則加勉、終至於至善無過之域、若是不已則明王之治天下、不外於此矣何謂賤寶貴賢也、傳、曰賤貨而貴德、所以勸賢也、是以、人君之所寶、金玉非寶、良臣爲寶、予於此五、常加留神體行者、是以、雖文不相蒙、別爲序次如左、

嗟呼、君臣之義、比之於滄波一葦、何則夫舟者、君也、水者臣也、苟無維楫而中流、遇風波、則船必覆矣、以此推及於君德、亦可知矣、何則、人君之政教、隆治乎遐邇、則四夷咸賓、民感德惠、誠能若是、則國其安矣、人君之德惠、未究於下、孔任之徒、愚弄於朝、則邦國危矣、孤、嘗興言及此、惕然驚懼、命使畫工、圖繪舟水之形、粧績簇軸、常目在之、雖造次斯須之間、念之不已則天鑑孔昭、四靈自臻、妖孽自消、國祚恒久、以啓我東方無疆之休矣、歲次靑兎癸未日謹識、

第五課

文、乃御製也、

滄波扁舟圖識

夫治國之道、有五焉、一曰好學問也、二曰用賢良也、三曰納忠諫也、四曰好聞其過也、五曰賤寶貴賢也、何謂好學問也、人君先以好聖賢之學、爲急務、日御法筵、討論微辭蘊奧、則其功也、漸臻于日就月將、大成也、遂抵乎大聖人之域、傳曰吾嘗終日不食、終夜不寢、以思、不如學也、嗟呼、其拳拳乎學問、孜孜乎道德、章章明矣、惟我 成廟朝、方在諒闇之中、日三晋接、與經幄諸臣、講辨奥旨、夜或賜對、確論古史、治亂興亡、善惡成敗之跡、其加意於學問、於斯乎盡之矣、古者、衛武公以九耋之年、猶尙勤勤服膺於學問、況於少壯者乎、此切磋琢磨、學瑟僩赫暄之德、見歎於淇澳之篇者、可不美歟、何謂納忠諫也、書、太甲曰有言遜于汝志、必求諸非道、有言逆于汝心、必求諸道、爲人君者必先辨別忠邪、其爲人也、忠厚篤實、進而用之、其爲人也、巧言孔壬、斥而遠之、不啻若祛蘆篠、可不愼歟、何爲任用賢良也、古人有言曰人君、勞於求人、逸於得人、何則、卑禮厚幣、枉駕三聘然後、始得賢良、故、勞於求人、旣得之後、各任職責、以著成效故逸於得人、古昔文王之時、不殫遇士之禮則命乎、朝臣有識者、尙此如此、閭巷小民、何所不至、獄訟之興、多出於此、始之不謹、則末流之弊、誠可畏也、此予之所以考古證今、反覆告戒者也、咨爾中外大小臣民、其體予至懷、視前人之得失、爲今日之勸戒、無好飮廢事、無過飮以成疾、各敬爾儀、式遵無彝之訓、剛制于酒、庶臻於變之風、

第 四 課

焞되、셩ᄒᆞᆯ 普보、널을 廓마、삭일 孜자、부지런ᄒᆞᆯ 扁편、져울 識지、긔록 諫간、간ᄒᆞᆯ 諒량、알 闇암、어두울 耋질、늙은이 膺응、가ᄉᆞᆷ 磋차、갈 僩한、굿셀 淇기、물 澳욱、물 壬임、북방 祛거、버릴 蘧거、ᄃᆡ머리 篨져、ᄃᆡ머리 卑비、ᄂᆞ즐 幣폐、폐ᄇᆡᆨ 域역、디경 葦위、갈 邇이、갓ᄀᆞ올 惕쳑、슯ᄒᆞᆯ 繪회、그림 粧장、단장 纊황、넓일 妖요、요망ᄒᆞᆯ 疆강、디경 癸계、북방

肅宗大王、諱焞、字明普、辛丑八月十五日辛酉誕降于慶德宮之會祥殿、甲寅八月二十五日甲寅、卽位于仁政門、在位四十六年、庚子六月八日癸卯、昇遐壽六十、葬于高陽明陵、 大王之在冲年也、頻接宮僚、講孜孜、文理大達、睿德日就矣、嘗引見大臣、出示一幅畵、乃滄浪萬頃、泛扁舟一葉也、謂許積、曰舟無維楫、而中流遇風、則必有顚覆之患、此可推於君道矣、圖上有篇

奴、醉而遇害、後漢司隸校尉丁沖、數過諸將、飮酒爛腸而死、晉尙書右僕射
周顗、能飮酒一石、偶有舊對來、欣然共飮、大醉、及醒、使視、客已腐脇而死、此
誠可戒者、周武、作酒誥、以訓商民、衛武公、作賓筵之詩、以自警責、晉元帝頗
以廢事、王導、深以爲言、帝命引觴覆之、遂絕、元太宗、日與大臣、酣飮、耶律楚
材、乃持酒槽金口進曰、此鐵、爲酒所蝕、尙致如此、况人之五臟、有不損耶、帝
悟乃勅左右、日進酒三鍾而止、晉陶侃、每飮酒、有定限、或勸少進、侃悽愴良
久、曰、年少、曾有酒失、亡親貽約、故不敢踰、庾袞、父在、常戒袞以酒、後每醉、輒
自責曰、予廢先人之訓、何以訓人、乃於墓前、自杖二十、此誠可法者也、且以
我國之事言之、昔新羅之敗於鮑石亭、百濟之滅於落花巖、靡不由於此、而
高麗季上下相帥、沈湎自恣、竟底於亡、此亦殷鑑之不遠也、可不戒哉、惟我
太祖、肇造丕基、 太宗、繼述、修政敎、垂憲萬世、羣飮之禁、著在令甲、以革舊
染之俗、以致維新之化、予以否德、叨承丕緒、夙夜祗懼、以圖治安、鑑往昔之
覆轍、遵祖宗之成憲、示之以禮、糾之以法、予之用心、非不至也、而惟爾臣民、
以酒失德者、比比有之、是前朝衰靡之風、猶未殄絕、予甚悶焉、嗚呼酒之爲
禍、若是之慘、而尙不覺悟、亦何心哉、縱不能以國家、爲念、獨不顧一身之性

十六

幼孫、寧保異日乎、況廢父立子、於義何如、請擇賢以之、　太宗曰忠寧、天性、聰敏、好學不倦、通達治體、予欲立爲世子、羣臣、賀曰臣等、所謂擇賢、亦至忠寧、議旣定、立爲世子、是歲八月、　太宗、欲傳位、移御別宮令內臣、趣召　上、卽以大寶授之、　上、奉大寶、親詣內庭、固辭至夜、　太宗不允、遂卽位于景福宮、上、慨然有革古更新之志、嘗製戒酒篇、

戒酒篇

蓋聞、酒醴之設、非以崇飮、所以奉神明、享賓客、養高年者也、是以、因祭而飮、以獻酬爲節、因射而飮以揖讓爲禮、鄕飮之禮、所以養親睦也、養老之禮、所以尙齒德也、然猶曰、賓主百拜而酒三行、又曰、終日飮酒而不得醉、則先王所以制酒禮而備酒禍者、至矣盡矣、降及後世俗習不古、惟荒腆是務、故、禁酒之法、雖嚴、而終不能捄其禍、可勝歎哉、夫酒之爲禍、甚大、豈特靡穀費財而已哉、內亂心志、外喪威儀、或廢父母之養、或亂男女之別、大則喪國敗家、小則伐性喪生、其所以瀆亂綱常、敗毀風俗者、難以枚擧、姑指其一二可法可戒者、言之、商辛、周厲、以此而亡其國、東晋之俗、以此而亡其國、鄭大夫伯有窟室夜飮、卒爲子晳所焚、前漢校尉陳遵、每大飮賓、輒關門投轄、使于凶

命이니라
六極은一曰凶短折이오二曰疾이오三曰憂오四曰貧이오五曰惡이오
六曰弱이니라

第 三 課

諱휘、은휘ᄒᆞᆯ祹도、옷遐하、멀陵릉、언덕戊무、긔禔제、옷咸함、다趣촉、지촉醴례、감주睦목、화목醉취、취ᄒᆞᆯ腆젼、두터울瀆독、더러울辛신、매울晋진、나라鄭졍、나라尉위、졍위數삭、자조射야、복야顗의、삼갈誡계、경계誥고、ᄀᆞᄅᆞ칠筵연、자리觴상、잔酣감、취ᄒᆞᆯ槽조、나모통臟장、오장勅칙、신칙侃간、굿셀悽처、슯흘愴창、슯흘貽이、줄踰유、넘을庾유、곳집鮑포、고기恣자、방자底져、밋丕비클繼계、니을述슐、긔록叨도、외람ᄒᆞᆯ담ᄒᆞᆯ夙슉、일을祇지、공경糾규、얽을殄진、죽을閔민、민망縱종、비록咨자、무를臻진、니를

世宗大王諱祹字元正丁丑四月十日誕降于漢陽潛邸在位三十二年庚午二月十七日昇遐壽、五十四、葬英陵、(在驪州)

大王、卽太宗、三子、初封忠寧大君、戊戌六月、文武百官、以世子禔、失德、合辭請廢、太宗、欲立禔長子、君臣、咸曰 殿下、教養世子、無所不至、尚如此、今立

八庶徵은曰雨와曰暘과曰燠와曰寒과曰風과曰時니五者ㅣ來備호ᄃᆡ各以其叙ᄒᆞ며庶草도蕃蕪ᄒᆞ리라

一이極備ᄒᆞ여도凶ᄒᆞ며一이極無ᄒᆞ여도凶ᄒᆞ리리

曰休徵은曰肅에時雨若ᄒᆞ며曰乂에時暘若ᄒᆞ며曰哲에時燠若ᄒᆞ면曰謀에時寒若ᄒᆞ며曰聖에時風若이니라曰咎徵은曰狂에恒雨若ᄒᆞ며曰僭에恒暘若ᄒᆞ며曰豫에恒燠若ᄒᆞ며曰急에恒寒若ᄒᆞ더曰蒙에恒風若이니라

曰王省은惟歲오卿士는惟月이오師尹은惟日이니라

歲月日에時無易ᄒᆞ면百穀이用成ᄒᆞ며乂用明ᄒᆞ며俊民이用章ᄒᆞ며家用平康ᄒᆞ리라

日月歲에時旣易ᄒᆞ면百穀用不成ᄒᆞ며乂用昏不明ᄒᆞ며俊民이用微ᄒᆞ며家用不寧ᄒᆞ리라

庶民은惟星이니星有好風ᄒᆞ며星有好雨ᄒᆞ며日月之行은則有冬有夏ᄒᆞ니月之從星으로則以風雨ㅣ니라

九五福은一曰壽오二曰富오三曰康寧이오四曰攸好德이오五曰考終

七稽疑는擇建立卜筮人ᄒᆞ여乃命卜筮ㅣ니라

曰雨와曰霽와曰蒙과曰驛과曰克이며

曰貞과曰悔ㅣ니라

凡七은卜五요占用二니衍忒ᄒᆞᄂᆞ니라

立時人ᄒᆞ야作卜筮호ᄃᆡ三人이占이어든從二人之言이니라

汝則有大疑여든謀及乃心ᄒᆞ며謀及卿士ᄒᆞ며謀及庶人ᄒᆞ며謀及卜筮ᄒᆞ라

汝則從ᄒᆞ며龜從ᄒᆞ며筮從ᄒᆞ며卿士從ᄒᆞ며庶民從ᄒᆞ면是之謂大同이니身其康彊ᄒᆞ며子孫其逢吉ᄒᆞ리라

汝則從ᄒᆞ며龜從ᄒᆞ며筮從이오卿士逆ᄒᆞ며庶民逆이라도吉ᄒᆞ리라

卿士從ᄒᆞ며龜從ᄒᆞ며筮從이오汝則逆ᄒᆞ며庶民逆이라도吉ᄒᆞ리라

庶民이從ᄒᆞ며龜從ᄒᆞ며筮從이오汝則逆ᄒᆞ며卿士逆이라도吉ᄒᆞ리라

汝則從ᄒᆞ며龜從ᄒᆞ오筮逆ᄒᆞ며卿士逆ᄒᆞ며庶民이逆ᄒᆞ면作內ᄂᆞᆫ吉ᄒᆞ고作外ᄂᆞᆫ凶ᄒᆞ리라

龜筮ㅣ共違于人ᄒᆞ면用靜은吉ᄒᆞ고用作은凶ᄒᆞ리라

無偏無陂ᄒᆞ여遵王之義ᄒᆞ며無有作好ᄒᆞ여遵王之道ᄒᆞ며無有作惡ᄒᆞ여遵王之路ᄒᆞ라無偏無黨ᄒᆞ면王道蕩蕩ᄒᆞ며無黨無偏ᄒᆞ면王道平平ᄒᆞ며無反無側ᄒᆞ면王道正直ᄒᆞ리니會其有極ᄒᆞ여歸其有極ᄒᆞ리라

曰皇極之敷言이是彝是訓이니于帝其訓이시니라

凡厥庶民이極之敷言을是訓是行ᄒᆞ면以近天子之光ᄒᆞ여曰天子ㅣ作民父母ᄒᆞ샤以爲天下王이라ᄒᆞ리라

第二課

彊강,강ᄒᆞᆯ 弗불,아닐 沈침,잠길 僭ᄎᆞᆷ,ᄎᆞᆷ람ᄒᆞᆯ 忒특,간특ᄒᆞᆯ 霽졔,개일 驛역,역마 貞졍,곳을 衍연,넓을 龜귀,거복 暘양,볏 燠오,더울 蕃번,번셩 廡무,힝랑 尹윤,맛

六三德은一曰正直이오二曰剛克이오三曰柔克이니平康은正直이오彊不友란剛克ᄒᆞ며變友란柔克ᄒᆞ며沈潛으란剛克ᄒᆞ고高明으란柔克이니라惟辟이샤作福ᄒᆞ며惟辟이샤作威ᄒᆞ며惟辟이샤玉食ᄒᆞᄂᆞ니라

臣無有作福作威玉食이니라臣之有作福作威玉食ᄒᆞ면其害于而家ᄒᆞ며凶于而國ᄒᆞ며人用側頗僻ᄒᆞ며民用僭忒ᄒᆞ리라

曰恭이오言曰從이오視曰明이오聽曰聰이오思曰睿니라恭은作肅ᄒᆞ며從은作乂ᄒᆞ며明은作哲ᄒᆞ며聰은作謀ᄒᆞ며睿은作聖이니라

三八政은一曰食이오二曰貨오三曰祀오四曰司空이오五曰司徒오六曰司寇오七曰賓이오八曰師ㅣ니라

四五紀는一曰歲오二曰月이오三曰日이오四曰星辰이오五曰曆數ㅣ니라

五皇極은建其有極이니斂時五福ᄒᆞ야用敷錫厥庶民ᄒᆞ면惟時厥庶民이于汝極에錫汝保極호리라

凡厥庶民이無有淫朋ᄒᆞ며人無有比德은惟皇作極일ᄉᆡ니라

凡厥庶民이有猷有爲有守를汝則念之ᄒᆞ며不協于極이라도不罹于咎어든皇則受之호라而康而色ᄒᆞ야曰予攸好德이어든汝則錫之福ᄒᆞ면時人이斯其皇之極호리라無虐煢獨ᄒᆞ고人之有能有爲를使羞其行ᄒᆞ면而邦其昌ᄒᆞ리라凡厥正人은既富오사方穀이니汝不能使有好于家ᄒᆞ면時人斯其辜ㅣ리라于其無好德에汝雖錫之福이라도其作汝用咎ㅣ리라

十

洪範

惟十有三祀에王이訪于箕子ᄒᆞ시다

王이乃言曰嗚呼ㅣ라箕子아惟天이陰騭下民ᄒᆞ샤相協厥居ᄒᆞ시니我ᄂᆞᆫ不知其彝倫에攸敘ᄒᆞ노라

箕子ㅣ乃言曰我聞ᄒᆞ니在昔鯀이陻洪水ᄒᆞ여汨陳五行ᄒᆞᆫ디帝乃震怒ᄒᆞ샤不畀洪範九疇ᄒᆞ신니彝倫에攸斁이니라鯀則殛死어ᄂᆞᆯ禹乃嗣興ᄒᆞ신디天乃錫禹洪範九疇ᄒᆞ사니彝倫에攸敘니라

初一은曰五行이오次二ᄂᆞᆫ曰敬用五事오次三은曰農用八政이오次四ᄂᆞᆫ曰協用五紀오次五ᄂᆞᆫ曰建用皇極이오次六은曰乂用三德이오次七은曰明用稽疑오次八은曰念用庶徵이오次九ᄂᆞᆫ曰嚮用五福이오威用六極이니라

一五行은一曰水오二曰火오三曰木이오四曰金이오五曰土ㅣ니라水曰潤下오火曰炎上이오木曰曲直이오金曰從革이오土爰稼穡이니라潤下ᄂᆞᆫ作鹹ᄒᆞ고曲直은作酸ᄒᆞ고從革은作辛ᄒᆞ고稼穡은作甘이니라

二五事ᄂᆞᆫ一曰貌오二曰言이오三曰視오四曰聽이오五曰思ㅣ니라貌

著編首、以示斯文所來之原因、若其五行陰陽卜筮之說、雖曰古人精義、多端蒙蔽使人易於浸惑、則不足以爲訓斯世、不必溯源探根、消磨歲月也、古人所云不得於言、勿求於心者、可謂識時務之至論、何必泥乎古而不通乎今也哉、不以文害辭不以辭害志、惟適於日用事物者、拳拳服膺、至於迂遠無實處、不苟甚解、而觀先聖之制度施爲、取諸賢之諷詠勸懲、分課就程、比諸舍己從人之日、事半功倍、其於敎育之道、未必無小補云爾

第一課

殷은、나라紂쥬、사오나올範범、법疇주、이랑彛이、법泝소、거亽릴匪비、아닐騭즐、도올鯀곤、일홈陻인、쌔질막을畀비、줄殛극죽올稽계、샹고흘睿예、어질曆력、칙력歛렴、거둘敷부、펼陂피、언덕

箕子殷之太師紂之諸父也當紂之無道被髮佯狂爲奴嘗曰商其淪喪我罔爲臣僕及周武王克殷訪問箕子以天道箕子爲陳洪範九疇武王封于朝鮮都平壤敎民以洪範之道設八條而三綱明九疇叙以啓我東方文明之盛則用夷變夏之道扶倫立彛之功尋宗泝本匪箕師伊誰歸哉玆記洪範俾知東邦治亂實有所係焉

牖蒙續編序

凡有本國所行之事、則必有本國所著之文、所以古人行文、莫先乎記事通情、不在乎索隱行怪、自所見而及其所未見、自所知而及其所未知、方言俚語、土俗物產、莫不備記、使後之人、見其文而知其國之如何者、天下之通情也、嗟吾東方、自箕子以後假借漢文、以通其用、故習於中國人所著章句、或潛心於尋章摘句、或事從於浮誇放浪、唐虞世代之治、洞瀟等地之景、隨問隨答、朝讀暮誦、而至如本國之事、無異於霧中看花、夢裡償春、問不能答、思不能得、何君何士之聖哲、某水某山之佳麗、寥乎無聞、可勝歎哉、老士碩儒之稱爲有識者、尙且如此、新學少生之懵於趣向者、何所效則乎、乃編次聖君賢士之卓然可法者、考古證今、並著山水堂窩之超然可觀者、顧名取義、可以質前代治亂之要領、且以破後人聞見之孤陋、 子君臣之義、風雲月露之情、莫不該括、簡而不煩、精而且要、故、庶乎智者、可以三四年而通、愚者、不過五六年而學、記其事則可以得其要、通其情則可以知其眞、無所用而不備、無所往而不達、雖至精至微、極高極遠、皆可得而書矣、則文雖取於中國、功何讓於中國乎、至於洪範九疇、乃是我東化物成俗之聖君、所作也、取

CONTENTS.

YU MONG SOK P'YUN.

This volume completes the set and contains specimens of the Best Korean writing, though not all of the best writers are represented. of some, it was impossible to obtain any selections; of others, no suitable ones were for insertion in the book. Many of the very best writers however are re presented, and all the selections, if we except that of Ki-ja, are of an interesting character as well as of a high literary type.

JAS S. GALE.

Jan. 6th., 1904

KOREAN READER:

Number IV.

By Rev. J. S. Gale, D. D.

Third Edition.

Korean Religious Tract Society.

Hulbert Educational Series. No. 4.

1909.

Price 20 sen.

Printed by.

Whi-Mun Kwan

Seoul, Korea.

구세쥬 강성 일쳔구빅구년

대한륭희삼년삼월이십일

유몽속편

대한황셩광학셔포발힝

牖蒙千字

全帙

終四

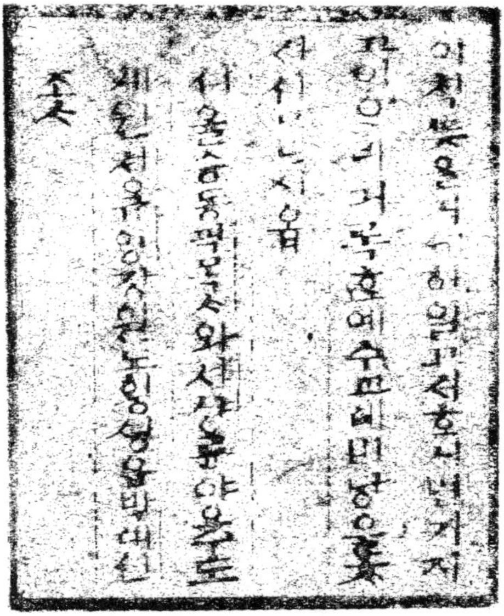

쳑	瘠	파리홀
쳑	鐵	독긔
쳠	霑	져즐
쳠	尖	섚족
쳠	僉	다
쳠	瞻	볼
쳔	阡	언덕
쳔	擅	쳔단홀
쳔	倩	고을
쳔	遄	섈롤
청	睛	눈동ᄌ
쳡	輒	문득
쳘	徹	통홀
쳘	歠	마실
최	輜	짐바리
측	側	기우릴
측	惻	슯홀
츰	闖	엿볼
치	値	갑
치	菑	싸비밧
칙	敕	신칙홀
침	駸	달닐
침	揕	찌롤
촌	村	마을
총	驄	물
쵸	筲	되
쵸	鞘	갈집
쵸	怊	슯홀
쵸	樵	나모뷜
쵸	炒	놀
쵸	哨	삭지즐
쵸	礁	바회
쵸	綃	깁
쵸	梢	가지
쵹	鏃	살쵹 正音 족
쵹	亍	자쵹거릴
쵹	蜀	나라
쵹	囑	청쵹홀
총	塚	무덤
총	寵	고일
추	蒭	꼴
추	趨	추창홀
췌	惴	두려올
췌	萃	쎌기
췌	贅	사마귀
췌	瘁	파리홀
츄	抽	쏩을
츄	墜	떠러질
츄	瘳	나홀
취	娶	장가들
취	嘴	부리
츅	蹙	찡길
츅	紬	비
츅	蹴	찰
츙	冲	어릴
츙	衷	가온대
츙	忡	근심
츌	黜	내칠
츌	秫	슈슈

八十一

졔	濟	건널
졔	祭	졔ᄉᆞ
졔	劑	약졔
젹	籍	호젹
젹	蹟	자최
젼	專	오로지
젼	箭	살
젼	悛	곳칠
젼	戩	다홀
젼	躔	별자리
졍	旌	긔
졍	呈	드릴
졍	征	칠
졍	穽	함졍
졍	程	버슬
졀	竊	도젹

증	證	증거
증	拯	건질
증	贈	줄
증	憎	뮈울
즙	楫	도대
즙	汁	즙낼
즐	叱	ᄭᅮ지즐
지	址	터
지	踟	머뭇거릴
지	脂	기름
지	趾	발뒤굼치
지	沚	물가
지	池	못
지	篪	피리
짐	鴆	새
짐	朕	나

진	振	ᄯᅥᆯ칠
진	津	나루
진	瞋	부릅ᄯᅳᆯ
진	縉	ᄯᅴ
징	懲	징계
질	帙	칙갑
질	嫉	투긔
질	姪	족하
질	桎	착고
조	租	구실
조	懆	근심
조	嘈	울
조	爪	손톱
조	藻	마름
조	祚	복
조	蚤	벼룩

조	棗	대조
좌	挫	썩글
종	宗	마루
조	肇	비로솔
죠	阻	막을
죵	踵	발뒤굼치
주	湊	물대일
주	呪	져주홀
쥬	籌	쥬노홀
쥬	朱	븕을
쥬	酒	술
쥬	儔	짝
쥬	躕	머뭇거릴
쥬	疇	밧두둑
쥰	準	쥰홀
쥰	駿	쥰마

	ㅊ	
차	叉	어긔여질
차	剳	글월
참	巉	놉흘
참	站	참
참	斬	버힐
찬	饌	반찬
찬	簒	찬역
찬	爨	불ᄯᅢᆯ
창	倉	고집
챠	遮	ᄀᆞ리울
창	猖	창길홀
치	菜	나물
쳐	凄	셔늘홀
쳑	彳	자쵹거릴
쳑	鶺	새

八十

동	僮	종
돌	咄	탄식
됴	雕	아로삭일
됴	條	가지
됴	眺	볼
됴	吊	됴샹
됴	釣	낙시
두	斁	패ᄒᆞᆯ
두	杜	막을
두	蠹	좀
둔	屯	둔칠
둔	窀	구덩이
	ㅌ	
타	拖	ᄭᅳ을
타	妥	편안ᄒᆞᆯ
타	躲	버슬

탁	卓	놉ᄒᆞᆯ
탁	濁	흐릴
탁	擢	ᄲᆞᆯ
탄	灘	여울
탕	蕩	방탕ᄒᆞᆯ
탕	帑	ᄂᆡ탕고
탈	頉	탈
ᄐᆡ	笞	볼기
ᄐᆡ	苔	잇기
ᄐᆡ	兌	밧골
ᄐᆡ	汰	사ᄐᆡ
ᄐᆡᆨ	宅	집
톄	替	ᄃᆡ신
톄	遞	갈닐
톄	逮	밋출
텸	添	더ᄒᆞᆯ

텹	牒	글월
텹	帖	톄
토	吐	비앗ᄒᆞᆯ
토	兎	톳기
퇴	推	밀
통	筩	통
통	洞	널을
툐	貂	니갈
투	鬪	싸홈
투	偸	도적
투	妒	투긔
투	套	투
	ㅈ	
자	搾	쳬ᄃᆞ리
작	繳	주살
장	葬	장ᄉᆞ

장	臟	담ᄒᆞᆯ
장	庄	뎐장
잡	匝	둘닐
쟉	斫	삭글
쟉	爵	벼슬
쟝	章	글쟝
쟝	杖	집힝이
쟝	腸	챵ᄌᆞ
쟝	獐	노로
쟝	掌	손바닥
쟝	墻	담
쟝	仗	집ᄒᆞᆯ
쟝	瘴	쟝긔
ᄌᆞ	雌	암
ᄌᆞ	刺	명함
ᄌᆞ	趑	ᄌᆞ져ᄒᆞᆯ

ᄌᆞ	疵	ᄐᆡ
ᄌᆞ	眦	눈가
ᄌᆡ	齎	ᄡᆞᆯ
ᄌᆡ	宰	맛ᄒᆞᆯ
ᄌᆡ	栽	심을
ᄌᆡ	材	ᄌᆡ목
ᄌᆡᆼ	錚	쇠소리
ᄌᆞᆷ	涔	흐를
져	諸	어조ᄉᆞ
져	渚	물가
져	趄	ᄌᆞ져ᄒᆞᆯ
져	姐	누의
져	沮	져희ᄒᆞᆯ
져	猪	도야지
져	貯	싸흘
져	咀	져주ᄒᆞᆯ

소	梳	빗
소	搔	긁을
소	邵	놉흘
소	蔬	나몰
속	粟	죠
속	穌	ᄭᆡᆯ
손	孫	손ᄌᆞ
손	遜	겸손
솔	帥	거ᄂᆞ릴
쇼	紹	니을
쇼	韶	봄
쇼	燒	불살올
숑	訟	숑ᄉᆞ
수	搜	더듬을
슈	竪	세울
슈	繡	슈노흘

슈	祟	빌미
슈	授	줄
슈	泅	ᄯᅳᆯ
슈	袖	소ᄆᆡ
슈	髓	ᄲᅧ
슈	倅	원
슈	綬	인ᄭᅳᆫ
슈	戍	슈자리
슉	孰	누구
슉	菽	콩
슌	詢	무를
슌	盾	방패
슌	鶉	모치라기
	ㄷ	
다	茶	차
담	淡	ᄆᆞᆰ을

단	摶	뭉칠
단	壇	단
단	袒	메일
단	單	홋
당	黨	무리
당	糖	셜당
당	螳	ᄆᆞᆯᄯᅩᆼ구리
당	棠	아가위
달	撻	종아리칠
ᄃᆡ	碓	확
ᄃᆡ	擡	들
ᄃᆡ	貸	ᄭᅮ일
ᄃᆡ	帒	젼ᄃᆡ
ᄃᆡ	戴	닐
ᄃᆡ	懟	원언홀
뎌	牴	ᄯᅵ롤

뎌	觝	밧을
뎌	邸	쥬막
뎨	蹄	굽
뎨	堤	언덕
뎍	滴	ᄯᅥ러질
뎍	笛	뎌
뎜	玷	틔
뎜	店	쥬막
뎐	塡	메일
뎐	顚	니마
뎐	奠	드릴
뎡	亭	뎡ᄌᆞ
뎡	梃	몽동이
뎡	酊	취홀
뎡	廷	죠뎡
뎡	訂	의론

뎡	釘	못
뎡	鼎	솟
등	凳	등상
등	藤	등
딜	迭	셔롤
도	挑	도돌
도	塗	바롤
도	鼗	쇼고
도	韜	갈집
도	悼	슯흘
도	掉	흔들
도	陶	질그릇
독	篤	도타올
독	讀	닑을
돈	豚	도야지
동	艟	ᄇᆡ

샤	邪	샤특
샤	蛇	ᄇᆡ암
샤	赦	노흘
샥	削	ᄭᅡᆨ글
샹	嘗	일직
샹	翔	놀기
샹	孀	요ᄉᆞ홀
ᄉᆞ	蓰	갑절
ᄉᆞ	俟	기ᄃᆞ릴
ᄉᆞ	耜	보삽
ᄉᆞ	司	맛흘
ᄉᆞ	辭	ᄉᆞ양
ᄉᆞ	嗣	니을
ᄉᆞ	詞	글
ᄉᆞ	屣	신
ᄉᆞ	涘	물가
ᄉᆞ	覗	엿볼
ᄉᆞ	食	먹일
ᄉᆞ	駟	ᄉᆞ마
ᄉᆞ	祀	졔ᄉᆞ
ᄉᆞ	璽	옥쇠
ᄉᆡ	塞	변방
ᄉᆡᆨ	塞	막을
ᄉᆡᆼ	眚	직앙
ᄉᆞᆷ	滲	샐
ᄉᆞᆸ	澀	알ᄉᆞᆸ홀
서	齟	서어홀
서	鼠	쥐
서	誓	밍셰
서	恕	용서
서	醑	거룰
서	曙	새벽
셔	署	마을
셔	筮	시초
셔	序	ᄎᆞ례
셔	緖	실마리
셔	婿	사회
셰	稅	구실
셰	貰	셰낼
셰	說	달낼
셕	裼	버슬
셕	晳	흴
셕	惜	앗길
셕	螫	살
셕	穸	구덩이
셤	蟾	두겁이
셤	殲	죽일
션	繕	ᄭᅡᆷ일
션	選	ᄲᅡᆯ
션	扇	붓치
션	宣	펼
션	煽	불붓흘
션	霰	살악눈
션	蟬	ᄆᆡ암이
션	侁	힝홀
셩	腥	비릴
셩	檉	움버드나모
셥	燮	화홀
셥	囁	머뭇거릴
셜	齧	씹을
셜	爇	살올
셜	絏	밀
ᄉᆡ	腮	ᄲᅣᆷ
ᄉᆡ	猜	ᄉᆡ긔
ᄉᆡ	偲	아름다올
승	殑	죽을듯홀
승	繩	노
습	慴	두려올
슬	瑟	비파
슬	虱	니
시	恃	밋을
시	尸	죽엄
시	詩	글
시	啻	ᄲᅮᆫ
시	弑	죽일
식	湜	ᄆᆞᆰ을
신	訊	무를
신	紳	ᄯᅴ
소	溯	거ᄉᆞ릴
소	蘇	차족이

七十七

표 豹 표범
표 剽 찌를
풍 渢 화ᄒᆞᆯ
풍 楓 단풍

ㄹ

라 喇 라팔
라 裸 버슬
락 駱 약ᄃᆡ
란 蘭 란초
란 瀾 물결
란 卵 알
랑 蜋 ᄆᆞᆯ똥구리
량 魎 돗갑이
량 亮 ᄇᆞᆰ을
량 輛 수레박회
량 粱 기장

ᄅᆡ 萊 쑥
려 厲 가다듬을
려 癘 병
려 濾 미려혈
려 勵 힘쓸
려 膂 힘줄
려 儷 짝
려 侶 짝
례 栵 셜기나모
력 瀝 떠러질
련 戀 ᄉᆡᆼ각
령 齡 ᄒᆡ
령 鈴 방울
령 鴒 새
령 零 떠러질
렵 獵 산양

렬 裂 ᄶᅳ질
렬 劣 용렬ᄒᆞᆯ
륵 勒 구레
릉 凌 업수히녁일
리 漓 져즐
리 罹 걸닐
리 嫠 과부
리 莅 림ᄒᆞᆯ
리 履 ᄇᆞᆲ을
리 李 오얏
리 梨 ᄇᆡ
림 淋 져즐
린 鄰 리웃
린 躪 ᄇᆞᆲ을
린 鱗 비늘
립 笠 갓

로 爐 비
로 爐 화로
로 賂 뢰물
로 盧 개
로 櫓 로
뢰 耒 장기
뢰 瀨 여울
록 鹿 사슴
롱 籠 롱
롱 隴 언덕
롱 聾 귀먹을
료 燎 불살올
료 聊 애오ᄅᆞ지
료 料 거리
료 僚 동관
루 縷 실마리

루 縲 밀
루 僂 굽흐릴
류 柳 버들
륜 圇 둥글
륜 淪 싸질
률 嵂 놉흘
률 栗 밤

ㅅ

사 蓑 도롱이
사 挲 문질
삭 朔 초ᄒᆞ로
삼 芟 버힐
삼 摻 잡을
산 訕 ᄭᅮ지즐
상 床 상
상 爽 서늘

음	한자	뜻
벽	闢	열
벽	僻	치우칠
벽	憵	셩벽
변	便	문득
변	弁	곳갈
병	柄	자루
병	並	아오를
병	餠	떡
병	秉	잡을
별	鱉	자라
비	沸	ᄭᅳᆯ흘
비	肥	살질
비	睥	엿볼
비	腓	덥흘
비	俾	ᄒᆞ여곰
비	鄙	더러울

음	한자	뜻
비	誹	ᄭᅮ지즐
비	粃	겨
비	稗	가라지
빈	賓	손
빈	顰	찡길
빈	擯	물니칠
빈	殯	빈소
빈	鬢	귀밋
빙	騁	달닐
빙	聘	빙문
보	褓	보ᄌᆞ
보	譜	족보
보	輔	도울
복	匐	길
복	蝮	독샤
복	輻	수레박회

음	한자	뜻
봉	蜂	벌
봉	蚌	죠기
봉	蓬	쑥
봉	捧	밧을
봉	俸	월봉
봉	封	봉ᄒᆞᆯ
부	芙	련꼿
부	蔀	ᄯᅴ
부	掊	거둘
부	訃	통부
부	婦	며ᄂᆞ리
부	斧	독긔
부	賦	글
부	副	버금
분	忿	분ᄒᆞᆯ
분	奮	ᄲᅥᆸ낼

음	한자	뜻
분	墳	무덤
불	苐	졔ᄒᆞᆯ
	ㅍ	
파	罷	파ᄒᆞᆯ
파	頗	자못
파	婆	계집
파	叵	파측
파	簸	셥을
패	怕	두려올
패	珮	패물
패	悖	어그러질
패	貝	자ᄀᆡ
패	旆	긔
패	牌	패
패	沛	잣바질
판	販	팔

음	한자	뜻
퍅	愎	독ᄒᆞᆯ
팽	澎	물소리
팽	烹	ᄉᆞᆱ을
폐	閉	닷을
폐	廢	폐ᄒᆞᆯ
폐	嬖	고일
편	篇	척
피	罷	다ᄒᆞᆯ
핍	逼	갓가올
필	觱	찰
필	弼	도울
포	匍	길
포	晡	느즐
포	哺	먹일
포	胞	포ᄐᆡ
포	捕	잡을

七十五

망	鋩	칼날
망	魍	돗갑이
ᄆᆡ	梅	ᄆᆡ화
ᄆᆡ	媒	즁ᄆᆡ
ᄆᆡ	鋂	고리
ᄆᆡᆨ	陌	언덕
ᄆᆡᆼ	盲	소경
ᄆᆡᆼ	萌	움돗올
몌	袂	옷깃
면	湎	취홀
면	眄	볼
면	俛	슉일
명	冥	어두올
명	酩	취홀
명	溟	바다
명	瞑	감올
묵	墨	먹
미	媚	아당홀
미	娓	고올
미	靡	아닐
미	瀰	출
미	湄	물가
민	愍	민망
모	冒	무릅쓸
모	畝	밧두둑
모	矛	창
모	侔	짝
모	蟊	버레
모	眸	눈
몽	艨	비
무	毋	업술
무	膴	두터올
무	撫	어로문질
무	懋	힘쓸
무	巫	무당
문	捫	문질
문	紋	문치
	ㄴ	
나	拿	잡올
나	那	엇지
내	乃	이에
난	赧	븕올
낭	囊	쥬머니
낭	娘	계집
념	恬	편안
녕	佞	ᄌᆡ조
녕	獰	사오나올
니	尼	즁
니	泥	진흙
닉	匿	숨올
닐	昵	친압홀
노	惱	시달닐
노	孥	쳐ᄌᆞ식
노	駑	노둔홀
농	儂	나
뉴	紐	ᄆᆡ줄
	ㅂ	
박	剝	긁올
반	伴	짝
반	絆	얽올
반	胖	살질
반	盤	서릴
반	攀	밧들
방	龐	슌후홀
방	雱	비소ᄅᆡ
방	謗	비방
발	撥	칠
발	拔	ᄲᆡᆯ
ᄇᆡ	盃	잔
ᄇᆡ	湃	물소ᄅᆡ
ᄇᆡ	俳	광ᄃᆡ
ᄇᆡ	杯	잔
ᄇᆡᆨ	伯	맛
ᄇᆡᆨ	魄	넉
볼	鵓	비둙이
볼	勃	노홀
번	翻	뒤칠
번	煩	번거
벌	罰	벌줄
벽	辟	물니칠

고	蠱	좀
과	寡	적을
과	戈	창
과	裹	쌀
과	苽	외
과	窠	둥우리
과	跨	거러안즐
곽	槨	관
곽	郭	셩곽
관	棺	관
관	寬	너그러올
관	串	꼿치
관	灌	셜기나모
광	筐	광쥬리
광	匡	바롤
괄	刮	긁을
괄	恝	괄시홀
괴	魁	괴슈
괴	愧	붓그러올
굉	轟	소리
곡	哭	울
곡	轂	셜
곡	梏	착고
곤	捆	두드릴
곤	坤	ᄯᅡ
곤	袞	곤룡포
곤	閫	문지방
공	攻	칠
공	拱	쏘즐
교	皎	흴
교	膠	부레
교	僑	이샤홀
교	巧	공교
교	絞	목미죽일
교	酵	괴쥬
구	尻	엉덩이
구	句	글귀
구	咎	허물
구	衢	거리
구	寇	도적
구	溝	개천
구	傴	쇱흐릴
구	嘔	토홀
구	仇	원슈
구	拘	거리쎌
구	狗	개
구	嫗	할미
구	鳩	비둘이
구	捄	흙손
구	搆	얽을
구	購	살
구	逑	짝
구	癯	파리홀
구	毆	칠
궤	櫃	궤
궤	几	궤
궤	潰	문허질
궤	軌	법
권	券	문서
권	綣	얽힐
권	鬈	구레나룻
권	倦	게으를
권	拳	쥬먹
궐	闕	대궐
궐	厥	그
국	掬	움킬
국	菊	국화
궁	弓	활
궁	穹	하늘
궁	躬	몸
규	葵	히브라기
균	囷	창고
쾌	快	쾌홀
	口	
마	魔	마귀
막	寞	적막홀
만	巒	뫼뿌리
만	蠻	오랑캐
만	彎	당길
만	謾	업수히녁일

七十三

개	凱	투구
각	閣	집
감	勘	마감ᄒᆞᆯ
간	姦	간악
간	幹	간셥ᄒᆞᆯ
간	刊	샥일
간	覸	엿볼
간	簡	대쪽
강	僵	업더질
강	岡	뫼ᄲᅮ리
강	糠	겨
강	腔	창ᄌᆞ
갑	胛	엇ᄀᆡ
갈	喝	공갈ᄒᆞᆯ
갈	葛	츩
갈	曷	엇지
갈	褐	잠방이
깅	賡	니을
거	渠	뎌
거	椐	집힝이
거	擱	걸닐
거	裾	옷깃
거	踞	거러안ᄌᆞᆯ
게	揭	들
게	憩	쉬일
게	愒	쉬일
검	儉	검소ᄒᆞᆯ
건	虔	졍셩
건	鍵	ᄌᆞ믈쇠
건	乾	하ᄂᆞᆯ
건	褰	것을
겁	刦	겁박ᄒᆞᆯ
걸	乞	빌
계	雞	ᄃᆞᆰ
계	季	말재
계	階	ᄯᅳᆯ
계	繫	밀
계	戒	경계
계	溪	시내
계	桂	계슈나모
격	鴂	재
격	膈	가슴
격	覡	화랑이
격	闃	고요ᄒᆞᆯ
겸	謙	겸손
견	畎	이랑
견	繾	싀러힐
경	煢	외로올
경	逕	길
경	鯁	굿셀
경	瓊	구슬
경	卿	벼슬
경	鏡	거울
경	罄	다ᄒᆞᆯ
결	闋	곡됴
결	訣	영결
긔	暨	밋출
긔	箕	키
긔	羈	구레
극	克	이긜
굼	衿	옷깃
금	黔	검을
금	擒	사로잡을
굼	琴	거문고
근	僅	겨우
근	巹	쵸례
긍	矜	불샹히넉일
긍	肯	즐길
급	笈	샹ᄌᆞ
고	叩	두ᄃᆞ릴
고	翺	ᄂᆞᆯᄀᆡ
고	沽	살
고	孤	외로올
고	藁	집
고	盬	약ᄒᆞᆯ
고	辜	죄
고	錮	ᄌᆞ믈쇠
고	股	ᄃᆞ리
고	痼	병
고	靠	의지ᄒᆞᆯ

七十二

항 巷 구렁
항 缸 항아리
합 盒 합
합 蛤 죠ᄀᆡ
합 闔 닷을
합 鴿 비ᄃᆞᆰ이
합 盍 하불
ᄒᆡ 諧 화ᄒᆞᆯ
ᄒᆡ 咳 ᄒᆡ소
ᄒᆡᆨ 覈 ᄒᆡᆨ실
ᄒᆡᆼ 杏 살구
허 墟 터
헌 憲 법
헌 軒 마루
혜 鞋 신
혁 鬩 싸ᄒᆞᆯ

혐 嫌 혐의
현 弦 시위
현 縣 고을
형 刑 형벌
형 衡 저울대
형 亨 형통
협 頰 ᄲᅣᆷ
협 脅 갈비
희 噫 슯흘
흠 欠 흠
흠 欽 공경
흔 釁 틈
흡 洽 화ᄒᆞᆯ
흘 汔 거의
흘 迄 밋출
흘 屹 놉흘

힐 詰 힐난
호 皓 ᄒᆡᆯ
호 乎 언호
호 壺 병
호 浩 너ᄅᆞᆯ
호 豪 호걸
호 扈 ᄯᅩᆼ발
호 怙 밋을
호 犒 호군
홰 翽 ᄂᆞᆯ
확 艧 단청
확 攫 움킬
환 寰 둘닐
환 讙 즐길
환 擐 ᄢᅦ일
환 逭 도망

환 宦 벼슬
황 徨 방황ᄒᆞᆯ
활 猾 어지러올
회 詼 회ᄒᆡ
획 獲 엇을
혼 婚 호인
홍 鴻 기럭이
효 囂 짓거릴
후 喉 목구녁
후 糇 량식
훼 燬 불붓ᄒᆞᆯ
훼 喙 부리
훼 毁 헐
훤 萱 풀
휘 暉 날빗
훈 馴 길드릴

훈 勳 공
훈 壎 피리
홍 薨 죽을
훌 倏 문득
휼 恤 불상히녁일
휼 鷸 황새

ㄱ

가 苛 ᄭᅡ다로올
가 賀 올ᄒᆞᆯ
가 呵 우술
가 駕 멍에
가 嫁 싀집갈
가 加 더ᄒᆞᆯ
개 价 쇼개
개 愾 분ᄒᆞᆯ
개 介 껍질

七十一

인 茵 자리
인 咽 목구녁
일 逸 편안
일 溢 넘칠
오 牾 찌를
오 於 함홀
오 嗷 짓거릴
오 誤 그롯
오 忤 뮈울
오 隩 모롱이
와 訛 거즛
와 窩 집
옥 獄 옥
온 慍 노홀
온 藴 싸힐
옹 翁 늙은이

옹 雍 화홀
옹 甕 독
요 邀 마즐
요 褥 요 古音욕
요 夭 요ᄉᆞ홀
요 謠 노래
요 曜 날빗
요 耀 빗날
욕 辱 욕홀
용 蓉 련옷
용 舂 방아
용 庸 썻썻
우 于 어조ᄉᆞ
우 寓 붓칠
우 紆 얽을
우 竽 파리

우 優 광대
우 羽 깃
우 佑 도을
우 耦 겨리
우 虞 근심
우 芋 토란
원 爰 이에
원 猿 잔나비
월 鉞 독긔
월 粤 건널
위 偉 넉넉홀
위 違 어길
위 逶 노닐
위 胃 비위
운 殞 써러질
운 紜 어즈러올

유 維 오직
유 悠 길
유 猶 오히려
유 嚅 머뭇거릴
유 蹂 볿을
유 油 기름
유 猷 쐬
유 孺 어릴
유 宥 두남둘
유 莠 가라지
유 渝 변홀
유 愈 나홀
유 誘 쐬일
유 帷 장막
유 籲 부르지질
유 攸 바

유 濡 져즐
육 鬻 팔
윤 允 진실노
율 聿 드딜
ㅎ
하 荷 련
하 霞 안개
하 瑕 틔
학 涸 므를
함 函 편지
함 頷 턱
함 涵 져즐
한 漢 놈
한 閒 한가
항 伉 짝
항 項 목

七十

아 牙 어금니
아 阿 언덕
아 娥 계집
아 蛾 나뷔
애 靄 아즈랑이
애 睚 눈가
악 愕 놀날
악 渥 져즐
악 幄 쟝막
암 喦 험ᄒᆞᆯ
앙 泱 흐ᄅᆞᆯ
앙 鞅 구레
알 頞 니마
약 躍 ᄯᅱᆯ
약 蒻 갈대

약 鑰 ᄌᆞᆷ을쇠
양 癢 가려올
양 颺 놀닐
양 恙 병
양 佯 거ᄌᆞᆺ
양 楊 버들
익 額 니마
익 腋 겨드랑이
익 軛 멍에
잉 櫻 잉도
잉 鶯 ᄭᅬ고리
어 齬 서어ᄒᆞᆯ
어 馭 어거ᄒᆞᆯ
엄 掩 ᄀᆞ리울
엄 儼 엄연ᄒᆞᆯ

언 讞 죄안
언 諺 쇽담
얼 孽 싹
얼 孼 죄
여 歟 어조ᄉᆞ
여 予 나
여 畬 ᄯᅡ븨밧
예 睨 엿볼
예 艾 버힐
예 詣 나아갈
예 曳 ᄭᅳ을
예 乂 쟈조
역 斁 슬흘
염 炎 불ᄭᅩᆺ
염 焰 불ᄭᅩᆺ

염 苒 셩ᄒᆞᆯ
염 鹽 소곰
연 燕 나라
연 硯 벼루
연 鳶 소리개
영 泳 무ᄌᆞᆷ악질ᄒᆞᆯ
영 縈 얽힐
영 嬰 어릴
영 塋 무덤
열 咽 목메일
의 蟻 개암이
의 矣 집의
의 誼 졍의
의 儀 거동
의 擬 비길

음 淫 음란
은 憖 ᄋᆞᆸᄒᆞᆯ
은 誾 완악ᄒᆞᆯ
응 凝 엉길
응 [illegible] 셩ᄒᆞᆯ
읍 揖 읍ᄒᆞᆯ
읍 挹 당긜
이 貳 두
이 怡 깃거올
이 迤 노닐
이 飴 엿
익 翼 놀ᄀᆡ
익 翌 ᄅᆡ일
임 荏 ᄭᆡ
임 稔 풍년

杙之聲ᄒᆞ고自驚擾亂이어ᄂᆞᆯ被圍將卒이知其援兵來到ᄒᆞ고戮力赴戰ᄒᆞ야內應外援이出其不意ㅣ라敵將이自知兵疲力盡ᄒᆞ고出陣乞降이어ᄂᆞᆯ大將이禁其殺害ᄒᆞ고虜其渠魁ᄒᆞ야竪載設軛ᄒᆞ고俾行降禮ᄒᆞᄃᆡ出自軛下ᄒᆞ야送歸自家ᄒᆞ고所奪物貨ᄂᆞᆫ分給援兵ᄒᆞ야表其勳勞ᄒᆞ고그락그쓰와及他二將은縛以鐵索ᄒᆞ야使之前行ᄒᆞ고신신아다쓰ᄂᆞᆫ高坐馬車而樂誦凱歌ᄒᆞ고數萬軍卒은皆着花冠而喜奏劍舞ᄒᆞ야馳入羅京ᄒᆞ니人民이歡樂ᄒᆞ야珍羞盛饌으로犒饋其軍ᄒᆞ야任其就食ᄒᆞ고全國이且以願戴之心으로推尊신신아다쓰ᄒᆞ야爲六朔間大統領ᄒᆞ니신신아다쓰ㅣ不忍拒絶ᄒᆞ야只經十六日視務ᄒᆞ고退歸鄕里ᄒᆞ야蒻笠綠簑로自修農業ᄒᆞ야園收芋栗ᄒᆞ고野撲棗梨ᄒᆞ며秋咏楓菊ᄒᆞ고春弄花鳥ᄒᆞᆯᄉᆡ自上下議院으로齎送金銀衣服ᄒᆞ고割封菜邑이어ᄂᆞᆯ신신아다쓰ㅣ讓不居功ᄒᆞ니此事雖在於數千載之前이나名猶香於數千載之後ㅣ러라

栗률、밤　棗조、대초　梨리、비

菊국、국화

在昔羅馬中興之初에의퀴人이侵掠이어놀민유시어쓰ᄂᆞᆫ率兵五千ᄒᆞ고犯其前ᄒᆞ며노ᄃᆡ어쓰ᄂᆞᆫ率兵五千ᄒᆞ고絶其後ᄒᆞᆯ식의퀴大將그락그쓰ㅣ見羅馬軍兵ᄒᆞ고佯敗而走ᄒᆞ니羅馬兵이追至山峽中溪谷間이라가爲伏兵之所挾擊ᄒᆞ야左右受敵ᄒᆞ니疑兵前之草木ᄒᆞ고進退無路ᄒᆞ야淚笛裏之楊柳러니時有馬兵二人이夜逃禍網ᄒᆞ야歸報羅延ᄒᆞᆫᄃᆡ滿延百僚ㅣ風動鼎沸ᄒᆞ야深憂全國之危ᄒᆞ고謀薦制閫之材ᄒᆞ야禮聘신신아다쓰ᄒᆞ니是人也ㅣ嘗以戰伐之功으로再被統領之選이러니年高德卲ᄒᆞ야宦情薄於蟬翼ᄒᆞ고鄕夢切於狐首ㅣ라退歸田里ᄒᆞ야勸兒耕讀ᄒᆞ니南山桂花ᄂᆞᆫ對床書而晩開ᄒᆞ고西舍黃粱은催夜春而時熟이라携妻看雪梅ᄒᆞ고抱孫弄海棠ᄒᆞ야不知老至ᄒᆞ고其樂陶陶ᄒᆞ니前日富貴ᄂᆞᆫ鶯花何時오鵓鳩喚雨ᄒᆞ고布穀催春이라親自袒裼裸裎ᄒᆞ고方有事於西疇라가望見搢紳來聘ᄒᆞ고問其所然ᄒᆞ야知自議院總代ᄒᆞ고丁寧囘語屋中妻曰今年田事ㅣ似難亨通이라ᄒᆞ고趣駕詣京ᄒᆞ니京師之野에自公卿至庶人히莫不出迎이라聞先鋒之所敗ᄒᆞ고謀敵將之生擒ᄒᆞ야訓飭守城ᄒᆞ야商民은掇廛ᄒᆞ며百工은休業ᄒᆞ고募其強壯ᄒᆞ야俱編行伍ᄒᆞ고招其老弱ᄒᆞ야乃裏糇糧ᄒᆞ야爰方啓行ᄒᆞ니朝日務農타가夕日仗義ᄒᆞ야親率兵卒ᄒᆞ고往救敗軍ᄒᆞᆯ식使人人으로各持十二杙ᄒᆞ고夜至峽口ᄒᆞ야圍囘敵陣ᄒᆞ고四境揷杙ᄒᆞ니自敵陣이로聞打

於英ᄒᆞ고行乞于市라가至예루살넴ᄒᆞ야寒風凄雨에自吊其墳ᄒᆞ니라

第三十一科程 신신아다쓰之藎職讓功 一

溪계、시내	笛뎍、뎌	楊양、버들
柳류、버들	僚료、동관	鼎뎡、솟
閫곤、문지방	聘빙、빙문	邵소、놉흘
宦환、벼슬	蟬션、미암이	讀독、닑을
桂계、계슈나모	粱량、기장	梅미、미화
棠당、아가위	陶도、질그릇	鶯잉、쐬고리
鵓블、비둙이	袒단、메일	裼셕、버슬
裸라、버슬	裎졍、버슬	疇쥬、밧두둑
縉진、띄	紳신、띄	亨형、형통
裹과、쌀	仗장、집흘	軛익、멍에
凱개、투구	犒호、호군	蒻약、갈대
笠립、갓	簑사、도롱이	芋우、토란

破ᄒᆞ고從夾門入ᄒᆞ니諸僕이自意武弁이不敢犯入聖殿이라ᄒᆞ야勸大主教入聖殿호ᄃᆡ恬然不動이러니聞讃美歌聲ᄒᆞ고倦步詣殿ᄒᆞᆯ식童子高攀十字牌ᄒᆞ고在前導行ᄒᆞ며諸僕이勸閉殿門ᄒᆞ니大主教ㅣ曰此乃天父所居之殿이오不是大憝所戰之地라ᄒᆞ야終不杜門이러니一武入殿曰王之輔弼은齊心從我ᄒᆞ라選徒囂囂ᄒᆞ야佩刀錚錚ᄒᆞ며曳履几几ᄒᆞ야如踏平地ᄒᆞ니是時에落暉沉沉ᄒᆞ고短燭隱隱ᄒᆞ야殿閣四隩에深不見人이라人皆隱身호ᄃᆡ猶有一人이攀十字牌ᄒᆞ고侍立大主教前이러니武弁이大呼曰大逆不道安在오大主教ㅣ聽若不聞이라가後聞大主教安在之聲ᄒᆞ고乃自沉陰中應聲曰我在此矣로라武弁注意ᄂᆞᆫ本不嗜殺害其人이오只欲彈覈其罪라謂大主教曰迄今不避ᄒᆞ고終若抗衡인ᄃᆡ自作孽은不可逭이니請與偕去ㅣ라ᄒᆞ고摻執其手ᄒᆞ니大主教ㅣ拳毆一武ᄒᆞ야顚沛于地라在傍武弁이摩挲長劒ᄒᆞ고迭代其前ᄒᆞ야責其頑嚚ᄒᆞᆫᄃᆡ大主教ㅣ心常不羈ᄒᆞ야瞋目視武弁ᄒᆞ니所言之玷을眞不可磨ㅣ라龍韜長鳴ᄒᆞ야光射星躔ᄒᆞ니十字牌所攀之人이以臂翼蔽ᄒᆞ야少傷大主教之鬢而血流零零이어ᄂᆞᆯ武弁이尙不忍自手濡血ᄒᆞ야欲使之避호ᄃᆡ揮之不去ᄒᆞ고擧手祈禱ᄒᆞ야屹然特立이어ᄂᆞᆯ武弁이不勝熱血이滿腔圇囷ᄒᆞ야手一翻覆ᄒᆞ니倏忽劒頭에伊誰云憯고心窩痛釘이如霰消融이라鞭馬歸京ᄒᆞ니時王은有智라前日誰能爲我除害之說이苟不欲其傷命이오使之逐出境外러니聞其首殞ᄒᆞ고恐有教人之變ᄒᆞ야遣使于教皇ᄒᆞ야歸咎於四武ᄒᆞ니該犯四人이遠走北鄙어ᄂᆞᆯ教皇이呪咀四人ᄒᆞᆫᄃᆡ四人이不容

零령、ᄯᅥ러질　濡유、져즐　屹흘、놉흘
腔강、창ᄌᆞ　圇륜、둥굴　囷균、창고
倏숙、문득　憎증、뮈울　窩와、집
釘뎡、못　霰션、ᄊᆞᆯ악눈　殞운、ᄯᅥ러질
墳분、무덤

도마쓰ㅣ與民會議於간터보리ᄒᆞ고要見王子ᄒᆞᆫᄃᆡ王이恐或被呪ㅣᄅᆞᆯᄡᆞᄒᆞ야不許容接이어
ᄂᆞᆯ當聖誕節日ᄒᆞ야在會堂演說曰是國은人心이剛愎ᄒᆞ고彛倫이攸斁ᄒᆞ야雖殺大主教라
도必無能勘繩其罪ᄒᆞ리라ᄒᆞ고又呪大臣三人ᄒᆞ니此世之人이誰肯受此君不君臣不臣父
不父子不子女不嫁男不娶之呪乎아王이大怒曰孰能爲我ᄒᆞ야除去蟊賊고時有武弁四人
이流目相視ᄒᆞ야詢謀僉同ᄒᆞ니箇中三人은曾隨도마쓰之使行ᄒᆞ야駕彼四駱ᄒᆞ고載騤騤
騤者也ㅣ러라聖誕後三日에四人이同간터보리ᄒᆞ야令十二力士로住站於近店ᄒᆞ고下午
十二時에ᄌᆞ大主教家ᄒᆞ야不禮箕踞ᄒᆞ니도마쓰ㅣ疾視良久에曰何所聞而來오一人이曰
方有二件妥決事ᄒᆞ니一은還收前日所咀ᄒᆞ고不復輕施事ㅣ오一은爾來王前ᄒᆞ야自服己
罪事ㅣ니라도마쓰ㅣ曰我所行止ᄅᆞᆯ王何敢毁謗이며亦何關於若輩오爾雖劒客이나吾不
慴全國之劒이로라四人曰今我來此ㅣ非徒相議오將欲行事ㅣ라ᄒᆞᆫᄃᆡ도마쓰ㅣ驅逐四人
이어ᄂᆞᆯ四人이擐甲帶劒ᄒᆞ고還至其門ᄒᆞ니門隷業已封鍵이라欲以鐵揚攻門ᄒᆞᄃᆡ堅不能

勘감、마감ᄒᆞᆯ
蟊모、버레
僉쳠、다
站참、참
毁훼、헐
擐환、ᄭᅰ일
恬념、편안
攀반、밧들
輔보、도을
曳예、ᄭᅳ을
隩오、모퉁이
孼얼、죄
拳권、쥬먹
挲사、문질
羈긔、구레
韜도、칼집

繩승、노
弁변、곡갈
駱락、약ᄃᆡ
箕긔、키
謗방、비방
鍵건、ᄌᆞ믈쇠
倦권、게으ᄅᆞᆯ
懟ᄃᆡ、원망ᄒᆞᆯ
弼필、도을
几궤、궤
戲희、희실ᄒᆞᆯ
逭환、도망
毆구、칠
迭질、ᄲᆞᄅᆞᆯ
瞋진、부ᄅᆞᄯᅳᆯ
躔젼、별자리

娶취、장가들
詢슌、무ᄅᆞᆯ
駸침、ᄲᆞᄅᆞᆯ
踞거、거러안즐
惴췌、두려올
鏚쳑、독긔
詣예、나아갈
杜두、막을
錚징、쇠소리
暉휘、날빗
迄흘、밋ᄎᆞᆯ
摻삼、잡을
沛패、잣바질
嚚은、완악ᄒᆞᆯ
玷뎜、틔
鬢빈、귀밋

六十三

ᄒᆞ고流其徒四百名ᄒᆞᆫ뒤大主教ㅣ專恃教皇與法王之所助ᄒᆞ야轉向羅馬ᄒᆞ야入一教堂ᄒᆞ야聲言英國君臣之罪ᄒᆞ고一並黜教ᄒᆞ니英王이方欲就寢이라가聞此消息ᄒᆞ고驚愕且憤ᄒᆞ야自裂其衾ᄒᆞ고忽墜牀下ㅣ러니輒思一策ᄒᆞ고中飭各港ᄒᆞ야禁之勿納教皇書札이러라幾年後에英王之子ㅣ與法王之女로親迎香席ᄒᆞᆯ식法王이請도마쓰ᄒᆞ야與英王으로講和ᄒᆞ니도마쓰ㅣ來雖屈膝이나尙爾强項이라法王이語英王曰此人之驕昂自潔이欲超於諸聖之上ᄒᆞ고又勝於聖彼得이라ᄒᆞ니大主教ㅣ聞之勃然이어ᄂᆞᆯ法王이僕僕謝過ᄒᆞ야如恐不及이러니其後英王이復會於法地ᄒᆞ야許令도마쓰로復其職食其俸ᄒᆞ니自此로庶無相詰之弊나然而大主教ㅣ不悛其行ᄒᆞ고鬪發英王密事러라先是에헤루리恐被教皇呪咀ᄒᆞ야全國이盡歸於亂猾ᄒᆞ고太子不得爲副極일가ᄒᆞ야欲爲之祝福ᄒᆞᆯ식간터보리大主教ᄂᆞᆫ怨結睚眦ᄒᆞ야謾不供職ᄒᆞ고只有요옥主教ㅣ라請爲子祝福이러니도마쓰ㅣ修書先呪요옥主教ᄒᆞ고還施英國ᄒᆞ니所過郡縣에垂髮戴白이爭迎于道ᄒᆞ야思見傳人戩穀ᄒᆞ고罄無不宜러라

第三十科程

헤루리之深憂教弊 四

愎퍅、독ᄒᆞᆯ　攸유、바　斁두、패ᄒᆞᆯ

悛젼、곳칠　闖츰、엿ᄉᆞᆯ　猾활、어ᄌᆞ러올
副부、버금　睚애、눈가　眦ᄌᆞ、눈가
謾만、업수히녁일　旆패、긔　縣현、고을
戴ᄃᆡ、닐　戩젼、다ᄒᆞᆯ　罄경、다ᄒᆞᆯ

時有西境所在神父一人이殺一不辜어ᄂᆞᆯ王이欲以國法으로捉致處辦ᄒᆞ니大主敎ㅣ不許就捉ᄒᆞ고囚於自己室이어ᄂᆞᆯ王이親行웨ᄉᆞ트믻쓰ᄃᆞ會堂ᄒᆞ야開會取決曰從今以後로若有犯科之神父며待之不以神父ᄒᆞ고捉之擬以罪人ᄒᆞ야自法庭審査ㅣ라ᄒᆞᆫᄃᆡ大主敎ㅣ終不肯從ᄒᆞ니王이顧謂諸主敎曰爾從我命乎아大主敎ㅣ流視諸主敎曰我命外云云ᄒᆞᆫᄃᆡ諸主敎ㅣ如出一口曰大主敎所命之外에皆從王命ᄒᆞ라이다王이聞其言ᄒᆞ고甚怒ᄒᆞ야欠席而出ᄒᆞ니諸主敎ㅣ恐生釁隙ᄒᆞ야往請大主敎ㅣ與王和親ᄒᆞ고如王所復開會ᄒᆞ야事至妥決에大主敎ㅣ復云我命外ᄒᆞ니王이大怒罷會ᄒᆞ고訓敕各港戍卒曰將捕不道ᄒᆞ야照以賊刑ᄒᆞ리니汝當知悉ᄒᆞ고毋使漏綱케ᄒᆞ라當日主敎齊會之席에童子擧十字牌ᄒᆞ고隨大主敎ᄒᆞ야置其座前ᄒᆞ니王이避入次室이어ᄂᆞᆯ諸主敎ㅣ欲講平和ᄒᆞ야勸從王命호ᄃᆡ大主敎ㅣ不肯曰所謂俗世名吏가何能審法乎아我當禀告于敎皇이라ᄒᆞ고拂袂出門이어ᄂᆞᆯ傍人이忤視其行ᄒᆞ고擲塵投座ᄒᆞ니大主敎ㅣ忿然曰我若有前日所戰長劒이런ᄃᆞᆯ當斬ᄒᆞ리라是夜에大主敎ㅣ知其危機ᄒᆞ고變服登船ᄒᆞ야潛向호올란드ᄒᆞ니王이大怒ᄒᆞ야籍其家產

衣弊縕袍ᄒᆞ야不捫蚤虱ᄒᆞ고以鞭打背ᄒᆞ야自苦其身ᄒᆞ며全廢沐浴ᄒᆞ고日招十三人ᄒᆞ야親洗其足ᄒᆞ고自以癯容瘠骨노儼然獨處ᄒᆞ니何其侈於前而儉於後也오若以前日之八車十二馬로變作八千馬ᄒᆞ야載猿이라도反不足怪ㅣ오今日之惡衣惡食이實有名於前後ᄒᆞ니王이甚懷不平이러라頃之오査照敎中田庄文劵ᄒᆞ야請頒給於王ᄒᆞ고幾日後에揭榜曰自今爲始ᄒᆞ야王이不得復與於擇主敎之事ㅣ라ᄒᆞ더니其時에 겐트人이奉行王命ᄒᆞ야擇一主敎ᄒᆞ니大主敎深責其人ᄒᆞ야汰去其任ᄒᆞ고除名敎案ᄒᆞ니是時出敎規則은呪以身體髮膚와動靜云爲로俱爲沉淪이라ᄒᆞ야籍沒其家ᄒᆞ고禁錮其身ᄒᆞ야使不得容於世ㅣ라其人이罔知所措ᄒᆞ야見王呼籲어ᄂᆞᆯ王이請見大主敎ᄒᆞ고說明其眚災ᄒᆞ야欲圖以肆赦ᄒᆞ니大主敎ㅣ不肯曰我已妥決이라ᄒᆞ야釁隙之生이自此始焉이러라

第二十九科程

헤루리之深憂敎弊 三

欠흠、흠　敕칙、신칙ᄒᆞᆯ　戍슈、슈자리
捕포、잡ᄋᆞᆯ　牌패、패　黜츌、내칠
裂렬、ᄶᅳ질　巹근、쵸례　項항、목
勃불、노ᄒᆞᆯ　俸봉、월봉　詰힐、힐난

汰틔、사틔
眚싱、지앙
錮고、좀을쇄
籲유、부르지질

도마쓰ㅣ以駐劄專權으로前往佛國ᄒᆞᆯ시車騎輜重이擬如王者ᄒᆞ야二百五十兒童이讚美前導ᄒᆞ며重鋂韓廬ㅣ雙雙隨後ᄒᆞ고大車八輛에每輛五馬ㅣ니二車는車酒ᄒᆞ야俾解觀光者之渴喉ᄒᆞ고四車는載金銀器皿과錦繡衣服ᄒᆞ고二車는載僕從行李ᄒᆞ며有馬十二駿ᄒᆞ야各載一猿ᄒᆞ고後有擁盾驅馬者ᄒᆞ며令人臂鷹ᄒᆞ야鱗次前進ᄒᆞ고大臣與宣敎師ㅣ磨肩擁後而金銀珠玉之飾이暎日射光ᄒᆞ야美且奢侈者ㅣ도마쓰ᄲᅮᆫ이라人皆齊呼曰其臣孔嘉ᄒᆞ니其君如之何오英王이欣然ᄒᆞ야亦以詼談으로稱其勝己ᄒᆞ고且於嚴冬에與王馳馬ᄒᆞᆯ서王이見一老乞이懸鶉百結노戰不勝寒ᄒᆞ고曰賜以輕煖ᄒᆞ야俾禦酷寒이不亦善乎對曰然ᄒᆞ니이다以君主好生之德으로兼敎人慈愛之心ᄒᆞ시니感謝感謝ㅣ라ᄒᆞᆫ듸王曰惡ㅣ라是何言也오ᄒᆞ고欲奪外套而予之ᄒᆞ니도마쓰ㅣ不欲被奪이라가幾至墮馬ㅣ라勒奪其衣ᄒᆞ야以賜乞人ᄒᆞᆫ듸乞人이甚異之ᄒᆞ고傍觀諸人이莫不喜悅이러라當是時ᄒᆞ야方以敎弊로爲隱憂ㅣ라도마쓰ㅣ嘗在敎會ᄒᆞ야專力矯弊러니王이自意其人이有才好勇ᄒᆞ고用權務奢則將爲我善治敎라ᄒᆞ야不拘規則ᄒᆞ고擢爲大主敎ᄒᆞ니도마쓰는本以自行自作로喜求名譽者ㅣ라旣以巨富로著名于世則窮奢極侈도反不足爲貴라謀取他譽ᄒᆞ야不遵王。命ᄒᆞ고力守其職ᄒᆞ야玩好器物과便嬖使令을一幷退斥ᄒᆞ고飮水蔬食ᄒᆞ야只免飢渴ᄒᆞ고

다ᄒᆞ고從窓間指示ᄒᆞ니一箇異服異言之女子ㅣ以怊悵氣色으로立於大途上人海中이라 길벗시回憶前日之恩情ᄒᆞ고含淚出迎ᄒᆞ야慰其繾綣之情ᄒᆞ고幾日後에行婚式於禮拜堂ᄒᆞ니情合蜀鏡ᄒᆞ고樂遂琴瑟ᄒᆞ야首生一子ᄒᆞ니郎도마쓰ᄲᅦ깃시라其爲人也ㅣ幹父之蠱ᄒᆞ야俊乂勇略으로極務奢侈ᄒᆞ야宴居閒處ㅣ侔擬宮闕ᄒᆞ야侍卒이一百四十餘ㅣ오曾與佛人으로交戰ᄒᆞ야打破其頭ᄒᆞ고奪取其馬ㅣ러라

第二十八科程 헤루리之深憂教弊 二

剳차、글월	輜치、짐바리	鋂미、고리
盧로、개	輛량、박회	李리、오얏
猿원、잔나비	鬈권、구레나롯	偲싀、아름다올
詼회、회희	乞걸、빌	鶉슌、모치라기
套투、투	嬖폐、고일	蘊온、싸힐
蚤조、벼록	虱슬、니	癯구、파리ᄒᆞᆯ
瘠쳑、파리ᄒᆞᆯ	儼엄、엄연ᄒᆞᆯ	儉검、검소ᄒᆞᆯ
庄장、뎐장	券권、문셔	頉탈、탈ᄒᆞᆯ

로每欲匡救蠹國害民之痼瘼ᄒᆞ야日新治蹟이東漸西被ᄒᆞ고朔南에豎도록比屋皆封ᄒᆞ야百廢俱興호ᄃᆡ獨於宗敎中에難防其酵ᄒᆞ야姦淫沉湎之徒와剽人奪金之輩ㅣ莫不來聚于會中이라思以正直謙遜ᄒᆞ야智如蛇馴如鴿者로新差大主敎ᄒᆞ야籔其糠粃ᄒᆞ고收穀入倉이러니方是之時에時任간러보라。大主敎引殯于福地어ᄂᆞᆯ王自擇其所親愛者도마쓰ᄊᆡ맛ᄒᆞ니라

昔者에론돈大賈길벗ᄊᆡ맛시件茶僮携手偕ᄒᆞ고往省聖子之塋이라가被執於回敎人ᄒᆞ니回敎將官이因善遇之ᄒᆞ고且有芳年少女ᄒᆞ야不勝春情ᄒᆞ고流送秋波ᄒᆞ야至於兩人心事兩人知라請爲伉儷어ᄂᆞᆯ길벗曰迎婿之禮ᄂᆞᆫ地醜德齊然後에行媒納幣ᄒᆞᄂᆞ니君學모하멧ᄒᆞ고我依예수ᄒᆞ야道各不同ᄒᆞ니可奈若何오女ㅣ曰若許君子好逑則何患乎出此入彼리오길벗曰凡人秉心이猶其不忍이라相彼投兎도尙或先之ᄒᆞᄂᆞ니願借間路ᄒᆞ야與子同歸ᄒᆞ노라女子ㅣ依其所請ᄒᆞ야贈約相送ᄒᆞ야俟我於海隅ㅣ러니길벗시恐回人之疾追ᄒᆞ고恨女子之遲來ᄒᆞ야只帶下人ᄒᆞ고航海獨去어ᄂᆞᆯ女子ㅣ懷而不見이라搔首踟躕라가換着賤人之服ᄒᆞ고褰裳涉津ᄒᆞ야轉到地中海濱ᄒᆞ니是女ㅣ曾不習英語ᄒᆞ고只觧론돈길벗數話而已라向舟子語론돈ᄒᆞ니舟子ㅣ知其意ᄒᆞ고指示英船이어ᄂᆞᆯ以奇貨로兌船票ᄒᆞ야直向론돈ᄒᆞ니라是時에길벗시在론돈商店ᄒᆞ야逐物照數러니僕夫ㅣ來告曰回敎夫人來此ㅣ라ᄒᆞ야ᄂᆞᆯ責之曰狂童之狂也諸ㅣ로다復告曰夫人이在路上ᄒᆞ야但誦길벗ᄊᆡ맛이러이

瘄고、병
封봉、봉ᄒᆞᆯ
剽표、찌를
遜손、겸손
簸파、삽을
殯빈、빈소
伉항、짝
媒ᄆᆡ、즁ᄆᆡ
兎토、톳기
躕쥬、머뭇거릴
店뎜、쥬막
綣권、얽힐
琴금、거문고
侔모、짝

朔삭、초ᄒᆞ로
酵교、긔쥬
靠고、의지ᄒᆞᆯ
蛇샤、비얌
糠강、겨
帒ᄃᆡ、젼ᄃᆡ
儷려、짝
逑구、짝
贈증、줄
褰건、것올
悄쵸、슯흘
蜀쵹、나라
蠱고、좀
擬의、비길

暨긔、밋출
淫음、음란
謙겸、겸손
鴿합、비ᄃᆞᆰ이
粃비、겨
塋영、무덤
婿셔、사회
秉병、잡을
踟지、머뭇거릴
兌ᄐᆡ、밧골
繾견、얽힐
鏡경、거울
乂예、ᄌᆡ조

第二世혜루리ㅣ臨寶位按璽綬ᄒᆞ니時年이二十有一이라偕王妃跨駿驄ᄒᆞ고橫馳大道上ᄒᆞᆯ식自公卿至庶民히山呼萬歲ᄒᆞ고路鋪花枝ᄒᆞ니一團春風에香襲袞裳ᄒᆞ러라自王卽位

之中ᄒᆞ고令他將으로代理軍務ᄒᆞ야乘夜破城ᄒᆞ고逢人則絞ᄒᆞ되至於버드란드ᄒᆞ야ᄂᆞᆫ購其生而置之陣中ᄒᆞ야將欲別般嚴刑이러니是時에으리쳣之傷處ㅣ中毒ᄒᆞ야肩臂之大幾如股ᄒᆞ되醫無刮骨之才ᄒᆞ고藥無止痛之効ㅣ라自知必死乃已ᄒᆞ고捉致將壇下ᄒᆞ야聲其罪曰以若叵測年少者流로如是怙終而犯此賊刑ᄒᆞ야敢欲害我乎아飛蛾撲燈而蛾自先落ᄒᆞ고螳蜋拒轍而蜋自先傷ᄒᆞᄂᆞ니你敢望容貸爾命가버드란드ㅣ曰凡爲人子弟者ㅣ爲父兄報仇ᄂᆞᆫ古今之通誼라老爺之含寃은哭霜刃於宿草ᄒᆞ고阿兄之遺恨은淚長戟於秋堤ᄒᆞ니今日之血이終歸于誰오出乎爾者ㅣ反乎爾라天必厭之ᄒᆞ샤俾我射爾ᄒᆞ시니爾雖殺我ㅣ나我目未瞑ᄒᆞ고見爾淪喪然後에將無遺恨이리라으리쳣시聞之ᄒᆞ고曰勇敢哉라此人이여死且不避ᄒᆞ니豈非英豪乎아招其大臣ᄒᆞ야解其所縛ᄒᆞ고兼賜銀子百圓ᄒᆞ야安然送歸ᄒᆞ고而已卒逝ᄒᆞ니時年이四十二러라

第二十七科程

헤루리之深憂敎弊 一

璽ᄉᆡ、옥시　綬슈、인ᄭᅳᆫ　跨과、거러안즐

駿쥰、쥰마　驄총、ᄆᆞᆯ　卿경、벼ᄉᆞᆯ

袞곤、룡포　匡광、바ᄅᆞᆯ　蠹두、좀

豪호、호걸

英王이逮繫獄中ᄒᆞ야有時乎以音律노自慰其懷緖러라是時英人이失王之處ᄒᆞ고莫知厎從이러니有一律客이過其獄下ㅣ라가聞其樂而知其情ᄒᆞ고彷徨不忍去ᄒᆞ야曰必是吾王被拘ㅣ라ᄒᆞ야馳告英京政閣下ᄒᆞ니是客은曾被英王欵待ᄒᆞ야賡載和音이라가自王未歸로恨儀鳳之離羣ᄒᆞ고嘆聽魚之失侶ᄒᆞ야周行列邦ᄒᆞ야憂夜寒於瓊樓高ᄒᆞ고歌望美於天一方ᄒᆞ야期圖風雲再會者也ㅣ라王母얼너ㅣ聞王在獄ᄒᆞ고親往奧地ᄒᆞ야遺賂救王ᄒᆞᆯ식德王은憐其母얼너而允許호ᄃᆡ法王은囑其弟約翰而與書曰你兄魔王이已脫桎梏ᄒᆞ니愼之愼之ᄒᆞ라으리쳣시歸國ᄒᆞ야知其弟懷不軌之心ᄒᆞ고欲除後患이어ᄂᆞᆯ王母ㅣ憂其兄弟閱于墻이면不調壎箎之應和ᄒᆞ고反失鶺鴒之急難ᄒᆞ야外不能禦其侮ᄒᆞ야撫之以仁ᄒᆞ며摩之以義ᄒᆞ고約翰도亦自服其罪ᄒᆞ니으리쳣시不忍加誅ᄒᆞ고其所戒不過曰你於未幾日에必忘今日恩赦어니와我自今以後로實是易知難忘者也ㅣ로라ᄒᆞ니凡人之爲兄弟者ㅣ當於으리쳣之於約翰間에可知骨肉之情이篤矣로다으리쳣시怒於法王之遺書ᄒᆞ야帥軍向法ᄒᆞᆯ식至이모쳐ᄒᆞ야闘其城宰ㅣ掘地得金銀缸ᄒᆞ고不奪不厭이라城宰ㅣ請予之半ᄒᆞᆫᄃᆡ으리쳣시曰貨之多少를無敢隱朕ᄒᆞ라照數捧上則已어니와不然則當絞ᄒᆞ리라是時英之俗諺에曰吾王으리쳣시中流矢ᄒᆞ야死於이모쳐城下ㅣ라ᄒᆞ더니法人버드란드ㅣ自彼城上으로抽箭禱告ᄒᆞ고彎弓繳而射之ᄒᆞ야中으리쳣之左肩ᄒᆞ니으리쳣시扶傷馳入帷幄

第二十六科程 으리쳐之假義行暴 三

逮톄、밋츨
徨황、방황홀
侶려、짝
允윤、진실노
鬩혁、싸홀
鶺쳑、새
篤독、도타올
朕짐、나
繳작、주살
購구、살
壇단、단
蛾아、나뷔
貸듸、꾸일
堤뎨、언덕

緖셔、실마리
閣각、집
瓊경、구슬
桎질、착고
壎훈、피리
鴒령、새
帥솔、거느릴
絞교、목미죽일
帷유、장막
股고、드리
叵파、파측홀
螳당、물똥구리
哭곡、울
暝명、감을

扈호、동발
賡깅、니을
賂로、뢰물
輅궤、법
篪지、피리
加가、더홀
缸항、항아리
諺언、속담
幄악、장막
刮괄、긁을
怙호、밋을
蜋랑、물똥구리
阿아、언덕
淪륜、싸질

減半이라王이親持斧鉞ᄒᆞ고與士卒노同甘苦ᄒᆞ니사라센人이畏其威ᄒᆞ야至於數百年後로록誦傳其名ᄒᆞ고且戒驚馬之驚曰으리첫시在此乎아何其驚之甚也오ᄒᆞ더라當時回軍大將之名은살나뗀이니素以勇敢有智略者로見英王之驍勇ᄒᆞ고稱善不已러니聞在大馬色ᄒᆞ야吟病煩惱ᄒᆞ야熱不退身ᄒᆞ고爲送果氷二料ᄒᆞ야使之對症投劑러라英王이疾瘳後에自不勝閴寂之懷ᄒᆞ야前往아스갈노ᄒᆞ야抹之隳隳築城之日에忤視奧王之赴役이不躬不親ᄒᆞ야蹴還其國ᄒᆞ고統率各國兵ᄒᆞ야前進예루살넴이라가見其兵卒이不以王事鞅掌ᄒᆞ야失其軍容ᄒᆞ고與사라센人으로訂約以三年三月三日三時之休戰ᄒᆞ니살나뗀이許使英兵으로周覽聖塚所在山隴이어놀으리첫시只帶將卒幾名ᄒᆞ고將向本國홀ᄉᆡ至아드리아듸海峽ᄒᆞ야風急船破ᄒᆞ야幾死僅生ᄒᆞ야過奧地ᄒᆞ니曾與奧王으로搆怨於築城之日이라雖欲變名潛跡而行이나身長이過人ᄒᆞ고兵多知面ᄒᆞ니可謂莫顯乎隱이라被捉於奧京私邸ᄒᆞ니法德兩君이莫不喜悅而興訛做訕ᄒᆞ야拿至訟庭ᄒᆞ야聲言其罪曰在猶地會盟之日에欲飮我以鴆毒ᄒᆞ고且濫殺無辜之人이라ᄒᆞᆫᄃᆡ으리첫시由其熱心所發ᄒᆞ야自訟己事曰예루살넴之行은志在聖塚之救ㅣ오아스갈노之役은期無軍律之違러니不意復見王於此也ㅣ로라ᄒᆞᆫᄃᆡ傍聽者ㅣ見其言辭ㅣ有序ᄒᆞ야鯁直不屈ᄒᆞ고或有涔然流涕러라

第二十五科程

으리쳣之假義行暴 二

葛갈、칡　藤등、등　塚춍、무덤
樵쵸、나모뷜　蘇소、차죠기　爨찬、불쎌
鉞월、독긔　戒계、경계　駑노、노둔홀
煩번、번거　劑졔、약졔　瘳츄、나흘
鬩격、고요홀　梂구、흙손　陾응、셩홀
鞅앙、굴네　訂뎡、의론　隴롱、언덕
搆구、얽을　邸뎌、쥬막　訛와、거즛
訕산、싹지즐　訟숑、숑ᄉᆞ　鴆짐、짐새
辜고、죄　違위、어길　序셔、ᄎᆞ례
鯁경、굿셀　涔줌、흐를

으리쳣시轉至猶港에크ᄒᆞ니法王이先至是港ᄒᆞ야見困於回敎人ᄒᆞ고兵卒이多罹於黑死ㅣ라英法兩卒이並不服習ᄒᆞ야自奮勇於私鬪ᄒᆞ고不合力於公戰ᄒᆞ며二王도各自懷忌ᄒᆞ야相爲葛藤故로法王은還軍ᄒᆞ고英王은獨戰홀ᄉᆡ中夜에三吹畵角ᄒᆞ야勸之以保護聖塚ᄒᆞ니萬卒이齊呼아멘이러라然而困於樵蘇後爨ᄒᆞ고不服水土ᄒᆞ며病於暑濕ᄒᆞ야兵卒이

身長九尺이오常喜與人으로較藝運動ᄒᆞ야絲毫不見挫折이러니謀取예루살넴ᄒᆞ야往討
回回敎人ᄒᆞᆯ식欲辦軍費ᄒᆞ야放賣內帑庫物ᄒᆞ고賣官鬻爵ᄒᆞ며懲罰納贖ᄒᆞ야鳩聚多財ᄒᆞ
고招致主敎二人ᄒᆞ야代理王事ᄒᆞ고且疑其弟約翰ᄒᆞ야誘之以貨ᄒᆞ야使悅其心호ᄃᆡ約翰
이亦嫉妬其兄ᄒᆞ야兄若戰不旋踵이면自期代立이러라皷皷出行聖地之路에輒殺猶人ᄒᆞ
야逢無子遺ᄒᆞ니在요옥之猶人이見其妻孥ㅣ被害ᄒᆞ고避入臺上ᄒᆞ야鎖鑰其門ᄒᆞ니該城
本倅ㅣ欲使之開어ᄂᆞᆯ猶人曰若一開門이면吾儕必盡魚肉於惡人手中이라ᄒᆞ야罷力而守
之ᄒᆞ니城倅ㅣ大怒ᄒᆞ야煽動其民ᄒᆞ야圍城三日이라猶太長老ㅣ相謂曰吾儕俱以聖地氏
族으로寧爲自永訣而潔己언뎡無爲敵所戮而辱己라ᄒᆞ야先以財產으로投諸火中ᄒᆞ고自
相害命ᄒᆞ니惡人이入門에徒見灰燼이라으리쳣之所到行暴ᄅᆞᆯ孰能禦之리오率軍前進ᄒᆞ
야且與法王빌닙으로發行ᄒᆞᆯ식 大衆十萬이期會于地中海峽시실니러라先時에으리쳣之
妹與시실니王으로成婚이러니王이薨ᄒᆞ고其叔父당크렛시擅權自恣ᄒᆞ야囚其姪婦어ᄂᆞᆯ
으리쳣시自恨己妹之見困ᄒᆞ고以兵力으로挾制당크렛ᄒᆞ야釋其妹ᄒᆞ고多受罰金ᄒᆞ며且
取金器ᄒᆞ야獨自肥己ᄒᆞ고不與法王分功ᄒᆞ니其親誼自此漸疎ㅣ러라携其妹ᄒᆞ고行軍至
사이프레쓰ᄒᆞ니是島ᄂᆞᆫ昔日英船이被破見害ᄒᆞ야無人救我ᄒᆞ고反受其虐處也ㅣ라欲懲
其習ᄒᆞ야繫其王於鋃梏ᄒᆞ고取其王女ᄒᆞ야置諸陣中ᄒᆞ고且選一人ᄒᆞ야立爲君長ᄒᆞ다

蝮복、독샤 儀의、거동 祚조、복

綃쵸、깁 矛모、창 盾슌、방패

揭게、들 螫셕、살 貝패、자개

鳶연、소리개 髓슈、ᄲᅧ 挫좌、꺽글

帑탕、ᄂᆡ탕고 鬻육、팔 鳩구、비둘이

誘유、꾀일 嫉질、투긔 妒투、투긔

拏노、쳐ᄌᆞ식 鑰약、좀을쇠 倅슈、원

罷파、다ᄒᆞᆯ 煽션、불붓ᄒᆞᆯ 訣결、영결ᄒᆞᆯ

孰슉、누구 薨훙、죽을 姪질、족하

誼의、정의 繫계、ᄆᆡᆯ 梏곡、착고

一千一百八十九年에으리쳣시以獅心蝮性으로大設威儀ᄒᆞ고卽祚受冕之日에一品四大臣이羽翼於左右ᄒᆞ야各持長戟ᄒᆞ고戟掛紅綃ᄒᆞ야如盖張空ᄒᆞ고幸行웨스터민쓰트會堂ᄒᆞ니是時에猶太人族이無事得謗於英人ᄒᆞ야相爲矛盾이라早朝揭榜曰自今以往으로禁猶人之來會라ᄒᆞ야ᄂᆞᆯ猶人이畏其毒螫ᄒᆞ야自欲納贖圖免ᄒᆞ야抱貨貝而敢來ᄒᆞ니王이貪貨其時에不見其人이라自門外大呼曰猶人來此ㅣ라ᄒᆞ야始行殺戮之變ᄒᆞ니二十四時間에幾至於血流漂杵ᄒᆞ고烏鳶啄髓라王이鎭壓其民ᄒᆞ야殲厥巨魁三人而已러라으리쳣시

ᄒᆞ고不思其裏許而赴會ᄒᆞ니是君은索有感人服人之能力ᄒᆞ야不禁人之近侍ᄒᆞ고有時相對면使人自怕라厥黨이恐或他望風自潰ᄒᆞ야曰事貴速成이라ᄒᆞ고佯若有所禀所奏之事而趨進左右ᄒᆞ야請除베드니아城宰ᄒᆞ니王이不許어ᄂᆞᆯ把主之裾ᄒᆞ고露其後腦ᄒᆞ야使易受刺ᄒᆞ고개시어쓰ㅣ搥其脅ᄒᆞ니시사ㅣ四顧에會中이皆敵國이라謂ᄲᅳ루더쓰曰爾亦敵我乎아自度不得脫ᄒᆞ고袖手被面而坐어ᄂᆞᆯᄲᅳ루더쓰ㅣ以劒刺之ᄒᆞ고擧血刃而循視會中曰我國同胞ㅣ從玆得赦ㅣ라ᄒᆞ고彼黨이且喜且忿ᄒᆞ야相前爭刺ᄒᆞ고齊聲高呼曰羅馬ㅣ得自由ㅣ라ᄒᆞ니全國이從風而靡라시사之尸ㅣ獨臥於政府ㅣ러라

嗚呼ㅣ라簒弑之變이何代不有며共和之治ᄅᆞᆯ何人不欲이리오마ᄂᆞᆫ簒弑之孽이或藉於共和而起ᄒᆞ고共和之論이易歸於簒弑而亡ᄒᆞ니可不愼哉며可不懼哉아立憲之政이或有勝於自由者ᄒᆞ니賢明之君이在上致治之國也ㅣ오自由之治가或有不及於立憲者ᄒᆞ니愚昧之氓이在下致亂之國也則萬民感覺이實有難於一人元亮也夫ㅣㄴ뎌以시사元亮之資로不謀專制而欲圖立憲則非不欲使其民自由언마ᄂᆞᆫ民不自感覺ᄒᆞ고反猜其君ᄒᆞ야至有簒弑之名ᄒᆞ니然而不亡者ㅣ未之有也온況復專制之國이愚其民而使之不感覺者乎아

第二十四科程 의리쳐之假義行暴 一

祀ᄉᆞ、졔ᄉᆞ　帖텹、톄　怕패、두려올
佯양、거즛　裾거、옷깃　揕침、찌를
簒찬、찬역　孼얼、싹　亮량、밝을

噫彼惡黨이當其數夜前ᄒᆞ야會食於개시어쓰家ᄒᆞ고期欲來夜行弑ᄒᆞ야先約數條曰當日
시사ㅣ必衣平服而來ᄒᆞ리니吾儕도亦以平服으로各帶紙鞘中尺劒而會ᄒᆞ야獨弑시사一
人이可乎並殺從者ㅣ可乎아終乃妥決以但弑시사ᄒᆞ고且募演戲場牛鬪漢幾人ᄒᆞ야埋伏
於夾室ᄒᆞ야以備不虞ㅣ러라十四日夜에會于王族家ᄒᆞ야就飯之時에或이問於시사曰人
之於死에在所難免이니死於病이可乎아死於事ㅣ可乎아시사ㅣ曰生者ᄂᆞᆫ死之本이라不
死則已어니와死則擧大名이니豈可與草木同腐乎ㅣ리오死於事者ㅣ爲愈ㅣ니라其時에
或이以所見所聞으로解其兆曰所圖之殿門이自闢과所掛之鐵甲이自墜者ㅣ甚不尋常이
오王妃之夢에시사ㅣ昇天ᄒᆞ야在帝左右ㅣ亦爲不祥이오且於十五日早朝에所獻之祭祀
ㅣ不見其吉이라ᄒᆞ니시사도亦溺於今日廷怪士之說而自失其前日大丈夫之心ᄒᆞ고王妃
도且勸今日에勿參政府會議러라是夜惡黨이齊會政府ᄒᆞ야各抱霜刃ᄒᆞ고苦待시사ᄒᆞ더
시사ㅣ不到ᄒᆞ니自其中一人이欲移시사所坐之椅子어ᄂᆞᆯ其黨이特派ᄲᅮ루더쓰之弟ᄒᆞ야
騶送請帖ᄒᆞ니시사ㅣ不忍拒絶ᄒᆞ고行過空闕之下ᄒᆞᆯᄉᆡ前日所造自己石像이自倒破碎러
니而已오有人이來獻某某列名記ᄒᆞ니其意雖指政府謀事之如何ㅣ나시사ᄂᆞᆫ泛視其錄名

君亦有愛國之心ᄒᆞ야不惜身命者ㅣ니無乃有是祖有是孫乎아ᄲᅧ루더쓰ㅣ然其言ᄒᆞ야一入其黨ᄒᆞ니自是之後로民視其會를如無瑕疵ㅣ라推玆二人ᄒᆞ야爲其黨首ᄒᆞ니政府諸官우盡趨下風ᄒᆞ고全國人民은莫不傾心이러라是歲三月十五日에시사ㅣ將欲遊覽바듸아ᄒᆞ야先玆組織政府官制ᄒᆞ야使各莅任ᄒᆞᆯ시ᄲᅧ루더쓰는特以馬其頓刺史로被擢ᄒᆞ고ᄲᅧ루더쓰之親弟는且以北利大利城宰로塡窠ᄒᆞ니此眞惡黨乘機謀事之千載一時也ㅣ라是時에有一匿名書簡ᄒᆞ야墮於ᄲᅧ루더쓰之硯床ᄒᆞ니其言曰勿寢警醒ᄒᆞ라ᄒᆞ고又書于ᄲᅧ루더쓰之先祖石像曰望爾復生于今世라ᄒᆞ야놀全國人心이水沸風動이라시사도亦所聞知오其所親愛者도每多力勸愼之로되시사는有義之君이라不顧一身之私曰吾爲全國而立者오不爲一身而生者也ㅣ니勿復言此ᄒᆞ라ᄒᆞ고巫覡卜筮者流도亦宣言曰幾日後國君이必被害ㅣ라ᄒᆞ되시사ㅣ不信ᄒᆞ고將於十五日에欲開政府大會ᄒᆞ니是會는自宗敎中提議者ㅣ니欲尊시사爲皇帝也ㅣ러라

第二十三科程

羅馬之亡이由於弑其君시사 二

弑시、죽일　鞘쵸、칼집　愈유、나을

闔합、닷을　墜츄、ᄯᅥ러질　祭졔、졔ᄉᆞ

簡간、대쪽　硯연、벼루　巫무、무당
覡격、화랑이、　筮서、시초　宣션、펼

시사ㅣ以需世英才로抱濟世經略ᄒ고擁制甲兵ᄒ야芟艾羣凶ᄒᆞᆯ식初征을自쇼올노始ᄒ야變伐英國ᄒ니英之爲國也ㅣ僻在海島中ᄒ야素無國文故로其土地險隘과戶口多寡와政治得失과俗習善惡을一不可考ㅣ라시사ㅣ因以羅馬文字로記其所見所聞ᄒ니是爲英史之始也ㅣ오쇼올은今之佛蘭西也ㅣ러라是時羅馬政黨五十人은皆以宥赦者流로洽露恩渥ᄒ고同盟于廷ᄒ야雖云期不負爲國心이나每以自恃之憐으로敢抱猜忌之心ᄒ야欲廢立憲ᄒ고圖成共和ᄒ야臣視君을如仇讎ᄒ니自意其無傷於欺罔也ㅣ러라今我像想羅馬時局컨ᄃᆡ彼等憤發之心이以是爲非ᄒ고以善爲惡ᄒ니雖欲無亡이나豈可得也ㅣ리오其中에有一正直者ᄒ니名은ᄲᅳ루더쓰ㅣ라優於文詞ᄒ야任自意而筆削ᄒ고職在律官ᄒ야得自由而權衡ᄒ니時爲其君之第一信任者ㅣ라自彼黨中으로無不欽慕ᄒ야欲使之叅其會ᄒ니其文藻才華는不可以斗筲論及이오其禀性天質은實難以爵祿渝盟이로ᄃᆡ至如民主政治等事ᄒ야는熱心做去ㅣ偏而不周ᄒ야如醉如狂ᄒ고其育界不潤ᄒ야恃其怪夢異兆ᄒ야如坐雲霧中이라彼黨이欲與之同謀ᄒ야使其媒夫개시어쓰로往說ᄲᅳ루더쓰ᄒᆞᆯ식개시어쓰ㅣ稔知其注意如何ᄒ고先激其心曰毋念爾祖아聿修厥德이어다昔於다권人掠之日에救人民於塗炭ᄒ고奠宗社於盤泰ᄒ니村嫗街童이誦傳芳名ᄒ야至于今日ᄒ고

오凡有天下國家者ㅣ當記念而愼之哉ᆫ뎌先是에法皇이在ᄡᅡ세이ᄒᆞ야聞砲聲之達起ᄒᆞ고雖知禍起蕭墻이나自以爲鼠竊狗偸ㅣ니無足爲也라ᄒᆞ야以著日記러라

第二十二科程

羅馬之亡이由於弑其君시사一

撻달、종아리칠　芟삼、버힐　艾예、버힐
爕섭、화ᄒᆞᆯ　僻벽、치우칠　宥유、두남둘
赦샤、노ᄒᆞᆯ　洽흡、화ᄒᆞᆯ　霑쳠、져즐
渥악、져즐　廷뎡、죠뎡　擗벽、셩벽
猜싀、싀긔　廢폐、폐ᄒᆞᆯ　憲헌、법
衡형、져울대　欽흠、공경　藻조、마름
筲쵸、되 쇼正音　爵쟉、벼슬　渝유、변ᄒᆞᆯ
說셰、달낼　稔임、풍년　聿율、드딜
奠뎐、드릴　宗종、마루　嫗구、할미
孫손、손ᄌᆞ　瑕하、틔　疵ᄌᆞ、틔
蒞리、림ᄒᆞᆯ　擢탁、ᄲᅢᆯ　窠과、둥우리

忤오、미울 拘구、거리낄 斬참、버힐
讞언、죄안 餱후、량식 鼠서、쥐
竊졀、도적 狗구、개 偸투、도적

本兵이不忍其自相攻擊을如仇讐ᄒᆞ야因懸降旗ᄒᆞ니셰빌노의見親卒은懸旗而民兵은圍城ᄒᆞ고自度不得脫ᄒᆞ야袖藏石硫筒ᄒᆞ고疾入火藥庫ᄒᆞ니是庫에有藥三十五篇이라欲使是獄으로隨藥力而與之暴發ᄒᆞ야以其騰空炭石으로陷沒巴里半城之民이어ᄂᆞᆯ有一守門長官이預知其偕亡之計ᄒᆞ고以銃拒之ᄒᆞ야使不得入이러라時自民兵中으로有何凶獰者ᄒᆞ야執一年少女兒ᄒᆞ고叱之辱之曰是乃셰빌노의之女ㅣ라ᄒᆞ야欲示之以將焚乃己之意ᄒᆞ야使其父出降이어ᄂᆞᆯ衆民이皆曰不可ㅣ라ᄒᆞ야見其不可而後에安然釋歸ᄒᆞ니義乎大哉라是事之擧여始自上午十二時로至於下午五時ᄒᆞ야處處高懸白旗ᄒᆞ고無白旗者ᄂᆞᆫ以巾으로懸之銃末ᄒᆞ니砲聲이乃止라萬民이同聲齊呼曰빠스틸은斯速來降ᄒᆞ라今汝所降은非降於之聲이오實降於民心이니曷敢有越厥志리오ᄒᆞᆫᄃᆡ洞開獄門ᄒᆞ야無所阻隔ᄒᆞ니民之赴門이如鴻遇順風ᄒᆞ고驅騁長程ᄒᆞ야或躍或走ᄒᆞ며或先或後ᄒᆞ야忤視刑具之奇嚴ᄒᆞ고安慰拘囚之苦楚ᄒᆞ니是民衆也ㅣ雖濺怒於同胞流血이나尙留心於惡人悔改라自破其獄으로只斬瑞兵一人ᄒᆞ고外他諸軍은執訊考讞後에使援兵으로保護以歸ᄒᆞ야以賜糇糧ᄒᆞ니自是之後로國無壓制政治ᄒᆞ고民無抑寃情狀則是日은非獨以佛蘭西之大日노記念이

命令으로許開獄門ᄒᆞ노라署長ᄯᆡᆯ노의自恃救兵將至ᄒᆞ고曰不可ᄒᆞ다民若不砲放이면我亦如之ᄒᆞ리라ᄒᆞ야相詰良久에두리오ㅣ出告于民ᄒᆞ니民衆十萬이自不惜身命ᄒᆞ고塡街爭前ᄒᆞ야砲擊獄城ᄒᆞ니城厚四拾尺이라彈丸이不能穿ᄒᆞ야如以卵擊石이러니臺上駐兵은自意彼我同胞ㅣ不忍相害라ᄒᆞ야不發一彈ᄒᆞ되至於門卒ᄒᆞ야ᄂᆞᆫ乃是外國人이라但抱貪財之心ᄒᆞ고要成自己勳勞ᄒᆞ야奮擊不休어ᄂᆞᆯ適有何陣兵卒이聞此蚌鷸持勢ᄒᆞ고破門突出ᄒᆞ야出力助民ᄒᆞ니民見援兵ᄒᆞ고如雷懽聲이高出於砲聲之上이라巴里全城이望風奮起ᄒᆞ야憂國蠢猝ᄒᆞ야欲鋤稗莠ᄒᆞ니駐臺本兵은雖欲出降이나惟獨瑞兵이力戰四時에臺上致死ᄂᆞᆫ只有一人이오門外에戰不旋踵은凡一百七十一人이오其外負傷者도亦以幾千計也ㅣ러라

第二十一科程

巴里京里變이由之於싸스틸(獄名)三

仇구、원슈　袖슈、소미　筩통、통

獰녕、사오나올　叱즐、ᄭᅮ즈질　辱욕、욕홀

曷갈、엇지　洞통、ᄯᅮᆯ을　阻조、막을

鴻홍、기러기　駟ᄉᆞ、ᄉᆞ마　騁빙、달닐

第二十科程

巴里京之變이由於바스틔獄名二

墻장、담　彌미、촐　詰힐、힐난
惜셕、앗길　卵란、알　勳훈、공
奮분、썹낼　蚌봉、죠개　鸛황、황새
讙환、즐길　瘁췌、파리홀　稗비、가라지 古音패
莠유、가라지　踵죵、발굼치

是時에該院長도亦知防民之擾ㅣ甚於防川ᄒᆞ야雖殺難制오且無王命則軍用器械ᄅᆞᆯ雖曰預備나不可擅便砲放이라玆以馳報于쌔세이러니該院에本無墻垣所隔이라民之趨入이如水趨下ᄒᆞ야彌滿于軍器所ᄒᆞ야其中所在之三萬柄砲와六門大砲ᄅᆞᆯ取之無禁이라乃一其心ᄒᆞ야以此不多軍物노欲取全國要害處ᄒᆞ야向彼빠스틸ᄒᆞ니셜노의方在高臺上ᄒᆞ야取彈丸載砲門ᄒᆞ고且拾石塊鐵片ᄒᆞ야積於臺上ᄒᆞ고欲以多方交擊이러라是獄은只有一門而門下三十二守護兵은皆以瑞士人雇入ᄒᆞ니以其外國人之於本國人에素無私情而易爲行暴故也ㅣ오本兵八十二人은皆隱身於臺上ᄒᆞ고向民砲放이러니時有一大臣두리오ㅣ自政府來ᄒᆞ야聲言曰吾爲民欲入獄ᄒᆞ노라獄吏開門迎入이어ᄂᆞᆯ두리오ㅣ曰我以全國

不亦甚乎아ᄲᅡᄉᆞ틸之爲獄也ㅣ여在敵人掌握ᄒᆞ야有城甚厚ᄒᆞ고有門甚嚴ᄒᆞ니民欲與之偕亡이나莫敢誰何ㅣ러라是獄이在센단퉌ᄒᆞ야爲全國之咽喉ㅣ如지블올더之在地中海峽ᄒᆞ야爲天下之衝要ᄒᆞ니可謂一夫當關에萬夫莫開라爲貪虐之權柄ᄒᆞ야浚生靈之膏澤ᄒᆞ니遊客行旅ᄂᆞᆫ莫不指點而蹙頞ᄒᆞ야不忍過其域ᄒᆞ고孺婦尺童도盡是腹誹而咀呪ᄒᆞ야不敢近其門이라時任監獄署長之名은셀논이니素以悖惡者流로視務一年에討錢이五萬圓이오虐待罪囚ᄒᆞ야雖在臂發冬天이라도不給薪炭ᄒᆞ고亦於長長夏日에도半減食料ᄒᆞ야歸之私囊ᄒᆞ고且以官許之獄囚運動場으로貰給于人ᄒᆞ야種菜無餘地ᄒᆞ고不許行之其間ᄒᆞ니其來行刑慘酷은不得民情이오所爲貪贓濫溢은自爲身謀ㅣ라然而其爲人也ㅣ本無膽大心力ᄒᆞ고只有愚蠢氣習故로終乃被擒ᄒᆞ고獄亦遺墟ㅣ러라當日民情이不忍其虐待ᄒᆞ야無生之氣ᄒᆞ고有死之心으로欲破是獄ᄒᆞ야闢一生門ᄒᆞ되手無寸鐵이라不敢起鬧ㅣ러니轉聞軍人病身院에雖云有砲ㅣ나亦自無砲則無計以砲取砲ㅣ오且該院長이素多才畧ᄒᆞ고兼有軍權ᄒᆞ야自數日前으로圖得大砲幾門ᄒᆞ야置於院ᄒᆞ고或於巷議所傳에國兵이自ᄲᅡ세이來어ᄂᆞᆯ聚民三萬이謀取軍器ᄒᆞ야短銃長戟으로交雜前進ᄒᆞ니空手來叅者도亦不可勝數ㅣ라有一神父ㅣ躬率敎徒ᄒᆞ고將向病院ᄒᆞᆯ싀先立約條曰吾儕ᄂᆞᆫ以若堂堂大丈夫로當決意立志ᄒᆞ야勿忘同胞相濟之義ᄒᆞ라ᄒᆞ고自各處禮拜堂으로鳴鐘不絕ᄒᆞ니是鏤也ㅣ昔以禮拜節次로爲之善鳴之러니今以國事靡盬로爲之假鳴之러라

이라ᄒᆞ니得於土曜日之故也ㅣ라自後로彼此間稍解通情之語ᄒᆞ고以餠和乳ᄒᆞ야敎以食之ᄒᆞ고且賜케의ᄒᆞ니搖頭甘食ᄒᆞ야喜不自勝이러라是夜에入窟同宿ᄒᆞ고早起授衣ᄒᆞ니服之無斁이라携下阡陌ᄒᆞ니彼向二漢所埋ᄒᆞ야掘去窀穸ᄒᆞ고欲食其肉이어ᄂᆞᆯ我ㅣ搖手變色ᄒᆞ야示以不可食之意ᄒᆞ고且以嘔吐之形으로禁其所欲ᄒᆞ니彼不得已而乃止라伴陟高岡ᄒᆞ야望見黑人船所泊處ᄒᆞ니船已去人不在러라

第十九科程

巴里京之變이由於쌔스틸(獄名)獄 一

獄옥、옥　掌장、손바닥　咽인、목구녁
蹙츅、찡길　頞알、니마　孺유、어릴
婦부、며느리　誹비、비방　咀져、져주ᄒᆞᆯ
呪주、져주ᄒᆞᆯ　署셔、마을　蹕필、찰
料료、거리　贓장、담ᄒᆞᆯ　溢일、넘칠
擒금、사로잡을　闢벽、열　巷항、구렁
躬궁、몸　胞포、포듸　濟졔、건널
靡미、아닐　盬고、약ᄒᆞᆯ

膂려、힘줄 巧교、공교 倩천、고을
黔금、검을 搾자、체ᄃᆞ리 肇조、비로솔
曜요、날빗 斁역、슬흘 阡천、언덕
陌맥、언덕 窀둔、구덩이 穸셕、구덩이
嘔구、토홀 岡강、뫼ᄲᅮᆯ이

擧手招招ᄒᆞ니歐漢이欲前未前ᄒᆞ야亻亍其行ᄒᆞ고戰其一身ᄒᆞ야不能自持라가一步一拜ᄒᆞ고步步連拜ᄒᆞ고來伏于前ᄒᆞ야自以其頭로爲足凳ᄒᆞ야擧我足置其上ᄒᆞ니盖其意殺活奇權이在於足下則永爲僕役之謂也ㅣ러라自我之居是島로塵寰이何世오波濤ㅣ羈人이라悼隻影之吊形ᄒᆞ야渺滄海之一粟터니天借我以好伴ᄒᆞ야慰寂寞之孤懷로다遂把其手ᄒᆞ고實心相慰之際에被打一漢이更勵精神ᄒᆞ야傴僂欲起어ᄂᆞᆯ招伴指示ᄒᆞ니彼雖掉舌이나卒難解意라我欲砲放ᄒᆞ니彼固挽執ᄒᆞ고請我佩刀ᄒᆞ야擊斷其頭ᄒᆞ고揖余致賀ᄒᆞ며欲往視中丸者어ᄂᆞᆯ許其所欲ᄒᆞ니去察其傷處ᄒᆞ고驚異不已라携欲同歸ᄒᆞᆫᄃᆡ示我以揜屍之意어ᄂᆞᆯ且許其埋ᄒᆞ니歐漢이雙手掘地ᄒᆞ야十五分間에並埋二漢ᄒᆞ고同歸我窟ᄒᆞ야食以餠與葡萄汁ᄒᆞ고兼賜草菌與衾ᄒᆞ야使之安寢ᄒᆞ고詳察其體ᄒᆞ니軆甚强健ᄒᆞ야頗有膂力ᄒᆞ고年近廿五ㅣ라身雖全黑이나面無惡氣ᄒᆞ야笑亦巧倩ᄒᆞ고黔首長齒오唇則不厚ㅣ러라移時半點에穩寢而起ᄒᆞ야來我羊乳所搾之處ᄒᆞ야擧我足置其頭어ᄂᆞᆯ肇錫嘉名曰六日

自敵漢中으로三漢이追之ᄒᆞᄃᆡ走者之足이疾於追者ᄒᆞ야先至江頭ᄒᆞ야不計深淺ᄒᆞ고泳思方思ᄒᆞ야無聊得渡ᄒᆞ고追者中一漢은不慣於水ᄒᆞ야自回其逕ᄒᆞ고二漢ᄯᅩ亦不及於走者之泗ㅣ라我意欲辨其材之優劣ᄒᆞ야傾者ᄂᆞᆫ覆之ᄒᆞ고栽者ᄂᆞᆫ培之ᄒᆞ야拔其尤而同儔ᄒᆞ고且救瀕死之命이可也ㅣ라ᄒᆞ야忙手裁銃ᄒᆞ야匿於林間이라가旋呼走者ᄒᆞ야示以親昵之意ᄒᆞᄃᆡ彼反畏我ᄅᆞᆯ甚於追者ㅣ라我敵追者而不肯砲殺ᄒᆞ고但以銃頭ᄯᅩ打彼一漢頭ᄒᆞ야使之魄散케ᄒᆞ고不使在彼多數敵漢으로聞砲聲望藥烟而追來也ㅣ러니追者一漢이抽箭欲彎이어ᄂᆞᆯ疾手一丸으로中彼脅膈ᄒᆞ야血流塗地ᄒᆞ니被追者ᄯᅩ聞我砲聲ᄒᆞ고亦不敢進退ㅣ러라

第十八科程

그루소之救一黑人作伴 二

彳자、쵹거릴　亍쵹、자쵹거릴　凳등、등상
寰환、둘닐　聾롱、귀먹을　悼도、슯흘
粟속、조　寞막、젹막흘　勵려、힘쓸
傴구、굽흐릴　僂루、굽흐릴　掉도、흔들
揜엄、ᄀᆞ리울　食ᄉᆞ、먹일　茵인、자리

觫속、썰　覵간、엿볼　躱타、버슬
履리、밟을　嫁가、싀집갈　聊료、애오라지
逕경、길　泅슈、뜰　材지、지목
劣렬、용렬　栽지、심을　拔발、쌜
儔쥬、짝　匿닉、숨을　昵닐、친압ᄒᆞᆯ
魄빅、넉　箭쳔、활살　彎만、당길
膈격、가슴

그루소ㅣ以浮家泛宅으로凌萬頃之滄波ᄒᆞ고朝東溟暮咸池ᄒᆞ야舟楫杳然自此去ㅣ라가至于주안버난듸쓰島ᄒᆞ야爲風所破ᄒᆞ야舟中一行은蒼茫間白鷗ᄒᆞ니無處賦招魂이라獨於島中에僅保身命ᄒᆞ야不聞城市囂塵ᄒᆞ고徒見上下天光者ㅣ二十有五年이러니忽見五船이來泊於相望之涘而不見舟人이라自意前者에所覩之如是等船에各載五六人이러니今此五船에必有多人上陸이라ᄒᆞ야覗其危機ᄒᆞ고憂心忡忡ᄒᆞ야裝銃裁藥ᄒᆞ야以備不虞ᄒᆞ고暗上飛階ᄒᆞ야擡頭窺覗ᄒᆞ니果有三十人이匝坐岸頭ᄒᆞ야爇火灸肉ᄒᆞ며且蹈且舞ㅣ無非蠻風이라照鏡察船ᄒᆞ니携二漢自縲絏中出ᄒᆞ야以梃打一漢頭ᄒᆞ고剝皮宰肉이어늘在傍一漢이見其被殺ᄒᆞ고無罪就死ㅣ如牛觳觫이라가覵衆目之不注ᄒᆞ고向我處而逃躱ᄒᆞ니我以滄桑餘慟으로又履虎尾則此何人斯오預備嫁禍妙策ᄒᆞ야以待窮途來敵이러니

皮冑及板이며有器有皿ᄒᆞ니土木石筐이오取青紅之漆油ᄒᆞ야治其容如豹文ᄒᆞ고編鳥獸之皮毛ᄒᆞ야爲首飾與身衣ᄒᆞ고耳懸鈴鼻懸鈴ᄒᆞ니金蛤骨與彩石이오烟臺長於二尺ᄒᆞ니雕石成其曲頭로다味金鐵之鐵幣ᄒᆞ고革貫蛤而代用ᄒᆞ니名之曰왐범이라紅爲第一이오次黑次白이며編萬蛤而成帶ᄒᆞ야帶赴敵曰戰帶오視苔痕又聽葉ᄒᆞ야察獸跡與敵走ᄒᆞ며不變色於臨事ᄒᆞ고善察人之氣色이라然而自不知先代遺事ᄒᆞ고所言은不過鷹雷瀑布落霞等物이오彼若會議則爇火匝坐ᄒᆞ고人若離世면或埋於地ᄒᆞ고或裹以皮ᄒᆞ야掛於樹梢ᄒᆞ야以避豺狼之患ᄒᆞ고女從事於秫田ᄒᆞ며男遊食而遊衣러라

第十七科程

그루소之救一黑人作伴一

宅틱、집	淩릉、업수히녀길	溟명、바다
池지、못	賦부、글	囂효、짓거릴
涘ᄉᆞ、물가	覗ᄉᆞ、여ᄉᆞ볼	忡츙、근심
虞우、근심	階계、ᄯᅳᆯ	擡ᄃᆡ、들
蠻만、오랑캐	縲루、밀	絏셜、밀
剝박、긁을	宰ᄌᆡ、맛흘	轂곡、ᄯᅥᆯ

三十四

菁고、집　筐광、광주리　油유、기름
豹표、표범　鈴령、방울　苔틔、잇기
霞하、안기　爇셜、살올　匝잡、둘닐

其爲人也ㅣ短於思量知覺ᄒᆞ고痴於動靜云爲ᄒᆞ야驍勇은雖日行二三百里나其强力이不過於數日이오哀樂은雖日當大小間事ㅣ나其聲色이不大於倉卒ᄒᆞ며腸胃ᄂᆞᆫ能大能小ᄒᆞ야雖以少小食料及南草로도得免飢渴ᄒᆞ고若有珍需盛饌이면亦爲含哺鼓腹ᄒᆞ니外雖軒軒이나內實空空이러라所食은只以鱗介羽毛之族과山蔬野菜之味와黃果朱實之屬이오不務耕作ᄒᆞ며不事興販ᄒᆞ고今日東明日西ᄒᆞ야到處依幕無一定ᄒᆞ니汔可少愒ᄒᆞ야爲猷不遠ᄒᆞ고但專力於漁獵ᄒᆞ야穽以陷之ᄒᆞ고網以羅之ᄒᆞ며弓以射之ᄒᆞ고釣以鉤之ᄒᆞ니作釣維何오鳥魚之骨이오結網維何오獐鹿之筋이라枝串魚肉ᄒᆞ야灸於火上ᄒᆞ고烹之煑之ᄒᆞ니其器土木이오欲取水而揚湯이면置灸石於水中ᄒᆞ며間或務農ᄒᆞ니玉秫南草와芪葵及菽이오苐歒豐草ᄒᆞ니蛤之外介와獸之肩骨노代鋤利用ᄒᆞ고不知造餠ᄒᆞ야炒玉秫而春於石碓ᄒᆞ야和水擣末ᄒᆞ니其名曰누힉이라누힉南草를小貯囊橐則可致遠行이오冬則窟置樹皮而中藏食物ᄒᆞ야供其放飯流歠호ᄃᆡ調味以甘楓汁ᄒᆞ고戰備ᄂᆞᆫ弓矢斧梃이니梃名은도마혹이오以石爲斧而伐柯有則ᄒᆞ니折樹枝ᄒᆞ고置斧其間ᄒᆞ야使經年而復合木理後에取以赴戰ᄒᆞ고戰平則埋ᄒᆞ며弦鏃旣具ᄒᆞ니獐筋與腸이며獸瓜及石이오肆筵設席ᄒᆞ니

나終不以驕昂變心ᄒᆞ고與其父母로同居三年이러니竟以咳喘으로離世ᄒᆞ다

第十六科程

紅人論

倉창、고집　胃위、비위　哺포、먹일
軒헌、마루　鱗린、비늘　介개、껍질
羽우、깃　蔬소、나물　朱쥬、붉을
販판、팔　汔흘、거의　愒게、쉬일
猷유、꾀　獵렵、산양　穽졍、함졍
弓궁、활　釣됴、낙시　獐쟝、노루
鹿록、사슴　串관、쐬치　烹팽、삶을
苽과、외　葵규、히ᄇᆞ라기　菽슉、콩
茀불、졔홀　蛤합、죠ᄀᆡ　舂용、방아
碓ᄃᆡ、확　摶단、뭉칠　貯져、싸흘
歠쳘、마실　楓풍、단풍　斧부、독긔
弦현、시위　鏃족、족 正音、살촉　爪조、손톱

三十三

霧鎖天黑ᄒᆞ니河伯은自發望洋之歎ᄒᆞ고嫠婦ᄂᆞᆫ不禁泣舟之淚ㅣ라隨風擧帆ᄒᆞ고以待天曙ㅣ러니遠自霧中으로迷見塔燈ᄒᆞ니暗礁ᄂᆞᆫ巉嵒於中間ᄒᆞ고海岸은渺茫於上下ᄒᆞ니萬刼餘生이出沒冥府ㅣ라而已오船一觸巖에救之不得ᄒᆞ야板尾ᄂᆞᆫ入尾閭而歸諸烏有ᄒᆞ고帆頭ᄂᆞᆫ擱石齒而甚於魚呑이라船長沙格이具葬於魚腹ᄒᆞ고只有水夫數人ᄒᆞ야抱纜索而仆伏於破壞餘板ᄒᆞ야全身이涵泳於怒濤中이러니日欲晡時에女子ㅣ自光塔上으로照鏡放眺則瘴霧中風濤上數里外에有板如脫屣ᄒᆞ고有人如黑贅라急走黌堂ᄒᆞ야呼爺指視ᄒᆞ니爺爺ㅣ驚愕且歎曰奈何奈何오雖溺이나不能援之以手ᄒᆞ니水中孤魂을有誰慰吊오力所不及에愛莫助之라ᄒᆞ니乃父爲人이頗有惻隱之心ᄒᆞ야無若是悳이언마ᄂᆞᆫ隻手單身으로莫可周急이라女子ㅣ在傍ᄒᆞ야左思右度ᄒᆞ야欲圖拯救之方ᄒᆞ니曾於潛風穩海上에雖或搖櫓運動ᄒᆞ야濯足於湜湜之沚ᄒᆞ고觀瀾於浩浩之湄나一未嘗見如是暴風險濤ㅣ라自不禁慈悲心萌ᄒᆞ야曰坐視人死ㅣ若己推納溝中이니盍往觀乎ㅣ리오天父ㅣ所佑에無事不成이라ᄒᆞᆫᄃᆡ其父ㅣ知其衷曲所發ᄒᆞ고同乘扁舟ᄒᆞ고各搖一櫓ᄒᆞ야任汐水而下險礁間ᄒᆞ야得及破船處ᄒᆞ니瀕死諸人이且喜且怪ᄒᆞ야回思一箇少女兒ㅣ伴此老沙格ᄒᆞ야何以至此危險之地오ᄒᆞ더라父女ㅣ殫其心力ᄒᆞ야救活九人之命ᄒᆞ니是時에水勢尙急ᄒᆞ야難以溯流ㅣ라九人이並力行船ᄒᆞ야俱全生命ᄒᆞ니라此事ㅣ播颺於歐洲各國ᄒᆞ야各自修書致賀ᄒᆞ고書中에或封七千圓ᄒᆞ며寫本掛市ᄒᆞ고爲詩登歌ᄒᆞ니此女ㅣ雖得如此名譽之大

愕악、놀날　孤고、외로울　吊됴、됴상
惻측、슯흘　慇은、슯흘　聒괄、괄시홀
單단、홋　拯증、건질　櫓로、로
湜식、몱을　沚지、물가　浩호、넓을
湄미、물가　萌밍、움돗을　溝구、개쳔
佑우、도을　衷츙、가온딕　愧괴、붓그러올
颺양、놀닐　咳히、히소

在昔英國에有年少女子ᄒᆞ니其名은그레쓰달닝이라與其父母로同居于바안島中ᄒᆞ야守其光塔ᄒᆞ니是島也ᄂᆞᆫ在로뎀벌난드之前ᄒᆞ야至險且危ᄒᆞ야罕見足跡來遠近ᄒᆞ고只有水鳥對沉浮ㅣ라無處問路ᄒᆞ야有或冒險故로設一光塔ᄒᆞ야風雨凄凄之夕과雲霧漠漠之曉에適照來往舟楫ᄒᆞ야使得免危러라是時芳年이二十有二오碧眼素髮과櫻脣白晳으로自有幽閑之姿ᄒᆞ야學母晝針線ᄒᆞ고助爺暮理燈이러니一千八百三十八年九月夜에疾風이送聲ᄒᆞ고怒濤ㅣ飜空ᄒᆞ야使人甚懼ㅣ라高坐塔上終無眠ᄒᆞ야爲慮風帆旅魂驚터니不知何船이漂泊於海島間ᄒᆞ야任風力而上下ᄒᆞ고隨波心而浮沉ᄒᆞ니危哉라是船이여自出帆以後로船底有孔ᄒᆞ야床無乾處ᄒᆞ고水湧甚急이라衆手並作ᄒᆞ야挹以引水器나然而水高半尺ᄒᆞ야危在呼吸ᄒᆞ고且有雨雪이雱雱ᄒᆞ야橫打船頭ᄒᆞ야東傾西轉이라水入火滅ᄒᆞ고

遍于樹林間ᄒᆞ고復向前日沐浴塲ᄒᆞ야叫通其意호ᄃᆡ終無所應이러니是時曉頭에ᄃᆡ사ㅣ歸來ᄒᆞ야見主人家産이少無被傷ᄒᆞ고感於心而謝其主ᄒᆞ니主人이不聽其謝曰往視爾象ᄒᆞ라業爲棄物이니라ᄃᆡ사ㅣ訪其在所ᄒᆞ야高聲一呼ᄒᆞ니象即起來ᄒᆞ야見其主ᄒᆞ고欣欣然有情이어ᄂᆞᆯᄃᆡ사ㅣ輒理鐵杖鐵索而赴之役所ᄒᆞᆫᄃᆡ象自如前服役ᄒᆞ야拔去木根ᄒᆞ니白人이러異之而怒氣乃解러라

第十五科程

女子그레쓰딸닝之急人高義一

凄쳐、셔늘홀 櫻잉、잉도 揩셔、힐
閑한、한가 翻번、뒤칠 滲슴、샐
挹읍、당길 雱방、비소릐 伯빅、맛
嫠리、과부 曙셔、재벽 礁쵸、바회
巉참、놉흘 嵒암、험홀 瀾려、미려혈
擱거、걸닐 奘장、장ᄉᆞ 涵함、져줄
哺포、느졸 瘴장、장긔 眺됴、볼
屣ᄉᆞ、신 贅췌、사마귀 萱훤、풀

되사ㅣ行尋杏花村ᄒᆞ야逶迤于樹木間이라가逢一婚行ᄒᆞ야有酒酺我ᄒᆞ며無酒沽我ᄒᆞ야送日月於壺中ᄒᆞ고付乾坤於醉裏ᄒᆞ야期逝不至者ㅣ十有一日이러니모듸거져ㅣ回身顧眄ᄒᆞ야不肯從役ᄒᆞ고自任所之어ᄂᆞᆯ진헌이呼曰去將安之오快來抱我ᄒᆞ야置你頭腦ᄒᆞ고飛也聽役ᄒᆞ라不然이면以鐵杖碎蹄ᄒᆞ리라象自發憤ᄒᆞ야不服其馴이어ᄂᆞᆯ진헌이追欲駕馭則濕濕其耳가向前怒矣ᄒᆞ야衝突于象羣中ᄒᆞ고或齧樹枝ᄒᆞ야使人慴伏ᄒᆞ니진헌이知其無奈ᄒᆞ고告急于農主ᄒᆞ니農主ㅣ揮鞭作聲ᄒᆞ되象見白人ᄒᆞ고追至屋下ᄒᆞ야戰身搖頭어ᄂᆞᆯ白人이逃保生命ᄒᆞ야曰如此悖惡之獸ᄂᆞᆫ不可不刑이라ᄒᆞ고呼他猛象一偶ᄒᆞ야賜以鐵索十二尺ᄒᆞ니是象則有懲象施罰之職이라施鐵索ᄒᆞ야置諸左右ᄒᆞ니모듸거져ᄂᆞᆫ在三十九年來로曾未被罰者故로初不知其鐵索之何用이러니終乃知其施罰之具ᄒᆞ고以牙로觗其象脅ᄒᆞ니二象이被觸驚走ᄒᆞ야不復近前이어ᄂᆞᆯ모듸거져ㅣ走入畎畝間ᄒᆞ야沮他羣象之役이라가日之夕矣라下來求食ᄒᆞ니진헌이忿然曰汎駕之獸ᄂᆞᆫ宜籠其口ㅣ니莫來要我ᄒᆞ라是時에適有嬰孩ㅣ遊於門外러니象이以其喙로抱擧ᄒᆞ야高出진헌頭上十二尺이어ᄂᆞᆯ진헌이罔知所措ᄒᆞ야曰將與糖秫三百斤及餠幾許團ᄒᆞ리니勿害此兒ᄒᆞ라象이旋卽置兒於後蹄間ᄒᆞ고待其所賜ᄒᆞ야以充其腸然後에使兒로俛出脚下ㅣ러라異哉라是象之爲物也여夜亦無眠ᄒᆞ야從左暫臥者ㅣ不過二時間이오向右所臥도亦纔二時間이오外他時間은或反嚼或運動이러니忽於中夜에戀切戀主之情ᄒᆞ야或叫或躍ᄒᆞ며或上或下ᄒᆞ야

之氣色ᄒᆞ니以其非其主之故也ㅣ라진헌이賜以香飴ᄒᆞ고或搔頷下ᄒᆞ며其妻ㅣ或來稱善호되常有戀主之情ᄒᆞ야自不禁其悵鬱而連日從役ᄒᆞ야無異於듸사所使ᄒᆞ니農主ㅣ異之러라

第十四科程

모듸거저象名之不服他主三

杏힝、살구　逶위、노닐　晒이、노닐

婚혼、혼인　醑서、거를　沽고、살

乾건、하놀　坤곤、ᄯᅡ　眄면、볼

快쾌、쾌ᄒᆞᆯ　馴훈、길드릴　馭어、어거ᄒᆞᆯ

尖쳠、ᄲᅭ족　齧셜、씹을　慴습、두려울

悖패、어그러질　刑형、형벌　懲징、징계

脅협、갈비　觝뎌、밧을　畎견、이랑

畝묘、밧두둑　沮져、져희ᄒᆞᆯ　糖당、셜당

秫츌、슈슈　腸장、장ᄌᆞ　俛면、슉일

躍약、ᄯᅱᆯ

니이다主人曰何處得聞고曰郵遞니이다主人曰從某至某에遞夫往還이自有定日而今不及期則勿復言他ᄒᆞ라되사ㅣ曰近聞鄙鄉에癘疫이輪行ᄒᆞ야人多殤夭ㅣ라ᄒᆞ니恐或己妻羅患이라盍往歸哉리잇고主人이招진헌爲名者ᄒᆞ야問曰爾乃되사里中人乎아曰然ᄒᆞ니이다又問曰되사ㅣ有妻乎아答曰以女爲名ᄒᆞ고誰肯與此不恒破落戶로同室乎잇가主人이謂되사曰速往赴役ᄒᆞ라不然이면必行笞罰ᄒᆞ리라되사ㅣ指天而誓曰我自視役以來로己經數月호ᄃᆡ不暇痛飮이러니形如枯木ᄒᆞ고心如死灰ᄒᆞ야殑殑然難保殘縷ㅣ라願借十日寬限ᄒᆞ야容我遠離主人聖潔之地ᄒᆞ야俾醉以酒ᄒᆞ고俾飽以德ᄒᆞ쇼셔主人이笑曰你言이今乃似是나然而你若去後에使象赴役을如爾在時則許可泥醉ᄒᆞ리라되사ㅣ欣謝曰願我主人은壽添四萬ᄒᆞ야如天光明ᄒᆞ쇼셔我將經旬還來ᄒᆞ리이다ᄒᆞ고欣欣然高呼ᄒᆞ니象在林中ᄒᆞ야噴塵逐蠅이라가聞厥有聲ᄒᆞ고馳立于前이어ᄂᆞᆯ되사ㅣ提其耳面命之曰你乃我之心光이라如山有力ᄒᆞ야保護醉睡者ㅣ니側耳而聽我言ᄒᆞ라我欲離此往他ᄒᆞ리라象이欣然點頭ᄒᆞ야如不勝興이어ᄂᆞᆯ되사ㅣ曰爾不可同往이오留此赴役ᄒᆞ라我於十日後에還來相見ᄒᆞ리라使象擧蹄ᄒᆞ고以杖十打曰勿謂我不在ᄒᆞ고十日所役을宜聽진헌之命ᄒᆞ라象以長喙로抱진헌ᄒᆞ야置其頭腦上이어ᄂᆞᆯ되사ㅣ以鐵杖으로授진헌ᄒᆞ야數次打頭ᄒᆞ니象이應聲以諾이어ᄂᆞᆯ되사ㅣ曰山猪乎여十日間爾主ᄂᆞᆫ果是진헌이니今我暫離ᄒᆞ노라象이擧喙餞別이러라되사ㅣ去後에진헌이離以溫柔手段으로使之赴役호ᄃᆡ反有齟齬

訃부、통부　矜긍、불샹히녁일　恤휼、불샹히녁일
匍포、긜　匐복、긜　遞톄、갈닐
癘려、병　鄙비、더러올　殤샹、요ᄉᆞ홀
夭요、요ᄉᆞ홀　罹리、걸닐　盍합、하불
肯긍、즐길　笞티、볼기　罰벌、벌줄
殑승、죽을ᄯᅳᄉᆞᆯ　縷루、실마리　泥니、진흙
添텸、더홀　厥궐、그　側측、기우릴
杖쟝、집힝이　喙훼、부리　授슈、줄
猪져、도야지　飴이、엿　搔소、긁을
戀련、싱각

此庸夫之名은되사ㅣ니一週間一次식至江浴象ᄒᆞᆯᄉᆡ磨之以瓦甓ᄒᆞ고梳之以刷子ᄒᆞ야使象潤身ᄒᆞ고詳察其耳目諸竅ᄒᆞ야俾得無恙ᄒᆞ니象折樹梢ᄒᆞ야自扇其身ᄒᆞ고庸夫로亦浴首理髮而伴歸ᄒᆞ야工作多日에久閉飮戶故로喉生塵埃ᄒᆞ야自不勝渴心所使ㅣ라乃言于農主曰我丁母喪ᄒᆞ니不可不奔이라ᄒᆞᆫᄃᆡ主人이曰爾於數年前에對我告喪ᄒᆞ고又於數月前에向某告訃ㅣ러니今復言告言歸ᄒᆞ니無乃遁辭所窮乎ᄃᆡ사ㅣ涕泣曰此非親母ㅣ라乃我始母ㅣ니有子十人호ᄃᆡ莫養其ㅣ母라가遽至斯境ᄒᆞ니我外에無人矜恤而匍匐救者ㅣ

二十六

引이라因借貰始役ᄒᆞ니或一專力ᄒᆞ며或二成耦ᄒᆞ고或三並力이러라箇中最好者之名은모듸거져ㅣ니譯即珠玉之謂也ㅣ라然而受制於庸夫手下ᄒᆞ고不入於勢家所奪ᄒᆞ니如此自由ᄂᆞᆫ自印度有國以降으로曾所未見者ㅣ러라今此庸夫ᄂᆞᆫ素以豪蕩漢子로藉象力而得財不少ᄒᆞ야便作生涯酒一杯라每到酒後에以梃打蹄則象忍其痛ᄒᆞ고不害其主者ᄂᆞᆫ以其知主人之醒後에必愛之而賜酒也ㅣ니象亦嗜飮은不言可想而正謂有是人有是物也ㅣ로다有時乎庸夫ㅣ被酒酩酊ᄒᆞ고臥於蹄間이면象則腓字之ᄒᆞ야禁牛馬之至其傍ᄒᆞ고不許人之過其前ᄒᆞ야待其醒이後에乃已러라其庸夫之爲人也ㅣ雖曰善飮이나當於農時ᄒᆞ야ᄂᆞᆫ每貪雇價ᄒᆞ야不暇醉倒ᄒᆞ고高坐於象之頭腦上ᄒᆞ야任意指揮ᄒᆞ니以若雙牙之利用과胷之胛强力으로能推能引ᄒᆞ야所前無礙라足蹴耳郭曰壯哉壯哉라力拔山疾追風ᄒᆞ니爾眞獸中王이로다ᄒᆞ고至於夕陽停役之後ᄒᆞ야飼之以三百斤蒭ᄒᆞ고飮之以一壺酒ᄒᆞ야放于樹林之間ᄒᆞ고彼亦半醉ᄒᆞ야憇于蹄間而歌ㅣ러라

第十三科程

모듸거져名象之不服他主二

梳소、빗 俾비、ᄒᆞ여곰 恙양、병

扇션、부채 閉폐、닫을 喉후、목구멍

第十二科程

모듸거져象名之不服他主 一

趾지、발뒤굼치　燎료、불살을　灌관、썰기나모
栵례、썰기나모　辟벽、물니칠　樫셩、움버드나모
据거、집힝이　盤반、서릴　菑치、싸븨밧
畬여、싸븨밧　値치、갑　燒쇼、불살을
牙아、어금니　駕가、멍에　專젼、오로지
耦우、겨리　庸용、썻썻　蕩탕、방탕홀
杯비、잔　梃뎡、몽동이　蹄뎨、굽
酩명、취홀　酊뎡、취홀　腓비、덥홀
蹴츅、찰　郭곽、성곽　趨추、뛸
憩게、쉬일

印度에有一커피茶名農夫ᄒᆞ야于耟擧趾之時에欲種커피ᄒᆞ야伐木于山ᄒᆞ며燎火于原ᄒᆞ야脩之平之ᄒᆞ니其灌其栵ㅣ며啟之辟之ᄒᆞ니其樫其据ㅣ로다燎餘根株ㅣ盤據菑畬ᄒᆞ야拔之不能이라計之以藥暴發則其値甚高ᄒᆞ고謀之以火燒却則其日이必曠故로拔根之要는莫如象之爲用而其爲物也ㅣ有其牙則隨其觸而無物不拔ᄒᆞ고無其牙則駕鐵索而無所不

不使復得侵略事ㅣ오二는使其大將구드림으로棄邪神信眞主而受靈洗事ㅣ라구드림이受洗之時에알부렛시像他嬰兒之父ᄒᆞ야在傍明證ᄒᆞ니此乃英主ㅣ不嗜殺人之心이體天父好生之德也ㅣ니其爲聖神感化는難以人心所測이라구드림이痛悔己罪ᄒᆞ고感於神化ᄒᆞ야終身事主ᄒᆞ고其下軍卒도亦無復侵掠之獘ᄒᆞ고懋玆稼穡ᄒᆞ야盡爲良民ᄒᆞ니全國이晏然이러라蓋此알부렛슨不啻戰伐世英傑之君이오亦爲治平時修德之主ㅣ로라志在新民ᄒᆞ야勞來不怠호ᄃᆡ採遠方人可用之說ᄒᆞ야編成冊子ᄒᆞ야播之民間ᄒᆞ고譯羅馬語ᄒᆞ야敎導民心ᄒᆞ며立法公平ᄒᆞ야使民安堵ᄒᆞ고除去務刻之吏ᄒᆞ며遠斥掊斂之臣ᄒᆞ니諺曰金環玉珮를掛於樹梢라도無人攫取라ᄒᆞ더라又於國內에設爲學校ᄒᆞ야親自勸勉호ᄃᆡ立董學之規ᄒᆞ야三分日時ᄒᆞ니時無時計故로以燭爲限ᄒᆞ야八時는做工ᄒᆞ고八時는運動ᄒᆞ고八時는就寢이나然이나或燭以風吹所致로不能較一이라ᄒᆞ야始以角으로造遮風具ᄒᆞ니是乃燈皮러라王이多年有無何之祟나然而亦病於博施ᄒᆞ야不暇一日垂拱燕處ᄒᆞ고無時不强病視務ㅣ러니至於五十三歲而崩ᄒᆞ니王이雖崩於九百一年而至今尙稱大알부렛이러라

第十一科程

英君主大알부렛之中興二

征정、칠 紆우、얽을 漢한、놈
俳비、광대 優우、광대 竽우、피리
鼗도、쇼고 湎면、취홀 睥비、엿볼
睨예、엿볼 訊신、무롤 獲획、엇을
條됴、가지 嬰영、어릴 邪샤、샤특
證증、증거 懋무、힘쓸 啻시、뿐
掊부、거둘 謠요、노래 珮패、패물
梢쵸、가지 攫확、움킬 遮차、가리올
祟슈、빌미 拱공、꼬줄 燕연、나라

於是에알부렛시西來馳驅ᄒᆞ야慰征夫之勤勞ᄒᆞ고紆破敵之籌策ᄒᆞ야親自變形幻態ᄒᆞ고做一好漢俳優ᄒᆞ야吹竽擊鼗ᄒᆞ고入探彼陣之虛實ᄒᆞ야轉至大將幕下ᄒᆞ니彼之將卒이自相戲謔ᄒᆞ야或沉湎于酒中ᄒᆞ고或潛心于樂聲ᄒᆞ야任他偵探之奇權故로其兵卒之多少强弱이莫逃於一睥睨之間이라歸募敢死之卒ᄒᆞ야圍之十三日에執訊獲酋ᄒᆞ야不使一人漏網ᄒᆞ고亦不至一卒被害라約定二條ᄒᆞ니一은割東區而定租界ᄒᆞ야驅降卒而務農業ᄒᆞ고

明식션詩篇ᄒᆞ야使之聽ᄒᆞ니之是篇은非活版所所刊이라乃手之所寫者ㅣ오兼於篇首卷末에搭一畵本ᄒᆞ니諸兒ㅣ見甚愛之어ᄂᆞᆯ母ㅣ曰諸兒中莫論昆季ᄒᆞ고詞峰之嵂兀과文欄之奇偉를見輒先解者ᄂᆞᆫ卽與此冊ᄒᆞ리라ᄒᆞ니自此로알부렛시負笈從師ᄒᆞ야出乎類拔乎萃故로受此篇帙ᄒᆞ야至於老死도록常目在玆ㅣ러라王이卽位之初에덴막人이侵寇于邊이어ᄂᆞᆯ統率三軍ᄒᆞ고親自九戰ᄒᆞ야常欲平和호ᄃᆡ덴막은素是多詐反覆之國이라緩則進急則退ᄒᆞ야雖以指環으로誓死同埋나非實心所出故로不踐所約ᄒᆞ고數入于境ᄒᆞ야燒人之家ᄒᆞ며刼人之貲러니至于四年冬ᄒᆞ야蹂躙國中ᄒᆞ야逼于잉길낸드ᄒᆞ니國兵이新破ᄒᆞ고敵勢猖獗ᄒᆞ야王無所歸라借着農人衣褐ᄒᆞ고避禍於牧者家中ᄒᆞ니牧者도亦不知其爲王也ㅣ러라一日은主婆ㅣ呼王炙餅이어ᄂᆞᆯ王之心이深憂王室如燬ᄒᆞ고忘却餅之炒黑이러니主婆ㅣ歸見餅炒ᄒᆞ고大責曰若이無乃豚犬乎아何其敏於食而懶於事耶아ᄒᆞ고薄待滋甚이러라是時에西土人民이敵王之愾ᄒᆞ야收散亡之卒ᄒᆞ야殲厥巨魁ᄒᆞ고奪取繡烏之旗ᄒᆞ니是旗也ᄂᆞᆫ一父之女三兄弟ㅣ一日織出者故로덴막之所瞻仰이러니一自被奪後로無不失望咄歎曰我軍乘勝之日에烏飛天半ᄒᆞ야翩翩其羽ㅣ러니一敗塗地後로瞻烏爰止건ᄃᆡ于誰之屋고將不知其雌雄이라ᄒᆞ야無復挑戰之心이러라

第十科程

英君主大알부렛之中興一

嗣ᄉ、니을　寵춍、괴일　厖방、순후홀
齠됴、니갈　齡령、히　籍젹、호젹
詩시、글　刊간、삭일　季계、말재
詞ᄉ、글　律률、놉흘　偉위、넉넉홀
笈급、상ᄌ　萃췌、떨기　帙질、칙갑
寇구、도적　刼겁、겁박홀　蹂유、붋을
躙린、붋을　逼핍、갓가올　猖챵、챵궐홀
褐갈、잠방이　婆파、계집　餠병、떡
燬훼、불붓홀　炒쵸、볶　豚돈、도야지
慨개、분홀　殲셤、죽일　魁괴、괴슈
咄돌、혀찰　翽홰、놀　爰원、이에

八百七十一年에大알부렛시嗣位ᄒ니時年二十三이라幼時에再到羅馬ᄒ고暫遊巴里而歸ᄒ니在兄弟中ᄒ야年幼而最見寵於父母ㅣ러라當是時也에國惟淳厖ᄒ야人不務學故로齠齡十二에尙不知書籍之如何ㅣ러니一日은其母氏오슈버거ㅣ與諸兒로團坐ᄒ야講

上而習得則雖曰效嚬이나未免見笑ㅣ로라ᄒᆞ고隨問隨答之間에似有厭外人之態어ᄂᆞᆯ쎗호벤이不復言他ᄒᆞ고直向樂器ᄒᆞ야任手信彈ᄒᆞ니指端初曲이便是驚人이라前者所彈이不爲不多不善也언마ᄂᆞᆫ無如此夜之惹出ᄒᆞ니其爲格神入妙ᄂᆞᆫ口不容其稱善이라主人男妹ㅣ注意潛聽ᄒᆞ야遊精神於聲裏ᄒᆞ고馳思想於曲中ᄒᆞ야如其夢也에不知其夢而反恐其驚也ㅣ러라夜如何其오好事多魔ᄒᆞ야燈火自盡이어ᄂᆞᆯ쎗호벤이悠然中止ᄒᆞ니高山寂寂에中曲이未了ᄒᆞ고流水泱泱에餘響이未應이라推却外戶ᄒᆞ니一團蟾輪이來相照人ᄒᆞ야替燈放光而쎗호벤이自恨逸興之未溢飛ᄒᆞ야垂頭而坐어ᄂᆞᆯ主人이趨前問曰君何人斯오쎗호벤이怡顔色而對曰欲知我之爲誰ᅵᆫ딘請君爲我聽一曲ᄒᆞ라ᄒᆞ고遂彈主娘所彈之F손아다ᄒᆞ니兩人이握手更問曰君이果是쎗호벤乎ᅵᆫ뎌敬虔以待ᄒᆞ야如恐不及이어ᄂᆞᆯ렛호벤이即欲辭去ᄒᆞ니左右之人이不許其歸ᄒᆞ고更請一闋ᄒᆞᆫᄃᆡ仍然復坐則淡月이透窓ᄒᆞ야爽人胷衿ᄒᆞ니可謂今宵一刻이可抵千金이로다無邊月色을得之心而寓之樂ᄒᆞ야彈前日所未彈之曲ᄒᆞ니其音이嘈嘈切切ᄒᆞ야初焉如慕如哀라가忽焉如神之格思ㅣ舞於庭畔而中有戰慄之音과相思之曲이雜然並作이러니終焉撲翼之聲이翺翔于渺茫之中ᄒᆞ야變作離別之曲ᄒᆞ고遂辭去어ᄂᆞᆯ主人이問後期ᄒᆞ고出門相送에瞻望不及이라쎗호벤이留期促行曰式遄其歸ᄒᆞ야記其調之長短高低호리라ᄒᆞ고歸即不寐ᄒᆞ고終夜記憶ᄒᆞ야成一樂章ᄒᆞ야播傳於世ᄒᆞ니是爲有名之月色손아다調ㅣ러라

第九科程

쎗호벤이月色손아다調也 二

娥아、계집	盲밍、판슈	章쟝、글쟝
渢풍、화훌	僑교、이샤훌	娘낭、계집
雕됴、아로 삭일	衢구、거리	嚬빈、찡길
便변、문득	魔마、마귀	泱앙、흐를
推퇴、밀	蟾셤、두겁이	替톄、딕신
逸일、편안	溢쳔、셰롤	趨추、추창훌
怡이、깃거울	虔건、정셩	淡담、믉을
爽상、셔늘	衿금、옷깃	寓우、붓칠
嘈조、울	翺고、놀끼	翔샹、놀끼
瞻쳠、볼		

쎗호벤이曰若無樂譜면以若芳年少娥로何能如是和聲而無相奪倫乎아ᄒᆞ고視之ᄒᆞ니乃睛盲也ㅣ라始覺輒謝曰耳得之而爲聲ᄒᆞ고心悟之而成章耶女曰然ᄒᆞ다쎗호벤이曰一不叅於廣樂會ᄒᆞ고何其渢渢乎答曰我曾二年을僑居볘리이러니時適夏月에有何娘娘이半開雕戶ᄒᆞ고調以律呂ᄒᆞ야感發人之心神故로欣欣之情이自不能已ᄒᆞ야暫徘徊于通衢之

ᄒᆞ야請與運動而將欲伴至自家共飯ᄒᆞᆯ식行到中路之夾口ᄒᆞ야聞有聲이自蔀屋中出者ᄒᆞ고ᄲᅦᆺ호벤이自不覺技癢之所使ᄒᆞ야曰善哉善哉라此非F손아다乎아轉至窓下ᄒᆞ야足將進而趦趄러니此時無聲이勝有聲이라彈者ㅣ停指太息曰奇哉浩哉라以我不才로且無學習ᄒᆞ니何敢克諧리오마ᄂᆞᆫ若叅於코론廣樂會ᄒᆞ야一回聽其音이면庶不惜己財ᄒᆞ리라傍聽者ㅣ曰姊妹乎여未酬屋貰而何自空惱心神耶아妹曰然ᄒᆞ다儂亦知家勢之如何나好樂之情이積於心而發於言也ㅣ로라ᄲᅦᆺ호벤이强欲與我로伴入其室이어ᄂᆞᆯ余固辭ᄒᆞᆫᄃᆡᄲᅦᆺ호벤이曰此人이有才ᄒᆞ고兼有志於樂ᄒᆞ니我若一撥이면彼必知音이라ᄒᆞ고不顧我挽而排戶直入ᄒᆞ니見一男子ㅣ面帶菜色ᄒᆞ고倚床捆鞋而傍有芳年少姐ᄒᆞ야坐撫樂器ᄒᆞ니器甚古制라時所不彈이오擧眼看過ᄒᆞ니室則淨灑나似甚貧寒이러라見余二人ᄒᆞ고驚怪變色이어ᄂᆞᆯᄲᅦᆺ호벤이曰暮夜에叩人門戶가非不無禮나寬恕勿咎ᄒᆞ라我亦粗解音律之淸濁矣러니偶於今宵에貴家所彈之闋이導我而入로이라少姐ᄂᆞᆫ猶有未安之色ᄒᆞ고少年온尙懷不平之氣ᄒᆞ야嫌其無禮라ᄲᅦᆺ호벤이亦知自過ᄒᆞ고不能容口而數三囁嚅라가欲慰其怒ᄒᆞ야請奏一闋ᄒᆞ니主人이見其溫恭ᄒᆞ고解慍稱謝曰樂器ㅣ甚古ᄒᆞ고樂譜且無ᄒᆞ니難供高手ㅣ로라

十七

茶僮ᄒᆞ고夫人은責幼女ㅣ라自不勝痛ᄒᆞ야汗出沾額故로抽巾拭額ᄒᆞ니是巾은卽拭墨之巾也ㅣ라墨塗於額이어ᄂᆞᆯ主人도亦不耐其笑ᄒᆞ고呵呵捧腹ᄒᆞ니自知受侮不少ᄒᆞ고忙忙然逃歸ᄒᆞ야不敢復意於接人이러라

第八科程

벳호벤之月色손아다 調一也

蔀부、ᄯᅴ	癢양、가려올	趦ᄌᆞ、ᄌᆞ져ᄒᆞᆯ
趄져、ᄌᆞ져ᄒᆞᆯ	克극、이길	諧히、화ᄒᆞᆯ
貰졔、셰낼	惱노、시달닐	儂농、나
撥발、칠	菜치、나물	捆곤、두ᄃᆞ릴
鞋혜、신	姐져、누의	撫무、어로만질
叩고、두ᄃᆞ릴	寬관、너그러올	恕셔、용셔
咎구、허물	濁탁、흐릴	闋결、곡됴
猶유、오히려	嫌혐、혐의	囁셥、머뭇거릴
嚅유、머뭇거릴	慍온、노ᄒᆞᆯ	譜보、족보

盖벳호벤은德國人이니天下有名之第一樂師ㅣ라余於冬夜에自벤으로乘月至벳호벤家

湃ᄇᆡ、물소ᄅᆡ　捧봉、밧을　塗도、바ᄅᆞᆯ
呵가、우ᄉᆞᆷ

於是에講明以希利尼之經典上數句語ᄒᆞ고欲覽希史ᄒᆞ야注目於쎈노번第二卷ᄒᆞ고指點而手未及着ᄒᆞ야主人이知其注意之在何篇ᄒᆞ고以欵曲之情으로代其勞而抽之欲與어ᄂᆞᆯ不待其抽ᄒᆞ고自以燥澁之性質노疾手先搜라가措手不及ᄒᆞ야誤墮於床ᄒᆞ니墨盒이被傾ᄒᆞ야床褓汚濊ᄒᆞ고滴瀝于下ᄒᆞ야土耳其所織之紋繡華褥上에墨痕이淋漓ᄒᆞ니其爲顔騰ᄂᆞᆫ姑舍ᄒᆞ고罔知所措ᄒᆞ야輒以所持之巾으로拭之而搊取ᄒᆞ니主人이恐傷客情ᄒᆞ야欣然且慰ᄒᆞᆯᄉᆡ飯鍾이復鳴이라携入食堂ᄒᆞ니食前方丈은不可勝記오一酬一酢은賓主敬禮라依主人之所請ᄒᆞ야將欲割鷄라가在傍之구례비脂湯이觸手先覆ᄒᆞ고刀子自落ᄒᆞ야盪盒이破碎ᄒᆞ니其爲自愧之心은一節이甚於一節이라强作其心ᄒᆞ야手把ᄲᅢ딩이라가且被夫人所求ᄒᆞ야欲擧空器而口含ᄲᅢ딩ᄒᆞ니其熱이如火ᄒᆞ야呑之未能ᄒᆞ고隻手掩口ᄒᆞ니口膜이被爛ᄒᆞ고眼睛이欲出이라不覺自羞ᄒᆞ야吐之於器ᄒᆞ니主人與夫人이見其爛口ᄒᆞ고愍然欲施藥ᄒᆞᆯᄉᆡ或曰油ㅣ라ᄒᆞ며或曰冷水ㅣ라ᄒᆞ고或曰治攻火毒은莫如쎄리(葡萄汁)汁一盃ㅣ라ᄒᆞ니茶僮이自饌藏中으로傾壺傳盃어ᄂᆞᆯ兇妄中接盃ᄒᆞ니不是쎄리오乃是ᄲᅳ랜드ㅣ라爛餘口膜이如受針砭ᄒᆞ야不能忍之而况復不嗜飮者乎아受其毒而益其痛ᄒᆞ야忙手掩嘴ᄒᆞ니酒毒이澎湃ᄒᆞ야噴出指間이像他噴泉이騰空이라一座ㅣ捧腹而笑어ᄂᆞᆯ主人은責

態ᄒᆞ야歷觀卓子上許多冊子ᄒᆞ니可知主人之善文也ㅣ러라

第七科程

心弱者之羞不自勝二

尼니、즁　句구、글귀　篇편、칙
澁ᄉᆞᆸ、알ᄉᆞᆸᄒᆞᆯ　搜수、더듬을　誤오、그ᄅᆞᆺ
床상、상　盒합、합　褓보、보ᄌᆞ
滴뎍、ᄯᅥ러질　瀝력、ᄯᅥ러질　紋문、문ᄎᆡ
繡슈、슈노ᄒᆞᆯ　褥요、요　淋림、져ᄌᆞᆯ
漓리、져ᄌᆞᆯ　膴무、두터올　掬국、웅킬
賓빈、손　雞계、ᄃᆞᆰ　脂지、기름
壚염、소곰　睛졍、눈동ᄌᆞ　吐토、비앗ᄒᆞᆯ
愍민、민망　攻공、칠　汁즙、즙낼
盃ᄇᆡ、잔　僮동、죵　饌찬、반찬
壺호、병　乃내、이에　掩엄、ᄀᆞ리울
嘴취、부리　酒쥬、술　澎핑、물소리

捫문、문질 塞식、막을 懆조、근심
赧난、붉을 媿미、고을

有一心弱者ᄒᆞ니其爲人也ㅣ身長而腰纖ᄒᆞ고腮紅而頭白ᄒᆞ야外貌ᄂᆞᆫ雖佳나中心은惟弱故로每逢齟齬之處則心血이沸騰於面上이라嘗在大學校時에亦自知心疾而操心勉强做去ᄒᆞ고無所叅涉於社會上이러니其父兄弟가離世而遺之以三十萬圓ᄒᆞ니不得不事生産作業이라退學歸田里則鄕黨居人이無不欲爲親巳러라是人本心도雖欲與人으로膠漆其情이나悔於心弱ᄒᆞ야每被所請에輒辭不往ᄒᆞ고有時乎强欲自勝ᄒᆞ야訪友而去라가纔到中路而心先自擾ᄒᆞ야未及叩門而歸ᄒᆞ고後復强作이나連日亦然이라常居에自恨步法之不慣ᄒᆞ야學步於舞師ᄒᆞᆯ식初難效則이러니終乃習得五般體操ᄒᆞ야使之神定體胖ᄒᆞ고又學長揖之禮ᄒᆞ야行之不偏不倚ᄒᆞ니曾於數學에有所習之故也ㅣ러라適承貴人이來汝同飯之請函ᄒᆞ고自以膽大之心으로欲媚於貴夫人之眼ᄒᆞ야期不失禮而心常不固ᄒᆞ니奚暇에用其所習步揖之法哉아强其心而到其門이라가聞其鐘而恐其晩ᄒᆞ야胷自驚沖而門隷通刺ᄒᆞ야三所連呼之聲이使人心忙意促이어ᄂᆞᆯ轉入于書冊所儲之室則僅可以厲精會神이라仍以平日所學之禮로揖於夫人ᄒᆞ고一步退後라가遽履主人之足ᄒᆞ니其足에有痛風之疾이라主人이捫指而氣塞이어ᄂᆞᆯ心益懆懆ᄒᆞ야不勝面赧이러니主人이能於待客ᄒᆞ야自忍其痛ᄒᆞ고反慰其羞ᄒᆞ며夫人도亦以好言으로相酬媿媿ᄒᆞ니心自入定ᄒᆞ고羞亦脫

其何意所築이오亦未知其那裏有房이나然而頗有天文學士注意之處ᄒᆞ니其爲方向이一定ᄒᆞ야自北極으로至赤道間緯線九十되그리ᄒᆞ야位置正中故로叩之聞聲ᄒᆞ고知其厚薄處ᄒᆞ야從其薄啓其門ᄒᆞ니門之正面이直指北極也ㅣ러라欲入其中ᄒᆞ니亞喇比亞人이曰非徒前人之所不到ㅣ라夜叉魍魎이羣居于中ᄒᆞ니ㅅ之不祥이라ᄒᆞ되西人이以索隱之癖으로秉燭穿入ᄒᆞ니惡臭가觸鼻ᄒᆞ고其深이無底ㅣ라中有夾路ᄒᆞ야纔容一身라가縈迴數步後에差可寬濶而傍有窄徑ᄒᆞ야直抵小室ᄒᆞ니室有棺槨ᄒᆞ고壁留墨痕ᄒᆞ야無非前王事蹟이러라壯哉壯哉라如此비라밋이여昔以三百六十萬人으로經年二十而所築者也則舊日埃及之盛은推此可見也夫ㄴ뎌

第六科程

心弱者之羞不自勝一

腮싀、뺨　齟서、서어ᄒᆞᆯ　齬어、서어ᄒᆞᆯ

嘗상、일직　黨당、무리　膠교、부레

輒쳡、문득　辭ᄉᆞ、ᄉᆞ양　胖반、살질

函함、편지　媚미、아당ᄒᆞᆯ　沖츙、어릴

刺ᄌᆞ、명함　僅근、겨우　厲려、가다듬을

墨묵, 먹
槨곽, 관
棺관, 관

同志數人이自가이로로策短驢離長亭ᄒᆞ야至于나일江上ᄒᆞ니時景이無邊ᄒᆞ야丹艭難狀
則眞箇歷史上名區之獨擅으로如彼古世界皓㜸之遺存者ㅣ로다所懷伊人이宛在中央이
라欲追摩西約瑟야ᄒᆞ問古今之同異ᄒᆞ니溯流舟揖은晩帶斜陽ᄒᆞ고挾津棕櫚ᄂᆞᆫ自弄韶光
이라送眸於蒼茫之外ᄒᆞ니卓彼비라밋이自來呈像이라峯巒이秀歟아靑天刱出金芙蓉이
오宮闕이成耶아五色浮來雲蓬萊ᄒᆞ야望之如揖我ᄒᆞ고欣然欲邀我ㅣ라自津頭過數村ᄒᆞ
니人歷歷於沙上ᄒᆞ고地隱隱於畫境일ᄉᆡ似近而遠ᄒᆞ니誰知咫尺之千里며不高而低ᄒᆞ니
可謂莫小乎泰山이라窮日力到信地ᄒᆞ야先觀스빙쓰石像ᄒᆞ니獅身人首로身長이百九十
尺이오肩胛이三十六尺이오面貌ㅣ三十尺이라昔聞奇形터니今見怪物이라此眞人所難
測者也ㅣ로다轉到于大비라밋所在ᄒᆞ니其廣이七百十六尺이오其高가五百尺이로ᄃᆡ自
下仰止에似不甚高ㅣ러라或者問我能上乎아答曰我在스ᄉᆈ러란드之時에慣於登山則非
不能也ㅣ로라時有亞喇比亞數人ᄒᆞ야欲助我陟彼ᄒᆞ고童穉數人도亦以鴂舌要我若于錢
曰將爲從傍助力이라호ᄃᆡ我不受其助ᄒᆞ고抽身一超ᄒᆞ야登登至第三層ᄒᆞ니氣盡力盡ᄒᆞ
야身不能自持라招人救助ᄒᆞ니二人은挾腋ᄒᆞ고三人은攀尻ᄒᆞ야歷到幾層이나尙有二百
層ᄒᆞ야高出天半이라每層之高ㅣ幾至於頷ᄒᆞ니自度不能至其顚ᄒᆞ고坐於中層ᄒᆞ야只待
上層人之回來러라蓋此비라밋은東洋堯舜前六百年間所築이라來自幾千年後로無人知

다七年後於드라발가港에掃盪佛艦ᄒᆞ고悠然而逝ᄒᆞ다

第五科程 비라밋之奇觀一

亭뎡、뎡ᄌᆞ
艧확、단청
皓호、흴
瑟슬、비파
溯소、거ᄉᆞ릴
津진、나루
韶쇼、봄
眸모、눈
卓탁、놉흘
呈졍、드릴
巒만、뫼ᄲᅮ리
歟여、어조ᄉᆞ
削샥、ᄭᅡᆨ글
芙부、련ᄭᅩᆺ
蓉용、련ᄭᅩᆺ
闕궐、대궐
蓬봉、쑥
萊릐、쑥
揖읍、읍ᄒᆞᆯ
邀요、마즐
村촌、마을
胛갑、엇기
乎호、언호
喇라、라팔
鵙격、새
抽츄、ᄲᅡᆸ을
腋익、겨드랑이
尻구、엉덩이
頷함、턱
顚뎐、니마
那나、엇지
頗파、자못
叉차、어긔여질
魍망、돗갑이
魎량、돗갑이
縈영、얽힐

十

悠유、길 喝갈、공갈ᄒᆞᆯ 涸학、ᄆᆞ롤

是時에火起佛艦ᄒᆞ야兩陣이如在洪爐中ᄒᆞ니進退維谷이오萬卒이如臥積薪上ᄒᆞ니未幾及燃이라然而彼此無懼ᄒᆞ야戰爭不息이러니火延於彈藥裝載之船ᄒᆞ야轟聲이如雷ᄒᆞ고紫焰이衝天ᄒᆞ야烟凝樹木而蒸碧ᄒᆞ니鳥雀은失巢而高飛ᄒᆞ고炎照波瀾而搖紅ᄒᆞ니魚鼈은移窟而遠走ㅣ로다皎如白晝ᄒᆞ야無物逃形이라望波頭之所泛ᄒᆞ니是破船之折楫이오見浦口之所塡ᄒᆞ니盡僵尸之枕戈ㅣ라當地光景은誰豫知塞翁得失이리오而已火滅夜沉이라英將이受傷ᄒᆞ야纒頭暫臥ㅣ라가忽聞轟聲이徹于碧穹이어늘慌忙一步로直上甲板ᄒᆞ야望見英旗ㅣ立於敵陣所駐之處러니兵卒이見大將之扶傷强起ᄒᆞ야立於船頭ᄒᆞ고歡不自勝이러라自佛艦으로無復應砲ᄒᆞ고陣中이晏然ᄒᆞ니因以待朝ᄒᆞ야出見戰址則佛之將卒도固一世之雄也러니而今安在哉오蔽空旋旗ᄂᆞᆫ化作騰空之烟靄ᄒᆞ고滿江艨艟은變爲橫流之灰燼ᄒᆞ니可謂兵驕者ㅣ敗也ㅣ로다敵將之艦은不知何落이오只有從船數隻ᄒᆞ야欲逃禍網이라가不幾日被捉ᄒᆞ고噫彼一艦이毅然竪旗ᄒᆞ고要約平和나散亡之卒은難以復振이라不可免籠鳥之困이오敗軍之將은不可語勇이라誰能救涸魚之處리오英將이高聲大喝曰能死어든抗我ᄒᆞ고不能死어든入我麾下ᄒᆞ라ᄒᆞ고即欲砲放ᄒᆞ니佛人이自知勢窮力盡ᄒᆞ고捲下佛旗而高擧英旗ᄒᆞ니剛不友란剛克은理之所在라推源講究則佛蘭西之禍ㅣ不及於印度者ㅣ實由於此戰이오拿巴倫之勢ㅣ半摧於나일者ㅣ讓頭於넬손이로

라ᄒᆞ고不避險夷ᄒᆞ니無非魚貫而進이오不顧身命ᄒᆞ니盡是蟻屯而行이라時自敵陣으로彈丸이如雨ᄒᆞ고霜鋩이耀星ᄒᆞ야折我帆檣ᄒᆞ며斷我纜索호ᄃᆡ雍容擧帆ᄒᆞ고如入無人之境ᄒᆞ야分作二哨ᄒᆞ야一入於佛艦所着之渚ᄒᆞ며一泊於佛艦所對之岸ᄒᆞ고넬손이欲以自己所乘之船으로冒受來彈ᄒᆞ고使麾下諸船으로各從事於前ᄒᆞ야直與佛艦最大者로交戰于中ᄒᆞ야有進無退ᄒᆞ니雖被傷害나少無難色이러라

第四科程

나일江口水戰二

爐로、화로　維유、오직　轟굉、소리
焰염、불꼿　凝응、엉길　炎염、불꼿
瀾란、물결　鱉별、자라　楫즙、돗대
僵강、업더질　尸시、죽엄　戈과、창
塞ᄉᆡᆨ、변방　翁옹、늙은이　穹궁、하ᄂᆞᆯ
址지、터　旋졍、긔　靄애、아즈랑이
艨몽、ᄇᆡ　艟동、ᄇᆡ　噫희、슯흘
竪슈、세울　振진、ᄯᅥᆯ칠　籠롱、롱

牴뎌、찌를　牾오、찌를　荏임、써
苒염、셩ᄒᆞᆯ　鬪투、싸홈　絆반、얽을
渠거、뎌　舳쵹、비　艫로、비
挑도、도돌　雌ᄌᆞ、암　蟻의、개암이
屯둔、둔칠　鋩망、칼놀　雍옹、화ᄒᆞᆯ
哨쵸、삭지즐　渚져、물가　冒모、무릅쓸

蓋此나일江은古昔一大戰塲이라江之永矣不可方思나灘之淺矣不可泳思ㅣ로다綠波ㅣ嗚咽에似有遺恨ᄒᆞ고腥塵이杳漠에難尋往跡이라아부가어礮臺ㅣ獨留遺墟ᄒᆞ야感發人之懷想이로다粤在一千七百九十八年八月一日之事는敵國이云何오天下莫强國之佛蘭西오上將이爲誰오萬夫不當勇之拿巴倫이라水陸之間에輻湊並進ᄒᆞ야陸軍이連營ᄒᆞ니左右如翼이오水師行船ᄒᆞ니首尾聯環이라北淺瀨西砲臺ᄒᆞ니一曰得地形이오左衝突右翼擊ᄒᆞ니二曰卒服習이니所前無敵ᄒᆞ야莫敢誰何ㅣ라玆以大將이自恃其强ᄒᆞ고報牒于巴京曰敵將넬손이自知寡不敵衆ᄒᆞ고望風奔潰ᄒᆞ야無敢牴牾者ㅣ라ᄒᆞ더니而已夕陽荏苒之時에泛彼鬪艦이遙自海上而來라가望見佛艦이交錯於水面ᄒᆞ고喜不自勝曰我自地中海中으로欲絆佛艦ᄒᆞ야追之未及者四旬餘矣러니豈意今者에送死自來리오英將넬손이指揮舳艫ᄒᆞ야近入佛艦所泊處ᄒᆞ야遂下軍令曰今宵에建旗交鋒ᄒᆞ야挑戰決雌雄ᄒᆞ리

塔下ᄒᆞ니十二月十五日에殖民七千이齊會于本港議院ᄒᆞ야以不復解服之議로妥決曰己把耒耟之柄者ㅣ奚暇에顧後리오ᄒᆞ야會議紛紜之中에或者ᄂᆞᆫ深慮其釁隙之起也ㅣ러라暮日이冥冥ᄒᆞ고星月이皎皎之時에船主ㅣ來言曰稅務司與支配人이不許回船이라ᄒᆞᆫ디會中一人이拂袂而起曰但以我等之會議로必不免甕筭이니特籌一策ᄒᆞ야破稅乃已라ᄒᆞ더라適其時ᄒᆞ야自門外로有紅人惹鬧之聲이어ᄂᆞᆯ出而視之ᄒᆞ니有何五千이衣紅人之衣ᄒᆞ고言紅人之言ᄒᆞ며飛也走埠頭ᄒᆞ야打破三百四十茶櫃ᄒᆞ야播之水中ᄒᆞ니本港茶稅가從玆革罷則合衆國之獨立이實基於此也러라

第三科程

나일江口水戰一

灘탄、여울　泳영、무좀악질ᄒᆞᆯ　咽열、목메일
腥셩、비릴　蹟젹、자최　墟허、터
粤월、건널　蘭란、란초　拏나、잡을
輻복、수레박회　湊주、물듸힐　並병、아오를
翼익、ᄂᆞᆯᄀᆡ　瀨뢰、여울　恃시、밋을
牒텹、글월　寡과、적을　潰궤、문허질

塡뎐、메일 誓셔、밍셰 拖타、ᄭᅳᆯ을
紹쇼、니을 价개、쇼개 伴반、짝
勒륵、구레 于우、어조ᄉᆞ 妥타、편안ᄒᆞᆯ
耒뢰、장기 耜ᄉᆞ、보삽 柄병、자로
紜운、어지러올 釁흔、틈 冥명、어두올
皎교、흴 司ᄉᆞ、맛ᄒᆞᆯ 袂몌、옷깃
甕옹、독 籌쥬、쥬노ᄒᆞᆯ 櫃궤、궤

本港之茶會中商은一不參議ᄒᆞ고各自以肥己之心으로來囑殖民曰如此還送은不可輕俛이니更加深量ᄒᆞ야以俟下回가如何如何오有一提議者ㅣ從中忿然曰若人之害ᄅᆞᆯ業已多經이어ᄂᆞᆯ今何輕信이리오ᄒᆞᆫᄃᆡ或者ㅣ緩頰而言曰姑依其言ᄒᆞ야嚴守其船이可也ㅣ라ᄒᆞ고自五千人中으로選二十五人ᄒᆞ야徹夜守檢이러니越翌早朝에中商이復來言曰以予不佞으로無能擅便還送이니請荷船物ᄒᆞ야積諸庫中ᄒᆞ고以待政府命令이甚好甚好ㅣ라ᄒᆞ나民之齎怒ᄅᆞᆯ難以口舌노解感이러라殖民이憤不自勝ᄒᆞ야曰今我自由가在此一擧ㅣ니事不塡末則誓不解散이라ᄒᆞ야拖至下午어ᄂᆞᆯ中商이紹价於茶主及船長ᄒᆞ야與之偕來曰茶船之解不解ᄂᆞᆫ已無可論이어니와待其後來船二隻ᄒᆞ야偕伴以歸ᄒᆞ리라ᄒᆞ더니而已오二隻이來泊於先着之船邊ᄒᆞ고因請海關ᄒᆞ야欲圖回船票ᄒᆞᆫᄃᆡ海關長이不許施ᄒᆞ고勒欲

五

之營繕을莫不嚴禁ᄒᆞ야稅額이太過나然而至於國會ᄒᆞ야ᄂᆞᆫ擯不得與ᄒᆞ니智矣富人이어니와哀此煢獨이로다是時에自英輸送之茶船이到泊於亞美利加則收稅倍蓰ᄒᆞ야民情이嗷嗷ᄒᆞ니於戱라茶之爲用이緊於衛生이어ᄂᆞᆯ以衛生之藥으로反害生靈ᄒᆞ니是所謂病不能殺人이라藥能殺人者ㅣ로다玆際에載茶英船이皆入於쌔스튼紐浴빌나델비아港ᄒᆞ야欲爲網利ᄒᆞ니殖民之輿論이沸騰ᄒᆞ야曰革罷茶稅ᄒᆞ고間其不高不歇ᄒᆞ야較定稅額之前에期不復飮이라ᄒᆞ더니十二月初에茶船一隻이到着本港ᄒᆞ니殖民五千이齊會ᄒᆞ야輿情이蟻援ᄒᆞ고物議蜂起ᄒᆞ야使此茶品으로不復解服ᄒᆞ고欲使載還ᄒᆞ니其議可決ᄒᆞ야無一携貳抗議者ㅣ러라

第二科程

쌔스튼茶稅致亂二

肥비、살질　囑쵹、쳥쵹ᄒᆞᆯ　侁션、힝ᄒᆞᆯ

俟ᄉᆞ、기ᄃᆞ릴　忿분、분ᄒᆞᆯ　頰협、뺨

選션、ᄲᅡᆯ　徹쳘、통ᄒᆞᆯ　翌익、릐일

佞녕、직조　予여、나　毋무、업ᄉᆞᆯ

荷하、련　諸져、어조ᄉᆞ　齎지、쌀

第一科程

뻐스튼茶稅致亂 一

茶다, 차　稅셰, 구실　罷파, 파홀
租조, 구실　姦간, 간악　苛가, 싸다로올
幹간, 간셥홀　擅쳔, 쳔단홀　囊낭, 쥬머니
准쥰, 쥰홀　鄰린, 리웃　斫쟉, 싹글
繕션, 삼일　額익, 니마　擯빈, 물니칠
嘏가, 올홀　矣의, 즙의　煢경, 외로올
蓰ᄉᆞ, 갑절　嗷오, 짓거릴　於오, 탄홀
紐뉴, 미졸　沸비, 끌을　蟻의, 개암이
蜂봉, 벌　貳이, 두

此世界上에有一大義擧ᄒᆞ니即合衆國뻐스튼所在茶稅革罷之事ㅣ러라一千七百七十三年間에泰西洋海濱及알네깨니山峽間에有殖民地十三租界ᄒᆞ니皆英國管轄下所屬이라英君主第三世쪼즈ㅣ在位之時에正人은退去ᄒᆞ고姦臣이滿朝ᄒᆞ야以牛毛苛政으로虐待殖民地之生靈ᄒᆞ야內政을無不幹涉ᄒᆞ고土產을不許擅賣ᄒᆞ야但准許其輸入英國ᄒᆞ니無非探囊取物이오不使擅便於務遷鄰邦ᄒᆞ니可謂禁網이不疎ㅣ라其他森林之斫伐과鐵機

牖蒙千字序

夫牖蒙之文欲使童蒙易牖其意而作也故上卷以耳目之所見所聞撮其人物之緊要記其名以漢字解其用以國文中卷以心性之良知良能踐其才智之淺近並用國漢二文而相爲體用下卷以自近及遠自卑登高之階級純用漢字譯謄西史編成一帙每卷漢字統計三千若以三千牖明童蒙日用事物庶可通情則其於教育上應不無萬一助云爾

CONTENTS.

THE
THOUSAND CHARACTER SERIES.

유 몽 천 자

KOREAN READER

NUMBER III.

BY

JAS. S. GALE, B.A., D.D.

Korean

Religious Tract Society.

1905.

Price 20 Korean cents.

牗蒙千字 卷之三

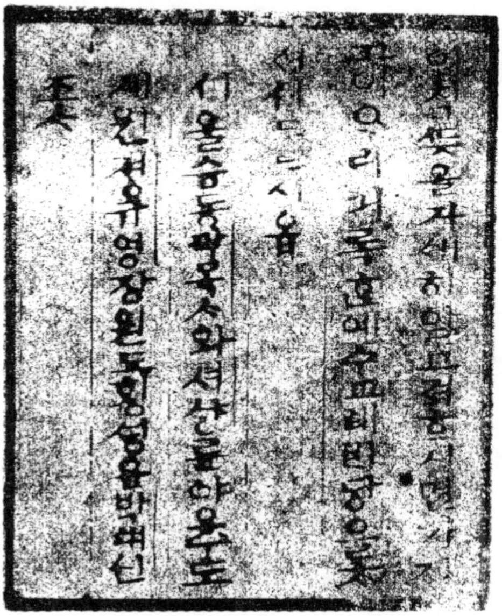

牖蒙千字卷之二

第一科程 머사의見夢一

余여 나 在재 잇슬 卷권 책 册책 책
見견 볼 現현 보일 譒譯 번역
載재 시를 初초 처음 祖조 할아비
恪각 정성 謹근 삼갈 洗세 씨슬
漱수 양치질할 陟척 오를 喟위 슯흘
歎탄 탄식 默묵 잠잠 影영 그림자
春춘 봄 念념 생각 徘徊 배회
際제 즈음 視시 볼 踇무 발자최
座좌 자리 磐반 반석 樂악 풍류
持지 가질 歌가 노래 音음 소리
雅아 맑을 胷흉 가슴 襟금 옷깃
灑쇄 ᄲᅮ릴 落락 ᄯᅥ러질 懷회 품을
暢창 화할 氷빙 어름 渙환 풀닐

一

消소、살울　再재、두　曰왈、갈
邀오、노닐　我아、나　園원、동산
恩惠、은혜　效효、본밧을　則측、법
惹야、끄을　兀올、옷독　獨독、홀노

余가가이로에在할時에東洋古書를多得하여閱覽하더니其中에一卷册子를見한則머사ㅣ라하는者의現夢이라滋味가有하기로譯譯하여記載하노라

其言에曰五月初五日은우리先祖의規例를依하여恪謹히守할節日이기로早朝에起하여洗漱하고祈禱한後에쌕닷이라하는高山에登坐하여祈禱하랴할새思想이一定치못하여精神이散亂하거늘喟然히嘆息하여曰人이此世에生한거슬默想하니虛하고空하도다肉身은一箇影子ㅣ오生命은一場春夢이라하고千思와萬念이心中에徘徊할際에偶然히目을擧하여視하니數蹈相隔한地에一座磐石이有한대磐上에一位道士가有하여牧者의衣를衣하고手에樂器를持하엿다가我가方見할時에自彈自歌하니其音이淸雅하여胷襟이灑落하고心懷가和暢하여憂愁思慮가氷渙雪消함과如하거늘再思하여曰前者에聞한則此磐石上에種種道士가遊한다하나見한者는無하다하더니我가今에目擊하엿고또淸雅한曲調를聽하니此聲은必是樂園이라하는名勝之地를主管하시는聖人이恩惠로諸人을爲하여聖潔한者들노더브러福을豫備하고喜樂하는曲調를效則하여惹出함인가보다하

고兀然히獨坐하엿스니道士가人心을感化식힘은下回에見할만하더라

第二科程　머사의見夢二

律률, 법　謂위, 닐을　拜배, 절
涕톄, 코물　泣읍, 울　顔안, 얼골
慰위, 위로　勞로, 수고로올　伸신, 펼
扶부 붓들　悚송, 두려올　懼구, 두려올
安안, 편안　爾이, 너　頂정, 니마
回회, 도라올　告고, 고할　漲창, 창일할
源원, 근원　霧무, 안개　你이, 너
屬속, 붓칠　刱창 비로솔　以이 써
末말, 끗　局국, 판　永영, 길
繞요, 둘닐　姑고, 할미　舍사, 집
云운, 닐을　橋교, 다리　虹홍, 무지개
霓예, 무지개　頹퇴, 문허질　圮비, 문허질
七칠, 닐곱　株주, 그루　統통, 거느릴

且차、또　柱주、기동　洪홍、너를
氾범、넘칠　濫람、넘칠　及급、밋칠
渡도、건널　擁옹、씰　許허、허락
履리、밟을　陷함 싸질　板판、판자
裊뇨、약할　緣연、인연

道士가몬저和樂한音律노써我心을感動식힌後에謂하여曰來하라하거늘前進하여伏拜하고涕泣하니道士가喜顏으로써慰勞하며手를伸하여扶起하며갈아대悚懼히녁이지말고安心하라爾의默想을我가知하고隨來하엿노라하고山頂으로導하여曰東向하여視하고卽景을回告하라하기로我가良久히視하다가曰見한則山谷間에大水가有하여漲流하나이다道士曰譬컨대山谷은人의生命이活動하는處所ㅣ오水는無量한世界라하기로我가問하대其水의源이비로소霧中에서出하여맛참내霧中으로入함은何意오닛가道士ㅣ荅曰你의見한바無量世界와其中에屬한光陰은剏世以來로브터末局에至하도록永遠無窮한者라兩邊에霧가繞한處는姑舍勿論하고中間에何如한거시有하뇨荅云하대長橋가有하니이다하니道士ㅣ曰譬컨대此橋은人의生命의關係가有한지라橋의虹霓가頹圮한거시甚多하나然하나其中에七十株는가장堅固히立하엿고此外에도完全한거시間或有之하니統而計之하면不過百餘株ㅣ라하기에我가一一히數하랴할時에道士가且云하대

搬初에此柱가干으로써數하겟더니洪水가氾濫할時에及하여破傷하엿나니라你도見하거니와此橋를渡하는者가無限한대水가出하는處와入하는處에雲이有하여擁蔽하니라하거늘我가仔細히視하매許多한者가橋를過할새數步를履하다가橋底에陷落하는者ㅣ衆하니此는橋의首板이臬臬하여履하는者마다不知中에陷落하는緣故ㅣ러라

第三科程 머사의見夢三

墮타, 써러질　困곤, 곤할　終종, 맛참
眉미, 눈섭　皺추, 쭈부릴　這저, 저긔
鎖쇄, 잠을쇠　激격, 격동할　派파, 갈내
盡진, 다할　辨변, 분변　好호, 조흘
琪긔, 구슬　瑤요, 구슬　被피, 닙을
翩편, 날개　瀑폭, 폭포수　鷹응, 매
翔상, 날개　借차, 빌　往왕, 갈
莞완, 우숨　笑소, 우숨　嶼서, 섬
望망, 바랄　絕절, 끈흘　復부, 다시
更갱, 다시　傍방, 겻

行人들이初次에墮치아니하고橋의腹板에入하여는別노히陷하는者ㅣ無한지라或者는七十株를過하고或者는橋上에서困步하다가終是落함을免치못하거늘我가其橋와밋行人을詳視하고眉를皺하며面에憂色을帶하니道士ㅣ曰橋를觀치말고這便에霧가鎖한處를見하라하기로我가目을擧하여視하니巨巖이有하여水中에立하엿는지라水가激하매波가派分하여散하고맛참내合지아니하는대水源이出하는處와밋入하는處兩邊에는黑雲이蔽함으로方向을不辨하겟고波中에一箇好好島가有하여琪花瑤草가足히써人心을悅樂케하는대光明한衣를被한者들이生命江이라하는水邊에坐하엿스니好鳥는其樂을樂하여枝間으로翩翩히往來하고千尺이나되는瀑布는人의一大壯觀을供하거늘淸興을勝치못하여鷹의翔을借하여往見코저하니道士ㅣ莞爾히笑하여曰此橋를渡한後에見한다하며且云호대此外에도如此한島嶼가不知其數ㅣ니이는다聖潔한者의處所ㅣ니라머사야此世에在하여暫時受苦함으로所望을絶치말고또眞神이人을造함이虛事ㅣ라云하지말지어다하거늘我가好鳥의聲을聞하다가兩邊의霧가繞한原因을問하니道士ㅣ苔지아니하거늘其故를復問한대道士가忽然히不知去處ㅣ라橋를更視하니오직山谷뿐이오牛羊이甚衆하고牧者들이其傍에坐하여守하더라

第四科程 氷屐이避害一

昨작、어제
已이、임의
暎영、빗촐
瓏롱、령롱할
膚부、살
琉璃류리
乘승、탈
寥료、고요
藪수、덤풀
做주、지을
簇족、발
忌긔、새릴
鳴명、울
朶타、썰기
踏답、밟을

友우、벗
輪륜、박회
杪초、가지
凓률、찰
侵침、침로
鋪포、펼
顧고、도라볼
右우、올홀
呀아、버릴
夾협、좁을
翳예、가릴
憚탄、새릴
響향、소리
折절、썩글
竦송、송연할

幽유、그윽할
隱은、숨을
玲령、령롱할
肌긔、살
砭폄、찌를
屐극、나목신
寂적、고요
叢총、썰기
窟굴、굴
左좌、왼
畏외、두려올
嘯소、소파람
須수、모람작이
獸수、즘생
膽담、쓸개

喪상、죽을　　催최、재촉　　矢시 살
鷰연、제비　　察찰、삷힐　　叫규、불르지즐
吼후、부르지즐　　促촉、재촉　　偕해、함쎄

余가昨冬에友人을訪하여幽懷를暢叙하며遊하다가其家로브터歸할재夜色이已深하엿는지라月輪은雲間에隱暎하고木氷은樹杪에玲瓏하며凜烈한氣가人의肌膚를侵砭하는대數十里長江에琉璃를平舖한듯하거늘持來한바氷屐을理하여履底에緊着하고氷을乘하여歸할재四顧寂寥한지라十餘里를上하니江右便으로通한川口가有한대叢藪가天光을蔽하여呀然한一大深窟을做하엿는지라狹한川口로從하여十餘步를上하니樹林이左右로簇立하여陰翳한光景이人의心神을驚畏케할만하나我가忌憚하는바ㅣ無하여放心하고長嘯를一發하니山이鳴하고谷이響하는지라須臾間에風便으로서何聲이有하여耳朶邊에墮來하니此는折木하는聲이아니면必然猛獸가踏至함이어늘毛骨이竦然하여落膽喪魂하는지라精神을收拾하고害를避하고저하여川口間에서回程하여江上을向하고氷屐을催하여矢와如하게出하여走함으로上策을삼으니비록鷰子ㅣ라도能히及지못할너라回하여察한則一隊豺狼이後面에當道하여惡聲으로叫吼하기를甚히促急히하며追하거늘我가灰色豹狼인줄노意하고星火갓치氷面에馳하니岸頭에立한樹木들도我를爲하여偕走하는듯하더라

第五科程　氷屐이避害二

玆자、이　看간、볼　臨림、림할
迫박、핍박　罔망、업슬　措조、둘
裁재、마르잴　羣군、무리　超초、뛸
飛비、날　屑설、가로　閭려、마을
妻처、안해　悲비、슯흘　淚루、눈물
禁금、금할　將장、장찻　迹적、자최
咫지、자눈　疲피、갓불　莫막、말
喘천、헐떠거릴　驅구、몰　攢찬、뭇칠
線선、실　頸경、목　坂판、언덕
沫말、거픔　欺긔、속일　患환、근심
止지、긋칠　距거、상거　競경、다톨
案안、책상　住주、머믈　躓질、밋그러질
飄표、나붓길　柁타、치

玆際에眼을轉하여看過하니害가臨迫하엿기로罔知所措하여先後를裁量할暇가無하여首를低하고疾走하더니觀한則成羣한惡物이岸을超하며下하거늘我가飛하는듯시走하

다가注意하대本家로走하리라하고去하니乘氷하는屐下에氷屑이紛紛히生하더라然하 十
나惡聲은後에서絶치아니하거늘害가迫頭한줄노斟酌하고後面을不顧하고自歎하여曰
門에서候하고閭에서望하는父母妻子의悲悵한淚가下함을禁치못하는境遇에至하게되
면將찻엇지하리오하고精을盡하고力을盡하여活路만尋할새鍊習한氷屐이流矢와如하
여猛獸의捷한足으로도能히及치못하니如此히危急함을當하여運動하는氷屐이一時避
害하는器械가될줄을엇지意하엿스리오半分동안이過치못하여追하는氣勢가益急하여
氷을履하는迹이促急히咫尺에在하거늘仔細히視하니彼도氣力이盡하여疲困이莫甚함
으로喘聲이息지아니하거늘我가氷屐을驅하여去하니樹木들도宛然히舞하며我의走함
을攢賀하는듯하도다我가其時에直線으로一向走하다가屐을左便으로旋하여之하는바
를任意로하되猛獸는밋처頸을旋하지못하고走坂之勢와如함으로口에怒沫을含하고惡
聲만發하거늘我가更思하되如此한步法이可히써避禍도할터이오또彼를欺할方策이되
리라하고此計로써三四次를誠驗하되後患이止치안커늘我가二十步相距之地에在하여
彼로더브러競步하다가我가또左之右之하여偏行하니彼가我計를知하고止코저하다가
밋처案住치못하고後足이蹎退하여飄風한船이柁를失함과갓치走하거늘我가임의二百
步外에在하엿스나後患은不絶하더라

第六科程　氷屐이避害三

敍서、펼	徐서、천천	噴분、뿜을
齒치、니	狐호、여호	杙익、덧
蹶궐、밋그러질	妨방、방해로올	礙애、걸닐
缺결、이즈러질	誦송、외올	僥倖、요행
倒도、것구러질	朋붕、벗	踪종、자최
誰수、누구	某모、아모	厄액、액수
飼사、먹일	搖요、흔들	禦어、막을
狂광、밋칠	脫탈、버슬	入입、들

我가漸次免禍할境遇를見하고平心敍氣한後에徐徐히走하며또之字步法을行하다가彼의怒沫이衣에噴하여上下齒聲이相撲함이맛치狐가杙에치이는聲과如하엿스니其時에我가萬一蹪蹶하엿거나或氷面에妨礙하는物이有하엿거나或缺處가有하엿더면此境說話을今日에誰를向하여誦傳하지못하엿스리니엇지當日에僥倖한福이아니리오我가其時에思想이多하엿노라我가假令當場에倒하엿스면猛獸가何處를先咬할것과밋生命이斷絕하는대遲速이有할것과밋家眷과朋友가踪迹을尋할것싸지思量하엿섯노라

大抵人이死亡之境을當하면生死가頃刻에在하나니無論誰某하고危急한困厄을當하여

본者ㅣ라야其眞境의何如함을知하리라飼養하는바犬이鐵絲를搖하며吠하거늘我의思量에萬一鐵絲가斷하엿스면林間의毒物을能히制禦하리라할時에彼物도預知하고如狂하게追來하던道를旋歸하거늘我가豺狼이前山으로過함을見한後에屐을脫하고屋中으로入하니心中의如何함은不可形言이오또한至今이라도氷上으로過할時에는豺狼의聲이有한듯하더라

第七 科程　北極光

奧오、오묘할　緯위、씨　露로、이슬
亞아、버금　圈권、둥우리　佳가、아름다올
致치、일울　畵화、그림　寫사、쓸
難난、어려올　宛완、완연　亘긍、뻣칠
鍍도、도금할　射사、쏠　貫관、꿰일
耀요、빗날　銜함、먹음을　停정、머므를
演연、넓을　戲희、희롱　仕사、벼슬
反반、뒤칠　割할、버힐

大槩造化中에가장鮮妙하고奧妙한거시北極光에서過하는者ㅣ無하나然하나大韓은緯

度線南北間에在한故로現狀이無하고露西亞北方에서顯現하기는하되寒帶圈에入하여야佳麗한景致의開張함을宛然히見하나니眞境에入한畵工의妙手筆法으로도寫하기難하더라

我가北極에在할時에一日은忽然히黑暗世界가되여漠漠한氷海面과및高山의方向을不辨하겟고또한一物도見하지못하겟더니瞥眼間에東으로브터西에까지美妙한虹霓가半空에亙繞하여壯麗한門을成하여鍍金한樣子와如한대其中으로서射하는光이有하여東에서閃하고西에서忽하여여러光彩가或上하고或下하더니虹霓後面으로서精銳한金矢一箇가長空을貫하니其光이燦爛하여星이敢히其耀한光을放치못하고도로혀羞態를銜한듯하더라一大壯觀을供한後에暫時停止하기를맛치演戲場에서一場仕合을畢함과如하여從容한光景이眼前에森列하기로我가詳細히察하더니또한閃忽한光彩가上下로反射하며半面이分割하엿다가漸漸消滅하더라

第八科程　空氣論

騰등、날　晴청、개일　票표、표
暑서、더울　暖란、더울　燃연、탈
苗묘、싹　酸산、실　盪탕、동탕할

若약、갓흘 干간、방패 償상、갑흘

問空氣는如何한거시오 答地球의衣니라 問地面에서幾里나騰하나뇨 答百五十里를昇하면消滅하나니大抵空氣는騰하여高할스록輕淸하여지나니라 問其輕淸을何器로量하나뇨 答陰晴票ㅣ니라 問寒暑는何器로量하나뇨 答寒暖計니라 問空氣가地球에何關이有하뇨 答無한則動物의生命이無하고火가樹木에燃치못하고苗가田地에生치못하고耳로聽치못하고天에雨가無하니라 問空氣가無한則엇지하여生치못하나뇨 答酸素가有한後에生하나니酸素는空氣中에在한者ㅣ니라 問何故로火가燃치못하나뇨 答酸氣가無함으로自然히消滅하나니라 問엇지하여苗가生치못하나뇨 答空氣中에有한炭酸을受하여야生하나니라 問엇지하여耳로聽치못하나뇨 答聲은空氣가搖盪함을因하여往來하는緣故ㅣ니라 問엇지하여靑天이空氣로成한거시뇨 答空氣中에若干한濕氣가日의紅線을受하고靑線으로써射하여反償함으로靑色을成하엿나니라

第九科程 고롬보스의亞美利加新占得一

提제、셕을 坦탄、평탄할 斥척、물니칠
去거、갈 幼유、어릴 爺야、아비
剪전、갈길 搬반、반이할 羅라、벌

航항、배 講강、외올 倫륜、인륜
叔숙、아자비 附부、붓칠 叅참、참예
焚분、불살올 潛잠、잠길 救구、구원
援원、당귈 奇긔、긔특 膝슬、무릅
姿자、바탕 芳방、꼿다올 諾낙、허락
室실、집 泰태、클 返반、도라올
隅우、모퉁이 湯탕、끄를 岳악、뫼
與여、더블 討토、칠 印인、인칠
決결、결단 約약、언약 翰한、날개
陳진、베플

四百餘年前에船長一人이有하니비로소地球의形이如何함을提出하여世人들의地面이平坦하다하는者를對할時마다背斥하여曰西向하고去할지라도能히東洋에抵達하겟다하는獨立氣가有한者ㅣ니이다리아제노아에서生長하니라幼時에其老爺로더브러羊毛를剪하여爲業하다가바비아로搬離하여學校에入하여羅馬語와幾何學과天文學과航海術을講究하여俗倫에超하더라年이十四歲에其叔父를從하여번이스海戰에附하여觀叅한以後로船에從事하여집으럴터海峽ᄭᅡ지往하니라此時를當하여航海하는船長들이敢

十五

히大西洋外에出하는者ㅣ無하더니其後보주갈海上에서이一大戰爭이起하여兩船이火焚할時에此人이海面으로超下하여六里水中을潛行하여生命의救援함을得하엿스니엇지天幸이아니리오其時에老船長一人이見하고甚히奇特히녁여自己膝下에잇는姿色이有한芳年女兒로써許諾하여室家之樂을供하게하니此人의姓名은고롬보스그리스도버ㅣ라前者에老船長이數次泰西洋가네리로往返할時에言하대此外洋에必是地面이有하다하면서도膽力이小함으로敢히往치못하나然하나傳說에西隅遠方에湯水로成한別樣海가有하다함은信치아니하고다만曠濶한地面이有한줄노知한지라고롬보스가岳丈으로與하여此問題를討論한後에西向하고往하여도清國과印度에至할줄노決意한지라是故로보주갈王約翰의게進하여地形이圓한것과밋印度를入하는대西向하고往하여도可한理由를分明히陳告하매王이信하고意하대此地를先占하면自己의榮光이되리라하고고롬보스의게通知치아니하고隱密히船隻을送하엿더라

第十科程 고롬보스의亞美利加新占得二

還환、도라올　詭궤、속일　譎휼、속일

又우、또　況황、하믈며　愛애、사랑

棄기、버릴　憫민、민망　穉치、어릴

携휴、ᄭᅳ을　城성、재　鄕향、싀골
郡군、고을　嘲조、조롱　裝장、행장
束속、뭇글　弟제、아오　乏핍、다할
徒도、무리　敎교、가르칠　寺사、절
院원、마을　飢긔、주릴　渴갈、목마를
非비、아닐　但단、다만　施시、베플
慇懃、은근　款관、관곡할　待대、기다릴
歇헐、쉬일　脚각、다리　仁인、어질
德덕、큰　公공、귀인　宿숙、잘
辯변、말ᄉᆞᆷ　請청、청할　酬酢、수작

幾日後에還하여曰甚히遠하여能히去치못하깃더이다하엿스나甚히慨嘆할바로다未開한世代여王位에坐한者가詭譎을行함을見하엿고又況不幸함으로愛妻도世를棄하엿고兼하여보주갈에서其論을信從하는者ㅣ無한지라是로以하여憫然함을勝치못하여稗子를携하고本城으로歸하니此는故鄕에나信聽하는者ㅣ有할가함이라이에故郡에至하여此言을提及하니亦是信치아니하고嘲弄하며問하여曰一向西으로去하여도印度에達하랴答하여曰然하다하니人人皆是狂으로歸하거늘고롬보스가親知間에도所望이絶함을

十七

見하고또한이스바니야로往코저하니此는自己의同氣一人이有함이라小子를携하고行裝을束하여海에航하여벨노스에서下陸하여兄弟의家로去하랴하나路費가乏絕함으로써徒步로程에登하여天主敎寺院으로過할재小子가疲困하고飢渴이莫甚하여束手無策이라救助함을請하니老神父가有하여非但所請만依施할뿐아니라請入하여慇懃한情을敍하여欵待하며歇脚하라하거늘고롬보스ㅣ其仁德을感謝하고또한地가圓함을說明하니神父가其言을樂聽하며曰尊公의思量에는西向하고去하여도印度에得達하리라하나뇨答曰我는一毫도不錯한줄노知하나이다神父曰一夜留宿하라此는一次辯論할大問題로다我의親舊버난더스라하는者ㅣ有하니此人은博學士라今宵에請하여酬酢하게하겟노라하더라

第十一科程 고롬보스의亞美利加新占得三

晩만、느질	餐찬、밥	喫끽、먹을
駁박、변박할	京경、서울	薦천、천거
札찰、편지	修수、닥글	賜사、줄
妃비、계집	付부、붓칠	托탁、부탁
委위、버릴	掠략、로략	防방、막을

奚해、엇지　探채、캘　召소、부를
招초、부를　集집、모돌　徂조、갈
客객、손　玄현、감을　玅묘、묘할
賽새、빌　幬주、장막　惟유、오직
毬구、죽방울　撑탱、고일

是夕에父子가晚餐을飽喫하고兩神父로더브러地球論을辯駁하니聽하고喜하더라寺院神父의名은베레스ㅣ니京城政府에立한親朋의게薦擧하는書札을修하여賜하며曰尊公이此札을持去하라或此札을緣하여王과고로와王妃가地球의說明함을信聽하기를望한다하거늘公이小子를神父의게付托하고急히고로와로委訪하니라然하나時에回回敎人무어의侵掠이滋甚한故로盡力하여防禦할計策을圖謀하니奚暇에東西를論理하는一箇船長의經綸을採用하리오事不如意하여落心할際에偶然히멘도사ㅣ라하는親舊를逢하니此人은紅衣主敎ㅣ오또한王前에有權力한者ㅣ라멘도사ㅣ曰君의言이是하다或然할뜻하니王께稟聞하고國內의理學者를召集하여辯駁함이可타하고大主敎와主敎等을살나만가에서招集하여船長의言을聽할재開會하고問曰吾等이聞하니君이西로向하여도東에徂한다는問題를逢人則說한다하니然하냐曰然하다又問曰天下에엇지如此한理가有하리오怪常하고虛誕한說이何代에無하리오마는君의說話와갓함은狂言이라今始初

聞이니君은果是狂客이로다고롬브스曰古者에哲學士中에도地가圓하다는說을著한者ㅣ有하니果若其言이면西로向하여도東에徂하는理由가是치아니하리오大主教曰엇지圓한理가有하리오地가圓하다하는說은聖經의玄妙한理를反對함이니以賽亞曰主께서天을布하사幬와如하게하섯다하엿스니平地가된後에야可以布하리라고롬보스曰目覩하는星月도圓하거든地가惟獨圓치아니하리오紅衣主教가問하여曰地가毯와若한則何物노撐하리오荅曰日月의撐한거순何物이뇨하더라

第十二科程　고롬보스의亞美利加新占得四

迂오、너름　蒼창、푸름　障장、막을
懸현、달　井정、우물　傾경、기울
忖촌、헤아릴　度탁、헤아릴　期긔 긔약
渺묘、아득할　逾유、넘을　浪랑、허랑
頻빈、자조　屢루、여러　遭조、맛날
楚초、나라　旅려、나그내　樓루、다락
丁정、장정　遙요、멀　蹇건、절
驢려、나귀　緩완、느질　訓훈、가르칠

奉봉、밧들　承승、니을　謁알、보일
遷천、옮길　宮궁、집　遂수、일울
寧녕、편안　辦판、판단

此時에哲學士中의一人이曰一言以蔽之하고地가圓하다하는說은眞箇迂濶하도다蒼蠅이天障에附한것갓ㅊ人生이엇지倒懸하리오하니此言이一作하매或은云하대樹木도然하겟도다하며或은云하대萬一然한則井中水도傾覆하리라하는대主教一人이曰設或地가圓한줄노忖度하고這便으로從하여一去하면其後에回程할期가渺然하리라船이엇지山을遼하리오浪說이라하니이스바니야의哲學士들이此論으로써고롬보스의意見을打破하라하더라

公이七年동안에王妃를從하여此論을頻頻히說明하나所望이漸漸斷하는지라落心함을屢次遭하니이스바니야를離하기로決定하고楚楚한旅裝으로사라니다京城에出하니라其時에馬上客一人이城南門樓下로追出하여派守兵丁다려問曰白鬚風神의骨格이非常한老人을見하엿나뇨遙指하여曰曠野를已過하엿겟습나이다此人이騎馬를策하여追及하니公이蹇驢의步를任하여緩緩히行하거늘追者ㅣ가訓令을傳하여曰王妃의還招하라신命令을奉承하고來하엿노라하기로고롬보스가再次入城하여見謁하니此時는世態가開明함에遷移하엿는지라써흐안덜이라하는朋友가公의不平한氣를懷하고不遇時함을

慨歎하는様子로出城함을見하고宮中에入하여奏聞하여曰果是船長의言과如하면엇지世界에大有益함이아니오릿가함으로王妃이사벨나ㅣ曰彼의所願을遂케하리니地가圓하다는說과西으로向하여도東에徂할理由를丁寧한줄大談하더니成事할機會를乘하여나보다하고幾箇寶石을典當하여旅費를辦備하고請還하더라

第十三科程　고롬보스의亞美利加新占得五

港항、항구　漁어、고기잡을　最최、가장
埠부、부두　餞전、전송할　員원、관원
敢감、굿해　御어、모실　遵준、좃칠
循순、좃칠　戚척、권당　艦함、군함
編편、역글　師사、스승　僞위、거짓
判판、판단　號호、일홈　旗긔、긔
轄할、거나릴　就취、나아갈

一千四百九十二年八月三日에이스반나야港에서三隻船이出帆하니此船의形式은別노히漁船에서大치못한대惟獨一隻만甲板이有하고最大한者ㅣ라埠頭에立하여餞別하는許多人員이此事를對하여注意하고滋味가有하여觀光하더라此船이一發하매人皆曰能

히知치못하고敢히往치못할火湯海로向한다하니是故로船長들은自己의所願이아니오不得已하여御命을遵循할뿐이라其戚族과故舊들이悲感한淚를揮하는者ㅣ多하더라

이에小艦隊를編成하니其水師提督은고롬보스ㅣㄴ대地形이圓한줄노知하는異人이니수番行船에는其眞僞를可判할더이더라一船은산다마리아號ㅣ니大將旗를建하엿고二는빈다號ㅣ니艦長의名은알노조빈존이오三은늬나號ㅣ니艦長의名은야네수빈조이더라神父베레스가마리아號甲板에立하고祈禱하여曰順風을賜하옵시며平海를賜하시와此事를主轄하는膽大한者로하여곰願하는바를成就케하시되西向하여去함으로能히東洋에得達케하여주시옵소서하더라終是相別하고帆을掛하고大洋으로出하여게네리에到하니라九月六日에派送함을被한三隻船이게네리島로自하여西方을向하고前人의敢히往치못하던處로走하니茫茫한波濤中에天光만無邊한지라

第十四科程　고롬보스의亞美利加新占得六

惶황、두려올	曹조、무리	險험、험할
駛사、달닐	衝충、찌를	膏고、기름
沃옥、기름질	隆륭、놉흘	俱구、갓촐
存존、잇슬	剎찰、절	昆곤、맛

蟲충、버레	累루、여러	邦방、나라
嘉가、아름다올	儕제、무리	毅의、굿셀
堂당、집	竹죽、대	帛백、비단
垂수、드리올	遺유、끼칠	秋추、가을
朽후、썩을	壞괴、문허질	鷗구、갈마기
檣장、돗대	藿곽、메역	打타、칠
悔회、뉘웃칠	杳묘、아득할	奈내、엇지
抗항、겨를	拒거、막을	諭유 개유할
甘감、달	竟경、맛참	寤오、쌜
寐매、잘	認인、알	怨원、원망
恨한、한할	藉자、빙일	勸권、권할
勉면、힘쓸	宜의、맛당	

是時에艦長들이惶惻하여曰我曹가엇지人의耳로聞치못하고人의足이着지못한危險한海上에駛行하리오하고甚하患히거늘提督이安慰하여曰印度라하는世界는東洋의要衝이라土地의膏沃함과物産의豊隆함과百菓의俱存함과山勢의雄壯함과寺刹의櫛比함과鳥獸와昆蟲의如何을累累히言及하고又曰此邦은精金과寶石이無盡藏할뿐더러其品이

極嘉하니엇지後日所望이아니리오吾儕는毅然히目的을變치말고堂堂한大丈夫의事業을成하고令名을竹帛에埀하여千秋萬歲에遺傳하여朽치아니함이엇지可치아니하리오하고日復日行船하매距離가漸漸隔遠하여지니西方으로서飛來하는鷗鷺等鳥有하여檣頭로過하고또海藿等草가水面에浮來하더라十月一日에海程을打筭하니六千九百里라其時를適當하여東風이大起하거늘艦長들이後悔하여曰去하기는去하거니와其回期가杳然한대奈何오하고反心을抱하고抗拒하거늘提督이多端으로曉諭하여曰苦盡甘來는理之常事ㅣ라畢竟은地面을見한後에已할거시니先見하는者는重賞으로써給하리라하고連日行船하더니艦長一人이卒地에聲을高하여地가見하엿다叫하니此는寤寐하는中에錯認한바ㅣ라地가無함을覺하고怨恨하는聲이藉藉하거늘提督이千言萬語로勸勉하여曰未久不遠하여地를見하리니忍耐하고待함이宜하니라하며前進하더라

第十五科程 고롬스보의亞美利加新占得七

檢검、검사할 漂표、흐를 薪신、섭

拯증、건질 盆분、동의 蔓만、덤불

騷소 소동할 擾요、흔들 宏굉、클

黎려、검을 卉훼、풀 雙쌍、쌍

啼제, 울　翫완, 구경　嚮향, 저즘셔
錨묘, 닷　投투, 던질　碇정, 대일
泊박, 대일　艇정, 배　絳강, 붉을
佩패, 찰　跪궤, 꾸러안질　祝축, 빌
后후, 님금　聚취, 모둘　夥과, 만홀
獻헌, 드릴

一日은艦長들이水面을點檢할際에漂流하는薪이有하거늘拯하니覆盆子蔓이라氣候도溫和하여지니此는地가有하여不遠한줄을知할너라十月十二日午前二時에빈다號檣頭에入番한者가聲을高하여曰地를見하라地를見하라地를見하라하매船中이騷擾한지라地가何處에在하뇨한則答曰若箇邊에在함을見치못하나뇨하거늘卽時古物礮를放하니如此히宏壯한聲은此海邊에서初聞하는바ㅣ러라黎明에見하매靑蒼한邊에向陽한島가有하니此所謂別有天地非人間이라花卉와菓木과森林이一幅畫境을開하엿는대雙雙한啼鳥가其間에往來하고또한目을擧하여海岸을看하니無數한男女老少가羅立하여船樣을翫하며奇異히녁이더라此時를當하여嚮日艦長의憂愁가變하여喜樂이되여錨를投하여碇泊한後에小艇을先下하고고롬보스가絳色衣를衣하고軍刀를佩하고下陸할새足이

陸에至하매即時跪하고祝謝하여曰이스바니야王后의名으로占領하나이다하고其地를名하여曰산살버도어라하다土人들이異常히넉여聚한者夥多한中에或은水를履하고來하여船으로上하는者도多하여빠나아(甘蕉)와고금아와美妙한鳥를艦長의게獻하니彼等의意思는海島中으로出한異人인則必是自己보다上等人이라함이러라

第十六科程　고롬보스의亞美利加新占得八

遍편、두루	棕종、종려	香향、향긔
襲습、엄습	河하、하수	忘망、니질
灸구、구을	薯서、감자	乾간、마를
捲권、거들	煙연、내	恭공、공순
鱗린、리읏	酋추、괴수	宴연、잔채
肩견、엇개	蹈도、밟을	班반、반렬
按안、안찰	巡순、순행	環환、고리
敬경、공경	禮례、례도	霜상、서리
刃인、칼날	仆부、업더질	塔탑、탑
沙사、모래	浦포、물가	邑읍、고을

播파、색릴　戶호、지게　賀하、하례
殿전、대궐　臣신、신하

提督과艦長들이甚히喜하여諸島를遍踏할새左右地面에草가有하여蔓延하엿는대棕櫚
가最多하고淨灑한海岸에花香이衣에襲하여其氣가人의게可合하니眞個樂園인가疑할
너라其後에큐바島에到着할時에見하매河水가有한지라提督이印度ㅣㄴ가意한故로其地
를西印度ㅣ라하여其人을인듸안이라하고艦長들이樂하여返하기를忘하는지라其時土
人들이草根을採하여火中에炙하여賜하며曰부데도라하니白人이薯를初見한處ㅣ러라
他島에住한土人들은異俗이有하니草葉을乾하여手로써捲하여其煙을吸하거늘問한則
다바고라하더라이에큐바를離하여他島로去하여土人의게地名을問하니헤다이라其人
의性質이信實하고溫恭柔順함으로提督이謂하대愛隣如己하는者ㅣ라하더라一日은酋
長이大宴을排設하고海産物과薯와數種菓實을陳設하여進하여欵曲한情을表한後에人
人肩次로蹈舞하거늘고롬보스도其班次를依하여艦長을命하여按鈒하고其前으로巡環
하여敬禮를行하니土人이霜刃이日光에反射하여閃閃함을視하고驚하여奇異히녁이더
니其後에大礮을聞하고地上에即仆하더라提督이헤다이島에小塔을建築하고沙格數人
을擇差하여自己往返하기까지待하라하고本國으로更向하여去하니라
回帆하여아소島를過하다가風雨大作하는濤를遇하여三船이漂風하여各散하매不知去

處ㅣ라沉沒한줄노知하엿더니千四百九十三年三月十五日에베로스浦로會同하엿는지라此所聞이城邑에傳播하매家家戶戶가小砲를放하여鐘을鳴하고祝火를上하며萬口가同聲하여新世界를得하엿다하고서로致賀하며上下臣民이主上殿下를爲하여萬歲를呼하니此는紅人六名과衣服과好鳥와薯와바나아와金을帶來한證據가明하더라

第十七科程　五官論一

臭취、내암새　舌설、혀　喩유、비유
體체、몸　聯련、니을　絡락、얽힐
爛란、데일　痛통、압흘　截절、끗흘
痲마、병　痺비、병　脣순、입설
燥조、마를

問五官은何뇨答觸과視와聽과臭와味니라問五官의機關은何뇨答觸함은皮肉이오視함은目이오聽함은耳오臭함은鼻오味함은舌이니라問譬喩로한則五官은何와如하뇨答門과如하니知識으로入하는五大門이니라問腦가五大門으로入하는通奇을엇더케受하나뇨答神經으로從하여受하나니라問神經은何뇨答腦로브터細한線이全體에聯絡不絕한거시有하니謂之神經이라하나니라問譬喩로言한則如何한거시뇨答電線과如하니라問

假令指端이火에爛한바ㅣ된則腦가엇더케知하겟나뇨答指端에셔브터腦로通한神經이即時通하여知케하나니라問指가傷하면傷處가痛함을受하리니痛한거시엇지指가아니리오答不然하다指를緣하여腦가受하나니如此히腦에在한神이目으로視하게하고耳로聽하게하고鼻로臭하게하고舌노味하게하나니라問何證이有하뇨答有하니假令神經이截하던지또半身不遂처럼腦에痲痺(癱瘓)가有하면割하여도痛한줄을知치못하나니라問觸하면不時에覺하는神經이何에在하뇨答곳外皮內에在하니라問敏捷하게覺하는神經이何에在하뇨答指와舌과唇이니라問觸하여物의固有한性質을知하나뇨答固有한形容과固有한度量과밋堅固와寒熱燥濕의如何함을知하나니라

第十八科程　五官論二

瞳동、동자　幃위、장막　猫묘、고양이
薄박、얇을　紗사、깁　網망、그믈
膜막、껍흘　裏리、속　都도、도읍
瞼검、눈껍흘　拭식、씨슬　儲저、저축

問視하는機關이何뇨答目이니라問目의形이如何하뇨答毬와갓치圓하여表面으로差出하엿는대또한窓이有하니라問眼에黑白이有한대黑을何라云하나뇨答眼中이라하나니

三十

라問眼中에또有한黑을何라云하나뇨答瞳子ㅣ니라問瞳子가何用이有하뇨答當着하여見하는影子가入하는孔이니라問然한則眼中은何用이有하뇨答幃帳과如하여垂하며捲하매瞳子가或大하고或小하나니라問何時에는幃帳이垂하나뇨答日光이明朗할時에는垂하나니日이光明한時에는瞳子가小하여지고日이陰沉한時에는捲하여瞳子가大하여지나니라問諸獸中에瞳子가顯著히大하여지고小하여지는거시何는答猫ㅣ니日이紅할時에는初月과如하다가日이暗한後에는圈樣을成하나니라問影子가入함을受하는機關이何며腦가瞳子를因하여受하나뇨答眼毬中에薄한紗와如한거시有하니名은網膜이라見하는影子를這裏로從하여受하니網膜으로브터腦骨까지視神經이有하니라問假令視神이傷함을受한則如何하뇨答然한則外樣으로는如全하나都是見치못하나니라問眼瞼은何用이有하뇨答門과如하니宿한則捲하엿다가醒한後에는轉瞬함을息지아니하고拭하여淨케하나니此는眼瞼裏에淚가乾치아니하고恒常儲한緣故ㅣ니라

第十九科程 五官論三

摩마、만질 慄률、떨 颺양、날칠

移이、옮길 把파、잡을 推추、밀

驟취、달닐 退퇴、물너갈 卻각、물니칠

部부、떼　幾긔、몃　善션、착할
綴철、련할　穴혈、구멍　盈영、찰

[問]聽하는機關이何뇨[答]耳니라[問]聽함은何뇨[答]聲이니라[問]聲은何뇨[答]空氣가搖盪함으로成하는感動物이니라[問]何故로空氣가搖盪하나뇨[答]假令鐘을擊하고手로按摩한則手가戰慄하나니此는鐘이戰慄함으로搖盪함을被하여空氣가漸漸播颺하여移去하는聲이니라[問]鐘이戰慄함으로空氣가搖盪하여漸漸移去함으로聲이發하는明證이何뇨[答]假令鐘이鳴할時에手로把하면即刻에停止하나니此를推하면可히知할지니라[問]響應하는理由는何뇨[答]搖盪한空氣가驟去하다가隔한處를逢하면激하고退卻하여本處로還來하여更發하는聲이또한耳로入함이니라[問]耳의部分中에最要한거시幾何ㅣ뇨[答]一은搖盪함을被한空氣를善導하여入하게하는거슨耳朶오二은皷膜이오三은小綴骨이오四는第二皷膜이니其得에通穴이有하여水가盈하고또한其中에聽神經이有하니라[問]假令聲을聞하는대如何如何히되여耳로入聞하나뇨[答]一은物이搖盪함이오二는皷膜을皷함이오三은小綴骨을經하여第二皷膜을更皷함이오四는聽神經으로브터腦에達함이니其本源을推한則空氣로成하는造化니라

第二十科程　遊星一

汝여、너　輩배、무리　劇극、심할
置치、둘　齊제、나라　臂비、팔
圍위、둘닐　玩완、구경　荒황、거칠
話화、말슴　謔학、희롱　嬉희、즐거울
塊괴、흙덩이　央앙、가온대　照조、빗췰
象상、코기리　鑑감、거울　晦회、금음
望망、보름　弦현、활시위　暮모、저물
庚경、별　曉효、새벽　啟계、열
曩낭、저즘쎄　茫망、아득할　確확、확실할
靜정、고요

童穉들아汝輩가演劇場에서遊戲할쎄一兒를圈中에置하고諸兒가一齊히手를把하며臂를連하고聯絡하여圍行함을玩하고天荒을破하엿노라余가你等의게告하는話는演劇하는樣과彷彿하나然하나幼兒의戲謔을云함이아니로라此演劇場은天이오遊嬉하는者는日과星이니日은元是莫大한一塊毬로서中央에位하여其座를一定하고燃하고焦하는力을主持하엿는대遊行하는大小球가日의大함과比較할者ㅣ無하니라므릇遊星의體는照

耀한光彩가無한暗球ㅣ니日의反照함을受치아니하면夜間에顯出하는象을睹치못하리라此球는皆是行星이니觀天機로照鑑하면月의體가晦望을隨하여上下弦에圓缺함갓치遊星도盈虛하나니라或이問하대遊星이日을繞行함을昭詳히目觀하엿나뇨曰現象을目覩하지못하나然하나其位置의變遷하는度數를昭詳히點檢하엿노라日暮한後에初見하는者를晩星이라하고또長庚星이라하나니此星이幾月後에는曉頭에야見하는故로其名을改稱하여啓明星이라하나니라曩者에는日을繞行하는理를茫然히不覺하엿더니今者에는確實히靜心窮究하여其遊行함이兒輩가手를把하고環行함과恰似한줄노覺하엿노라

第二十一科程　遊星二

逈형、멀	乍사、잠간	嵯차、놉흘
疊첩、첩첩할	積적、싸흘	灼작、탈
栖서、깃드릴	些사、적을	軸축、축
暈훈、빗	回회、도라올	廿입、스무

或者는日에서最近한故로焚함을被할뜻하고或者는甚히逈遠함으로寒할뜻하니라日에서最近한行星은水星이니日暮할時에나日出할時에나或白樣으로乍見타가暫時間에乍

無하는故로天文學士들이詳見하지못하나然하나云하기를最高한山이水星中에在하여嵯峨하다하나니라其次는金星이니照耀한光이有함으로或白晝에도現하나니此水星과金星에雲이疊疊히積함으로灼함을発한다하나니라其次는我의栖息하는地球ㅣ니外他行星이日을繞行함과갓치地球도日을繞行하는대또한地球를繞行하는者도有하니即月이더라此外에火星과土星이有하니觀天機로見한則些少한白點이有함으로天文學士가云하대地球南北極에氷山과如한거시라하나니라火星外에幾許里를距하여二百六十四小朶球가有하니名은小行星이라一塊로統合할지라도能히行星中에小한者를當치못한다하나니라此外에木星이有하여最大한者ㅣ니月이四個가有한대二個는青色이오一個는黃色이오一個는紅色이더라此外에土星이有하여奇異한者ㅣ니地球의軸이旋함으로晝夜를成함갓치外他行星들도然한지라地球는廿四時間에自身動을하는대彼는十時間이면能히自身動을하나니라또月이八個가有한대月의一個가地球의屬한月보다十倍나更大하고또此星體에暈帶가有하여光彩가燦爛함으로疑者컨대夜가無하리라하나니라此外에天王星이有하여地球보다數倍나되고또한日에서遠함으로回旋하는동안이支離하니地球의八十四年이彼의一週年이라하나니라此外에海龍星이有한대日에서最遠함으로甚히寒할뜻하다하나니此星에서日을見하는거시地球에서星을見하는것과如하나然하나彼도外他行星갓치日을繞行하는者ㅣ라하다니라

第二十二科程 스바다三百義士一

恢회、너를
鏖오、죽일
版판、조각
殫탄、다할
伍오、항오
整정、정제할
募모、쏄
銘명、삭일
邦방、나라
焉언、엇지
需수、음식
梁량、다리
繹역、얽힐
穿천、뚤를

廓확、너를
屠도、뭇지를
並병、아오를
竭갈、다할
率솔、거나릴
昂앙、밝을
剿초、칠
殊수、다를
俘부、사로잡힐
挫좌、꺽글
艙창、선창
巴파、파촉
誌지、긔록
駐주、머므를

欲욕、하고저할
戮륙、죽일
呑탄、삼킬
團단、둥글
威위、위엄
抄초、쏄
矇몽、어둘
麾휘、긔
囚수、가돌
鋒봉、칼날
磬경、다할
哨초、삭지즐
泉천、샘
阨액、좁을

虜로、오랑캐

數百年前에天下莫强之國이有하니曰바사ㅣ라其王은恢廓한大度가有하여權利를貪하는大欲望이有한者ㅣ니名은씩시스라그리써를鏖戰하여屠戮하고版圖를併呑하랴하여全國力을殫竭하여大軍을團聚할새其編伍한中에미더人과바사人과黑人과印度棕色人이來附하엿스니統率이二百萬이라各其自國의兵器를持하엿스니軍威의整肅함이前無後無하다할너라此로브터王心이驕昂하여自己思想에數人만抄募하여도偏小하고微弱한그리써를剿滅하리라하니曚然沒覺한君王이라하리로다그리써의軍隊는其數가夥多치못하나皆是自主하는者ㅣ라國과家의興亡의關係가一擧에在함을銘心하고獨立基礎를扶持하여殊死戰하랴는者ㅣ오바사士卒은暫時人의麾下가되여親戚을離하며故舊를棄하고遠邦의俘囚가되여暴虐한君王의指揮를從하는烏合亂民이라焉敢그리써의士氣를挫하며鋒銳를折하리오然하나씩시스가四年間에一切軍需를準備하고헬너스본드海峽에船艙을築하다가飄風에破壞한바ㅣ되매또한一國의力을罄竭하여堅實한大梁을造成하니自今爲始하여東洋軍隊가能히歐羅巴에通할機會를大開하엿더라此時에씩시스의派送하는軍哨가甚衆하여七日間이나梁上에絡繹한後에渡達함을得하니라이에路程을誌하니東北으로브터離發하여그리써에入하라면더머바ㅣ라하는温泉場으로從하여山間峽路十五里를穿入한後에峽路內出入하는洞口에抵할지라此內에또한古時代에築

한駐防城이有하니此阨口를守하여擄掠하는者를禦하는處所러ㅣ라

第二十三科程　스바다三百義士二

捨사、노흘	除제、제할	董동、동독할
遁둔、도망	遣견、보낼	偵정、정탐할
探탐、더듬을	嶺령、고개	復복、회복할
捍한、막을	降항、항복	索삭、삭기
結결、매질	縛박、얽을	轅원、수레
捉착、잡을	審심、살필	鎗창、창
孑혈、외로울	臺대、집	吩분、분부
咐부、분부	陣진、진칠	赴부、다다를
敵적、대적할	奸간、간악할	抱포、안을
逆역、거스릴		

이에四千人을選送하매其長官의名은리온늬다쓰ㅣ니此人은스바다王이라스바다는그리씨南方小國이니揀選한勇士三百이從하니此人은國을爲하여生命을捨할者ㅣ라此中에서二人은眼疾노하여行伍中에서除去하엿더라써시스가大衆을董督하여더머빌니로

去하며自度하대그리써軍이自己의整肅한軍容만見하여도遁하리라하고馬兵一人을遣하며其動靜의如何함을偵探하라하니라本來그리써人은散髮하는俗이有한지라馬兵이嶺上에서窺하니그리써人中에或은髮을理한者도有하고或은體操運動하는者도有하거늘馬隊가命을復한대王이데마리드스다려問曰數人의力으로能히我의大衆을捍하랴對答하대然하오나我國風俗은出戰할始에髮을理하옵나이다하니此데마리드스는本是그리써王으로서逃走하여바사에來한者ㅣ러라王이其言을信치아니하고스바다人이出降할外하여三日이나苦待하되終是承服하지아니하거늘王이馬隊幾人을派遣하며曰鐵索으로結縛하여轅門으로捉來하여審查하게하라하니馬隊가阨口로馳往하거늘그리써兵士가妙術노長鎗을射하여盡殺하여孑遺함이無하니바사王이將臺에坐開하여觀戰하다가護衛隊를顧하며吩咐하여曰急히陣에赴하여敵陣을屠戮하라하매護衛隊가往하여終日토록力戰타가彼의屠戮을反被하니王이怒氣가騰騰하여臺에서下하여陣中으로馳入하랴하더라此時에리온늬다스가兵卒을送하여山으로通한夾路를防하라하니此夾路는그리써人中에數人만知하는거시라奸心을抱하고反逆을謀하는에비알듸스가썩시스의게通知한대썩시스가護衛兵을命하니護衛兵이聽令하고隱路로入하니다

第二十四科程 스바다三百義士三

秘비、가만할　突돌、구들　奪탈、빼아슬
報보、갑흘　片편、조각　丹단、붉을
倍배、갑절　交교、사괼　互호、서로
踐쳔、밟을　鞭편、챗직　扑복、칠
戟극、창　赫혁、빗날　忠충、충셩
頌송、기릴　揚양、날칠　壘뢰、진
讌연、잔채　耶예、어조사　穌수、다시살
降강、나릴

이에護衛隊가南門에서브터圍하랴하여夜半에行軍하여蹤跡이秘密히去하나殘風한故로落葉을踏來하는聲이有하거늘守直한者가聽한지라바사長官이스바다이守禦하는줄노知하고甚히懼하거늘에비알듸스가呼하여曰勿懼하라數人뿐이라하니바사軍兵이突入하여要害處를奪하는지라天이明하매山上에서看守하는兵卒이리온늬다스의게急報하여曰敵이隱路를知하고來하엿나이다하니其時에三百勇士가退去할路는有하나然하나團結한義氣가死하는대至하여도屈치아니하고一片丹心이邦國을保하랴하여同聲으로一呼하매怒血이噴騰하여勇氣가百倍나되더라早朝에써시스가軍隊를號令하여前進

하니리온늬다스가迎出하여鋒을交할재左衝右突하니바사人이互相踐踏하며逃走하랴하되其將官들이長鞭으로써扑하며催하여前進하게하는지라三百勇士가戟이折하고劍이鈍하도록力戰하여膽大한리온늬다스가戰亡하고또한三百人中에一人도生한者ㅣ無하엿스니其赫赫한節義가엇지吾儕의效則할者ㅣ아니리오其後에바사軍艦이海上에서失敗하니써시스가師를班하여歸하니라

自今爲始하여그리써全國이리온늬다스와밋三百勇士의忠義를追仰하여功績을頌揚하여戰死한場에一壘를特建하고每記念節에盛讌을開하고喜樂하는遺俗이有하니此는救世主耶蘇降生前四百八十年之事ㅣ라今日까지頹壘가尙存하도다此壘는頹할지라도勇氣는頹치아니하고永世에至하니此는國家를爲하는者의前鑑일진저

第二十五科程　버얼의波濤歎一

旬순、열흘	牀상、상	偃언、누을
臥와、누을	鬧뇨、짓거릴	却각、물니칠
壁벽、바람벽	斜사、빗길	撤철、것을
昏혼、어두올	燈등、등불	瓦와、기와
斯사、이	輾전、굴	緬면、멀

也야, 잇기　跫공, 발자최　歷력, 지날
耿경, 밝을　燭촉, 초불　晨신, 새벽
逝서, 갈　纖섬, 가늘　挽만, 당길
妹매, 누의　氏시, 각시　姊자, 맛누의
倚의, 의지할　哂신, 우슬

버얼이沉病한지兼旬에小牀에偃臥하여門外에熱鬧하는聲을聞하며歲月의如流함을忘却하고眼을轉하여左右를視하다가光線이東壁上에反射한則斜陽에天이落照를帶한줄노意하고光線이撤去한後에昏暗이壁에上하엿다가漆黑하여짐을見한則夜深한줄노意하고自歎하여曰方今十字街上에電氣燈과瓦斯燈은不夜城을開하엿슬터이오其上에는星月이照耀하리라하고轉輾不寐하여此를思하고彼를度하다가心神이忽然히城市로通한大江上으로馳하는지라自度하여曰江水는何其深也며夜色은何其暗也며星點의相照함은何其多也오하고더옥感歎思를提起하여曰此江水가大海로奔流하는도다하고緬懷할際에半夜가已過하여門前에人跡이稀少하니跫音을歷歷히可數하겟고또한耿耿한燈燭이眼中에暗暗하거늘東天의晨光이稀迷함을恨하면서恒常江水의逝함을深慮하여纖纖한弱手로써挽回할志도抱하고沙로써防築하여停止케하랴하나然하나轉流하기를甚히急하게하거늘버얼이因하여呼하다가其妹氏프로렌즈의聲을聞하고精神을收拾하여

身을其姊妹의게倚하고晒하며天이明하여光線이入하기를苦待하더라

第二十六科程　버얼의波濤歎二

而이、말이　透투、통할　雇고、품팔
掃소、쓸　拂불、떨칠　敦돈、도타울
珠주、구슬　隙극、틈　愼신、삼갈
攝섭、잡을　企기、바랄　轍철、수레박회
寢침、잘　睡수、조름　衾금、니불
枕침、벼개　俯부、굽흐릴　吻문、입설
託탁、부탁　諠훤、짓거릴　譁화、짓거릴
憐련、어엿불　眩현、어즈러울　慌황、어즈러울
希희、드물　否부、아니　慈자、사랑
乳유、젓　慘참、슯흘　酷혹、사오나올
仍잉、인할

而已오光線이窓을透入하니其氣가鮮明한지라其時에雇人들은奔走히房屋을掃하며塵을拂하거늘또한論敎市上이明朗할것과地上에아직露珠가捲치아니할거슬思하더니窓

隙으로브터問病하며愼攝함을勸하는者의顏이見하거늘버얼이謝禮하여曰今日은差度가有하니感謝하온지라請컨대我의父親의게告하여주시기를伏企하옵나이다할時에人聲과馬跡과車轍이連絡한中이라疲困함을勝치못하여半寢하더니非夢似夢間에江水가轉去하는心慮가更發하여其姊妹다려謂하여曰프로이야江의流함이息지안는도다此水의逝함을緣하여我의一身도逝함과如하다하니프로렌즈가好言으로써慰하며小牀에同臥하여安寢케하니버얼이曰你가我로하여곰安寢케하니我도你를安寢케하리라하더니프로렌즈가着睡할時에當하여衾枕으로써其背를支하고俯하여接吻하며其傍에立한者의게付託하여曰或諠譁함으로其睡를打起할까하노라하더라此日이已過하고後天이更明하니可憐하다버얼이여光線의幾次反照함과大江의幾回轉流함을記憶하지못하더라

一日은버얼의思想이下層壁上에掛한自己母親의寫眞에傾向하여懇切히思慕하다가姊妹다려問하여曰我가前者에母親을見하엿던가轉去하는江水가我心을眩慌케함으로依希한中이로라하니프로렌즈가對答하대我의愛者여否라엇지하여問하나뇨버얼이又問曰我가幼時에慈親의面目과如하게親切한容貌를見하엿던가答曰見하엿나니라曰誰뇨曰老乳母ㅣ니라又問曰何에在하뇨하거늘其時에프로렌즈가手로써抱하니其足이戰慄하여慘酷한情境을目不忍見할너라仍하여呼하여曰프로이야老乳母를請하라答曰來하지아니하엿스니明日見하라하다버얼이謝禮하고臥寢하니라

第二十七科程　버얼의波濤歎三

情정、뜻　踈소、성길　浮부、뜰
遽거、문득　迎영、마질　駒구、마아지
頓돈、두드릴　祿록、록　享향、누릴
使사、하여곰　冀긔、바랄

其後에醒하니日이임의晝가되엿는지라窓面에風이打來하는聲에驚起하여乳母의來한與否를問하거늘其時에或이請來하러去한다하매버얼이其言을聞하엿더니頃者에一人이入하거늘問曰此人이我의乳母ㅣ뇨姉妹答曰然하다情踈한者면엇지落淚하면서燥한手에口를接하며我의可憐한者여하리오하니버얼이曰感謝하여이다然하나江水가如此히急流하니此將奈何오거의海上으로盡入하여波濤의話가我耳에入하는대舟의浮沉함으로我가遽然히睡着하겟노라하고又言曰彼岸에는花草가甚多하도다我의隻身도至今海上에渡하엿는대岸上에何人이有하여我를待하며合手하고祈禱함과如하도다하고又曰표로이야母親의容貌가你와彷彿하다你의面目이임의熟하엿스니我의慈親인줄노知하노라下層壁上에掛한畵本이야무삼榮耀한光이有하뇨我를迎接하는母親은榮光의容貌로我路에照한다하더라其後에光線이復回하여壁上에서舞하니隙駒光陰인줄을頓覺하리로다

大抵創世以來로始祖의衣를衣하고世世로相襲하는例式이有하니此는人種이各其自己의職事를舉하고또한廣大한天이紙軸과如하게捲去할時까지在할者ㅣ니即死亡이오此、外에또한更舊한恩典이有하니即無量世界에居하여無量福祿을享할거시라道理를通達한兒孩야하나님께感謝할지어다大江이我를舉하고大海에入할時에童穉의天使가善히保護하기를冀하노라 (뎍인스)

第二十八科程 베수비어스火山一

輿여、수레
省성、삷힐
沿연、좃칠
堞첩、셩첩
差치、어긔여질
岑잠、뫼ᄲᅮ리
駭해、놀날
俊준、준걸
狠한、사오나올

侍시、모실
屆계、밋출
揷삽、ᄭᅩ질
碧벽、푸를
閭려、마을
蕭소、쑥
贍셤、넉넉할
秀수、ᄲᅢ여날
雜잡、셕길

肆사、펼
淑숙、맑을
雉치、ᄭᅯᆼ
巘헌、뫼ᄲᅮᆯ리
翠취、푸를
戛알、셕을
饒요、넉넉할
才재、재조
綢주、얽을

繆규、얽을　架가、시렁　橄감、감람
欖람、감람　圃포、나물밧　崩붕、문허질
摧최、썩거질　昔셕、녯　訝아、의심
淵연、못　坎감、구덩이　坷가、구덩이
碍애、걸닐　萋처、무셩할　荆형、가시
棘극、가시　濯탁、쌀　瞰감、볼
痕흔、흔젹　甚심、무삼　堵도、담
賢현、어질　撰찬、쌜　戢즙、편즙할
媳식、식가

歐洲輿誌上에第一名山이有하니其名은베수비어스ㅣ라千八百年前에羅馬皇帝待肆가邦省을統轄하는時代에屆하여此山의淑氣가千古에長하여沿海한一大都會를成하엿스니揷天한雉堞은碧巘을連하여叅差하고撲地한閭閻은翠岑을依하여櫛比하니蕭蕭한馬鳴과戞戞한車轍이遊人의耳目을驚駭케하고居民의産業을贍饒케하여他山으로無異한지라俊秀한才子와暴狠한者流가其中에雜處하니此所謂人傑은地靈이오綢繆한葡萄架와欝蒼한橄欖圃가這間에接隣하엿스니方可謂沃野는天府ㅣ로다其時를適當하여人皆謂極樂世界라誰가一朝에火燄이出하여地가崩하고山이摧할줄을意하엿스리요然하나

自昔으로其上에一大疑訝處가有하니淵然한坎坷가四面으로隔碍함이無하여其廣이二三十里오其深이數百尺이로대萋萋한荊棘은中間에叢生하고濯濯한走獸는左右에穴處하엿슨즉如此한火燄의念慮는毫髮도無하나山下를俯瞰하면海邊으로從하여烟痕이迷浮하고磺臭가不絶하여甚似한惡氣가尙有하나今意할바ㅣ全無한지라是以로居民들이安堵樂業하더니主降生七十九年에至하여베수비어스山下네블스港에羅馬水師提督이有하니名은블니늬라本來賢哲함으로多聞博識하여博物學을撰戢하는者ㅣ라其妹弟의媤家가此港에住한故로提督이其妹家에留하더라

第二十九科程　베수비어스火山二

乖괴、어그러질	氛분、긔운	祲침、긔운
盖개、일산	幢당、장막	錦금、비단
纜람、닷줄	鮮해、풀	竅규、구멍
舟주、배	邂해、맛날	逅후、맛날
朕짐、징조	悄초、슯흘	窘군、군박할
脈맥、맥	謄등、등서할	佇저、기다릴

潮조、밀물　汐석、썰물

一日은其妹弟가入告하여曰山上에乖常한氛祲이觸起하여羅馬國松樹樣으로如盖幢幢하여或是黑하고或是斑하니君은請看하라한대提督은博物學을研究하는者ㅣ라短艇에錦纜을急解하여渡港하여何許한其樣을觀하랴하니此는幾日前브터地震이大發하여萬竅가同聲함이라已往에는地震과山上에盖와如한雲이何關이有한지攄得지못하엿더니如此한災殃中에其裏許를解得하엿도다提督이越便海岸에碇泊할際에一个舟子를邂逅相逢하니此舟子는何許한兆朕을見하엿던지提督을强勸하여急히還渡하라하며紛紛히墮來하는灰와炭과浮石과山上의火燄을指視하고悄然히歸하나提督은歸意가頓無하여曰山上의居人들이窘急한境遇에至하면周急함이吾의職責이오또한其事之根脈의如何함을詳察하여册子에謄載하여後世에遺傳케하리라하고灰와炭과浮石이飛下하는下에佇立하엿더니而已오海水가潮汐水와갓치退去하여陸地가露出하는지라提督이스다비이로入하여上陸하니라

第三十科程　베수비어스火山三

沐목、메여감을　浴욕、메여감을　熾치、성할
晏안、느질　凉량、서늘　庭정、뜰

畔반、가　堆퇴、싸힐　攪교、섀우칠
垣원、담　覆복、업더질　僕복、종
氈전、담자리　纏전、얽을　濱빈、물가
憊븨、곤할　篷봉、쑥　鋪포、펄
忙망、빠를　竄찬、업댈　奔분、다라날
霎삽、잠간　斃폐、죽을　裳상、치마

其時에某某親朋들이避害코저하여乘船하거늘提督이曉喩하여曰勿懼하고沐浴한後에就飯하자할時에火燄이山上으로從하여漸熾하되提督은動念치아니하여曰此는山上의火燄이아니오人家의失火ㅣ라하고晏然히就寢한지良久에起視하니夜色은蒼凉한대庭畔에灰燼이堆積하엿는지라其親朋들이提督의困睡의不醒함을視하고免害치못할까하여寢席에就하여攪하니其時에地震이去去益甚하여垣屋이傾覆할境에至하는지라提督이親友와船人과奴僕을率하고野外로避走할새或은綿氈으로頭를纏하여落來하는石을捍禦하더니日이已晝하엿스나漆夜와無異한지라海濱에急下하니波濤가洶湧하여乘船키難하고況且提督이困憊하여臥코저한대諸人들이篷席을鋪陳하여就臥케하니此時에山上火焰과磺臭가觸鼻하여神色이慌忙하여諸僕들이提督을救助코저하나莫可奈何라各其東竄西奔하엿다가霎時間에返見한則提督이毒氣를飮하고地에仆하여已斃하엿스

니面目은睡하는듯하고衣裳은如常하더라

第三十一科程　베수비어스火山四

哉재、잇기　嗚오、슯흘　痛통、압흘
鑠삭、녹을　髑촉、해골　髏루、해골
暴폭、드러날　什즙、즙물　攷고、상고
測측、측량할　該해、그　鑿착、팔
屍시、죽엄　具구、갓촐　怎즘、엇지
麼마、적을　熄식、재질　卅삽、설흔
釀양、비질

勇哉勇哉라博學多聞한士여哲學을研甚함이太甚다가如此히長逝하엿스니嗚呼痛哉로다此酷火에自鑠하는石과自燼하는灰가紛紛히飛下하여허굴네니엄과범베이와스다베이三城이昭沒하엿스니避禍한者도雖多하나路上에在하여避키에及하지못하고髑髏를暴露한者도間間히有하고家屋과什物이灰燼中에埋沒하엿스매金銀珠玉이其中에在하다는傳說을歷史上에昭然히可攷할지라故로近者에英人들이傳說을探하고地形을測하여該政府의認可를圖得한後에鑿하니屍體는依舊히不變하고物産은如常히具存한지라

其物貨를네불스博物院에置하여一世의奇觀을作하엿고범베이路上에舊人轍跡이至今싸지依然히存하다하니然한則如此한火山은怎麼한樣子로成하엿는고初次이折半은火燄中에飛却하고其餘본다소마는至今싸지火燄이不絕하도다大抵水師提督이死去한後에火가寢熄하엿다가後百卅四年에復燃하엿고其後二百六十九年에更히寢熄하엿다가至今에火가發하여將來熾盛할兆가有하니何禍를釀成할넌지難知하다더라

第三十二科程　煤炭의功用一

煤매、매긔	煗난、더울	燠욱、더울
煎전、다릴	迅신、쌔를	轔린、박회
泛범、뜰	舶박、배	鯨경、고래
鯢예、고래	刷쇄、거둘	蝌과、올창이
蚪두、올창이	搭탑、모돌	鉤구、갈구리
碎쇄、부서질	杵저、공이	磨마、갈
碾연、마돌	汲급、물기를	轆록、타래박
轤로、타래박	筒동、통	鋤서、홈의
鍤삽、가래	浚준、팔	渫설、샐

織직、짤　組조、짤　粗조、것칠
搓차、샙을　宇우、집　宙주、집
橫횡、빗길　握악、잡을　執집、잡을
貲재、재물

煤炭이日用事物에有助함을一一히枚擧하여記하기難하도다人의房屋을煗煗케함과食物을煎熟케함이다石炭의功用이라其用力함의猛烈하고迅速하게함은鐵路上에轔轔한車轍이疾走하니牛馬가能히回挽치못하고波濤中에泛泛한船舶이駛行하니鯨鯢가敢히傾覆지못하도다活版의印刷함은蝌蚪跡이的歷하고搭物의鉤引함은鶴頸起가神奇하며金礦의石을碎하는鐵杵와農家의穀을磨하는碾子는人力을代用하여捷利하고汲水하는奴僕이轆轤를不用하니引水筩이家家에列立하고浚川하는役夫가鋤鍤을不持하니浚渫器가具備하며織組를造成하여精組가如一하고電線을搓出하여大小가不差하니此等技術은엇지다煤炭의力을借함이아니리오天下의力이最多한者는炭이第一이오鐵이第二오汽가第三인故로泰西人들이此三者를取合하여用함의實을삼앗스니其要緊함을이긔여測量키難하도다此로써宇宙에橫行하여通商하는權利를掌握中에把執하여貲產의富饒함이世界에超出하더다

第三十三科程　煤炭의功用二

丘구、언덕　壑학、굴헝　蕨궐、고사리
蘆로、갈　禽금、새　幻환、환롱
礫력、조약돌　萎위、쓰러질　靡미、쓰러질
嶽악、뫼　壤양、흙덩이　腐부、썩을
們문、무리　欣흔、깃거울　混혼、흐릴
霄소、하날　潑발、활발할　纔재、겨우

最初에는石炭의體質이何如함을不知하더니近者에至하여其體質을分析하니其物件됨이丘壑裏深深한下에堆積하여幾許層이相隔한間에蕨과蘆와竹과禽獸의樣子로枝枝葉葉과形形色色이分明하니此는昔日의草木과禽獸가變幻한形體ㅣㄴ줄을可知로다太初에草木이地上에繁殖하다가맛참내瓦礫과沙石間에萎靡하여如此함을成하엿는지其根由는仔細치못하나意者컨대地震이暴動할時에山嶽과土壤이陷沒하여草木과禽獸等이自然히深埋한後에年久歲深하여地中의爛氣로壓하여此를成하고或是水中에深潛하여外氣를不通함으로堅固히되여今人을爲하여要用의豫備가되엿나보다大抵地質學으로論하면炭素世代에在하여此草木이水와酸素間에서此氣를吸한者로日光을未見하고地中에長在하엿는故로腐敗함을得지못하고今日까지本質이尙存하도다今日吾們이煖爐中

에燃하는바炭이欣欣然하여喜悅함이有한듯하니此는太古의混混한氣를藉하여地中에積在하엿다가비로소理學者의研究한바되여霄壤之間에棄物이되지아니함이로다時人의게有助한바諸般器械를活動식히는炭氣가幾千年前에는寢熄하엿다가今世紀에活潑하엿스니今世紀의草木에燃하는氣는昨日의日光을纔得하여今日의功用을供함으로其力이不贍하거니와此石炭은千萬古의無限한氣를包含하여地間에深藏하엿다가今日의要用이됨으로其一塊의供하는力도丘木보다勝하도다

五十六

字典

아	我	나
아	雅	맑을
아	亞	버금
아	訝	의심
아	呀	버릴
아	峨	놉흘
애	礙	걸닐
애	碍	걸닐
액	愛	사랑
액	厄	액
액	阨	좁을
악	樂	풍류
악	岳	뫼뿌리
악	握	잡을
악	嶽	뫼
안	顏	얼골
안	安	편안
안	案	책상
안	按	안찰
안	晏	느즐
앙	昻	밝을
앙	央	가온대
알	戛	끄을
알	謁	보일
야	惹	끄을
야	也	잇기
야	爺	아비
약	若	갓흘
양	揚	날칠
양	釀	비즐
양	壤	흙덩이
양	颺	날닐
어	禦	막을
어	漁	고기잡을
어	御	모실
언	焉	엇지
언	偃	누을
여	汝	너
여	與	더블
여	余	나
여	輿	수레
예	霓	무지개
예	翳	가리울
예	耶	어조사
예	鯢	고래
역	譯	번역
역	繹	얽힐
역	逆	거스릴
염	閻	마을
연	緣	말매암을
연	鷰	제비
연	演	널을
연	煙	내
연	宴	잔채
연	讌	잔채
연	燃	불탈
연	沿	좃출
연	淵	못
영	影	그림자
영	永	길
영	盈	찰
영	迎	마즐
영	暎	빗최일
엽	葉	닙
열	閱	지날
의	宜	맛당
의	倚	의지할
의	毅	굿셀
음	音	소리
은	隱	숨을
은	恩	은혜
은	慇	은근할
응	鷹	매
읍	泣	울
읍	邑	고을

이	爾	너
이	你	너
이	以	써
이	履	신
이	已	임의
이	移	옴길
이	而	말이
익	杙	덧
인	印	인칠
인	認	알
인	仁	어질
인	刃	칼날
잉	仍	인할
입	入	들
입	卄	스무
오	奧	깁흘
오	迂	오활할
오	寤	쌜
오	伍	항오
오	鏖	죽일
오	嗚	슯흘
오	遨	노닐
와	瓦	기와
와	臥	누을
완	完	완전
완	緩	느질
완	翫	구경
완	玩	구경
완	莞	우슬
왕	往	갈
왈	曰	갈
외	畏	두려울
옥	沃	기름질
옥	玉	구슬
옹	擁	씰
올	兀	옷독
요	繞	둘닐
요	瑤	구슬
요	僥	요행
요	搖	흔들
요	耀	빗날
요	約	언약
요	擾	흔들
요	饒	넉넉
요	遙	멀
욕	浴	목욕할
욕	欲	하고저할
우	友	벗
우	右	올흘
우	隅	모퉁이
우	宇	집
우	又	또
원	園	동산
원	垣	담
원	源	근원
원	援	당길
원	院	마을
원	員	관원
원	怨	원망
원	轅	수레
위	喟	탄식할
위	謂	닐올
위	慰	위로
위	緯	씨
위	僞	거즛
위	圍	두를
위	威	위엄
위	萎	쓰러질
위	委	버릴
욱	燠	더울
운	云	닐올
유	臾	잠간
유	幼	어릴
유	惟	오직
유	逾	넘을
유	遺	끼칠
유	諭	개유할
유	喩	비유할
유	乳	젓
유	幽	그윽할

ㅎ

하	賀	하례
하	河	물
해	觧	풀
해	奚	엇지
해	駭	놀날
해	邂	맛날
해	該	그
해	偕	함께
행	倖	요행
학	謔	희롱
학	壑	굴헝
함	陷	빠질
함	銜	먹음을
함	艦	군함
한	翰	날개
한	捍	막을
한	恨	한할
한	狠	사오나올
항	航	배
항	況	하믈며
항	港	항구
항	抗	겨를
항	降	항복
할	割	버힐
할	轄	거나릴
향	響	소리
향	鄕	싀골
향	嚮	저즘쎄
향	香	향긔
향	享	누릴
허	許	허락
험	險	험할
헌	獻	드릴
헌	巘	뫼
헐	歇	쉬일
혜	惠	은혜
혁	赫	빗날
현	見	보일
현	現	보일
현	懸	달
현	弦	활시위
현	眩	현황할
현	賢	어질
현	玄	감을
형	逈	멀
형	兄	맛
형	荊	가시
협	夾	좁을
혈	穴	구멍
혈	孑	외로올
희	戲	희롱
희	嬉	즐거울
희	希	바랄
흔	痕	흔적
흔	欣	깃거올
호	好	조흘
호	號	일홈
호	戶	지게
호	互	서로
호	狐	여호
화	畵	그림
화	話	말슴
화	譁	짓거릴
확	確	확실
확	廓	너를
환	患	근심
환	環	고리
환	幻	환롱
환	還	도라올
환	渙	흣허질
황	惶	두려올
황	慌	어지러올
황	荒	것칠
회	徊	두리킬
회	懷	품을
회	回	도라올
회	悔	뉘우칠
회	晦	금음
회	恢	너를

五十九

횡 橫 빗길
혹 酷 사오나올
혼 昏 어두올
혼 混 흐릴
홍 虹 무지개
홍 洪 너를
효 效 본밧을
효 曉 새벽
후 朽 썩을
후 逅 맛날
후 后 님금
후 吼 부르지질
훼 卉 풀
훤 喧 짓거릴
휘 幃 장막
휘 麾 긔

훈 訓 가르칠
훈 暈 무리
휴 携 잇끄을
휵 育 가슴
휼 譎 속일

ㄱ

가 歌 노래
가 佳 아름다올
가 嘉 아름다올
가 架 시렁
가 坷 구덩이
개 个 낫
개 盖 일산
개 改 곳칠
객 客 손
갱 更 다시

각 恪 정셩
각 脚 다리
각 卻 물니칠
각 却 물니칠
감 敢 엇지
감 鑑 거울
감 橄 감람
감 坎 구덩이
감 瞰 볼
간 看 볼
간 干 방패
간 乾 마를
간 奸 간악
강 講 외올
강 絳 붉을
강 降 나릴

갈 渴 목마를
갈 竭 다할
거 距 상거
거 拒 막을
거 遽 빠를
거 去 갈
검 檢 상고할
검 瞼 눈겁풀
건 蹇 절
걸 傑 호걸
계 啓 열
계 屆 밋칠
격 隔 막힐
격 擊 칠
격 激 격동할
견 肩 엇개

견 遣 보낼
경 競 다톨
경 竟 맛츰
경 敬 공경
경 傾 기우릴
경 頸 목
경 京 서울
경 磬 다할
경 耿 밝을
경 鯨 고래
경 庚 별
결 缺 이즈러질
결 決 결단
결 結 매질
긔 旗 긔
긔 欺 속일

六十

긔	琪	구슬
긔	幾	몃
긔	奇	긔이할
긔	飢	주릴
긔	肌	살
긔	期	긔약
긔	冀	바랄
긔	忌	쌔릴
극	屐	나막신
극	戟	창
극	隙	틈
극	棘	가시
극	劇	심할
금	襟	옷깃
금	禁	금할
금	錦	비단

금	衾	니불
금	禽	새
근	謹	삼갈
근	慇	은근
긍	亘	뻣칠
급	及	밋출
급	汲	물기를
기	棄	버릴
기	企	바랄
긱	喫	먹을
고	告	고할
고	姑	할미
고	顧	도라볼
고	膏	기름
고	雇	품팔
고	攷	상고

과	夥	만흘
과	蝌	올창이
곽	藿	아욱
관	貫	쎄일
관	欵	정성
광	狂	밋칠
괴	壞	문허질
괴	塊	흙덩이
괴	乖	어그러질
굉	宏	클
곤	困	곤할
곤	昆	맛
공	公	귀인
공	跫	발소리
공	恭	공손
교	橋	다리

교	咬	물
교	交	사괼
교	攪	쌔우칠
교	敎	가르칠
구	懼	두려울
구	驅	몰
구	救	구할
구	毬	죽방울
구	俱	함세
구	具	갓촐
구	鉤	갈구리
구	丘	언덕
구	邱	언덕
구	灸	구을
구	駒	마아지
구	鷗	갈막이

궤	詭	속일
궤	跪	꾸러안질
권	卷	책
권	圈	우리
권	勸	권할
권	捲	것을
궐	蕨	고사리
궐	蹶	너머질
귀	歸	도라갈
국	局	판
균	羣	무리
균	窘	군박할
균	郡	고을
궁	宮	집
굴	窟	굴
규	叫	부를

六十一

규	窺	엿볼
규	繆	얽을
규	竅	구멍
	ㅁ	
마	痲	삼
마	摩	만질
마	麼	작을
마	磨	갈
매	寐	잘
매	妹	누의
매	埋	뭇을
매	煤	매긔
맥	脈	맥
막	莫	말
막	膜	껍흘
만	晩	느질
만	蔓	넌출
만	挽	당길
망	望	바랄
망	罔	업슬
망	亡	망할
망	忘	니질
망	網	그믈
망	望	보름
망	茫	아득할
망	忙	ᄡᅡ를
말	末	ᄭᅳᆺ
말	沫	거픔
면	緬	멀
면	勉	힘쓸
명	鳴	울
명	銘	삭일
믁	默	잠잠
미	靡	쓰러질
미	眉	눈섭
민	憫	민망
모	某	아모
모	暮	저물
모	募	ᄡᆡᆯ
목	沐	목욕할
몽	曚	어두올
묘	苗	싹
묘	渺	아득할
묘	杳	아득할
묘	錨	닷
묘	猫	고양이
묘	妙	현묘할
무	霧	안개
무	舞	춤출
무	⿰足無	자최
문	吻	입설
문	們	무리
	ㄴ	
내	奈	엇지
낙	諾	허락
난	難	어려올
난	暖	더울
난	煗	더올
낭	曩	저즘ᄶᅦ
념	念	생각
년	碾	마돌
녕	寧	편안
뇨	鬧	짓거릴
뇨	裊	약할
	ㅂ	
배	徘	배회할
배	拜	절
배	輩	무리
배	倍	갑절
백	帛	비단
박	薄	엷을
박	縛	얽을
박	迫	핍박할
박	泊	대일
박	駁	론박할
반	磐	너럭돌
반	搬	반이할
반	反	도리킬
반	返	도라올
반	斑	아롱질

반	畔	가
반	班	반렬
방	傍	겻
방	芳	쏫다올
방	妨	방해로올
방	防	막을
방	邦	나라
발	潑	활발할
범	氾	넘칠
범	泛	뜰
번	譒	번역
벽	壁	바람벽
벽	碧	푸를
변	辨	분변
변	辯	말슴
병	幷	아오를

븨	憊	곤할
붕	崩	죽을
붕	朋	벗
비	圮	문허질
비	飛	날
비	妃	계집
비	悲	슯흘
비	非	아닐
비	痺	병
비	臂	팔
비	秘	숨길
빈	濱	물가
빈	頻	자조
빙	氷	어름
보	報	갑흘
복	復	회복할

복	扑	종아리칠
복	僕	종
봉	奉	밧들
봉	鋒	칼날
봉	篷	쑥
부	扶	붓들
부	復	다시
부	膚	살
부	仆	업더질
부	部	쎄
부	俘	사로잡힐
부	浮	뜰
부	附	붓좃칠
부	付	붓칠
부	赴	다다를
부	埠	부두

부	咐	분부
부	俯	굽을
부	腐	썩을
부	否	아니
분	盆	동의
분	噴	뿜을
분	焚	불살올
분	吩	분부할
분	氛	긔운
분	奔	다라날
불	拂	썰칠
	ㅍ	
파	播	쎄릴
파	把	잡을
파	巴	파촉
파	派	갈내

패	佩	찰
판	板	판자
판	坂	언덕
판	版	조각
판	辦	가를
판	判	판단
폐	斃	죽을
폄	砭	찌를
편	片	조각
편	編	엮글
편	遍	두루
편	翩	날개
편	鞭	채쪽
피	被	닙을
피	疲	피곤할
핍	乏	다할

필	畢	다할
포	舖	펼
포	鋪	펼
포	浦	물가
포	圃	나물밧
포	抱	안을
폭	瀑	폭포
폭	暴	드러낼
표	票	표할
표	漂	빨내
표	飄	나붓길
	ㄹ	
라	羅	벌
락	落	떠러질
락	絡	얽힐
람	濫	넘칠
람	欖	감람
람	纜	닷줄
란	爛	데일
랑	浪	물결
략	掠	로략질할
량	梁	돌다리
량	涼	서늘
려	閭	집
려	櫚	종려
려	旅	나그네
려	驢	나귀
려	黎	검을
례	禮	례도
력	歷	지날
력	礫	죄약돌
련	聯	니을
련	憐	어엿불
령	玲	령롱할
령	嶺	고개
렬	列	벌
리	璃	류리
리	裏	속
림	臨	림할
린	隣	리웃
린	轔	수레박회
로	勞	수고로올
로	露	이슬
로	虜	사로잡을
로	轤	타래박
로	蘆	갈대
로	鷺	백로
뢰	壘	진
록	祿	록
록	轆	타래박
롱	瓏	령롱할
료	寥	고요
루	淚	눈물
루	屢	여러
루	髏	해골
루	樓	다락
루	累	여러
류	琉	류리
륙	戮	죽일
륜	輪	박회
륜	倫	인륜
륭	隆	놉흘
률	律	법
률	凓	찰
률	慄	두려울
	ㅅ	
사	沙	모래
사	紗	깁
사	乍	잠간
사	寫	쓸
사	射	쏠
사	些	작을
사	捨	노흘
사	斜	빗길
사	舍	집
사	仕	벼슬
사	賜	줄
사	寺	절
사	師	스승
사	駛	달닐

사	斯	이
사	肆	펼
사	使	하여곰
사	飼	먹일
재	賽	빌
삭	索	노
삭	鑠	녹을
삼	葚	무삼
산	酸	실
상	喪	죽을
상	牀	상
상	霜	서리
상	翔	날개
상	償	갑흘
상	象	코기리
쌍	雙	쌍

삽	揷	꼿질
삽	霎	잠간
삽	卅	설흔
삽	鍤	가래
셔	鋤	홈의
셔	嶼	섬
셔	敍	펼
셔	徐	천천
셔	暑	더울
셔	薯	감자
셔	栖	깃드릴
셔	逝	갈
셰	洗	씨슬
셕	昔	녯
셕	汐	썰물
셤	纖	가늘

셤	贍	넉넉
션	線	실
션	善	착할
셩	城	재
셩	省	삷필
셥	攝	잡을
셜	屑	가로
셜	舌	혀
셜	渫	샐
싀	媤	싀가
승	乘	탈
승	昇	오를
승	蠅	파리
승	承	니을
습	襲	엄습할
슬	膝	무릅

시	視	볼
시	矢	살
시	施	베플
시	侍	모실
시	屍	죽엄
시	氏	각시
식	拭	씨슬
식	熄	새질
심	審	삷힐
신	伸	펼
신	薪	섭
신	哂	우슴
신	迅	빠를
신	臣	신하
신	愼	삼갈
신	晨	새벽

실	室	집
쇼	騷	소동할
쇼	掃	쓸
쇼	疎	성길
쇼	笑	우슴
쇼	消	살아질
쇼	召	부를
쇼	蕭	쑥
쇼	嘯	쉬파라
쇼	霄	할날
솨	鎖	잠을
솨	灑	뿌릴
솨	刷	거둘
솨	碎	부서질
쇽	束	묵글
쇽	屬	붓흘

六十五

송	悚	두려올
송	竦	송연할
송	誦	외올
송	頌	칭송할
솔	率	거나릴
수	漱	양치질할
수	穌	다시살
수	藪	덤불
수	須	모름직이
수	獸	즘생
수	酬	수작
수	誰	누구
수	修	닥글
수	遂	드댈
수	垂	드리울
수	囚	가돌
수	需	음식
수	睡	조름
수	秀	ᄲᅡ여날
숙	叔	아자비
숙	宿	잘
숙	淑	맑을
순	循	좃칠
순	巡	순행
순	唇	입설
순	旬	열흘
	ㄷ	
대	隊	쎼
대	待	기다릴
대	臺	집
담	膽	담
단	但	다못
단	團	둥글
단	丹	붉을
단	短	쌀을
당	堂	집
당	幢	긔
답	踏	밟을
덕	德	큰
등	騰	오를
등	燈	등잔
등	謄	등서할
도	渡	건널
도	倒	것구러질
도	鍍	도금할
도	徒	무리
도	蹈	쓀
도	都	도읍
도	屠	뭇지를
도	逃	도망
도	堵	담
독	獨	홀노
돈	敦	도타올
돈	頓	두다릴
동	瞳	동자
동	董	동독할
동	洞	고올
돌	突	당돌할
두	蚪	올창이
둔	遁	도망
	ㅌ	
타	墮	쎠러질
타	朶	포기
타	打	칠
타	柁	치
태	泰	클
탱	撑	괴일
탁	托	부탁
탁	度	혜아릴
탁	託	부탁
탁	濯	씨슬
탐	探	더듬을
탄	歎	탄식
탄	憚	쌔릴
탄	坦	평탄할
탄	殫	다할
탄	呑	삼킬
탕	盪	흔들닐
탕	湯	ᄭᅳ롤
탑	塔	탑

탑	搭	시를
탈	奪	쌔아슬
탈	脫	버슬
토	討	칠
퇴	頹	퇴락할
퇴	退	물너갈
퇴	堆	싸힐
통	統	거나릴
통	痛	압흘
통	筒	통
투	投	던질
투	透	통할
	ス	
자	玆	이
자	姿	바탕
자	姊	맛누의
자	慈	사랑
자	這	저긔
자	藉	빙자
재	在	잇슬
재	載	시를
재	再	두
재	裁	마르 잴
재	才	재조
재	哉	잇기
재	財	재물
재	纔	겨우
작	昨	어제
작	酢	수작
작	灼	탈
잠	潛	잠길
잠	岑	뫼ᄲᅮ리
장	將	장수
장	幛	천장
장	檣	도대
장	奬	권장할
장	裝	행장
잡	雜	섭길
저	儲	저축
저	佇	저축
저	杵	공이
제	際	즈음
제	齊	나라
제	除	제할
제	濟	건널
제	儕	무리
제	提	ᄭᅳ을
제	啼	울
제	弟	아오
적	寂	고요
적	迹	자최
적	積	싸흘
적	敵	대적
전	殿	대궐
전	田	밧
전	剪	갈갈
전	餞	전송
전	輾	굴
전	氈	담자리
전	纏	얽을
전	煎	다릴
정	井	우물
정	整	정제할
정	偵	엿볼
정	情	ᄯᅳᆺ
정	靜	고요
정	頂	니마
정	停	머므를
정	丁	장정
정	碇	대일
정	艇	배
정	庭	ᄯᅳᆯ
절	絶	ᄭᅳᆫ흘
절	折	ᄭᅥᆨ글
절	截	ᄭᅳᆫ흘
즘	怎	엇지
증	拯	건질
즙	戢	모흘
즙	什	즙물
즐	櫛	빗

六十七

지	持	가질
지	咫	지척
지	止	긋칠
지	誌	긔록
직	織	짤
전	盡	다할
진	陳	묵을
진	陣	진칠
짐	朕	징조
집	集	모돌
집	執	잡을
질	躓	밋그러질
조	祖	할아비
조	措	노흘
조	徂	갈
조	遭	맛날
조	曹	무리
조	燥	마를
조	組	인끈
조	粗	것칠
조	嘲	조롱
조	照	빗칠
조	潮	밀물
좌	左	왼
존	存	잇슬
종	簇	발
종	踪	자최
종	終	맛참
주	做	지을
주	奏	알욀
주	株	그루
주	柱	기동
주	住	머므를
주	幬	장막
주	駐	머므를
주	珠	구슬
주	綢	얽을
주	宙	집
주	舟	배
죽	竹	대
준	俊	준걸
준	浚	팔
준	遵	좃칠
	大	
차	且	또
차	借	빌
차	搓	셤을
차	嵯	놉흘
채	採	캘
책	册	책
착	捉	잡을
착	鑿	팔
참	慘	슯흘
참	叅	참예
찬	餐	밥
찬	撰	셤을
찬	竄	숨을
찬	攢	쏫질
창	刱	비로솔
창	艙	배
창	鎗	창
창	蒼	푸를
창	暢	화창할
창	漲	창일할
창	悵	슯흘
찰	察	삷힐
찰	札	편지
찰	刹	절
처	妻	아해
처	萋	무성할
체	涕	눈물
체	體	몸
척	斥	물니칠
척	戚	권당
척	陟	오를
천	喘	헐더거릴
천	薦	천거
천	遷	옴길
천	泉	샘
천	穿	뚜를

六十八

쳔	踐	밟을
쳥	晴	개일
쳥	請	쳥할
쳡	堞	셩쳡
쳡	疊	쳡쳡할
쳘	哲	밝을
쳘	綴	얽을
쳘	撤	걷을
쳘	轍	수레박회
측	則	법
측	測	측량할
층	層	층
치	齒	니
치	致	일윌
치	穉	어릴
치	置	둘
치	雉	꿩
치	差	어긔여질
치	熾	셩할
침	侵	침로
침	沉	잠길
침	寢	잘
침	枕	벼개
침	祲	긔운
칠	七	닐곱
초	初	처음
초	楚	나라
초	杪	가지
초	超	뛸
초	招	부를
초	抄	쌀
초	剿	멸할
초	悄	슯흘
초	哨	삭지즐
촬	挫	꺽글
최	催	재촉
최	最	가장
최	摧	꺽글
촉	促	재촉
촉	燭	초불
촉	髑	해골
촌	忖	혜아릴
총	叢	떨기
추	皺	쭈풀릴
추	秋	가을
추	酋	괴수
추	臭	내암새
추	推	밀
취	就	나아갈
취	聚	모돌
취	翠	푸를
취	驟	달닐
축	祝	빌
축	軸	축
춘	春	봄
충	衝	찌를
충	蟲	버레
충	忠	충셩

七十

三

牖蒙千字卷之二

目錄

유몽천가 권지 이 서문

제 이 권을 저술하여 성편이 되엿스니 이 권은 초권의 향용하는 속담으로 천자를 류취한것 보다 조곰 어려옴이 잇스나 이 도 또한 향용하는 문리로 초권에 업는 새 글자 천자를 더 류취하엿스니 심히 어려온 바는 아니오 다만 어린 아해를 가르치는 법의 계제를 좃차 점점 놉흔 등급에 오르는 차서를 일치 안케 함이로라

CONTENTS.

THE
THOUSAND CHARACTER SERIES.

KOREAN READER

NUMBER II.

BY

JAS. S. GALE, B.A.

PRINTED
BY
THE FUKUIN PRINTING Co., LTD.

1904.

牖蒙千字 卷之二

중	中	가온대
중	重	무거울
		ㅊ
차	車	수레
차	差	어그러질
차	此	이
차	次	버금
채	彩	채색
책	策	묘책
책	責	ᄭᅮ지질
착	錯	석길
착	着	붓으칠
참	叅	참예
찬	燦	빗날
찬	讚	기릴
창	滄	바다
창	窓	창
창	槍	창
창	創	비로솔
처	處	곳
체	體	몸
척	尺	자
척	隻	짝
첨	簷	첨하
첨	沾	저즐
천	賤	천할
천	川	내
천	千	일천
천	淺	얏흘
천	天	하날
청	淸	맑을
청	靑	푸를
청	聽	드를
찹	捷	ᄲᅡ를
철	掇	것을
철	鐵	쇠
치	痴	어리석을
치	侈	사치
치	耻	붓그러올
치	治	다스릴
치	馳	말달닐
침	浸	저즐
침	針	바늘
친	親	어버이
칭	稱	닐카를
칠	漆	옷
초	礎	주초돌
초	草	풀
초	焦	탈
촉	觸	ᄶᅵ를
촌	寸	마듸
총	聰	귀밝을
총	銃	총
총	總	거날릴
추	麁	추할
추	醜	더러올
추	追	ᄯᅡ를
취	取	가질
축	畜	칠
축	築	싸흘
축	丑	소
축	蓄	저축
축	逐	좃출
충	充	채울
출	出	날

적	狄	오랑캐
점	占	점칠
점	點	점
점	漸	점점
전	前	압
전	全	온전
전	轉	굴
전	戰	싸홈
전	廛	전
전	錢	돈
전	傳	전할
전	電	번개
전	典	법
정	程	길
정	精	정밀
정	正	바를

정	淨	정할
정	政	정사
정	定	정할
접	接	붓흘
절	節	마듸
즉	則	곳
즉	卽	곳
증	症	종세
증	蒸	찔
지	知	알
지	志	뜻
지	至	니를
지	之	갈
지	指	가르칠
지	枝	가지
지	支	괴일

지	紙	조회
지	智	지혜
지	只	다만
지	肢	사지
지	旨	뜻
지	遲	더딜
지	地	싸
직	職	직업
직	直	곳을
짐	斟	잔질할 正音침
진	進	나아갈
진	眞	참
진	震	진동
진	塵	띄끌
진	辰	룡
징	徵	부를

질	質	바탕
질	疾	병
조	造	지을
조	助	도을
조	調	고로
조	朝	아참
조	兆	억조
조	操	잡을
조	早	일직
좌	坐	안즐 正音자
좌	座	자리
족	族	일가
족	足	발
존	尊	놉흘
종	棕	종려
종	種	씨

종	從	좃츨
종	鍾	쇠북
종	蹤	자최
졸	卒	군사
주	走	다라날
주	注	부을
주	晝	낫
주	主	님금
주	週	두루
주	周	두루
주	稠	빽빽할 俗音조
주	洲	물가
준	準	법
준	撙	준절할 俗音존
준	蠢	꿈작일
중	衆	무리

六十

도	盜	도적
도	途	길
도	棹	도대
도	道	길
도	禱	빌
도	濤	물결
도	萄	포도
독	毒	독할
독	督	독촉할
동	東	동녁
동	銅	구리
동	冬	겨울
동	動	움즉일
동	凍	얼
동	同	한가지
동	童	아해

두	頭	머리
두	斗	말
둔	鈍	둔할
		ㅌ
타	惰	게으를
타	駝	약대
타	他	다를
태	太	클
태	態	태도
택	澤	못
택	擇	택할
탁	橐	자로
탐	貪	탐할
탄	誕	날
탄	炭	숫
탄	彈	탈

터	攄	헤칠
특	特	특별
토	土	흙
통	通	통할
통	桶	통
투	渝	변할
		ㅈ
자	者	놈
자	自	스스리
자	仔	자세
자	字	글자
자	滋	부를
자	資	자로
자	子	아들
재	災	재앙
재	財	재물

쟁	爭	다톨
작	作	지을
작	酌	잔
작	鵲	가치
작	雀	재
잠	暫	잠간
잠	蠶	누에
잔	殘	쇠잔할
장	壯	장할
장	藏	감촐
장	帳	장막
장	張	베플
장	丈	길
장	長	긴
장	場	마당
장	匠	장인

저	儲	저축
저	著	나타날
저	底	밋
저	抵	대일
저	低	나즐
제	制	법
제	製	지을
제	諸	모들
제	第	차례
제	題	쓸
제	帝	님금
적	赤	붉을
적	績	질삼
적	賊	도적
적	適	맛침
적	的	적실

심	心	마음
심	甚	심할
심	尋	차즐
심	深	깁흘
신	信	밋을
신	神	귀신
신	身	몸
신	辰	별
신	燼	불살올
신	申	펼
신	新	새
십	十	열
실	實	열매
실	失	일흘
소	所	바
소	穌	소성할
소	素	흴
소	昭	ᄇᆞᆰ을
소	少	졂을
소	小	적을
소	宵	밤
쇠	衰	쇠할
속	速	ᄲᅡ를
속	贖	속량할
속	俗	풍속
속	續	니을
손	損	덜
송	送	보낼
송	宋	나라
송	松	소나모
수	數	두어
수	愁	근심
수	水	물
수	讐	원수
수	羞	붓그러올
수	樹	나모
수	鬚	수염
수	收	거둘
수	輸	시를
수	手	손
수	壽	목숨
수	首	머리
수	隨	ᄯᅡ를
수	守	직힐
수	受	밧을
숙	熟	닉을
숙	肅	엄숙
순	淳	순박
순	舜	순님금
순	順	순할
순	瞬	눈깜작일
순	純	순전할
숭	崇	놉흘
술	術	술업
술	戌	개
		ㄷ
다	多	만흘
대	大	큰
대	代	대신
대	對	대할
대	帶	띄
담	談	말삼
담	擔	메일
단	斷	끈흘
단	端	끗
단	鍛	련단할
단	段	조각
당	當	맛당
답	答	대답
달	達	통달
득	得	엇을
등	等	무리
등	登	오를
도	圖	그림
도	度	지날
도	島	섬
도	導	인도
도	到	니를
도	刀	칼
도	覩	볼

五十八

사	思	생각
사	獅	사지
사	絲	실
사	巳	배암
사	死	죽을
사	社	사직
사	奢	사치
색	色	빗
색	穡	거둘
생	生	날
삼	三	석
삼	森	무성할
산	山	뫼
산	散	흣허질
산	産	날
산	筭	산둘

상	狀	형상
상	桑	뽕나모
상	上	웃
상	商	장사
상	想	생각
상	常	떳떳
상	像	형상
상	尙	오히려
상	祥	상서
상	相	서로
상	傷	상할
상	賞	상줄
상	詳	자세
살	殺	죽일
서	西	서녁
서	書	글

서	庶	뭇
서	棲	깃드릴
서	瑞	상서
세	世	인간
세	細	가늘
세	勢	형세
세	歲	해
석	夕	저녁
석	石	돌
석	析	가를
석	錫	주석
섬	閃	번득일
선	船	배
선	鮮	밝을
선	旋	돌
선	仙	신선

성	性	성품
성	成	일울
성	姓	성
성	盛	성할
성	醒	쌜
성	星	별
성	聲	소리
성	聖	성인
섭	涉	건널
설	設	베플
설	雪	눈
설	說	말삼
싀	豺	싀랑
승	勝	이길
습	習	닉힐
습	濕	저즐

습	拾	주을
시	時	때
시	是	이
시	始	비로솔
시	市	저자
시	柿	감
시	示	보일
시	試	시험
식	識	알
식	蝕	먹을
식	食	밥
식	殖	부를
식	息	쉬일
식	飾	쑴일
식	植	심을
식	式	법

五十七

폭	幅	폭 正音 복
표	標	표할
표	表	밧
풍	風	바람
풍	豐	풍년
		ㄹ
래	來	올
랭	冷	찰
라	懶	게으를
락	樂	즐거울
람	覽	볼
람	藍	쪽
란	爛	란만할
란	亂	어즈러올
랑	狼	일희
랑	朗	밝을
략	略	간략
량	量	혜아릴
량	良	어질
량	兩	두
량	糧	량식
려	麗	빗날
려	慮	생각
려	呂	법
례	例	젼례
례	隷	종
력	力	힘
력	靂	벽력
련	鰱	고기
련	連	니을
련	鍊	련단할
령	領	거나릴
령	令	하여곰
령	靈	신령
렬	烈	매울
름	懍	두려올
리	利	리할
리	理	다스릴
리	鯉	리어
리	離	써날
리	里	말
리	吏	아전
리	痢	리질
리	厘	리
림	林	수풀
린	鱗	긔린
립	立	설
로	路	길
로	魯	로둔할
로	牢	굿을
로	老	늙을
로	鷺	백로
뢰	雷	우뢰
뢰	賴	힘닙을
뢰	癩	문둥이
록	錄	긔록
록	綠	푸를
론	論	의론
롱	弄	희롱
료	療	나흘
룡	龍	룡
루	陋	더러울
루	漏	샐
류	旒	긔쌀
류	類	종류
류	硫	류황
류	留	머므를
류	流	흐를
륙	陸	뭇
륙	六	여섯
륜	綸	실마리
률	栗	밤
		ㅅ
사	詐	거줏
사	査	사실할
사	四	넉
사	士	선배
사	事	일
사	史	사긔
사	似	갓흘

발	髮	터럭
발	發	필
범	犯	범할
범	凡	무릇
범	帆	돗
번	繁	번성할
번	番	번
법	法	법
벽	癖	성벽
벽	霹	벽력
변	變	변할
변	邊	가
병	病	병들
병	兵	군사
별	別	리별
별	瞥	눈깜작일
북	北	북녁
비	比	견줄
비	備	갓촐
비	費	허비
비	鼻	코
비	譬	비사
빈	貧	간난
빙	憑	의지할
보	步	거름
보	保	보전
보	寶	보배
보	補	기울
복	服	옷
복	覆	업흘
복	伏	업드릴
복	福	복
복	卜	점
복	腹	배
본	本	밋
봉	鳳	새
봉	峯	봉아리
봉	逢	맛날
부	夫	지아비
부	父	아비
부	婦	지어미
부	富	부자
부	簿	문서
부	府	마을
부	腑	장부
부	負	질
분	分	난흘
분	憤	분할
분	紛	어지러올
불	不	아닐
불	彿	방불할
불	佛	부처
불	髴	방불할
		ㅍ
파	波	물결
파	破	깨칠
패	敗	패할
팔	八	여듧
폐	吠	지즐
폐	弊	해여질
폐	肺	허파
폐	蔽	가리울
편	偏	치우칠
편	便	편할
평	評	평론할
평	平	평할
픔	稟	픔할
픔	品	픔수
피	皮	가족
피	避	피할
피	彼	저
필	必	반닷
필	筆	붓
포	砲	총
포	暴	사오나울
포	布	뵈
포	礮	대포
포	葡	포도
포	包	쌀
포	飽	배부를

명	明	밝을
명	名	일홈
명	命	명할
명	皿	그릇
멸	滅	멸할
미	味	맛
미	米	쌀
미	尾	ᄭᅩ리
미	迷	희미할
미	美	아름다올
미	未	못할
미	微	적을
민	民	백성
민	敏	민첩할
민	鰵	고기
밀	密	ᄲᅢᆨᄲᅢᆨ

밀	蜜	청밀
모	母	어미
모	慕	사모
모	謀	ᄭᅬ
모	毛	터럭
모	貌	양모
모	侮	업수히녁일
목	目	눈
목	木	나모
목	牧	먹이칠
몽	夢	ᄭᅮᆷ
몰	沒	ᄲᅡ질
묘	妙	묘할
묘	卯	토기
무	無	업슬
무	務	힘쓸

무	鵡	앵무
무	武	호반
무	茂	것칠
문	文	글월
문	門	문
문	聞	드를
문	問	무를
물	物	만물
물	勿	말
		ㄴ
내	耐	견댈
내	內	안
남	南	남녁
남	男	사나희
납	納	드릴
녀	女	계집

년	年	해
녕	佞	간사할
능	能	능할
닉	溺	ᄲᅡ질
노	腦	노두
노	奴	종
노	怒	노할
농	農	농사
		ㅂ
배	配	짝
배	培	북도돌
배	排	헤칠
배	背	등
백	白	흰
백	百	일백
박	朴	검박

박	博	너를
박	撲	칠
박	雹	우박 正音 포
박	樸	순박할
반	飯	밥
반	半	절반
반	般	가지
방	方	모
방	訪	차즐
방	房	방
방	放	노흘
방	倣	의방할
방	彷	방불할
방	邦	나라
방	髣	방불할
방	紡	길삼

고	固	굿을
고	古	녜
고	故	연고
고	鼓	북
고	賈	장사
고	高	놉흘
고	庫	고집
고	考	상고
고	苦	고로올
과	科	과거
과	果	과실
과	菓	과실
과	過	지날
괘	掛	걸
관	慣	닉을
관	關	집

관	冠	갓
관	官	벼슬
관	觀	볼
관	管	거나릴
광	礦	구덩이
광	光	빗
광	廣	너를
광	鑛	쇠돌
광	曠	뷔일
괴	怪	괴이할
곡	穀	곡식
곡	谷	골
곡	曲	굽을
공	工	장인
공	功	공
공	空	뷔일

공	孔	구멍
공	供	이바지
골	骨	ᄲᅧ
골	汨	골몰할
교	較	비교
교	校	향교
교	驕	교만
구	球	구슬
구	區	갈피
구	究	궁구할
구	歐	칠 (正音 오)
구	口	입
구	久	오랠
구	求	구할
구	舊	녜
궤	几	궤

궤	饋	먹일
권	權	권세
권	眷	도라볼
귀	鬼	귀신
귀	貴	귀할
국	國	나라
군	羣	무리
군	軍	군사
군	君	님군
궁	窮	다할
굴	屈	굴할
규	規	법
귤	橘	귤
	口	
마	馬	말
매	賣	팔

매	枚	낫
매	每	매양
매	昧	어두올
매	買	살
맹	猛	사오나올
맹	氓	백성
막	幕	장막
막	漠	아득할
만	萬	일만
만	慢	거만할
만	滿	찰
망	妄	망녕
면	綿	솜
면	冕	면류관
면	面	낫
면	免	면할

五十三

각	各	각
각	覺	깨다를
각	角	뿔
각	刻	삭일
감	感	감동
감	減	덜
감	柑	감자
감	監	볼
간	間	사이
간	揀	간택할
간	懇	정성
강	强	강할
강	慷	슯흘
강	綱	벼리
강	江	물
강	康	편안

강	鋼	쇠
강	剛	강할
갑	甲	갑옷
거	居	살
거	據	웅거
거	巨	클
거	車	수레
거	擧	들
검	劒	칼
건	件	벌
건	建	세울
건	健	건장
건	巾	수건
겁	怯	겁낼
계	界	지경
계	係	맬

계	計	계교
계	械	칼
격	格	니를
겸	兼	겸할
견	堅	구들
견	犬	개
견	見	볼
경	頃	밧두둑
경	輕	가바야올
경	警	경동할
경	景	볏
경	境	지경
경	驚	놀날
경	更	곳칠
경	經	지날
경	耕	밧갈

결	潔	맑을
긔	氣	긔운
긔	機	틀
긔	奇	긔특
긔	己	몸
긔	記	긔록
긔	基	터
긔	譏	긔롱
긔	饑	주릴
긔	器	그릇
긔	騎	말달닐
긔	滊	증긔
긔	起	닐
긔	祈	빌
긔	麒	긔린
긔	紀	벼리

극	極	가장
금	今	이제
금	金	쇠
근	近	갓가올
근	勤	부즈런할
근	饉	주릴
근	根	ᄲᅮ리
근	斤	날
근	筋	힘줄
급	級	드름
급	急	급할
급	給	줄
기	其	그
기	技	재조
기	嗜	즐길
긴	緊	긴할

五十二

학	學	배홀
함	鹹	짤
함	含	먹음을
한	韓	나라
한	悍	사오나올
한	限	한정
한	閒	한가
한	寒	찰
한	罕	드믈
한	汗	땀
항	坑	구덩이
항	恆	항상
합	合	합할
향	向	향할
허	虛	빌
험	驗	징험

혜	慧	지혜
혜	彗	뷔
혁	革	가족
현	顯	나타날
형	形	형상
협	挾	셀
협	峽	산골
혈	血	피
희	稀	드물
희	喜	깃거울
흑	黑	검을
흥	興	닐
흡	恰	흡족할
흡	吸	마실
호	毫	터럭
호	護	호위

호	虎	범
호	呼	부를
호	湖	호수
화	花	꼿
화	化	될
화	火	불
화	禍	재화
화	華	빗날
화	和	고로
화	貨	보화
확	擴	널닐
환	丸	탄자
환	換	밧골
황	黃	누루
황	凰	봉황
황	礦	황

활	活	살
활	闊	너를
활	滑	밋그러질
회	會	모돌
회	灰	재
혹	或	혹
혹	惑	혹할
혼	魂	혼
홍	紅	붉을
홀	忽	문득
효	驍	날낼
후	後	뒤
후	厚	두터울
후	候	때
휘	揮	두를
훈	薰	더울

휴	休	쉬일
흉	凶	흉할
흉	洶	물결
		ㄱ
가	假	거즛
가	可	올홀
가	家	집
가	稼	심을
가	柯	가지
가	暇	겨를
가	街	거리
개	慨	슯흘
개	箇	낫
개	開	열
개	皆	다
개	槩	대개

이	二	두
이	易	쉬일
이	夷	오랑캐
익	益	더할
임	任	맛흘
인	人	사람
인	忍	참을
인	引	잇ᄭᅳ을
인	印	인
인	因	인할
인	寅	동방
일	日	날
일	一	한
오	五	다사
오	烏	가마귀
오	午	낫
오	汚	더러올
오	悟	ᄭᅢ다를
오	吾	나
완	宛	완전
완	頑	완악할
왕	王	님금
왕	旺	왕성할
외	外	밧
옥	屋	집
온	瘟	병
온	溫	더울
온	穩	평안
요	堯	님금
요	要	요긴할
욕	慾	욕심
용	容	얼골
용	用	쓸
용	勇	용맹
용	湧	물소슬
우	偶	우연
우	牛	소
우	雨	비
우	遇	맛날
우	愚	어리석을
우	憂	근심
원	願	원할
원	寃	원통
원	院	집
원	圓	둥글
원	原	언덕
원	元	웃듬
원	遠	멀
월	月	달
월	越	건널
위	爲	하
위	位	벼슬
위	衛	호위할
위	危	위태할
운	運	옴길
운	雲	구름
웅	雄	수
울	鬱	답답
유	有	잇슬
유	遊	놀
유	由	말매암을
유	柔	부드러올
유	儒	선배
유	酉	닭
육	育	기를
육	肉	고기
윤	潤	저즐
융	融	화할
		ㅎ
하	下	아래
하	夏	여름
하	何	엇지
해	害	해할
해	孩	아해
해	海	바다
해	亥	도야지
행	行	행할
행	幸	다행
학	虐	사오나올
학	鶴	학

字典

음	字	뜻
아	兒	아해
애	涯	물가
애	哀	슯흘
앵	鸚	앵무
악	鰐	악어
악	惡	사오나올
암	暗	어두올
암	巖	바회
안	眼	눈
안	岸	언덕
앙	仰	우럴
압	壓	누를
야	夜	밤
야	野	들
야	埜	들

음	字	뜻
야	冶	풀무
약	弱	약할
약	藥	약
약	約	언약
양	陽	볏
양	羊	양
양	讓	사양
양	洋	바다
양	養	기를
양	樣	모양
어	語	말삼
어	魚	고기
어	於	늘
억	抑	누를
억	億	억

음	字	뜻
억	憶	생각
엄	嚴	엄할
언	言	말삼
업	業	업
여	如	갓흘
여	豫	미리 예俗音
여	預	미리 예俗音
예	藝	재조
예	譽	기릴
예	銳	날낼
예	穢	더러올
역	易	밧골
역	疫	병
역	役	역사
염	髥	수염

음	字	뜻
염	染	물드릴
염	燄	불ᄭᅩᆺ
연	然	그럴
연	硏	갈
연	烟	연긔
연	鉛	납
연	軟	연할
연	延	버들
영	榮	영화
영	咏	읇흘
영	英	ᄭᅩᆺᄲᅮ리
영	潁	자로
영	營	영문
열	熱	더울
열	悅	깃거올

음	字	뜻
의	議	의론
의	意	ᄯᅳᆺ
의	衣	옷
의	義	올흘
의	依	의지할
의	疑	의심
의	醫	의원
음	陰	그늘
음	飮	마실
음	吟	읇흘
은	銀	은
응	應	응할
이	耳	귀
이	異	다를
이	伊	저

니勞心焦思하며發蹤指示하는者만잇스면엇지國體가되리오試驗하야富强한一等國을불지어다每日役場에營營逐逐하는者가不知其數니라俗談에갈아대苦는樂의種子ㅣ라하엿스니一人의부즈런함으로家眷이飽腹하니라役事하는者가漸漸만하지게되여야自然히富國이되리니萬民의幸福이곳國家의幸福이오國家의幸福이곳萬民의幸福이라무릇사람이事務中에잇서서는憂愁思慮도니저버리고筋力도强健하여지나니貧富間四肢를놀니지아니하고肉體의苦生을달게녀이는거시新舊約大旨를依倣함이라하노라

每日매일 役場역장 營營逐逐영영축축
苦고 樂락 種子종자
一人일인 家眷가권 飽腹포복
役事역사 富國부국 萬民만민
幸福행복 憂愁思慮우수사려 筋力근력
貧富間빈부간 四肢사지 肉體육체
苦生고생 新舊約신구약 大旨대지

무릇天地間에生長한人民이各其所務가잇는데一國에帝王이되여嚴肅한紀綱과包含한經綸으로써方針을세우는者도잇고政治家가되여總理하는地位에居하야監督의責任으로凡事를指揮하는者도잇고士子가되여文筆에用力하는者도잇고農夫가되여耕作을爲業하는者도잇고商賈가되여商業을經營하는者도잇고匠工이되여工場에追逐하는者도잇고兵家가되여軍務에叅謀하는者도잇고醫家가되여衛生에全力하는者도잇고紡績家가되여蠶桑에注意하는者도잇고牧者가되여六畜을字牧하는者도잇고또其外에도諸般技術을學習하는者가만흔데各其自己身上에適當함을擇하야守分하는거시吾人의義務오또그러치아니하면擔負之役으로生涯하야早朝브터休暇가업시汨沒하야汗出沾背하는地境에니르면서도受苦함이天理와人事에穩當할진저大抵事務에勞心과勞力이잇나

監督감독
士子사자
農夫농부
商賈상고
工塲공장
軍務군무
全力전력
牧者목자
諸般技術제반기술
擇택
義務의무
早朝조조
汗出沾背한출첨배
天理천리
勞力로력
國體국체

責任책임
文筆문필
耕作경작
經營경영
追逐추축
叅謀참모
紡績家방적가
六畜륙축
身上신상
守分수분
擔負之役담부지역
休暇휴가
地境지경
穩當온당
勞心焦思로심초사
試驗시험

凡事범사
用 용력
爲業위업
匠工장공
兵家병가
醫家의가
蠶桑잠상
字牧자목
適當적당
吾人오인
生涯생애
汨沒골몰
受苦수고
勞心로심
發蹤指示발종지시
一等國일등국

오사람이鉛만지던손을코로맛하보면그내암새가異常하더라그質이甚히軟하야손톱으로누르던지칼노그으면쑥드러가고손에나조희에나문대이면灰色이들고屈曲하기에甚히柔하야질기지못한거시오大稱과小稱눈에도쓰나니라그質이純全치못하야硫礦이만히석기고銀도其中에잇나니鉛이잇슨즉銀이잇나니라天下에鉛礦의富厚함이英國과呂宋과合衆國에지나는者ㅣ업스니英國에每年캐는鉛이一百九萬二千던인데其中에서나는銀이四十二萬兩이라하더라大抵집웅에덥는鹹錫이나물桶이나各樣器皿을만히이거스로함은엇짐이뇨鉛의質됨이軟한즉製造하기도容易하고또綠도슬지아니하고長久히쓰기도하나니라그러하나鉛이라하는거시毒하니무삼飲食이던지鉛으로만든器皿속에儲畜지말지니라信石을석그면堅剛한質을일우나니또冶匠이들이이거스로破傷한데도때이며또銃과大礮의彈丸을만드나니라

第二十五科程 事務

天地間천지간 生長생장 所務소무
帝王제왕 嚴肅엄숙 紀綱긔강
包含포함 經綸경륜 方針방침
政治家정치가 總理총리 指揮지휘

면綠이나나니그덕근거슬기름으로닥가光滑하게하나니라

第二十四科程 鉛

鉛연	藍람	光彩광채
發발	天氣천긔	瞬息間순식간
渝色투색	異常이상	質질
軟연	灰色회색	屈曲굴곡
柔유	大稱대칭	小稱소칭
純全순전	鉛鑛연광	富厚부후
呂宋려송	每年매년	鹹錫함석
桶통	各樣器皿각양긔명	容易용이
長久장구	信石신석	堅剛견강
器皿긔명	儲蓄저축	冶匠야장
彈丸탄환		

鉛이라하는거슨鐵과銅갓치흔이쓰는거시아니라그色시엿흔藍빗갓하서불에녹이량이면문득光彩를發하야可히볼만하다가天氣아래잇게되면瞬息間에곳渝色하야지는거시

九十九斤구십구근 半반 半斤반근
九十八斤구십팔근 斤半근반 炭氣탄긔
不甚相遠불심상원 水中수중 下濕하습
綠록 光滑광활

여라가지쇠中에鐵갓치흔이所用되는거시업나니生鐵과熟鐵과鋼鐵이잇서太平聖代에
나風塵世界에나이거시아니면萬事에便利함을엇지못할지라大抵보습과홈의와낫과칼
과닷과滊車길을펴는데와水途를引導하는데는無時로쓰는거시오軍刀와劍과槍과銃과
大礮와各樣軍物을製造하야外侮를막는데는必要한거시라文物이旺盛한나라를들고말
하량이면鐵物을만히製造하고그理治를또한窮究하거니와事業이草創하던時代를詳考
한즉그利用함을아라製作하는妙方을攄得지못하엿도다上古적은石世界라各연장을돌
노만드럿고中古와밋後世에밋처次次智慧가늘어감으로鐵을만히쓰며그物質에엇더한
것싸치攄得하야가지고光을내여潤澤하게하고平滑하게하며或馬尾갓치가늘게쏩아실
을만드니닐은바鐵絲더라鐵質가온대炭素가잇스니生鐵百斤重數內에鐵이九十五斤이
오炭이五斤이며熟鐵百斤重數內에鐵이九十九斤半이오炭이半斤이며鋼鐵百斤重數內
에鐵이九十八斤半이오炭이斤半이니세가지物質가온대炭氣석긴거시不甚相遠이나그
러나쓰는곳에니르러서는서로갓지아나하니라鐵이或水中에오래잠기거나下濕한대두

第二十三科程 鐵

鐵철	所用소용	生鐵생철
熟鐵숙철	鋼鐵강철	太平聖代태평성대
風塵世界풍진세계	萬事만사	便利편리
滊車긔차	水途수도	無時무시
軍刀군도	劒검	槍창
銃총	大礮대포	各樣각양
軍物군물	外侮외모	必要필요
文物문물	旺盛왕성	鐵物철물
草創초창	詳考상고	利用리용
製作제작	攄得터득	石世界석세계
各각	物質물질	光광
潤澤윤택	平滑평활	馬尾마미
鐵絲철사	鐵質철질	炭素탄소
百斤백근	重數중수	內내
九十五斤구십오근	炭탄	五斤오근

治療치료　注意주의　別擇별택
撙節준절　冷濕랭습　處所처소
生前생젼　延年益壽연년익수　方法방법

사람이世上에處하야疾病이업스면長生不死할줄은비록隻童이라도아는바나그러나人生이제母親에게서날제브터病根을타고나나니라그原因과出處를말할진대病의씨는汚穢한데로브터나나니或他人의게서傳染이되거나或惡한氣運中에毒한버러가呼吸之氣를따라肺臟로드러가거나그러치아니하면或手足과衣服에뭇어次次大發하는弊가잇는故로衛生을힘쓰는醫術家가至極히精微한데까지研究하야보고그原因의出處를다사리랴하야蔽一言하고淨潔한거슬爲主하나니大抵黑死病과怪疾과痢疾과癩疾과밋千百가지疾病이잇는데갓흔病에도사람마다그血分의다람을따라症勢가얼마큼差別이잇슴으로쓰는藥도갓지아니하니라其中에醫藥으로能히穌醒케하기도하며醫藥을쓰지아니할지라도自然히낫는것도잇스며또비록名醫의妙方과手段으로도治療치못하는것도잇나니그러한則우리의注意할거슨衛生이라居處를別擇하고飮食을撙節히하며衣服을淨潔히할거시오또太陽氣運을갓가히하고冷濕한所處를멀니함이生前에延年益壽하는方法이니라

規例가잇더라今日世界上에進步한나라들이이거슬依倣하야各其運動場을크게設하고때를따라行氣하나니이는文明目的을가지고先後를닷토와一步라도前進하랴는者의맛당히行할바니라

第二十二科程　疾病

疾病질병	長生不死장생불사	隻童척동
母親모친	病根병근	原因원인
出處출처	汚穢오예	他人타인
傳染전염	惡악	呼吸之氣호흡지긔
肺腑폐부	手足수족	大發대발
衛生위생	醫術家의술가	精微정미
蔽一言폐일언	黑死病흑사병	怪疾괴질
痢疾리질	癩疾라질	千百천백
血分혈분	症勢증세	差別차별
藥약	醫藥의약	甦醒소성
名醫명의	妙方묘방	手段수단

市中시중	行氣행긔	自行車자행거
騎馬긔마	砲放鍊習포방련습	外他외타
血氣혈긔	康健강건	强弱강약
氣力긔력	一身上일신상	養生方양생방
節操절조	前頭전두	標準표준
急급	性癖성벽	一步일보
賞給상급	今日금일	依倣의방
運動場운동장	設설	目的목적
先後선후	前進전진	行행

運動이여러가지잇스니一日몃次씩山上에나海岸에나市中에나단니며行氣하는것과밋공치는것과自行車달니는것과騎馬하는것과砲放鍊習하는것과다름박질하는것과씨름하는것과밋外他여러가지運動이다身體의血氣를康健케하는者ㅣ라그러나强弱을勿論하고氣力에붓치는運動을하게되면한갓有益함이업슬뿐아니라도로혀큰害가잇스리라녯날로마時代에이러한거슬一身上에養生方으로알고다름박질하는運動을할새飮食도節操잇게하고衣服과신ᄭᆞ지라도輕捷하게하야가지고前頭에標準을세우고바라보며急히性癖닷홈으로나아가서一步라도먼저信地에得達한者의게華麗한冕旒冠을給賞하는

午오　未미　申신
酉유　戌술　亥해
十二時십이시　漏水루수　更點경점
北斗七星북두칠셩　斟酌짐작

時間은如流하는歲月을닐음이오時計는오는時間을分明히가르쳐差錯업시알게함이니光陰을虛送치아니하고業을힘써寸陰을다토는者의暫時라도품속에떠나지못할거시라其外에또掛鍾과坐鍾과警時鍾이잇는데表面에一點브터十二點까지낫덴數字로썻스며또各國이한갈갓치定한規例가잇서一晝夜를二十四時로分하야上午몃時라하며下午몃時라하나니라二十四時가一日인데一時에分針은六十分이오刻針(秒針)은六十刻식六十番을도나니라이러한時間을數하야보니日字가七日이면一週日이오三十日이나三十一日이되면한달이오十二月이되면一週年이라伊前世代에는二十四時로分하지아니하고子丑寅卯辰巳午未申酉戌亥十二時로通用하엿고또時計가업슴으로漏水와更點과밋北斗七星의運轉함을보고時間을斟酌하엿나니라

第二十一科程　運動

次차　山上산상　海岸해안

第二十科程　時間과밋時計

時間시간	如流여류	時計시계
分明분명	差錯차착	光陰광음
虛送허송	寸陰촌음	其外기외
掛鍾괘종	坐鍾좌종	警時鍾경시종
表面표면	一點일점	十二點십이점
數字수자	定정	規例규례
一晝夜일주야	二十四時이십사시	上午상오
下午하오	一日일일	一時일시
分針분침	六十分륙십분	刻針각침
六十刻륙십각	六十番륙십번	日字일자
七日칠일	一週日일주일	三十日삼십일
三十一日삼십일일	十二月십이월	一週年일주년
伊前이전	世代세대	二十四時이십사시
子자	丑축	寅인
卯묘	辰진	巳사

錢政이아니면할수업는줄노사람마다아나니이는各國人民이學而知之하는거시아니오自然히알고習慣이되여各各便利한方策을圖謀하야自己의幸福을삼음으로理勢가반다시그러한境遇에니르러맛참내千古不易之典이되엿는지라이러함으로사람사람이其中에浸溺하야尊重히녁이기를神明갓치하고政府에서官吏된者는人民의生命財産을保護함으로써第一能事를삼나니라

古代에는淳樸한風俗이만흔故로物件을相換하는데穀食과布木으로도하며銅에구멍을뚤어쓰기도하더니其後에稠密한人口가金銀錢을通用하엿고近代에니르러財産이繁殖하고學識이發達하야매우輕하고便함을爲主하나金銀錢外에도또한紙錢이融通하는도다처음으로듯고보는사람은金銀錢의問題에對하야疑慮가업지못하겟고또紙錢에對하야더옥밋지아니할거슨人之常情이기로金銀紙貨의理由를大綱說明하노라文明之國은金銀價가高低가업시法例를酌定하엿슨則金銀錢이世間에서破傷하는害를밧지아니할더이오또紙錢을製造할제紙一張代에金이나銀이나相當한價格으로써留物을삼아國庫에充數하야두고큰信을百姓의게보이며또刻錢도金銀貨를짜라짓나니닐은바元位貨와補助貨니라

尊重존중 神明신명 政府정부

官吏관리 財産재산 第一能事제일능사

相換상환 布木포목 銅동

其後기후 稠密주밀 人口인구

金銀錢금은전 通用통용 近代근대

繁殖번식 學識학식 輕경

便편 外외 紙錢지전

融通융통 問題문제 疑慮의려

人之常情인지상정 金銀紙貨금은지화 理由리유

大綱대강 金銀價금은가 高低고저

法例법례 酌定작정 世間세간

破傷파상 紙一張代지일장대 銀은

相當상당 價格가격 留物류물

國庫국고 充數충수 刻錢각전

金銀貨금은화 ●元位貨원위화 補助貨보조화

大抵나라와밋社會上人民이彼此買賣하야相通하는길을열어發達케하는데니르러서는

戰場에軍糧을豫備하여야하는것갓치商業에資本을準備할거시오또戰場에軍器를精銳케하여야함갓치商業에信用을보일거시오또戰場에謀計를써야하는것갓치物理와時勢에通達하여야할거시니萬一戰爭에나商業에나預備가업스면반다시敗를보리라眞實하고正直하게하야信과義를세울지니라正直이라하는거슨사람의物件을盜賊하지아니한다고正直하다함이아니라凡百事에다良心을따라行하는者ㅣ라야참正直한商賈ㅣ라하리니假令남의時勢에서더밧거나下品를가지고上品의갑슬밧거나物件을製造하야주마하고此日彼日거즛말하야怪惡한所聞이나게되면그商業이興旺치못하고漸漸衰하야掇廛하는境遇에니르리라大韓사람들은商業에從事하랴거든商業學校에드러가서物理와時勢의貴賤과밋簿記學을工夫할지어다

第十九科程 돈

社會上사회상 買賣매매 相通상통
錢政전정 學而知之학이지지 便利편리
方策방책 圖謀도모 幸福행복
理勢리세 千古不易之典천고불역지전 浸溺침닉

通達통달 萬一만일 預備예비
敗패 正直정직 信신
義의 盜賊도적 凡百事범백사
良心량심 行행 下品하픔
上品상픔 此日彼日차일피일 怪惡괴악
所聞소문 興旺흥왕 漸漸점점
衰쇠 掇廛철전 商業學校상업학교
簿記學부긔학

사람의職務가商業에서지나는거시업나니라天然物과人造物을가지고直接을하거나間接을하거나彼此有無相通하야信地까지運轉하는거슬장사라하는거시니서로周旋하며賣買하며輸運하며通하는거스로써業을삼나니라上古에그리써도商業이發達함으로써富强하고有名한나라히되엿섯고至今부리텬도商業만爲主하야到處에擴張함으로人民의豐足함과國家의富强함이比할데업슴을우리가耳聞目見하는바라엇지따르지아니하리오장사를實業家ㅣ라닐으나니우리가居處와飮食과衣服에하로라도實業家를依賴치아니할수업나니實業家가엇지가장要緊치아니하리오큰장사로브터甚至於성냥장사까지라도物理와時勢에鍊鍛하여야하겟고또資本이첫재라譬컨대商業은和平한戰爭이라

밧긔지나고또더옥精密하니우리가엇지其術을學習하지아니하리오大韓人民이된者는筭術에從事할지어다

第十八科程 商業

職務직무	人造物인조물	直接직접
間接간접	彼此피차	有無相通유무상통
信地신지	運轉운전	周旋주선
賣買매매	輸運수운	通통
發達발달	富强부강	至今지금
爲主위주	擴張확장	豐足풍족
耳聞目見이문목견	實業家실업가	甚至於심지어
物理물리	時勢시세	鍊鍛련단
資本자본	譬비	和平화평
戰爭전쟁	戰場전장	軍糧군량
豫備예비	準備준비	軍器군긔
精銳정예	信用신용	謀計모계

容貌용모 稱讚칭찬 分분
釐리 無形物무형물 目覩목도
足족 丈闊장활 深淺심천
絲毫사호 有形物유형물 至精至密지정지밀
通商통상 伊前이전 各樣物種각양물종
過과 天下천하 各種諸物각종제물
前者전자 通用통용 精密정밀
筭術산술

筭이라하는거슨萬物을數하는거시니一노브터十百千萬億兆쌔지아라서記憶하는거시라이거슬學習지아니하면道理에漠昧하야於千萬事에適當한者가되지못하나니라筭에心筭이잇스며또法과式과術이잇스니이거슬因하야自己의思想을싸라비록毫와里와塵과漠의細微한거시라도分析하나니라假令華麗한쏫이나美妙한容貌를보고그조흔거슬稱讚하면서도몃分과몃厘에조흔거슬分析지못하나니이거슨無形物이오山이나江이나目覩한後에는足히丈闊과深淺을絲毫라도分析할수잇나니이는有形物이라法과術이업스면엇지至精至密하리오各國으로더브러通商하기伊前에는各樣物種이過히數밧긔넘치지아니하더니天下가한집이됨으로브터各種諸物이甚히만하저서前者에通用하던數

三十一

帶와温帶地方에適當하고橘과密柑과無花果와軟柿와葡萄와其他各種은南方所産이니그土地가果實을生함으로南方土人들이그거슬依賴하고懶惰하야慣習이되엿나니라大抵成熟지아니한거슬먹는거시身體를護衛함이아니오도로혀害롭게함이라文明한사람들은未熟한거슬먹지아니하나니라내가보니果實마다各各씨를품엇스니우리는그와갓치眞實한行實을품을지어다

第十七科程　筭

筭산	萬物만물	數수
十십	百백	千천
萬만	億억	兆조
記憶긔억	學習학습	途理도리
漠昧막매	於千萬事어천만사	心筭심산
法법	式식	術술
思想사상	毫호	里리
塵진	漠막	細微세미
分析분석	華麗화려	美妙미묘

기도하며몃千年前에如常하던山이一朝一夕에터저서近方이다灰燼하기도하고山峯이
갈나진곳에는사람이갓가히가지못하나니라또드르니그밋치너무깁허尺量할수업다하
니내生覺에는이거시新約聖經에無底坑과갓흔거신가하노라

第十六科程　果實

各種각종	果實과실	人生인생
供饋공궤	緊要긴요	山査산사
黃栗황률	適當적당	橘귤
密柑밀감	無花果무화과	軟柿연시
葡萄포도	其他기타	各種각종
南方남방	所産소산	生생
依賴의뢰	慣習관습	成熟성숙
身體신체	護衛호위	未熟미숙
眞實진실	行實행실	

各種果實이다人生의日用함을供饋하는者ㅣ나甚히緊要하니라熱帶地方에잇는者와溫
帶地方에잇는者와寒帶地方에잇는者가各各갓지아니하니배와릉금과山査와黃栗은寒

定한者가맛치船遊하는것갓하그危懍한光景이사람의마음을驚動하더라큰地震에는建築한거시문허지며地面이갈나저生命이만히損傷하고또空氣가不調하야온갓造物이精力을收拾지못하나니라녯史記에地震의災禍를應하야饑饉과瘟疫과밋國家의內亂과兵革이잇다하나그러나即今開化한나라에서는그러한줄노알지아니하나니라

第十五科程　火山

其中기중	上上峯상상봉	火燄화염
日用일용	巨巖거암	大石대석
硫磺류황	觸鼻촉비	千萬年천만년
數百年수백년	前전	近代근대
如常여상	千年천년	灰燼회신
尺量척량	無底坑무저항	

地球上에山이甚히만하不知其數ㅣ라其中에엇더한山은上上峯이갈나저그리로나아오는火燄이우리의日用하는火燄의猛烈한거시能히따르지못하나니비록堅固한巨巖과大石이라도녹아물이되나니라또硫磺내암새가觸鼻하며그近方에는地震이만흐니라火燄이千萬年을지나도록變치아니하는거시아니라數百年前에잇던火山이近代에는如常하

電氣를만들기도하고通信에도쓰며各樣機械에도쓰나니그빗과그힘이他物에比할수업는稀罕한거시니라

第十四科程　地震

地震지진	原因원인	火山화산
始作시작	伏藏복장	限量한량
地中지즁	東馳西走동치서주	時시
門窓문창	房屋방옥	座定좌정
船遊선유	危懍위름	光景광경
驚動경동	建築건축	損傷손상
不調부조	造物조물	精力정력
收拾수습	災禍재화	應응
饑饉긔근	瘟疫온역	國家국가
內亂내란	兵革병혁	即今즉금

地震을말하건대그原因이火山에서브터始作하니그伏藏한火氣가힘이限量할수업는지라間或火氣가地中으로서東馳西走할時에는地面이震動하야門窓이흔들니매房屋에座

第十三科程 우뢰와밋번개

雷聲뢰성	震動진동	電光전광
閃忽셤홀	意見의견	窮究궁구
霹靂벽력	雷鼓뢰고	無論何物무론하물
破傷파상	歐美各國구미각국	平原曠野평원광야
山谷間산곡간	境遇경우	大驚失色대경실색
鐵物철물	化學士화학사	通信통신
各樣각양	機械긔계	他物타물
比비	稀罕희한	

雷聲이震動하는곳에電光이閃忽하고電光이閃忽할때에雷聲이震動하나니라兒孩들아너희意見에는빗치먼저잇다하나냐소리가먼저잇다하나냐理致를窮究한則빗치잇슨後에소리가잇나니이는번개불이空中에싸힌氣運을가를제그비치閃忽하며氣運이흣허젓다合하엿다ᄒᆞ는故로霹靂소리가맛치雷鼓하는것갓하어느方向이던지몰녀나아갈때에無論何物하고그빗치부드지면破傷하는害를맛나는지라이러함으로歐美各國과밋其他文明한나라人民들은平原曠野에서나山谷間에서나아모데서나이러한境遇를當하면電光을무서워大驚失色하야自己의가진鐵物을버리나니라또化學士가電氣를잡기도하며

說明설명 熱帶近方열대근방 東洋동양
越犬吠雪월견폐설 溫帶온대 則즉
地方지방 分別분별 勿論물론
極극 天涯相極천애상극 南北方남북방
南北極남북극 溫氣온긔 發程발정
行人행인 迷惑미혹 方向방향
凍死동사 弊폐

눈의貌樣이六모가진故로六花ㅣ라하엿ᄂᆞ니近世에物質을硏究하는學術家가六角形의大同小異한그림을여러가지로그려서그理由를說明하엿더라熱帶近方에서는눈을보지못함으로東洋古書에도越犬이吠雪이라하엿고溫帶에는冬節이된則눈이그地方을ᄯᅡ라만히오며적게오는分別이잇스며ᄯᅩ熱帶와溫帶를勿論하고極히놉흔山우헤와밋天涯相極한南北方에는晝夜로눈이나려싸혀잇나니이러함으로南北極사람들은눈을파고그가온대드러가서居處도하며어름집에서도居處하나니눈을파고그속에서居處하면도로혀溫氣가잇다하나니라冬節을當하야發程한行人이或白雪이紛紛히나릴때를맛나서는精神이눈의迷惑한바되여方向을分別치못하다가凍死하는弊가잇나니俗談에눈이사람을홀인다하나니라에는海中에波濤가山갓치니러나며큰놀이되여蒸氣의힘으로도그洶湧한氣勢를破할수업나니이거시英語에널은바다이푼이라하나니라大抵太陽이地球를쐬임으로그薰氣가空中으로올나가서구룸이되여써단니다가寒氣가相撲함을맛나서되는者ㅣ니라우리가每番徵驗하야보니間或日氣가大端히덥다가次次黑雲이四面으로서모혀드러光明한日光을가리운後에는비가나리더라ᄯᅩ보니植木을잘培養하야森林이茂盛한나라는濕氣가恒常나모ᄲᅮ리에잇슴으로그氣運이恒常連續하야올나가는지라雨澤이자조자조잇스나樹木이업는나라는雨澤이稀少한때가만타가夏節을當할때에는각금장마가支離하더라

로웨北方사람의俗談에고양이가사오나온風雨를主管한다하나니英國船人들이風雨大作하는놀을맛나면言必稱바람이고양이ᄭᅩ리에걸녓다하는말이잇고ᄯᅩ녯西洋책에고양이로비를가르치고개로바람을가르쳣다하야英語에오날은비가고양이와개갓치온다하나니라ᄯᅩ一邊으로는비가오고一邊으로는해가날때도잇나니그때에日光이비에빗최여燦爛한무지개를일우나니라

第十二科程 눈

六花륙화　物質물질　學術家학술가
六角形륙각형　大同小異대동소이　理由리유

潤澤윤택	穀食곡식	豐登풍등
氣候긔후	暫時잠시	數十日수십일
大風대풍	海中해중	波濤파도
蒸氣증긔	洶湧흉용	氣勢긔세
破과	英語영어	每番매번
徵驗징험	間或간혹	日氣일긔
次次차차	黑雲흑운	四面사면
植木식목	培養배양	森林삼림
茂盛무성	濕氣습긔	連續련속
雨澤우택	稀少희소	夏節하절
支離지리	北方북방	俗談속담
風雨풍우	主管주관	英國영국
船人선인	風雨大作풍우대작	言必稱언필칭
一邊일변		

비는土地를潤澤하게하며穀食을豐登케하는者ㅣ라氣候를따라暫時오기도하고數十日동안오기도하며또엇더할때에는大風이니러나면서어지러히오는비도잇나니이러할때

歲月세월　閒暇한가　題目제목
卽景즉경　理致리치　因인
薰氣훈긔　瞥眼間별안간　寒氣한긔
相撲상박　凍氣동긔　雨雹우박
紛紛분분　西方서방　日光일광

兒孩들아白晝에흰덩어리가만히뭉처空中으로떠올나가는것과夕陽에하날이붉어지는거슬아나냐모르나냐山에도둘니며나모우회도덥히며놉흔바회사이에도끼여맛치烟氣도갓고綿花도갓고白雪도갓고山峯아리도갓흠으로녯날吟風咏月노歲月을보내는閒暇한무리가이거스로題目을삼고卽景을그렷스나그러나그理致의엇더한거슬말하지아니하엿나니라

大抵地球는太陽이恒常쬐임을因하야海面과地面에서薰氣가空中으로올나가서구름이되여中天에떠단니다가瞥眼間寒氣가相撲하면비가되고또비된거시나려오다가凍氣를맛나면雨雹이되는거시오冬節에는白雪이되여紛紛히나리는거시오夕陽에西方이붉어지는거슨구름이日光을띄여燦爛히되는거시니라

第十一科程　비

分壄분야

天文은日月星辰의잇는地位를論理하야말한거신데녯ᄭᅳ리써學士의槩論을가지고今世의天文家들이더옥研究한거시라

大抵太陽은一處에만잇고行動치아니하는거시라다만猛烈한火氣와光明이잇스매달이그빗출비러가지고제빗출삼는지라그러하나달은그中에生氣가업다하나니라우리의處所도行星中에하나히니일홈은地球星이라ᄯᅩ七星이잇스니갈온水星金星火星木星土星天王星海龍星이니이별들은가만히잇는恒星과갓지안코그體가놀아움직이는者ㅣ라큰者는달이넷도잇고다섯도잇고여듧도잇스며ᄯᅩ엇더한恒星은스스로太陽과갓치빗이잇나니라行星들은다太陽을안고돌므로一週年의遲速과日月食의度數를昭詳히아나니라ᄯᅩ彗星이잇는데中天을멀니두고도라단님으로數十年만에보이기도하고數百年만에보이기도하나니라近來에海上으로周遊하는船長들이日夜를較計치아니하고단니다가無邊大洋에서星辰의度數를보고分壄를아나니라

第十科程　구룸

白晝백주　夕陽석양　烟氣연긔

白雪백설　山峯산봉　吟風咏月음풍영월

几도製造하고또온갓거슬만드나니라

第九科程　天文의略論

天文천문	日月일월	星辰성신
論理론리	槩論개론	今世금세
天文家천문가	一處일처	行動행동
猛烈맹렬	火氣화긔	光明광명
生氣생긔	處所처소	行星행성
地球星지구성	七星칠성	水星수성
金星금성	火星화성	木星목성
土星토성	天王星천왕성	海龍星해룡성
恒星항성	體체	一週年일주년
遲速지속	日月食일월식	度數도수
昭詳소상	彗星혜성	數十年수십년
數百年수백년	周遊주유	船長선장
日夜일야	較計교계	無邊大洋무변대양

得利득리 三千圓삼천원 偏嗜편기
南海남해 鰐魚악어 皮甲피갑
彈丸탄환 凶惡흉악 六畜륙축
避피

江과湖水와海水에生産한바物件이各其일홈이잇스대其數가만하셔이긔여記錄지못하리로다우리가飮食을하며生活할때에엽지못할거슨生鮮인데海産가온대가장可한거슨刀尾와松魚와大口와鰲魚와鰱魚와조긔와靑魚와鯉魚와밋數多한生鮮이또잇스니이몃가지는보기에도아름답고먹기에도맛잇나니라水族中에큰者는고래ㅣㄴ데大者는長이洋尺으로六七十尺이라입이도야지입과恰似하고또鬚髥이잇스며또能히船隻을破覆할힘이잇고海上에서뛰여놀때에海面에셧다잠겻다하며큰머리를드러내고물을뿜는소리가바다를뒤집는듯하야보기에壯觀이더라西國人과日本人은이거슬잡아得利하는거시不少하니한마리에三千圓이나되더라日本人은고래를偏嗜하나니이거시기름이만코또사람들이그뼈를다토아사나니라

南海에鰐魚라하는거시잇스니쌀은발넷시잇고그皮甲이甚히堅固하야彈丸이能히뚤치못하는者ㅣ라大端히凶惡하야사람이나六畜이나제압흘當하면잡아먹으나그러나제가陸地에서는발이輕捷지못하야兒孩라도避하야그害를밧지아니하는거시오그皮甲으로

少하니害만씨치는微物이라하나理學者는갈아대至極히적고毒한버레를재가만히먹음으로그害가사람의게도밋지아니하고또한樹木에게도밋지아니한다하나니라불지어다또일은아침에明朗하고淨潔한氣運을띄고窓압나모柯枝에오르락나리락하며즐거온소리로써懶惰한者를警醒하나니라

第八科程 水族의略論

江강	湖水호수	海水해수
其數기수	記錄긔록	飮食음식
生活생활	生鮮생선	海產해산
刀尾도미	松魚송어	大口대구
鰵魚민어	鰱魚련어	靑魚청어
鯉魚리어	水族수족	大者대자
長장	洋尺양척	六七十尺륙칠십척
鬚髯수염	能능	船隻선척
破覆파복	海上해상	海面해면
壯觀장관	西國人서국인	日本人일본인

處處처처　簷下쳠하　稼穡가색
豐備풍비　分數분수　年年년년
虛費허비　五穀오곡　不少불소
微物미물　理學者리학자　至極지극
毒독　樹木수목　明朗명랑
淨潔정결　窓창　柯枝가지
警醒경성

재는털이잇고또날개가돗아서空氣를헤치고中天으로써다니다가山林과川澤과밋다른곳에棲息하나니라

녯史記에鳳凰을가르처祥瑞라한거시만흠으로녜를博覽한사람들은올흔줄노아나그러나此世上에學士는鳳이업다하나니라

大綱말하면비듥이와鶴과닭과오리와烏鵲과鸚鵡와孔雀과꾀고리와白鷺와참재와밋여러재들이잇는데그貌樣의아름다옴과그소리의듯기조흔거시千態萬狀이더라數多한재中에참재는凡常한재라處處에잇는故로모로는사람이업나니라이재는簷下에헤나나모구멍에나깃슬드리고또稼穡에힘쓰지아니하야도到處에먹을거시豐備한天然物이니라이世上에서自己의分數만직혀가는사람들이말하대年年히재가먹어虛費하는五穀이不

十七

하니소는農事에도쓰고그젓과고기와가족과뼈까지라도버리지안코羊도또한有益하야그털노옷감을만드러四時로닙고맛잇는고기와뿔과젓과뼈까지쓰나니라其外에또말과橐駝와라귀와개와고양이와여러가지즘생이잇는데文明之國에서는生産식히는妙理를아라各其種類를따라잘먹이치는故로種類가特別히아름다오니라또古書에麒麟이라한거시잇스나이는일홈과말뿐이니有名無實하니라開化한나라는動物院을設立하고여러가지動物을모화노코사람들노하여곰任意대로구경하게하야그耳目을悅樂케하고그性質도알게하나니라

第七科程 새

空氣공긔	中天중천	山林산림
川澤천택	棲息서식	史記사긔
鳳凰봉황	祥瑞상서	博覽박람
學士학사	鳳봉	大綱대강
鶴학	烏鵲오작	鸚鵡앵무
孔雀공작	白鷺백로	貌樣모양
千態萬狀천태만상	數多수다	凡常범상

淨정 醜추 牛羊우양
有益유익 農事농사 其外기외
槖駝탁타 文明之國문명지국 生産생산
妙理묘리 種類종류 特別특별
麒麟기린 有名無實유명무실 開化개화
動物院동물원 設立설립 耳目이목
悅樂열락

즘생이라하는거슨本是天然物이니覺魂의生命만잇고靈魂의生命이업는者ㅣ니라世界上에各種類가크게繁盛하야山과바다와陸地에生育하는中에殘忍하야사람을害하는것도잇고柔順하야사람의게길드림을밧는것도만흐니라山즘생中에무서온거슨코기리와獅子와虎狼이와豺狼과곰과其外에도여러가지즘생이잇는데코기리는힘이限업스나길든後에는孩兒의引導라도밧는者ㅣ오獅子는힘이잇고날내며또㤼이업고소리가雄壯하고또다른즘생보다義理가잇는거신故로王이라稱하는거시오虎狼이는强暴하야殺害하기만하는거시오곰은힘이第一만흐나너무미련함으로大韓俗談에미련한者를指目하야곰이라하나니라大抵즘생의繁殖함이不知其數ㅣㄴ데人家에서養育을밧는者와山野에서生長한者를서로比較하면淨하고醜한分別이잇더라또其中에牛羊은사람의게第一有益

나니라우리大韓과清國은쓴거슬벗지안코人事하나西洋과或日本은尊丈과貴人을對하나或親舊를街路上에서逢着하야隨問隨答을하거나或사람을尋訪하야房에드러갈때에는다免冠하나니라아머리가土人은재털갓슬쓰고얼골에붉은彩色을漆하고마라고사람이나인도사람은色잇난긴手巾으로머리에감으니그머리가大端히커보이나니라

第六科程　즘생의略論

天然物천연물	覺魂각혼	生命생명
靈魂령혼	世界上세계상	各種類각종류
繁盛번성	陸地륙지	生育생육
殘忍잔인	柔順유순	獅子사자
虎狼호랑	豺狼싀랑	限한
引導인도	㤼겁	雄壯웅장
義理의리	王왕	强暴강포
殺害살해	俗談속담	繁殖번식
不知其數부지기수	人家인가	養育양육
山野산야	生長생장	比較비교

親舊친구 街路上가로상 逢着봉착
隨問隨答수문수답 尋訪심방 房방
免冠면관 彩色채색 漆칠
色색 手巾수건 大端대단

東西洋사람의頭髮이黑色과黃色과赤色이잇는데斷髮을하거나散髮을하거나상토를짜거나다自由之權이잇서自己의任意대로하는바라大韓과日本은아직상토가잇고太平洋群島中에엇더한野人은散髮을하엿스며文明한나라들은斷髮을하나니라그腦骨을말하면크고적고얇고두터온分揀과또그腦가充滿하고虛한分別이잇슴으로精神과生覺의穎悟하고敏捷한거시잇나니머리가全體中에第一所重하니라

머리라하는거시가장놉흔地位에處하엿는데또그우희쓰는거시잇서榮光을取하며또貴賤을表ᄒᆞ나니君主는人民의元首가됨으로사람사람이擧皆밧드러놉혀護衛하기를自己의머리保全하랴는것갓치하나니라그쓰는거슨冕旒冠인데金과各色寶石으로꿈이고其次로말하면文武官人들노브터士庶人ᄭᆞ지라도各其品數와等級이잇고貴한婦女들도首飾을燦爛히하나니라

各國人의쓰는거시一枚지게規正한거시업서엇더한野人의나라는아모것도쓴거시업거니와體面을차리는나라사람은頭髮을가리우며兼하야太陽氣運이腦骨을犯치못하게하

腦骨노골 分揀분간 腦노
充滿충만 虛허 分別분별
穎悟영오 敏捷민첩 全體中전체중
第一제일 所重소중 榮光영광
貴賤귀천 表표 君主군주
元首원수 擧皆거개 護衛호위
保全보전 冕旒冠면류관 金금
各色각색 寶石보석 其次기차
文武문무 官人관인 士庶人사서인
品數품수 等級등급 貴귀
婦女부녀 首飾수식 各國人각국인
一枚일매 規定규정 體面체면
太陽태양 氣運긔운 犯범
人事인사 西洋서양 或혹
尊丈존장 貴人귀인 對대

五大洲에흣허저사는東西南北사람의옷制度가一定치아니한지라知識잇는者가말하대그옷슬보고마음을안다하나니太平洋南便섬에잇는百姓들은옷시업시벌거벗고단니니羞恥를아지못하는野人이오北極地方에사는사람은즘생을사냥하야그가족으로몸을가리우고印度近方사람은그옷시맛치두루막이도髣髴하고치마도恰似하고우리大韓사람과밋淸國사람은너그러온옷슬조화하나니라우리大韓은黑色을崇尙치아니하고白衣를더욱조화하더라自古로紡績할줄을알고冬節이되면옷속에綿花를노하닙나니幅이甚히널너한바지통에두사람의몸이足히容納할만하고兒孩들을五色으로燦爛하게꿈여닙히고歐米사람들은黑色을崇尙하는데그바탕을羊毛로짠거시니통이좁게하야四時로닙나니라我國사람이山峽에處한者들은頑固한態度가만흠으로黑色을보면奇異히녁여譏弄하나그러나染色한羊毛바탕의가음으로통을좁게지여닙는거시事務를볼제나運動을할제나다輕捷한즉一步라도압서기를다토는者의조화하는바니라

第五科程 世上사람의머리와밋쓰는거시라

東西洋동서양 黃色황색 赤色적색
斷髮단발 散髮산발 自由之權자유지권
任意임의 日本일본 太平洋羣島태평양군도

第四科程 世界사람의衣服의略論

五大洲오대주 東西南北동서남북 制度제도
一定일정 太平洋태평양 南便남편
百姓백성 羞恥수치 野人야인
北極북극 地方지방 印度인도
近方근방 髣髴방불 淸國청국
其中기중 黑色흑색 崇尙숭상
白衣백의 自古자고 紡績방적
冬節동절 綿花면화 幅폭
足족 容納용납 五色오색
燦爛찬란 歐米구미 羊毛양모
四時사시 我國아국 山峽산협
處처 頑固완고 態度태도
奇異긔이 譏弄긔롱 染色염색
事務사무 運動운동 輕捷경첩
一步일보

慣의區別이잇나니라

이사람은起居動作과言語行事가다太古적을貴히녀이고思慕하야言必稱堯舜하고恒常古書만닉히며古人만仰慕함으로此世上에勤하고精密하고實狀잇는거슬힘쓰지아니하며實狀업는學文을배호고遊食之民이太半이지나나니라또運數와八字를말하며雜하야偶像을爲하며거긔祈禱하야福을懇求하고또녯사람의일을좃는거시基礎가되엿스니엇지一身에나一國에나合當하리오다만一身을생각하고一國을잘도라보지아니하는도다

이러한習慣을버리고名譽와權利가엇더한거슬알지어다

유롭파아머리가習慣의略論

이사람들은男女老少를莫論하고權勢와利益을主張하야남을抑制하고스스로놉고져하며利益을圖謀하고名譽를貪하야무삼學에從事하던지進步하기에힘써어려온곳슬當할지라도더옥滋味잇게녀이고一毫도남의게讓頭하지아니하야古人의製造한것보다더잘하랴고晝宵로研究하야至極히精密한데까지니르랴하는慾心이잇는者ㅣ니라

아푸리가習慣의略論

이사람은懶惰하고陋麁하야奢侈한衣服도願치아니하며世上學文에도뜻이업고놉흔地位에도안고저하지아니하야남의下人이되여도關係치안타는마음이잇고喜怒哀樂間에過度히容貌에나타나지아니하고또天眞에挾詐가잇슴으로사람이다指目하나니라

名譽명예	男女老少남녀로소	莫論막론
權勢권세	主張주장	抑制억제
圖謀도모	貪탐	學학
從事종사	進步진보	當당
滋味자미	一毫일호	讓頭양두
製造졔조	晝宵주소	硏究연구
至極지극	慾心욕심	懶惰라타
陋麁루추	奢侈사치	衣服의복
地位지위	下人하인	關係관계
喜怒哀樂間희노애락간	過度과도	容貌용모
天眞천진	挾詐협사	指目지목

아세아의習慣의略論

習慣이라하는거슨사람이自兒時로父母의게서듯고보는中에서自然히天性으로더브러配合하야行習이되여ᄲᅮ리가박혀堅固하야牢不可破라風俗으로더브러恰似하니假量風俗은一朝一夕에變하야곳칠다할지라도習慣은卒然히變易지못하나니라

아세아兒孩야귀를기우리고仔細히드르라地球上에人種이無論黃白黑棕紅하고各其習

配合배합
風俗풍속
一朝一夕일조일석
變易변역
無論무론
黑흑
各其각기
言語行事언어행사
思慕사모
古書고서
此世上차세상
實狀실상
太半태반
兼겸
祈禱긔도
基礎긔초

行習행습
恰似흡사
變변
仔細자세
黃황
棕종
區別구별
太古태고
言必稱堯舜언필칭요순
古人고인
勤근
病병
運數운수
偶像우상
福복
一身일신

牢不可破로불가파
假量가량
卒然졸연
地球上지구상
白백
紅홍
起居動作긔거동작
貴귀
恒常항상
仰慕앙모
精密정밀
遊食之民유식지민
八字팔자
爲위
懇求간구
合當합당

七

아머리간은赤銅色人種이니合衆國의土人이라얼골이맛치붉은구리와彷彿하고뺨뼈가놉고눈에精神이나타나고코가크고頭髮이곱슬곱슬하지아니하니라새털갓슬쓰고단니는者ㅣ니性稟이사오나와寃讎를죽여其頭骨껍더기를띄에차더라집을짓코居處하지아니하며到處마다帳幕을치고지내며山으로가서사냥을잘하고文學과商業과工業과農業과技藝의뜻시업나니유롭사람이自己土地를占領한後로브터鬱憤함을견대지못하야一生慷慨한마음을품고지내며아모職業도일삼지아니함으로其人種이年年히減하야가나니라

늬그로는黑人種이니그검은거시漆色갓고上下입설이두텁고頭髮이羊의털갓치곱슬곱슬하야길지아니하더라上古史記를보면本是아프리가人種으로서學術과技藝가업서文明에나아가지못한者ㅣ니稟質이魯鈍하야蠢蠢愚氓인故로사람이稱하기를天痴라하나니라中古브터남의奴隷가되엿다가只今은贖良하야남의節制를밧지아니하고自由를엇은者ㅣ니라

第三科程　習慣의略論

習慣습관　自兒時자아시　父母부모
中중　自然자연　天性천성

天痴천치 中古중고 奴隷노례

只今지금 贖良속량 節制절제

自由자유

世界에人種다섯시잇스니몽골과고게쉬과말내와아머리칸과늬그로라몽골은우리黃人種이니性稟이暴虐지아니하고氣質이淳朴하야士農工商의業을배홀만한者ㅣ니라其古代를議論컨대事業한거시만흐니可히文明에나아갓섯다할만한故로驕慢하야異邦사람을보면夷狄이라하난이도잇스며排外思想을품은者도업지아니한지라近來에各國과通涉한後로브터白人이우리黃人을評論한데닐넛스대心志가懶弱하야進步하는데無力하며忘佞되고虛誕한거슬일삼아龍과鬼神과陰陽과卜術과밋夢事를밋는다하나니其道는儒佛仙三道더라

고게쉬는白人種이니性質이强暴하고驍勇하야남을壓制하기로爲主하고忍耐와感覺두가지마음으로써날마다더옥새로워가기를願하고一般人民이學文과農工商에힘을써서各各會社를니리키나니一箇人의利益과一國의利益을取하고權利를다토는人種이니라

말내는棕色人種이니性質이愚鈍치아니하고悍毒하야寃讎를맛나면機會를다서暗殺하는者ㅣ니라聰明하야무삼工夫를하던지成功하는者ㅣ나그러나虛無한거슬만히밋다가오날떠러저有名한사람이되지못하고害를밧나니라

五

四

棕色종색	愚鈍우둔	悍毒한독
寃讐원수	機會긔회	暗殺암살
聰明총명	工夫공부	成功성공
虛無허무	有名유명	害해
赤銅色적동색	合衆國합중국	土人토인
彷彿방불	精神정신	頭髮두발
頭骨두골	到處도처	帳幕장막
山산	文學문학	商業상업
工業공업	農業농업	技藝기예
自己자긔	土地토지	占領점령
鬱憤울분	一生일생	慷慨강개
職業직업	年年년년	減감
黑人種흑인종	漆色칠색	上下상하
羊양	上古상고	史記사긔
本是본시	學術학술	稟質품질
魯鈍로둔	蠢蠢愚氓준준우맹	稱칭

議論의론
故고
夷狄이적
各國각국
黃人황인
懶弱라약
妄侫망녕
鬼神귀신
夢事몽사
仙道선도
强暴강포
爲主위주
願원
學文학문
會社회사
一國일국

事業사업
驕慢교만
排外思想배외사상
通涉통섭
評論평론
進步진보
虛誕허탄
陰陽음양
儒道유도
白人種백인종
驍勇효용
忍耐인내
一般일반
農工商농공상
一箇人일개인
取취

可가
異邦이방
近來근래
白人백인
心志심지
無力무력
龍룡
卜術복술
佛道불도
性質성질
壓制압제
感覺감각
人民인민
各各각각
利益리익
權利권리

時代시대　信聽신청

地球는우리居處하는데니물과ᄒᆞᆰ이合하야된거신데地面四分의三은물이오四分의一은ᄒᆞᆰ이라녯적에는모지다하엿스나時方은둥굴다하나니라이地球는한둥근덩어리가단단히뭉처서堅固하게된物件으로서晝夜쉬지안코돌매晝夜가밧괴여유롬과아머리가兒孩가夕飯을먹을제우리大韓兒孩는朝飯을먹나니이世上智識이녯날生覺보다勝하도다大抵地球가모지지안코둥근憑據가顯著하니假令萬頃滄波에ᄯᅥ오는蒸氣船이나風帆船이나바라보면처음에檣대브터보이다가갓가히온後에야船體가宛然히보이나니라ᄯᅩ우리가水路로西國을가랴하고一向東으로만가도西國에得達하고ᄯᅩ月蝕할제그그림자만보아도아나니녯그리써사람의生覺에코기리가ᄶᅡ흘지고鶴을타고간다거나ᄯᅩ엇더한壯士가ᄶᅡ흘지고간다하는말들은우리文明한時代사람들의信聽할바아니로세

第二科程　人種의略論

世界세계　人種인종　黃人種황인종
性稟성품　暴虐포학　氣質긔질
淳朴순박　士農工商사농공상　業업
者자　其기　古代고대

牖蒙千字卷之一

第一科程 地球의略論

地球지구 居處거처 合합

地面지면 四分사분 三삼

一일 時方시방 堅固견고

物件물건 晝夜주야 兒孩아해

夕飯석반 大韓대한 朝飯조반

世上세상 智識지식 生覺생각

勝승 大抵대저 憑據빙거

顯著현저 假令가령 萬頃滄波만경창파

蒸氣船증긔선 風帆船풍범선 棹도

後후 船體선체 宛然완연

水路수로 西國서국 一向일향

東동 得達득달 月蝕월식

鶴학 壯士장사 文明문명

牖蒙千字卷之一

目錄

一

유몽천자.

이 책은 대서 사람의 아해 교육식히는 규례를 의방하야 지은 책 이니 초학입덕지 문이라 대저 아해를 가르치는 법은 쉬운데서 브터 시작하야 슬긔로온 말노써 그 마음을 여러 밝히고 그 지식을 널녀 주는 거시 가장 요긴한 고로 몬저 행용하는 한문 글자 일천을 가지고 국문과 혼합 하야 한권 책을 저술하엿는데 무릇 이십오 과정 이라 이밧긔 또 이삼사 권을 개간하야 대한 가온대 남녀 아해를 가르치는데 지극히 조흔 법을 삼으랴 하노라

大美國教人奇一著

大韓士人李昌稙述

대한성교서회탁인

大韓聖敎書會託印

CONTENTS.